普通高等院校公共基础课程系列教材

创新思维的培养

温兆麟　周艳　刘向阳　编著

清华大学出版社
北京

内 容 简 介

本书系统地论述了如何通过培养创新思维，点亮每个人身上都固有的创新之火，让创新潜力得以爆发。编者将众多创新、国学、历史、机械等方面的材料经过咀嚼消化，转化为自己的知识力量，用自己的语言、方式刻画出来。在讲述创新思维的原理与方法基础上，结合实践，论述创新思维在机械设计与文学创作等领域的应用。本书内容新颖，实用性强，有新观点、新材料、新方法，或者用不同的视角认识问题，含有一定的有效信息量，对读者有一定的启发性。

全书共十章，分别阐述创新思维概述、克服思维定式、激发创新潜能、组合创新、类比创新、仿生创新、逆反创新、还原创新、系统思维创新、创新思维综合案例、大学生科技创新平台等内容。

“大众创业、万众创新”，人人都能创新。因此，本书对每一位读者均具有参考意义，特别适用于本科与大中专院校“创新思维的培养”等相关通识课程教学，也适用于机械设计、工业设计、艺术设计等专业教材，也可作为指导学生创新实践活动、各类大赛赛前辅导的参考书。

图书在版编目(CIP)数据

创新思维的培养/温兆麟，周艳，刘向阳编著．--北京：清华大学出版社，2016(2025.1重印)
普通高等院校公共基础课程系列教材
ISBN 978-7-302-44083-3

Ⅰ.①创…　Ⅱ.①温…②周…③刘…　Ⅲ.①创造性－思维－高等学校－教材　Ⅳ.①B804.4

中国版本图书馆CIP数据核字(2016)第132440号

责任编辑：左卫霞
封面设计：傅瑞学
责任校对：刘　静
责任印制：丛怀宇

出版发行：清华大学出版社
网　　址：https://www.tup.com.cn，https://www.wqxuetang.com
地　　址：北京清华大学学研大厦A座　　**邮　　编**：100084
社 总 机：010-83470000　　**邮　　购**：010-62786544
投稿与读者服务：010-62776969，c-service@tup.tsinghua.edu.cn
质量反馈：010-62772015，zhiliang@tup.tsinghua.edu.cn
课件下载：https://www.tup.com.cn，010-62770175-4278
印 装 者：涿州市般润文化传播有限公司
经　　销：全国新华书店
开　　本：185mm×260mm　　**印　　张**：15.25　　**字　　数**：384千字
版　　次：2016年8月第1版　　**印　　次**：2025年1月第7次印刷
定　　价：56.00元

产品编号：068806-05

前言

FOREWORD

观念是行为的原子弹。邓小平同志曾说:“掌握新技术,要善于学习,更要善于创新。”软件与商业大师比尔·盖茨也曾说:“创意有如原子裂变,每一盎司的创意都会带来无以数计的商业利益,绝妙的创意与策划就是‘聚宝盆’,它会给企业带来滚滚财富。”所以,英特尔用小小的芯片统治全世界的电脑、耐克用一流的设计和品牌统治成千上万个工厂等,靠的就是如原子裂变的创意。

党的十八大以来,习近平同志把创新摆在国家发展全局的核心位置,高度重视科技创新,围绕实施创新驱动发展战略、加快推进以科技创新为核心的全面创新,提出一系列新思想、新论断、新要求。2014 年 7 月 15 日在出席金砖国家领导人第六次会晤前夕,习近平总书记在接受采访时说:“中国人自古就具有强烈的创新意识。‘周虽旧邦,其命维新。’” 2014 年 9 月 24 日在纪念孔子诞辰 2565 年国际学术研讨会暨国际儒学联合会第五届会员大会开幕式上的讲话、2013 年 5 月 4 日在同各界优秀青年代表座谈时的讲话,都提到了“苟日新,日日新,又日新”这样一句重要名言,希望我们每天都要不断改过求新、日积月累而产生日新月异的进步。这种求新的动力,就是强大的生命力。中华文明能够成为世界上唯一生存至今、源远流长的古文明,正是这种“苟日新,日日新,又日新”的意识在发挥作用,正是这种“周虽旧邦,其命维新”的精神在确保活力。

习近平总书记在 2014 年 6 月 9 日两院院士大会上的重要讲话中曾提出,“我国科技发展的方向就是创新、创新、再创新”,“科技创新,就像撬动地球的杠杆,总能创造令人意想不到的奇迹”。这对于发挥科技创新在全面创新中的引领作用,加快形成以创新为主要引领和支撑的经济体系和发展模式,实现“两个一百年”奋斗目标,实现中华民族伟大复兴的中国梦,具有十分重要的指导意义。

人们长期以来的一大困惑是世象浮躁,诱惑和干扰太多,甚至无处可寻一张静静的书桌。智者的睿智正是在闹市中崇尚简单,甘守寂寞,独得清凉,从容去来,尽享快乐,这就需要我们具有逆反思维(第六章)与系统思维(第八章),看清事物的本质。

那么,什么是人与事的本质?《论语》中有子曰:“巧言令色足恭,左丘明耻之,丘亦耻之。匿怨而友其人,左丘明耻之,丘亦耻之。”《论语》也记载子夏问曰:“‘巧笑倩兮,美目盼兮,素以为绚兮’。何谓也?”子曰:“绘事后素。”曰:“礼后乎?”子曰:“起予者商也,始可与言诗已矣。”因此孔子说:“人而不仁如礼何! 人而不仁如乐何!” 冯友兰说:“子夏以‘绘事后素’而悟到‘礼后’,盖人必有真性情,然后可以行礼,犹美女之必有巧笑美目,然后可施脂粉也。否则礼为虚伪形式,非惟不足贵,且亦甚可贱矣。”“不仁之人,无真性情,虽行礼乐之文,适足增其虚伪耳。”以上是人的本质。《史记》所述“天下熙熙,皆为利来;天下攘攘,皆为利往”与《止学》所述“惑人者无逾利也。利无求弗获,德无施不积”则是事的本质。一代名儒司马光也认为:“人情莫不好善而恶恶,慕是而羞非。然善且是者盖寡,恶且非者实多。何哉? 皆物诱之,物迫之,而旋至于莫之知;富贵汩其智,贫贱翳其心故也。”中国的圣人孔子也说过:“富与贵,人之所欲也;贫与贱，人之所恶也。”

本书收集了大量案例，通过故事讲创新。可以说本书就是一本“故事会”，一本把各种智慧故事分门别类进行讲解分析的“故事会”。在同一内容中，用几组相似或相反的案例来加深对相应创新方法的理解，希望通过举一反三来达到融会贯通的效果。

在建立创新思维之前，先要认清阻碍创新思维的主要因素。思维定式，这是第二章的内容，例如大象的悲剧这个故事。一天夜里，马戏团着火了，所有的人和动物都夺路而逃，等到第二天回到现场，却发现一只大象已被活活烧死，让人们惊讶与惋惜的是，拴大象的绳子很细，大象完全有能力挣脱绳索逃命。大象为什么不逃呢？原因很简单。导致大象毙命的并不是“这一根绳索”，而是“无法挣脱”的概念。正是这样的概念让大象杀死了自己。从幼时开始，它就被牢牢地拴在一根粗粗的铁链上，千百次抗争带给它的结果只能是皮开肉绽，鲜血淋漓的痛苦和一次又一次的失败，这些经历在幼象的心灵中刻下了深深的印记。等它长大后，随着绳子逐渐变细，大象已经没有能力摆脱“无法挣脱”的定式了，因为它不可能超越自己从未经历过的经验。

看了本书，大家会感觉到在生活中，在工作中，原来很多事情是那么容易理解：美国第 16 任总统林肯的国务卿休华德最大的功绩，就是仅仅花 720 万美元便买下了阿拉斯加州，平均一亩地才 6 美分。休华德以几乎完美的政治家的眼光为 100 年后的美国准备了一块巨大的抵御苏俄、控制太平洋的战略要地。但是在当时却遭到了全美国公民的齐声唾骂，说买那个冰天雪地的地方干什么？他们嘲笑这次购买为“休华德式的愚蠢”。休华德说现在我把它买下来，也许多少年以后，我们的子孙会因为买到这块地而得到好处。今天证实了这句话，美国人在阿拉斯加发现了石油，还发现如果当时俄罗斯没有卖出阿拉斯加，他们的导弹早就可以打到美国本土了。所以政治家的眼光，国家领导人的眼光，跟我们老百姓是不一样的。这就是第八章系统思维要求我们具有的全局长远思想。

一位外国作家的小说讲了一则故事。有个小镇上来了一个马戏团。他们在当地临时招工做杂务，并提出做三个小时工作可以给一张外场的票，做六个小时就可以进到内场，要是干一整天，就可以得到一张前排靠最中间位置的票。有一对穷人家的小兄弟愿意干一整天，换一张最前排的票。于是，他们开始了辛苦的工作。从太阳升起到落下，他们一刻不停地干活，中间只分吃了一个馒头。到下午的时候，兄弟俩都十分疲惫，但是看马戏的信念支撑着他们——还是前排最中间的位置。到了晚上，兄弟俩终于在艰辛的劳动后迎来了演出。他们筋疲力尽地坐在第一排，满身尘土，还有手上豆子一样大的水泡。主持人出场的时候，大家都热烈地鼓掌，而这两个可怜的孩子，却在这掌声里沉沉地睡去。故事挺让人心酸。可是，仔细想想，这不就是很多人的人生写照吗？我们来到这个世界，是为了看一场精彩的演出，而不是为了坐在最好的位置上，沉沉睡去。如果有一天你感觉累了，感觉不堪重负了，那么就停下来好好衡量一下，给人生一个更准确的定位，从系统思维全局长远的角度进行合理规划。如果你只有三个小时的力气，就别撑到日落西山，你不能在演出开始之前耗尽全部力气，应该留点精力来看精彩的演出。

《孙子兵法》记载：“声不过五，五声之变，不可胜听也；色不过五，五色之变，不可胜观也；味不过五，五味之变，不可胜尝也；战势不过奇正，奇正之变，不可胜穷也。奇正相生，如循环之无端，孰能穷之？”这就是第三章组合创新的力量。

电视剧中也有逆反创新。在《闯关东》第 19 集中介绍，一个没落的贵族佟先生来到夏元璋的店铺，拿着一棵稀世的人参要抵押两千块大洋，夏元璋当即答应，佟先生提出让对门吴掌柜当中间人。夏元璋的学徒传杰经过仔细观察发现佟先生的人参是假的,里面肯定也有吴掌柜的份。佟先生拿走的两千块大洋是拿不回来了,因为他不会拿两千块大洋赎回假的人参。怎么办? 夏元璋叫来了吴掌柜,把实情都给他说了,并当着他的面将假人参烧了。在第 20 集中,吴老板陪着佟先生来了,非要抵押的人参不可。没想到夏元璋真的拿出了那棵人参,佟先生只得掏钱。吴老板和佟先生害人不成毁了自个儿。吴老板更是因此破产,东西都抵给了夏家。

雄狮看见一条疯狗,赶紧躲开了。小狮子说:"爸爸,你敢和老虎拼斗,与猎豹争雄,却躲避一条疯狗,多丢人啊!" 雄狮问:"孩子,打败一条疯狗光荣吗?"小狮子摇摇头。"让疯狗咬一口倒霉不?"小狮子点点头。"既然如此,咱们干吗要去招惹一条疯狗呢?"所以,不是什么人都配做你的对手,不要与那些没有素质的人争辩,微微一笑远离他,不要让他咬到你。问题是还有很多人正在和疯狗斗呢! 这就是第四章类比思维,学了之后我们的人生会更豁达开朗。其实这也就是我们常说的不要与"三季人"争,想想对方是"三季人"你就会心平气和了。《子贡问时》中记载:朝,子贡事洒扫,客至,问曰:"夫子乎?"曰:"何劳先生?"曰:"问时也。"子贡见之曰:"知也。"客曰:"年之季其几也?"笑答:"四季也。"客曰:"三季。"遂讨论不止,过午未休。子闻声而出,子贡问之,夫子初不答,察然后言:"三季也。"客乐而乐也,笑辞夫子。子贡问时,子曰:"四季也。"子贡异色。子曰:"此时非彼时,客碧服苍颜,田间蚱尔,生于春而亡于秋,何见冬也? 子与之论时,三日不绝也。"子贡以为然。这也是庄子所说的"夏虫不可以语冰"。

本书的每一章节基本上按照人类思维的本质,先归纳后演绎,即先通过创新案例讲创新原理,然后结合实践,讲述该创新思维的应用。

"未来中国,应是一群正知、正念、正能量人的天下。真正的危机,不是金融危机,而是道德与信仰的危机。谁的福报越多,谁的能量越大。与智者为伍,与良善者同行,心怀苍生,大爱无疆。"子曰,"不学礼,无以立","非礼勿视,非礼勿听,非礼勿言,非礼勿动"。本书按照"非礼不编,非礼不著"的原则而编写。本书内容多引用中外名人创新故事和国学知识,讲述大智慧,传播正能量,扩大视野,提高境界,将德育融合在创新思维中间,对培养高尚情操与爱国主义具有一定的积极意义。

2014 年 5 月 4 日,习近平主席到北京大学考察,在参加师生座谈会时指出,古人说:"大学之道,在明明德,在亲民,在止于至善。"即"大学"的法门在于人要弘扬内心的正大光明品性,使"人之初,性本善"的明善部分发扬光大,在于不断推陈出新、不断自我创新,在于以美善目标为终身追求,达到最好的完美境界。

德国教育学家斯普朗格说过:"教育的最终目的不是传授已有的东西,而是要把人的创造力量诱导出来,将生命感、价值感唤醒。唤醒,是种教育手段。"希望能通过本书介绍的创新思维方法,点燃读者身上固有的创新之星火并使之燎原,激发创新潜能。

总之,笔者自知水平与经验有限,但仍愿为"增加关于实际的积极的知识"并"提高人的精神境界"做出自己的一点微薄努力,点燃一点点星星之火。"嘤其鸣矣,求其友声",如果此书能对读者有些许用处,笔者就感到十分欣慰。

书中疏漏及不当之处,wenzhaolin@126. com 期待您的批评指正,不胜感谢。

编者

2016 年 6 月于广州

目　录

CONTENTS

第一章　绪论 ······ 1

第一节　创新与社会进步 ······ 1

第二节　创新的特征与基本原理 ······ 15

一、什么是创新 ······ 15

二、创新的特征 ······ 15

三、创新的基本原理 ······ 17

第三节　创新教育与人才培养 ······ 17

第二章　克服思维定式　激发创新潜能 ······ 23

第一节　创新思维的障碍:思维定式 ······ 23

一、思维定式概述 ······ 25

二、阻碍创新的几种思维定式 ······ 25

第二节　培养创新习惯　激发创新潜能 ······ 33

一、通过创新获得成功 ······ 33

二、培养创新习惯 ······ 35

三、相信并开发你的创新潜能 ······ 39

第三章　组合创新 ······ 46

第一节　组合创新原理与一般规律 ······ 46

一、组合创新原理 ······ 46

二、组合的一般规律 ······ 51

第二节　组合创新的主要方法 ······ 52

第三节　案例分析 ······ 67

第四章　类比创新 ······ 73

第一节　类比创新原理与步骤 ······ 73

第二节　类比创新的主要方法 ······ 77

第三节　案例分析 ······ 85

一、庄子的类比思维 ······ 85

二、袁隆平培育籼型杂交水稻 …… 86
三、可口可乐瓶的设计 …… 87
四、井冈山革命烈士纪念碑 …… 87
五、雕塑艺术:冰雕、沙雕与草雕 …… 88
六、阳光闹钟 …… 90
七、邮票的故事 …… 90
八、蝴蝶效应 …… 92

第五章 仿生创新 …… 95

第一节 仿生创新原理 …… 95
第二节 仿生创新的主要方法 …… 99
一、按生物分类方法进行分类 …… 99
二、按仿生原理进行分类 …… 106
三、按学科分类进行仿生 …… 110
第三节 案例分析 …… 113
一、学习狼的"社会"组织 …… 113
二、管理仿生学 …… 116
三、学习狼的"毅力" …… 118

第六章 逆反创新 …… 120

第一节 事物的正反两面 …… 120
第二节 逆向思维的主要方法 …… 124
一、反向探求 …… 124
二、顺序、位置颠倒 …… 127
三、辩证逻辑 …… 129
四、巧用缺点 …… 129
五、雅努斯式思维 …… 132
六、补集式思维 …… 132
第三节 逆反创新的本质及其应用 …… 133
一、逆反创新的本质 …… 133
二、逆反创新在生活中的应用 …… 133

第七章 还原创新 …… 143

第一节 还原创新原理 …… 143
第二节 案例分析 …… 150
一、人类对航空活动的探索 …… 150

二、水稻种植的创新 …… 153
三、机械设计还原创新 …… 155

第八章 系统思维创新 …… 161

第一节 系统思维方法 …… 161
第二节 案例分析 …… 173

第九章 创新思维综合案例 …… 183

第一节 创新思维在机械创新设计中的应用 …… 183
第二节 诗词中的创新思维 …… 189

第十章 大学生科技创新平台 …… 212

第一节 大学生基础学术活动平台 …… 212
一、学术讲座 …… 212
二、午后茶等非正式形式 …… 214
三、专业文化节 …… 215
四、学生学术类社团 …… 215
五、社会学术活动与科技设施的利用 …… 215
六、各类专业学术团体 …… 216
七、大学生如何参加学术活动 …… 216
第二节 大学生科技竞赛平台 …… 217
一、单科类学科竞赛 …… 217
二、专业类科技竞赛 …… 218
三、综合类科技竞赛 …… 220
四、社会类科技竞赛 …… 221
五、大学生如何参加学术科技竞赛 …… 221
第三节 专利的形成与申请 …… 221
一、为什么要申请专利 …… 221
二、专利的类型与属性 …… 222
三、专利信息利用——他山之石,可以攻玉 …… 223
四、如何申请专利 …… 225
五、专利申请实例 …… 226

参考文献 …… 232

第一章　绪　论

宇宙大爆炸观点认为:宇宙是在大约137亿年前,由一个温度极高、密度极大的太初状态演变而来的,并经过不断地膨胀与繁衍达到今天的状态。实际上,不管人类如何假设、推断与验证,茫茫广宇就在那里无始无终、无边无际地自然存在和演化着。银河系在广袤宇宙空间中微不足道,太阳系只是银河系中的沧海一粟,地球的体积是太阳的一百三十万分之一,我们所在的地球与整个宇宙相比,小得出奇,如同太平洋上的一粒灰尘。自然先于人类而存在,人类仅是地球上千万种生物之一。人类本身不仅是自然界的组成部分,而且是自然界进化的客观产物。当具有自我意识思维与主观能动性的人类诞生之后,人类就一刻也没有停止过对产生他的自然界以及整个宇宙进行认识、利用,以造福自身。

当今国家之间的发展竞争,越来越转向科技和人才的竞争。从20世纪30年代开始研究中国古代科技的英国科学家李约瑟提出了著名的李约瑟难题:为什么中国有四大发明,工业革命却没有发端于中国?为什么近代自然科学起源于西欧,而不是中国或者其他文明?我国科学家钱学森生前也多次提到了钱学森之问:"为什么我们的学校,培养不出杰出的人才?"

400年前的今天,提出"知识就是力量"的英国哲学家弗朗西斯·培根向世人庄严宣告:凡不应用新良方者,必将遇到新的邪恶,因为时间是伟大的创新者。

第一节　创新与社会进步

与动物相比,人手比不上老虎的利爪;人眼比不上鹰的锐利;人腿跑不过麋鹿与马;游泳不如鱼;夜视不如猫;嗅觉不如狗;繁殖不如昆虫;人耳听不到许多小动物都能感知的超声波……因此,人类如果只依靠这些平常的器官,不用说征服自然,就是人类自身的生存,也会出现很大的困难。但人类却凭自己的力量征服自然,战胜了其他的一切物种,为自己创造了辉煌的文明。人类的神奇力量并非来自肢体器官,而是来自人脑所独有的创新思维能力(图1-1)。人类不断创新,挖一个陷阱,在其口上盖些茅草,最凶猛的野兽便束手就擒;人类造出了许多与动物具有特异性的某部分器官相同功能的机器;人类在头脑中设计出千万种自然界并不存在的奇妙玩意,并将此变成实实在在的东西……正是创新能力让人从食物链中间的位置跃升到顶端。

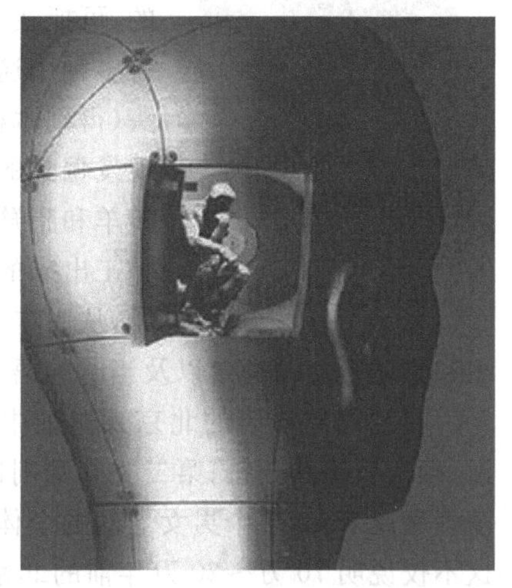

图1-1　人脑是一个几乎被遗忘的宝藏——世界最大的开发区就在帽子下面

究竟是什么启动了人类的原始灵性,打开了人类对客观世界进行思索之门?马克思说:"自然界没有创造出任何机器，没有制造出机床、铁路、电报、走锭精纺机等。他们是人类劳动的产物，是变成了人类意志驾驭自然的器官或人类在自然界活动的器官的自然物质。是物化的知识力量。”

我们可以毫不犹豫地说：推动人类发展的原动力是深隐在人类大脑这块因自然因素与内在需求相结合而导致高度复杂的自然物质之中的创新意识与创新能力。

科学家们都毫无疑问地赞同这一说法：人类属于动物王国中的灵长目；同属于灵长目的还有猩猩、猴子及类人猿。好几个研究领域都为这一说法提供了大量证据。解剖学家发现，从总体来看，人类与其他高级动物在骨骼、肌肉和器官构造方面，有不少基本相似处。胚胎学家注意到，人类的胚胎在不同的生长阶段，显示出某些低等生物的特征。例如，胚胎一个月时有半圆形的鳃，胚胎两个月时出现发育不全的尾巴。人类学家指出，对人类化石的研究证明，人类是由普通的类人猿进化而来的。其他科学家也发现了许多可表明人类与其他动物之间的联系的类似迹象。例如，猿类血液的化学成分和人类的极其相似；猿类和人类身上有共同的寄生物；猿类和人类学习的方式也很相似。

原人中出现最早的是现已绝种的灵长类。一般认为，它们最早出现在非洲东部和南部的热带草原上，距今约 250 万年。不过，最近在埃塞俄比亚南部的调查结果表明，这一日期还可往前推，推至距今约 400 万年。这种灵长类的骨盆和腿与现代人极为相似，只是其脑容量只有人类的三分之一，几乎还不及现存的类人猿的脑容量大。

图 1-2　在非洲东部奥杜威峡谷发现的石器，由火山凝灰岩打制而成，距今 200 万年（存大英博物馆）

对处于这种发展水平的灵长类来说，非洲大草原是很理想的环境，那里气候温和，即使缺衣少穿，也能很好地生活下去。而且，辽阔的大草原与茂密的森林和荒凉的沙漠不同，那里有水源，也有可供食用的动物。因此，尽管更新式灵长类动物的工具很简单（图 1-2），只是一端尖锐、一端厚钝的石器，但它们的食物却很丰富，有蛋、蟹、龟、鸟和兔、鼠之类的啮齿动物，还有小羚羊。

约在 50 万年前，人类的直系祖先—直立人取代了更新世灵长类动物。他们的大脑比他们的前辈大一倍，是现代人的三分之二。普遍采用的石器是手斧，比过去的石器复杂，是最早经过精心设计的一种工具。通常呈杏核状，长六至八英寸，宽数英寸，厚一英寸。柄端是圆的，可抓在手掌里；另一端呈尖状，尖端的一面锋刃锐利。这种手斧具有多种用途。既可用作刮削器，又方便挖掘根茎（得到食物）、加工木头（得到木棍与标枪）、宰杀猎物（得到食物）、刮兽皮（得到衣服）等。现发掘到的大量被屠宰的大动物（如鹿、犀牛、水牛、猪、河马、马、象、羚羊和瞪羚等）的遗骨可以证实，这种工具卓有成效。然后将用手斧加工出来的木棍与手斧捆绑在一起，形成了前所未有的复合工具——矛，从而丰富了人类的工具。对大动物的大规模狩猎也反映了集团组织和集体行动的高效以及当时的语言交际水平。

在我国周口店的北京人遗址中发现，“北京人”使用的工具分两大类，第一类包括锤击石锤、砸击石锤和石钻；第二类有刮削器、尖状器、砍砸器、雕刻器、石锥和球形器。从人骨化石中清理出属于 40 多个男女老幼的个体，除了哺乳动物的遗骨外，洞穴中还发现了朴树籽的遗存。这不仅说明 70 万～20 万年前的北京人已进入狩猎采集生活时代，而且已存在某种有一定秩序的社会组织形式，否则这么多的人能长期住在同一个洞穴内，是难以想象的。当然，既要以群体形式居住在一起，又要对这种群体生活加以限制，是要以相当复杂的思维能力作为前提的，甚至还要通过语言把这种思想传达给旁人，否则可能难以形成习惯。

社会生活的另一标志是，那时对死者已有了尊敬的表示。在覆盖死者的泥土上常可见到一些赭石或赤铁矿。几乎可以断定，这代表某种宗教葬礼。装饰的观念也开始萌芽，在化石中常可见到一些有孔小珠、穿孔的兽牙和贝壳。1955 年，考古学家在苏联的松希尔(Sunghir)发现了一个距今 3 万年前的墓地遗址。其中有一名年约 50 岁的男性尸体，他的骨架上盖着约有 3 000 颗猛犸大象象牙串珠，手腕上有 25 只象牙手镯。

一项新研究指出，出自南非布隆波斯(Blombos)山洞的贝珠可能是年代准确确定的最古老的装饰品，该研究支持了现代人类相当早就出现了的观点。Christopher Henshilwood 和一个国际科学家小组说，大约在 7.5 万年前，生活在非洲南端海岸的人们在厚贝壳上钻孔，将它们串起来作为装饰品佩戴，如图 1-3 和图 1-4 所示。科学家们说，来自布隆波斯山洞的中石器时代的饰珠做工和艺术表明那时已经存在一种能够分享和传播这些物体的象征意义的语言。

图 1-3 南非布隆波斯(Blombos)山洞

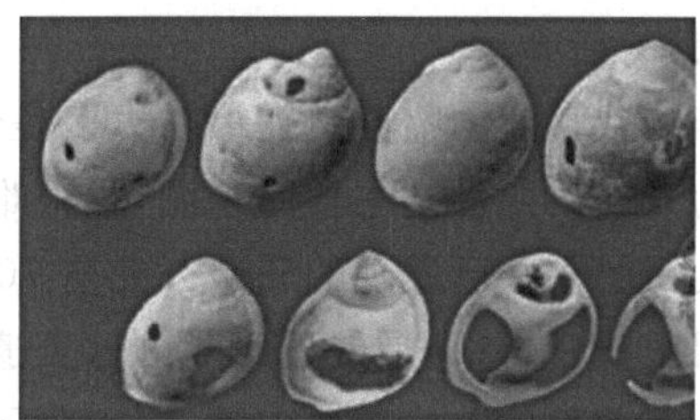

图 1-4 出自布隆波斯山洞的贝珠

而最重要的是人类对火的运用。火的运用把人类祖先从本身能量供应极有限的束缚中解放出来，使人类祖先得以经历冰河时代而幸存下来。人类祖先的演变发生在有四次大冰期和三次间冰期的更新世时代。当时急剧的环境变化迫使所有的动物必须能不断地适应新的环境。能否适应关键不是取决于蛮力，也不取决于耐寒的能力，而是取决于智力的不断增长，取决于能否运用其智力使自己较好地适应环境的需要。当然，这也就是人类之所以能在地球上居于无可争辩的统治地位的秘密。人类除了用火当作可靠的光源和热源外，还可以用这项致命的武器和不怀好意的狮子一较高低，说明落后不仅被挨打，还会被火烧。不久之后，人类通过控制火势，甚至还故意引火焚烧周围的环境，把不好对付的丛林变成大片美好的草原，得到烤得味道可口的食物。火的使用使大量本来在自然形态下无法为人类直接消化的块根植物(薯类)和植物种子(如小麦、水稻等)成为熟食，从而大大增加了食物来源。火的使用不仅会杀死食物中的病菌和寄生虫，而且让人类所需要的咀嚼和消化时间大幅减少。例如，黑猩猩每天要花五个小时咀嚼生肉，但人类只要一个小时就行了。火的使用使得人们可以在严寒的冬季战胜寒冷，得以从拥挤的非洲温暖的大草原向寒冷的高纬度地带迁移，分散到全球各地。

人类从使用简单的工具、刀耕火种、捕鱼狩猎，到学会播种、制陶炼铜，逐渐形成了原始的农业技术和工匠技术，社会生产力得到明显的提高，加快了原始社会向文明社会前进的步伐。

农业的出现，标志着人类从蒙昧向文明过渡的开始，其标志主要为：作物栽培的开始；野生动物的家养；人类由动荡不定的生活方式转向定居。在此之前，人们的食物来源靠的是狩猎和采集，其生活范围要随提供的野生植物和动物分布多少而转移，不可能太固定。在大约 18 000 年前，最后一个冰期结束，全球气候变暖，降雨增多。在中东，这种气候非常有利于小麦和其他谷物生长。人类学家在巴勒斯坦纳吐芬遗址中发现的谷物遗存都是大麦、小麦之类的野生品种，而发现的农具如石镰、磨盘和皿、杵等都是用于收割的，说明当时人类虽然还未真正开始农作物种植，但已把可供选择的植物食品来源集中到某些野生品种上。无独有偶，在肉类食品来源的选择上也出现了类似的情况。在该遗址中，兽骨主要为野山羊骨，说明当时人类狩猎活动已把目光集中于某些野生动物。它表明，农业革命并不是突然到来的，人类对作物和动物品种有一个认识和选择的过程，这个过程即农业和畜牧业发生的过程。人类在采集到粒小而数量较多的小麦带回居住地的途中，总是会有一些掉到地上，慢慢地，人类发现在最常走的那条小道附近或居住地周围长起来越来越多的小麦。通过观察，他们发现了小麦是如何长成的。因此，这里的人们会在以后采集野生小麦种子的时候，留下一部分，作为下一季播种之用。他们也发现，播种的时候如果把种子埋到土地里，而不是如自然状态一样随意撒在地面上，效果会好很多。于是，他们开始犁地整地，进一步除草、防虫、浇水、施肥。在《殷契粹编·考释》中，郭沫若认为，甲骨文中的代表牛在拉犁，上面的小点是犁田时翻出的泥土，“犁之初文，象以犁启土之状”。那时的人们，耕耘的目的就在于收获作物，为了生存，而不可能具有“但问耕耘，莫问收获”的境界。

作物栽培和动物养殖在最初大多是偶然发生的，因而很可能是分别进行的。但谷物和肉类作为人类的两种基本食品来源，是很难把它们分开的。所以，在真正的农业定居地二者总是相伴而行的。在已发现的属于公元前7000年以后的遗址中，这些农业和畜牧业并存的事实已可看得很清楚，特别是位于西亚的这类遗址尤为明显，其典型是贾尔莫(Jarmo)。贾尔莫位于伊拉克东北部的扎格罗斯山麓，属于公元前7000—前5000年的遗址，可以看作两河流域农业文明的代表，它由用焙干的泥土盖成的25栋房子组成。在这个遗址的沉积物中，既发现了大量“单粒”和“二粒”大麦、小麦和其他农作物的种子，也发现了大量绵羊和山羊的遗骨，但其中只有几根野生动物的骨头，工具组合包括石镰、磨石和其他耕作用具。其经济特点是：农业耕作过程已包括从种到收的各个阶段；肉食来源已主要取自家养而非狩猎；动植物都已出现了人工培育的品种。

随着人类知识的增长和积累，人类创造力开发的速度逐步加快，在经历漫长而艰苦的创新实践后，19世纪中叶终于迎来了以蒸汽机为代表的第一次动力革命和第一次工业革命。紧接着，到19世纪下半叶又引发了以内燃机为代表的第二次动力革命，人类从蒸汽机时代迅速进入了电器时代，原始的工匠技术被现代的工业技术所取代，社会生产力得到极大的提高。进入20世纪，人类的创造活动空前活跃。半导体、计算机的问世，引发了人类的第二次工业革命，人类步入了信息时代。随着人类对核能技术的掌握，人类跨入了原子时代。人造卫星上天，使人类跃入划时代的航天时代。

让我们以运输产业为例来说明动力的革命。

美国铁路的轨距为4.85英尺。为什么会是这样一个数字？经过寻根究底得知，这是英国人按照英国的标准设计的，英国的这种轨距最初是由建造电车的人根据古罗马的战车宽度确定的，而古罗马战车的宽度是根据拉战车的两匹马并排拉车时臀部的宽度确定的。显然，火车铁轨的轨距与两匹马之间没有任何必然联系。古代战车的轮距以拉车的两匹战马臀部的宽度为根据是有道理的，而火车不是用马拉动的，以两匹战马臀部的宽度为根据就没有道理了。英国与美国铁路轨距的设计就是传统的产物。但这也说明，交通运输是从马的驯化与利用开始的。

自从人类驯化了牛、马、驴等之后，它们就为我们人类做牛做马，从事运输工作，从而让畜力代替部分人力，如图1-5所示。现在的不丹，是一个几乎被人遗忘的国家，如同陶渊明的“世外桃源”，“不知有汉，无论魏晋”，人称最后的“香格里拉”。这里神秘，幽静，纯洁。这个面积不足安徽省四分之一的“小国寡民”，至今仍然以牦牛、骡、马为主要交通工具，却是世界上公认的幸福国度。

图 1-5 法国学者狄德罗在 18 世纪编纂的《大百科全书目》中的一页，真实地描绘了当时欧洲采用畜力为矿井抽水的普遍场景

蒸汽机是最先得到广泛应用的一类原动机，其出现曾引起了 18 世纪的工业革命。蒸汽机是将蒸汽的能量转换为机械功动力机械。

我们一直都认为是瓦特看到水壶里的水沸腾将壶盖顶起，从而受到启发而发明出蒸汽机的。瓦特(1736—1819 年)，生于英国造船中心格拉斯哥附近的格林诺克小镇。他的父亲当过造船工人，祖父、叔父都是机械工人，由于家庭的影响，瓦特从小就熟悉了许多机械原理和制作技术。在格林诺克小镇上，家家户户都生火烧水做饭。在水煮开的那一刻，水壶或锅的盖子就会开始跳上跳下，我们对这种司空见惯的事，如同苹果熟了自然会掉落到地上一样，有谁留过心呢？瓦特就留了心，正如当年牛顿对那个掉在他头上的苹果充满兴趣一样。有一天，瓦特呆呆地看着炉子上烧水的茶壶。水快烧开了，壶盖被蒸汽顶起来，一上一下地掀动着……他想：这蒸汽的力量好大啊。如果能制造一个更大的炉子，再用大锅炉烧开水，那产生的水蒸气肯定会比这个大几十倍、几百倍。用它来做各种机械的动力，不是可以代替许多人力吗？这就是后来人们传说中的“瓦特发明蒸汽机”的故事。小瓦特是不是这样设想过，我们不知道。但第一次用这个原理，用热能转换为动能来制造蒸汽机的人却不是瓦特。

1650 年，德国人格里凯进行了著名的马德堡半球实验：用 16 匹马还不能把抽成真空的两个合成的半球分开，证明了真空的存在和大气压力的巨大力量。1660 年，英国科学家波意耳指出：“当气体在一个密闭的容器中被加热时，它的压力会升高，如果紧接着把这些气体释放出来，它可以驱动一台机器。”这些是蒸汽机产生的科学背景。

16 世纪末到 17 世纪后期，随着英国人口的迅速增长，人们加速了砍伐森林的速度，以满足人们取得木材作为燃料的需要及居住与农业用地的需要。于是，英国逐渐面临木柴短缺的问题，人们开始烧煤作为木材的替代品。英国的采煤业，已发展到相当的规模，单靠人力、畜力已难以满足排除矿井地下水的要求，而现场又有丰富而廉价的煤作为燃料。现实的需要促使许多人，如英国的帕潘、萨弗里、纽可门等就致力于“以火力提水”的探索和试验。所以说，解决采煤业矿井的排水问题是研制蒸汽机的现实背景。

纽可门的蒸汽机将蒸汽引入气缸后阀门被关闭，然后冷水被洒入汽缸，蒸汽凝结时造成真空。活塞另一面的空气压力推动活塞。在矿井中联结一根深入竖井的杆来驱动一个泵。蒸汽机活塞的运动通过这根杆传到泵的活塞来将水抽到井外。于是，1700 年左右，英国的煤矿里开始回荡着一种奇特的噪声，吹起了工业革命前进的号角。一开始只是远远地听到，微微地响起，时间一点点地过去，号角越来越雄壮，直到最后整个世界都笼罩在这种震耳欲聋的声响之中，并且以这种噪声为荣，这就是蒸汽机。

纽可门大气式蒸汽机的热效率很低，这主要是由于蒸汽进入汽缸时，在刚被水冷却过的汽缸壁上冷凝而损失掉大量热量，只在煤价低廉的产煤区才得到推广。1764 年，英国的仪器修理工詹姆斯·瓦特为格拉斯哥大学修理纽可门蒸汽机模型时，注意到了这一缺点，于 1765 年发明了设有与汽缸壁分开的凝汽器的蒸汽机。瓦特的创造性工作使蒸汽机的效率提高到原来纽可门机的 3 倍多，煤耗大大下降，使原来只能提水的机械，成为可以普遍应用的现代意义上的蒸汽机。蒸汽机得到迅速发展，自 18 世纪晚期起，蒸汽机不仅在采矿业中得到广泛应用，在冶炼、纺织、机器制造等行业中也都获得迅速推广。它使英国的纺织品产量从 1766 年到 1789 年的 20 多年内增长了 5 倍，为市场提供了大量消费商品，加速了资金的积累，并对运输业提出了迫切要求。

1807 年罗伯特·富尔顿第一个成功地用蒸汽机来驱动轮船。富尔顿生于 1765 年的美国，家里很穷，直到 9 岁才进入学校读书。1789 年，他抵达英国，专门请教大发明家瓦特。1803 年研制出一艘装有 8 马力蒸汽机的轮船，但走走停停。他当时听说拿跛仑准备与英国作战，于是来到了这位法国皇帝面前，建议他建立一支由蒸汽机舰艇组成的舰队，拿破仑可以利用这支舰队无论在什么天气情况下，都能在英国登陆。军舰没有帆能起航吗？这对于那个伟大的科西嘉人来说，简直是不可思议的，因此，他把富尔顿赶了出去。根据英国历史学家阿克顿爵士的意见，这是由于敌人缺乏见识而使英国得以幸免于难的一个例子。如果当时拿破仑稍稍动一动脑筋，再慎重地考虑一下，那么 19 世纪的历史进程也许完全是另外一个样子。

在人类的战争舞台上，古代一直用冷兵器拼搏，近现代又以热兵器较量。然而继体能、热能之后，1945 年美国对日本投下的原子弹又使核能这种幽灵钻出魔盒，进行战争有了第三种巨大能量，其威力之可怕后来发展到简直足以毁灭人类自身的地步。最先揭示出核能量公式的，就是被人称为 20 世纪最伟大的科学天才的爱因斯坦。他以拿破仑的教训来劝说美国总统罗斯福，建议研制原子弹一事，对人类带来的是福是祸，多少年来也成为争论不休的话题。

最早注意到核裂变军事价值的是德国科学家，他们在核裂变研究中也处于世界领先地位。后来，率先研制出原子弹的却不是纳粹德国，主要原因就在于法西斯的残暴把大批科学家推给了美国。1933 年希特勒上台后，疯狂迫害犹太人，在国外访问的爱因斯坦的书也被称为“犹太人邪说”而遭禁，他因此定居美国。费米、波尔、格拉德等科学家也逃出纳粹魔爪，到达了大西洋彼岸。居里夫妇的女婿约里奥(后为法国科学院院长，钱三强的导师)则在德军占领挪威前夕，把制造核弹必需的 200 升重水运到美国，而此时全世界其他试验室中的重水加在一起也不过几升。就此，美国制造原子弹具备了最优越的人力物力资源。

1939 年夏，鉴于欧洲战争爆发在即，匈牙利科学家格拉德担心德国造出核武器，便向美国政府提出应抢先研制，这无异于对牛弹琴，没有这类知识的官员将此建议视为天方夜谭。沮丧的格拉德只好找到爱因斯坦，说服他直接致信总统罗斯福，说明核裂变可制造出威力巨大的新型炸弹。一向敬重爱因斯坦的罗斯福接信后，在 10 月接见了这位伟大的科学家。爱因斯坦如同教师辅导小学生那样讲解核裂变原理，使过去对此一窍不通的总统了解到制造原子弹的可行性。然后，他又将罗斯福的思绪带进了过去的拿破仑岁月中。如果当时炮兵出身的拿破仑接受新技术，创新新武器，那么历史可能重写。通过这次有历史意义的交谈，罗斯福不想成为第二个拿破仑，于是做出了一个重大的决策：要赶在德国人之前造出原子弹。1945 年 7 月 16 日 5 时 29 分 45 秒，就在这一秒，美国引爆了人类第一颗原子弹，如图 1-6 所示。

图 1-6 这是 1945 年 7 月 16 日 5 时 29 分 53 秒，人类第一颗原子弹引爆 8 秒后，形成的蘑菇云的影像。项目主持人罗伯特·奥本海默在看到这场爆炸之后，引述了印度圣典《博伽梵歌》(Bhagavad gita)说："现在我成了死神，世界的毁灭者。"

当初，爱因斯坦和西拉德建议美国研制原子弹，为的是避免纳粹德国抢先研制出原子弹为人类带来灾难。1945 年 5 月 8 日，纳粹德国宣告无条件投降后，西拉德于 7 月联合 60 多位科学家将请愿书紧急送交白宫，希望美国不要使用原子弹。请愿书中写道："一旦它们(原子弹)作为战争工具被使用，那么想要长期阻止原子弹的引诱就很困难了。"然而，这种努力无济于事。虽然当时德国已经投降，但日本却誓死抵抗。美国将军告诉杜鲁门总统(当时罗斯福已经去世)，如果真要入侵日本本土，必然有超过百万美国士兵丧命，战争也会拖到 1946 年。于是，杜鲁门总统下令向日本投掷试验剩余的两颗原子弹。1945 年 8 月 6 日，美军 B-29 轰炸机对日本广岛(参与南京大屠杀、在侵华战争中首先使用化学武器、制造了多次屠城惨案的日军第五师团的主要兵员就是由广岛人组成的，因此也被称为广岛师团)实施了人类第一次原子弹大空袭。8 月 9 日，美军 B-29 轰炸机对日本长崎实施了原子弹大轰炸。据估计，日本两座城市死亡人数为 20 万左右。8 月 15 日，日本宣布无条件投降，第二次世界大战结束。

爱因斯坦终生后悔他签署了给罗斯福的信。第二次世界大战之后，他奔走呼号，呼吁禁止制造和使用核武器。有一名记者曾问他："你认为第三次世界大战将会怎么打?"他回答说："我不知道。但我知道第四次世界大战怎样打，用石头和木棒。"1955 年 7 月 15 日，52 位诺贝尔奖获得者在欧洲聚会发表《宣言》，表达对人类深深的忧虑。《宣言》写道："我们愉快地贡献一生为科学服务。我们相信，科学是通向人类幸福生活之路。但是，我们怀着惊恐的心情看到，也正是这个科学在向人类提供自杀的手段。军事上利用现有的武器可导致放射性物质的扩散，这种扩散将成为整个民族死亡的原因。这种死亡不仅威胁交战国家的人民，同样威胁中立国家的人民。如果大国之间爆发战争，谁能担保战争不会转变为殊死的搏斗。冒昧发动总体战争的国家将加速本身的灭亡，并将给整个世界造成威胁。"《宣言》签名者包括核裂变研究的奠基人博特、哈恩、伊伦娜·居里、约里奥·居里和英国哲学家罗素。其时，爱因斯坦和费米已经去世。科学家在揭示了原子核的奥秘、发现了利用核能的方法之后，他们已无法控制这些科学成果的使用。

事物还有另外一方面。目前已有很多学者认为核武器的存在使得战争成本大幅上升，带来了今天世界令人愉悦的和平发展。有了核武器之后，超级大国之间如果开战，无异于集体自杀。因此，想要武力征服全球也成为不可能的事。而之前，罗马帝国、蒙古大军踏遍亚欧大陆；就在不远的1945年，英国还统治着1/4的地球。核子末日的威胁促进了和平，战争退散，贸易兴旺。因此，他们认为，如果有个最高诺贝尔和平奖，应该把该奖颁给罗伯特·奥本海默以及和他一起研究原子弹的同事。

上面讲了蒸汽机运用到轮船上，并以此类比说服美国政府研究并发明了原子弹，现在我们再回到蒸汽机上来。1800年，英国的特里维西克设计了可安装在较大车体上的高压蒸汽机。1803年，他把它用来推动在一条环形轨道上开动的机车，找来喜欢新奇玩意儿的人乘坐，向他们收费，这就是机车的雏形。英国的史蒂芬逊将机车不断改进，于1825年创造的“旅行者号”牵引着6节煤车、20节挤满乘客的车厢，载重达90吨，时速15英里。这一壮观场面吸引了众多的人前来观看。铁路两旁人山人海，还有人骑着马，打着红旗走在火车前面开道。随着火车的一声鸣叫，它向全世界宣告了铁路时代的到来。1829年，史蒂芬逊试制成功了更为先进的“火箭”号蒸汽机车，该机车拖带一节载有30位乘客的车厢，时速达46千米，引起了各国的重视。蒸汽机在交通运输业中的应用，迅速地扩大了人类的活动范围。

蒸汽机的发明改变了人类文明进程，世界由传统的农业社会逐渐转变为工业社会，人类活动开始越来越紧密地依赖化石燃料。在地球演化进程中只能出现一次的煤，成为世人争夺的特殊财富。蒸汽机让人类获得了从所未有的创造财富的能力，也使地球开始遭受从未有过的环境和生态破坏。如图1-7所示。

图1-7　20世纪初，强大的蒸汽动力激发了人们砍伐美国加州红松的狂热，这幅照片记录了这些千年古树被肢解后离开故土的情景

蒸汽机的出现和改进促进了社会经济的发展，但同时经济的发展反过来又向蒸汽机提出了更高的要求，如要求蒸汽机功率大、效率高、重量轻、尺寸小等。蒸汽机的弱点有：离不开锅炉，整个装置既笨重又庞大；它是一种往复式机器，惯性力限制了转速的提高。更要命的是效率难以提高:由于蒸汽机的锅炉和汽缸是分离的,锅炉在外面燃烧,因此蒸汽机的效率难以提高;加上新蒸汽的压力和温度不能过高,排气压力不能过低;工作过程的不连续导致蒸汽的流量受到限制,也就限制了功率的提高。

尽管人们对蒸汽机做过许多改进,不断扩大它的使用范围和改善它的性能,但是随着汽轮机和内燃机的发展,蒸汽机因存在不可克服的弱点而逐渐衰落。汽轮机以其热效率高、单机功率大、转速高、单位功率重量轻和运行平稳等优点,将蒸汽机排挤出了电站。接着电动机又以其使用方便,代替了蒸汽机在工业设备中的应用。

在蒸汽机发展的同时,有人开始研究把外燃改为内燃,把锅炉和汽缸合并起来,使燃料在机器内部燃烧,也就是不用蒸汽做工作介质,利用燃烧后的烟气直接推动活塞运动,这就是内燃机。这就正好解决了蒸汽机庞大的锅炉与热效率低的问题。

内燃机的发明,产生了动力机的一次新革命。内燃机不仅效率高,而且种类多,用途广泛,它推动了交通运输业革命,使汽车和飞机制造业迅速发展起来。

综上所述,翻开人类发展的历史长卷,可以说,人类文明史就是一部人类生生不息的创新发展史,而创新正是人类文明不断进步的原动力。人类第一次学会拿木棍撬石头,学会钻木取火,自此以后,人们设计了各种工具,机器、汽车、飞机……人类在进化过程中不断地提高着自己的劳动能力,同时也提高了自身的创造才能。在历史上,创新为建立近代科学体系奠定了知识基础;在现代,创新使人类的视野得到了前所未有的拓展。人类的物质文明与精神文明都是人类不断创新的成果,永无止息的创新活动正创造着人类现代文明与更加灿烂的明天。

中国古代文明以及中华民族五千年文明史的形成和连续发展,充分证明了中华民族是一个充满智慧、富于创新的民族。李约瑟对古代中国科技的评价为:“在中国完成的发明和技术发现,改变了西方文明的发展进程,并因而也确定改变了整个世界的发展进程。”狄德罗在《百科全书》中讲道:“中国民族,其历史的悠久,文化、艺术、智慧、政治、哲学的趣味,无不在所有民族之上。据一部分学者的意见,他们所有的优点甚至可以和欧洲最开明的民族抗争。”

在北京周口店发现的用火遗迹,考古学家发现了人类最早用火的证据,把人类用火的历史提前了几十万年。包括五个灰烬层、两处保存很好的灰堆遗存,烧骨则见于有人类活动的各层。此外,还发现烧过的朴树籽、烧石和烧土块,甚至个别石器有烤灼的痕迹。对用火遗迹的研究,可知“北京人”不仅懂得用火,而且有控制火和保存火种的能力。后来在此基础之上,人类学会人工取火,泥地上直径五至六英寸的黑圆圈可说明这一点。到了大约30万年前,用火已是家常便饭。

中国是世界上独立的三大农业文明起源的中心(中国、两河流域与中美洲)之一。《白虎通》说:“古之人民,皆食禽兽肉。至于神农,人民众多,禽兽不足。于是神农因天之时,分地之利,制耒耜,教民农作,神而化之,使民宜之,故谓之神农也。”《新语》说:“至于神农,以为行虫走兽,难以养民,乃求可食之物,尝百草之实,察酸苦之味,教民食五谷。”这些资料都是中国农耕文明初期的反映。由于地域辽阔,中国农业明显地显示出南北两种不同类型:北部以旱作农业为主,耐旱的粟是北方的主要种植物;南部以水稻种植为主。粟和水稻的故乡均在中国。在河南仰韶发掘出的遗址,是中国北方农业起源的典型代表,但这种文化并不仅仅限于河南地区,而是遍及黄河中游的广大地区,西到甘肃洮河流域,东达河北中部。创造了仰韶文化的居民,已由狩猎和采集生活转为定居生活,使用包括石斧、石锄和石磨在内的工具。6500年前,在黄河流域的西安半坡遗址保存有古人种植的粟,而一万多年前的粟则是在北京门头沟区的东胡林发现的。仰韶人同时还饲养猪和狗之类的动物。他们已能利用野生麻类来织布,尽管这种平纹布还十分粗糙。在仰韶文化中,还发现了种类颇多的彩陶,有的陶器上还有类似文字的简单刻画，被认为是中国的原始文字。长江流域的河姆渡遗址则是中国南方农业文明起源的典型代表。在这个遗址中包括大量稻谷、瓶状葫芦以及为数众多的野生植物食物，以及家养的水牛、猪和狗的骨头，还有骨锄和绳纹黑陶。值得注意的是，所有这些遗存样品，都是在潮湿湖岸上的木质建筑中取出的，其中有榫接完好的建筑用木板，可见它已不是最原始的民居了。该遗址保存有7000年前古人种植的稻谷。而一万多年前的水稻发现于湖南省道县玉蟾岩。如果你来到道县，向当地老乡是打听不到玉蟾岩在哪的。为何？这个地方是一个积水的山洞，本来叫蛤蟆坑，考古学家嫌名字不好听，愣是给改成文雅的玉蟾岩。

我国也是最早开始种桑、养蚕、生产丝织品的国家。在那个时候，我国广阔的原野上生长着许多桑树。在桑树上生息着好几种昆虫，它们取食桑叶或蛀食树干。在那些昆虫中，有一种吐丝作茧的鳞翅目昆虫引起了先民的注意，这就是桑蚕。桑蚕取食桑叶后吐丝结茧，把自己包裹起来。人们发现这种茧壳浸湿后，可以拉出长长的银色丝缕，这丝缕可捻成线，也可织成绸。有一种传说认为这个发明人为黄帝的元妃嫘祖，她从中得到了启示，育蚕吐丝以求衣服。这比起当时的衣服原料麻布和葛布来，要漂亮得多了。随着先民生活的定居，人们为了获得更多的蚕茧，即开始了人工饲养，并把蚕移到室内来驯养。我国古籍中常有“农桑并举”的记载，说明统治者对蚕丝业与农耕同样重视。

中国的农业讲究时间，于是产生了节气。孟子曾说：鸡豚狗彘之畜，无失其时，百亩之田，勿夺其时，时之为义大矣哉。孔子也懂得一切人事无失时、勿夺时，欲求顺物性、顺天性，则必求适时。

没有一个历史学家能够轻视中国古代四大发明对欧洲文明进程的深远影响，对欧洲来说，无论是地理大发现、文艺复兴，还是走出中世纪进入现代社会，中国的古代发明都起着至关重要的作用。如图1-8所示，中国为人类贡献了不可缺少的许多重大发明，在相当长的历史时期里，中国发明家引领着技术创新的潮流。从春秋时期到宋代，1800年间中国发明家一直走在世界前列。

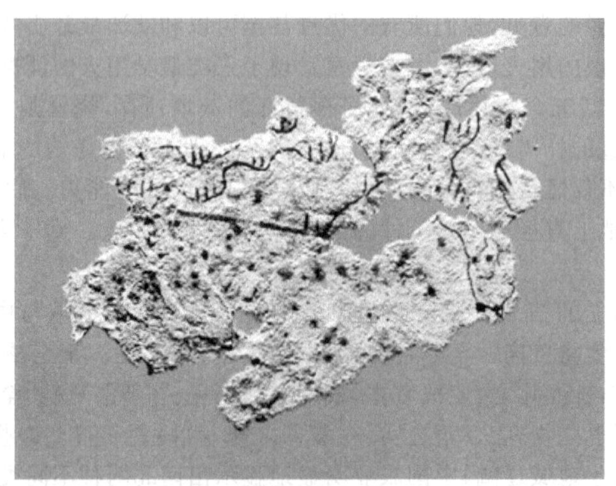

图1-8 现藏于甘肃省博物馆的西汉天水放马滩地图，其用纸是目前世界上最早的纸。其原料为大麻。纸上用墨线绘有山、川、崖、路，是一幅世界最早的纸绘地图

早在5000年前的新石器时代，中国人已经发明了很多今天看来仍然是非常智慧的技术，比如说前面提到的丝绸，在今天仍然没有被任何一种其他的纺织品取代；比如漆器，能够使很多器物的表面被漆防护，使得我们的生活用品，包括我们的餐具更加卫生。《韩非子·十过篇》

曾说："尧禅天下，虞舜受之，作为食器……流漆墨其上……舜禅天下，而传之于禹。禹作为祭器，墨染其外，朱画其内。"还有直到今天还使用的针灸技术。"麻沸散"的发明，使接受手术的病人不再痛苦。《后汉书·华佗传》载："若疾发结于内，针药所不能及者，乃令先以酒服麻沸散，既醉无所觉，因刳破腹背，抽割积聚（肿块）。"利用某些具有麻醉性能的药品作为麻醉剂，在华佗之前就有人使用。不过，他们或者用于战争，或者用于暗杀等，真正用于动手术治病的却没有。华佗总结了这方面的经验，又观察了人醉酒时的沉睡状态，发明了酒服麻沸散的麻醉术，正式用于医学，从而大大提高了外科手术的技术和疗效，并扩大了手术治疗的范围。

我国至少有4000年的铸造史，较早掌握了铸造技术，如夏朝的铸铜、周朝的铸铁。

有实物证据的时间至少是在公元前512年，古代中国人发明了液态生铁冶炼技术，用极其聪明的办法使铁矿石源源不断地变成铁，并且直接铸造成为铁器。这项发明解决了困扰人类千年之久的难题，铁器能够以非常廉价的方式批量生产，使得人类工具的变革真正产生了巨大的社会影响，使铁成为廉价的、通用的、大众能够使用的工具和武器，促进了世界范围内金属工具和兵器的更新，使人类迅速进入铁器时代。

如图1-9所示为西汉时期的铜齿轮，可传递较大的力，现存中国博物馆。

1878年安德烈·雪铁龙（Andre Citroen）出生于法国巴黎，父亲是个珠宝生意人，母亲是波兰人。严格来说，安德烈是个孤儿，因为当他6岁的时候，父亲生意失败自刎，随后母亲也死于伤病。父母双亡让安德烈很早便学会独立，同时年幼的安德烈对机械方面表现出极为浓烈的兴趣。

兴趣是最好的老师。孔子说："知之者不如好之者，好之者不如乐之者。"宋代朱熹在《四书集注》中说："知之者，知有此道也。好之者，好而未得也。乐之者，有所得而乐之也。"孔子在齐国学习韶乐，三月不知肉味，乐在其中。大多成功人士都经历过艰辛的创业过程，其实这个过程中他们也享受到了巨大的快乐，正是这种快乐，最终让他们取得了别人难以企及的成就。

1900年，血气方刚的安德烈马上便要从巴黎的理工大学毕业，一次偶然的机会，他前往波兰探访外婆，无意中发现一家专门生产传动齿轮的工厂里面陈列着人字形齿轮。如图1-10所示，对机械无比熟悉的安德烈，凭着敏锐的触觉一看便知这种特殊的齿轮比普通齿轮有更多可发扬光大的发掘潜力，于是他当机立断决定买断该人字齿轮的发明专利。1912年安德烈开始用人字形齿轮作为雪铁龙公司的商标。

图1-9 西汉的铜齿轮

图1-10 人字形齿轮让安德烈·雪铁龙沉迷其中

1977 年 9 月，湖北随州城郊的一个小山包上，铸造于战国时代的曾侯乙编钟得以重见天日。这从世界音乐史、科技史、冶铸史的角度来看，都产生了最高级别的震撼力。那一天，随州城郊擂鼓墩驻军雷达修理所扩建营房，部队施工打的炮眼距古墓顶层仅差 80 厘米，只要再放一炮，这座藏有千古奇珍的古墓就会永远不复存在。1978 年 5 月 22 日凌晨 5 时，墓室积水抽干后，雄伟壮观的曾侯乙编钟露出了它的真面目：重达 2 567 千克的 65 个大小编钟整整齐齐地挂在木质钟架上，加上横梁、立柱等构件，用铜量达 5 吨之多，这在世界乐器史上是绝无仅有的。如图 1-11 所示。

在古代，世界各地都有钟，但它们都没有成为乐器。这是因为，这些钟的截面是正圆形的，声音持续时间太长。唯独中国的编钟，它的截面像两片瓦合在一起，钟体扁圆，边角有棱，声音的衰减较快，所以能编列成组，作为旋律乐器使用。更神奇的是，曾侯乙墓编钟的每一个编钟都能发出两个不同音高的音，这就是过去一直不为人所知的“双音钟”。曾侯乙墓编钟无可辩驳地证明，在 2500 年前，中国已经有了七声音阶，有绝对高音的概念，有旋宫转调的能力。编钟的发声原理大体是，编钟的钟体小，音调就高，音量也小；钟体大，音调就低，音量也大，所以铸造时的尺寸和形状，对编钟有重要的影响。青铜是一种合金，主要成分是铜，又加进了少量的锡和铅，各种金属成分的微妙的比例变化，对钟的声学性能、机械性能有重大的影响。青铜中锡含量的增加，能提高青铜的硬度。但含量过高，青铜就会变脆，不耐敲击。铜中加铅，可降低熔点，增加青铜熔铸时的流动性，还可以减弱因加锡导致的脆性，使所铸的钟可承受长时间敲击。但是，含铅量过高，钟的音色又会干涩无韵。而曾侯乙编钟里，铜、锡、铅的含量达到了最合理的比例，可见春秋战国时期，人们已经对合金成分与乐钟性能的关系有精确的认识，正因为如此，铸出的钟才音色优美，经久耐用。如图 1-12 为青铜龙耳尊。

图 1-11　曾侯乙墓编钟室

图 1-12　青铜龙耳尊

古代中国人发明的瓷器取代了陶器，为人类抹去了石器时代留下的最后一道痕迹，成为我们这个星球上每个家庭必不可少的用品。

公元前 300 年，古代中国人发明了深井钻探技术，使人类能够获取深藏在地下的财富。直到 17 世纪，欧洲人才从一个荷兰商人口中得知中国的这种钻井技术。1859 年，德里克在美国宾西法尼亚州，用中国的竹缆悬吊铁锤凿岩石的办法钻出第一口油井，他是从在美国修筑铁路的中国劳工那里知道这种技术的。

公元前 3 世纪，中国在水利工程技术方面出现一个重大发明，这就是有名的灵渠。灵渠把湘江水通过坝引到漓江去，这需要不断地提高水位。这个时候出现了最早的船闸技术，在当时叫斗门。中国人发明了最早的船闸。这项技术使得日后人们在大江大河上筑坝的时候，不再截断航运交通，对世界的水利工程和交通运输产生了非常深远的影响。

此外，我国古代还发明了指南车(用来指示方向的一种具有能自动离合的齿轮系装置的车辆)、铜壶滴漏(自动计时装置)、计里鼓车、地动仪、水碾等装置。

但是，中国没有成为近代科学的故乡。12 世纪，北宋张择端以高超的技艺完成了《清明上河图》。当我们仔细欣赏这件稀世瑰宝时，会惊异地发现，画中描绘的房屋、桥梁、船舶、车辆、日用品和生产工具，和 20 世纪 50 年代中国许多地方的情景几乎完全相同。800 年来，中国人的生存方式没有太大变化。从 15 世纪开始，中国明显地落后了，当世界进入蒸汽时代、电气时代之时，中国发明家没有入围。1640 年，中国和英国劳动生产率相近，约为 1∶1。1840 年，当英国完成产业革命，在鸦片战争爆发的时刻，中国和英国劳动生产率之比为 1∶108。这正是中国在这场战争中失败的深层次原因，是以传统农业、手工业为基础的落后生产力同以先进技术发明为基础的生产力之间不对称的较量。1876 年，美国庆祝独立 100 周年的时候，在费城举办国际博览会。在这次博览会上，英国展出最新的蒸汽机车，美国展出大功率电动机和发电机，德国展出加工枪炮的精密机床，而我们展出的是纯银打制的 27 套件耳挖勺和小脚绣花鞋等。这就是时代的差距。

我们现在暂时落后了，落后的原因主要有以下几点。

1. 与农耕经济相适应的农耕文明的制约

长期的小农经济，看天吃饭，周而复始，恒定不变，《击壤歌》词："日出而作，日入而息；凿井而饮，耕田而食。帝力于我何有哉?"塑造了"天不变，道亦不变"的平衡心态及其知足常乐和求稳怕乱的价值取向，于是开拓的激情和创新的冲动消于无形。小农经济本身既不能凭它固有的特性来摆脱传统手工业生产技术的束缚而改用近代机器生产，在小农经济基础上建立的国家，为了维护自己的统治和地主阶级的利益，也不可能主动去促进技术改革。这大概是我国历史上国民经济所以发达，同时也是我国所以始终不曾发生英国 18 世纪那样的产业革命的主要原因。我国的农业生产技术和劳动生产率，直到解放的时候，与历史上两汉魏晋南北朝相比，没有多大差别。例如，我国多数农民每年的生产劳动，从耕种到收获，如犁地、耙地、插秧、收割、打场所用的工具，与中国古代农书如北魏贾思勰《齐民要术》插图上画的没有多大差别。

2. 封建专制政治体制的制约

在人类文明发展史上，中国的科学技术水平曾领先于世界，并出现了一大批科学家，如张衡、祖冲之等。

中国的科举考试这个发明是非常先进并有效的制度。唐朝从进行科举以后，国力强盛，贫穷人家的孩子也可以有出路，这更激发了人民的上进心，对国家是很有好处的。当年西方的聘用官员制度远远没有我们的先进，他们还是向我们学习的。可惜的是这个好经慢慢被念歪了，当年唐朝时的科举考试考题面很广泛，也不乏选择科技人才的科技方面的考试，自汉武帝接受董仲舒狭隘的"罢黜百家，独尊儒术"的建议，并将"以经取士"作为选官的唯一途径后，文化人便被死死地限制在"四书五经"之中，越到后来(至清末)，科举考试越变了形，认为科学是"奇技淫巧"，这时便再难产生出求异的思维。

从明代的特务统治到清代的"文字狱"，都在很大程度上抑制了创新冲动。见于记载的"文字狱"即达七八十起。如此之"文字狱"，怎不使文人心惊胆战，唯恐哪句话或哪本著作招来杀身之祸，更遑论创新发展了。

3. 国家实行封闭政策不利于中国人创新思维的发展

世界的发展史就是一部开放的历史。20 万年前地球上出现智人,7 万年前智人走出非洲,1 万年前地球上适合人类居住的地方都有人居住,这期间人类文明的发展是非常缓慢的,之后是什么加快了发展的进程呢?就是大航海。因为大航海把世界连在一起,不同地区的不同文明开始对话,而人类对话是人类文明进步的源泉,从而大大加快了人类的进步。中国在人类历史上领先了上千年,19 世界末成为列强肆意瓜分的对象,究其根本则是“闭关锁国”。20 世纪 70 年代末,邓小平同志开创性地提出了改革开放的总路线,在邓小平同志的领导下,改革开放极大地调动了亿万人民的积极性,使中国实现了从高度集中的计划经济体制到充满活力的社会主义市场经济体制、从封闭半封闭到全方位开放的历史转折。

中外历史证明,国家只有开放,才能使国家获得多方面的新信息,产生认识上的飞跃,创造出新的科技成果。西方的科技正是在这样的背景和基础上迅猛发展起来的。唐代社会各个方面都洋溢着一种开放的广阔气象,它吸纳外来文明,传播自己的文明,完全是一种刚健的形态。大唐文化有着世界性的地位和影响。唐代与东亚、西亚各国交往的空前盛况各种史书中记载得十分详尽丰富。唐代文化对日、韩影响极大。它的传递起源于日、韩主动的“要求”,它们主动派遣留学生,主动搬用唐律法、制度、生活模式,甚至文字。但当时中国的大部分统治者,实行严密封闭的“愚民政策”。行政封闭和思想禁锢使中国与国外缺乏信息交流,中国人信息不灵通,与外界交流少,思维方式处于长期封闭的状态,中国科技落后就不可避免了。

郑和下西洋是明成祖朱棣命三宝太监郑和从 1405—1433 年期间率领 240 多艘船、27 000 人、共计 28 年的海上航行,他们曾到过印度尼西亚、印度、波斯湾、红海,最远到达印度洋的彼岸——东非。郑和下西洋是中国第一次走向世界,是一次大发展的机会。郑和的航行之举远远超过将近一个世纪之后的葡萄牙、西班牙等国的航海家,如麦哲伦、哥伦布等人,堪称“大航海时代”的先驱。哥伦布在 1492 年发现新大陆的航行中,只有三条小船,120 名成员,如果相遇,躲还怕来不及呢。当时最先进的造船技术(1405 年的时候,可造载客上千人的木船)、最强大的海军,为何时隔多年之后,在清末挨打?缘于国家实行封闭政策:“国初立法,寸板片帆不许下海。”中国自开放的明成祖之后就不准下海,实行海禁,所以中国最好的船烂在海里,最先进的航海技术也被抛弃。

咸丰、同治年间,从太平天国内乱到外国势力入侵,发生在中华大地上的种种事变,使隔岸观火的日本人明白了一个道理:避免外国势力入侵的最好办法,不是提心吊胆地闭关锁国,而是要不遗余力地发展自己。与中国历代皇帝“海禁”的对外政策相反,日本明治天皇的“国策”是:“开拓万里波涛,布国威于四方。”这个“国策”多少年后仍没有改变:控制朝鲜半岛以冲出小岛踏上亚洲大陆,进而控制蒙满,最后侵略整个中国。

4. 拒绝学习西方先进的科学技术,不进则退

中国领先了 2000 年,过分内视造成了自我陶醉和盲目自大,到明末清初时中国人与外界交往都是盲目乐观,以一种“傲视蛮夷、泱泱大国舍我其谁”、夜郎自大、目空一切、以自我为中心的态度,因为他们发现全世界没有任何地方比他们先进。长期处在这样的情形下他们能不骄傲自满吗?他们还能向别人学习吗?一方面,人们自欺欺人,拼命鼓吹中华文化的优势,愚昧地沉醉其中;另一方面,蔑视和仇视外来的西洋文化,嗤为“惟小技耳”,形成鸦片战争前后全力抵抗西洋文化的社会主流格局。

“道光十四年八月庚申,卢坤奏英商律劳卑来粤,致书称大英国,请暂停贸易。谕是之。”(见《清史稿》宣宗本纪)。就是因为英国人自称是大英帝国,大清皇帝便恼羞成怒,马上就中断

了中英贸易关系。在同时代的日本，腐朽没落的幕府政权也差点走上跟中国同样的道路。然而日本由于没有中国那种源远流长的文明自负，有识之士很快求得变通之法，停止跟西方的无谓对抗，虚心向西方学习，在中国走向没落的时候却强化了自己，最终成为东亚霸主。

近代以来，西方一些国家之所以发展迅速，成为强国，就是因为他们通过文艺复兴和启蒙运动等思想运动，使人们从封建专制和神学统治中解放出来，观念发生了根本的转变，为创新、为人类智慧和才能的发展铺平了道路。

历史进入了新的一页，在经历了 18 世纪末的运输和机械化生产革命、19 世纪末大规模生产的电气革命，以及 20 世纪 60 年代的计算机革命之后，人类发明了互联网，全球迎来“第四次工业革命”，中国首次与发达国家站在同一起跑线上。“中国制造 2025 规划 ”与第四次工业革命的碰撞，是机遇也是挑战。2016 年，达沃斯论坛创始人施瓦布表示，中国应注重创新，“我发现，中国也在十三五规划中提出了把握住第四次工业革命所需要的一些方面，包括建立创业型和创新型经济等。”能够抓住此次全新的工业革命所带来的机遇，中国就会是明天的赢家。

总之，纵观人类的进步史和中华民族的发展史，不难发现，生机勃勃的发展时期总是充满人文科学和科学技术的创新，发展和进步总是伴随着创新而存在。美国《创新爆炸》一书认为“当今世界，一切经济价值、经济增长和经济战略实力均源于创新”。哪一个民族和国家善于创新，哪个民族和国家就会发展、会强大；反之，死气沉沉，墨守成规，因循守旧，就要落后、挨打。哪一个民族和国家在某一时期善于创新，这个时期就发展、就强大；反之，哪个时期它自满、僵化、教条，创新能力就会衰退，就会走向落后。

第二节 创新的特征与基本原理

一、什么是创新

1. 创新的来历

“创新”一词最早出现在《南宋·后妃传》中，意思是创立或创造新东西。新华词典中说创新是抛弃旧的，创立新的。其实，对旧的不完全是抛弃，更确切的应是扬弃。创新的英文是“innovation”，起源于拉丁语，它有三层含义：更新、创造新的东西、改变。

创新作为一种理论，形成于 20 世纪。著名的创新学者美国哈佛大学教授熊彼特，在 1912 年第一次把创新引入了经济领域。他从经济的角度提出了创新，认为创新是一种生产函数，实现从未有过的组合。管理学家彼得·德鲁克认为：创新是有系统地抛弃昨天，有系统地寻求创新机会，在市场的薄弱之处寻找机会，在新知识的萌芽期寻找机会，在市场的需求和短缺中寻找机会。应以企业家的精神组织企业的创新活动。

2. 创新的定义

创新是指人类为了一定的目的，遵循事物发展的规律，对事物的整体或其中的某些部分进行变革，从而使其得以更新与发展的活动。创新思维是指以新颖独创的方法解决问题的思维过程，通过这种思维能突破常规思维的界限，以超常规甚至反常规的方法、视角去思考问题，提出与众不同的解决方案，从而产生新颖的、独到的、有社会意义的思维成果。

二、创新的特征

创新是由人、新成果、实施过程、更高效益四个要素构成的综合过程，是创新主体为某种目的所进行的创造性的活动，它的特征有以下几个。

1. 明确目的性

人类的创新活动是一种有特定目的的生产实践。比如，科学家进行纳米材料的研究，目的在于发现纳米世界的奥秘，提高认识纳米材料性能的能力，促进材料工业的发展，提高人类改造自然的能力。

一个产品的创新要以顾客需求为目的。只有始终把自己的服务对象——顾客的需求和市场的需要作为企业创新的终极目标，设身处地地为顾客着想，想方设法使自己的产品和服务能够为顾客带来更多方便、更多价值、更高效率，这样的创新才有生命力。这才是企业创新的正确方向，也是企业成就百年基业、超越竞争对手的不二“法宝”。例如，在一个小饭馆吃饭时，见到该饭馆饮水机上的纯净水桶是一个中间带着椭圆形手柄、容积较通常笨重的纯净水桶小许多的“迷你型”水桶。这种颇具人性化的创新设计，不但小巧、新颖、别致，更重要的是有利于人们尤其是老年人和小孩等力气不大的人更方便、安全地将其放在饮水机上使用。又如，德国一家企业申请了一项可以自动“增长”的童鞋的发明专利，这种鞋子最长可以增长 2 厘米，并且价格与普通鞋子相差无几。这项颇具创新性的鞋子，有效缓解了小孩子脚长得快与鞋子寿命长的矛盾。

2. 价值取向性

价值是客体满足主体需要的属性，是主体根据自身需要对客体所做的评价。创新的目的性使创新活动必然有自己的价值取向。创新活动的成果满足主体需要的程度越大，其价值越大。一般说来，有社会价值的成果，将有利于社会的进步，如伦琴射线与 X 光透视等。

3. 综合新颖性

新颖性，简单的理解就是“前所未有”。用新颖性来判断劳动成果是否是创新成果时有如下两种情况。

(1) 主体能产生出前所未有的成果的特点。科学史上的原创性成果，大多属于这一类。这是真正高水平的创新。

(2) 指创新主体能产生出相对于另外的创新主体来说是新思想的特点。例如，相对于现实的个人来说，只要他产生的设想和成果是自身历史上前所未有的，同时又不是按照书本或别人教的方法产生的，而是自己独立思考或研究成功的成果，就算是相对新颖的创新。

二者没有明显的界线。照相机的发明者爱德华·兰德说，“一个人若能达到发明或思考对自己来说是新东西的程度，那么就可以说他完成了一项创造性行为”；杜威说，“一个三岁的儿童发现他能用积木做什么事情，或者一个六岁的儿童发现他能够把五分钱和五分钱加起来成为什么成果，即使世界上人人都知道这种事情，他也是一个发明家”。

4. 高风险

技术创新活动涉及许多相关环节和众多影响因素，从而使得创新的结果呈现随机性，这意味着技术创新带有较大的风险性。美国的一份研究报告曾经断言，美国的每十个专利中，只有一个能变成创新。事实上，许多企业的产品开发成功率往往都较小，即使在西方发达国家，比如美国，企业产品开发成功率也只有 20%～30%。

技术创新之所以是一项高风险的活动，是因为技术创新需要相应的投入，而且这种投入有时不只局限于技术的研究开发阶段，还可能延伸到生产经营管理阶段和市场营销阶段，如投资生产设备、培训生产工人、开辟营销网络等。这些投入能否顺利实现价值补偿，则受到许多不确定因素的影响，既有来自技术本身的不确定性，也有来自市场、社会、政治等方面的不确定性，这就可能使技术创新的投入难以得到回报。

高技术行业里的核心竞争力不再是高端的设备流水线，而是知识产权。我国许多高科技的行业，虽然产值相当大，但是利润相当低，而且主要核心技术不在企业手里。在芯片等几个行业，国内企业就是组装，组装以后再销售出去。譬如计算机，我们一台计算机可能仅赚6个苹果的钱；许多芭比娃娃几十美元，整个是在国内做的，而我们的企业却可能只赚3毛钱；国内的服装产业里80%的服装是贴牌生产的，外国品牌一纸合同就赚了百分之几十的利润，而我们的企业只赚几元钱；中国2亿人打工，但只是制造业的人海战术，产值只占世界制造业的百分之几，而美国是1 000万人打工，产值却占了世界的20%强。

三、创新的基本原理

1. 创新是人脑的一种机能和属性——与生俱来

大脑是创新的源泉。人的一切心理现象或者创新意识、创新精神等都是人脑的一种基本功能，是与人类自身进化而同步形成的客观天赋。

2. 创新是人类自身的本质属性——人人皆有

创新是人的本性，创新是人类的本质，创新是人类与自然交互影响中形成的一种自然禀赋。创新无处不在，无人不有，无时不有。创新就在我们身边。人人都是普罗米修斯。

3. 创新是可以被某种原因激活或教育培训引发的一种潜在的心理品质——潜力巨大

人的潜在创新能力一旦被某种因素激活或教育引导，都可能导致巨大创新能量的发挥。《国歌》中说："中华民族到了最危险的时候，每个人被迫着发出最后的吼声，起来！"唐朝诗人卢纶在《塞下曲》中这样描写李广将军："林暗草惊风，将军夜引弓。平明寻白羽，没在石棱中。"典故是这样的：远远看去烟雾缭绕，一只老虎向李广他们扑来，李广开弓放箭，射向老虎，过了一会儿，其他人上前察看，这哪是老虎啊！是一块石头，一箭过去已把石头射成两半，大家都惊呆了！回去后到处传，有的人不相信，再让李广射石头，结果1箭、2箭……20箭，石头依然射不开。这个典故说明危机可以激发创造力。

第三节　创新教育与人才培养

习近平同志提出，"当今世界，科技进步日新月异，国际竞争日趋激烈。特别是经历了历史上罕见的国际金融危机，各国纷纷调整发展战略，更加注重科技进步和创新驱动。当今世界的综合国力竞争，说到底是人才竞争，人才越来越成为推动经济社会发展的战略性资源，教育的基础性、先导性、全局性地位和作用更加突显。'两个一百年'奋斗目标的实现、中华民族伟大复兴中国梦的实现，归根到底靠人才、靠教育。源源不断的人才资源是我国在激烈的国际竞争中的重要潜在力量和后发优势"，"人是科技创新最关键的因素。要把人才资源开发放在科技创新最优先的位置"，"要按照人才培养规律改进人才培养机制，'顺木之天，以致其性'，避免急功近利、拔苗助长"。

当年发明家爱迪生做了一套测验题用来招聘员工，都是一些有关基本事实的问题。1921年，当爱因斯坦到美国波士顿访问时，他被记者问到"爱迪生测验题"中的一题：声音的传播速度是多少？这是一个爱因斯坦最有资格回答的问题，但是他却说：我没有必要记住这个答案，因为它在书中可以找到。爱因斯坦接着说了这样一句名言："大学教育的价值并不是学习很多事实，而是训练大脑学会思考。"他的意思是，在教育中，学会思考比学会知识重要得多。

1. 21 世纪教育的特点

高等院校、科研部门和企业是培养创造型人才的摇篮,而科研部门和企业的人才大多来源于高等院校。培养 21 世纪的创新人才,高等院校的创新教育是极为重要的一环。联合国教科文组织曾作过调研及预测,21 世纪高等教育具有五大特点。

(1) 教育的指导性。打破注入式塑造学生的局面,强调学生发挥特长,自主学习。教师从传授学生知识的权威变为指导学生学习的顾问。

(2) 教育的综合性。不满足于传授和掌握知识,强调综合运用知识解决问题的综合能力培养。

(3) 教育的社会性。教育由封闭的校园转向开放的社会,由教室转向图书馆、工厂等社会活动领域。现代高科技信息网络技术促进远程高等教育的发展,使人们在计算机终端前可以实现自己上大学或进修学习的愿望。

(4) 教育的终身性。信息时代的到来,使人类进入了知识经济的新时代。知识的迅速更替,创新的不断加强,使人们的学习行为普遍化和社会化。为了生存、竞争,就必须不断学习,将一次性的学校教育转化为全社会的终生教育。

(5) 教育的创造性。为适应科技高速发展和社会竞争的需要,建立重视能力培养的教育观,致力于培养学生创新精神和提高创造力。

2. 改革与发展创新教育是主旋律

当前,世界上许多国家都在研究面向新世纪的高等教育改革与发展的问题。改革与发展创新教育是主旋律。

麻省理工学院是美国最富创造力的“发明家”大学。学院的师生走在现代科学技术的最前沿,在加利福尼亚硅谷地区,有 1/5 的员工受雇于麻省理工学院毕业生领导的公司。激励麻省理工学院师生不断向前的是由学术抱负、先锋精神融合而成的校风。

近几年国家教育部组织进行的教学调查结果表明,我国高等学校的学生在校期间虽然学了很多知识,但可应用于创造性劳动的知识太少。据统计,我国近年来涌现出的发明家大多在 45 岁以上,而按科学技术发展史来看,创造能力发展的最佳阶段为 25～45 岁。一方面,我们每年培养了几百万名大学生;另一方面,在年轻人中只出现为数很少的发明家。这种状况表明,我们的高等教育对创造发明能力的培养是非常薄弱的。究其原因,其中很重要的是从小学到大学的教学方法存在着严重的弊端。专家指出:人才模式的改革实际上是人才的培养目标、培养规格和基本培养方式的改革,它决定着高等学校所培养人才的根本特征。人才培养改革的重点,是要加强对学生的素质教育和创新能力培养,鼓励学生的个性发展。

3. 创新能力是人才培养的核心

为适应 21 世纪人才培养的要求,必须更新教育思想和转变教育观念,探索新的人才培养模式,加强高校与社会、理论与实际的联系,从以传授和继承知识为主的培养模式转向加强素质教育,拓宽专业口径,着力培养学生的主动获取和运用知识的能力、独立思维和创新能力,融传授知识、培养能力、提高素质为一体的具有时代特征的人才培养模式。

(1) 创新人才的关键特征

科学技术贵在创新和探索,勇于创新和善于探索是创造型人才的主要特色。美国犹他大学管理学教授赫茨伯格,通过分析几十年各行各业涌现的大量创新人才的实例,总结出了创新人才的关键特征。

① 智商高,但并非天才。智商高是创新的先决条件,但未必是天才;智商过高可能有害于创新,因为常规教育成绩超群,会妨碍他寻求更多的新知识。

马克思说:“哲学家和搬运夫之间的原始差异,不过就像家犬和野犬之间的差异。”这说明一般人与人之间生理机制上的先天差异是微乎其微的。但是,我们也不能否认,有极个别人的生理机制与一般人的先天差异,确实是很大的。比如,不久前,国外科学家经过解剖发现爱因斯坦的大脑结构就是与众不同。我们必须老老实实地承认、正视这一点。要不然,我们就无法解释“出生于并且生活在同一个家庭里,接受同样教育的亲兄弟姐妹,智力发展水平差别很大甚至相差悬殊”这种非常普遍的事实。

中国古代,宋朝的方仲永,据王安石在《伤仲永》一文中说,他家祖辈务农,从没有人接触笔墨纸砚。可到四五岁时,他却出乎人们意料地能写出非常好的诗来,并且“自是指物作诗立就,其文理皆有可观者”,时人感到非常惊讶和不可思议。

类似这样的“神童”,古今中外,确实存在。但是,能称得上是“神童”的,那只是儿童中的极少数、极个别,可以说是凤毛麟角。我们不能把“神童”这个概念泛化,把这个概念的内涵和外延任意扩大。更不能偷换概念,把通过那些任意超越孩子的心理发展水平,进行“强制性”的“掠夺式”智力开发,经过单一的超强化训练,而培养出的能提前认识千八百个汉字或有点什么特长的孩子,也都称之为什么“神童”。学龄前儿童认识千八百个汉字或有点什么特长,并不是什么难事,经过一定的培养、训练,差不多所有没有遗传性生理缺陷的孩子都可以做得到。那些孩子只能算作“比较聪明或很聪明的孩子”,不能称之为“神童”。

我们应该明白,即便是有的孩子经过超强度、单一的训练,在某一个方面的智力发展水平超过了一般同龄的孩子,但由于教育措施和要求超越孩子的年龄特征和心理发展水平,这便是以牺牲其他方面的发展为代价拔苗助长得来的,这是一种“泡沫优势”,是虚假的,不会保持很长的时间,不会有发展的后劲。就是那些被大众传媒“炒”得“烫手”的“神童”,过不了多长时间,大都由“神童”回归到了“凡人”群里。

相反,生物学之父、进化论的提出者达尔文,据说智商一点也不高。现在科学研究发现,创造力是可以学习的。英国剑桥大学分子生物学实验室(MRC)出了大概 14 个诺贝尔奖得主,他们是通过互相学习来提高创造力的。

② 有理想,有抱负。成吉思汗说:“只要是长草的地方,就要让它变成我的牧场。”

袁隆平(图 1-13)是当代当之无愧的大科学家,他和他的“杂交水稻”对民生来说,是最实实在在的贡献,其直接效果是养活了几亿人。而他的“杂交水稻”却开始于一个“超级梦想”。袁隆平曾这样描述过自己的梦想:“我做过一个梦,梦见杂交水稻的茎秆像高粱一样高,穗子像扫帚一样大,稻谷像葡萄一样结成一串串,我和我的助手们一块在稻田里散步,在水稻下面乘凉。”

实际上,企业也可以成功创造戏剧般的梦想。微软公司的梦想,就是在“每个桌面、每个家庭都有一台个人电脑”;福特公司的梦想就是“让每个人都能买得起汽车”。而这些企业愿景式的梦想,都是以雄心壮志激发潜能的结果。总之,企业有梦想,就是实现梦想的第一步。梦想开启未来!实干成就梦想!

所以现在有一段话送给为梦想而奋斗的人:当我骑自行车时,别人说路途太远,根本不可能到达目的地,我没理,半道上我换成小轿车;当我开小轿车时,别人说,朋友,再往前开就是悬崖峭壁,没路了,我没理,继续往前开,开到悬崖峭壁我换飞机了,结果我去到了任何我想去的地方。

③ 善出难题,不谋权威。创新人才善于给自己出难题,而不追求权威地位和自我形象。在科学知识急剧增长的时代,创新人才的专长,有赖于不断学习来维持。驻足于以往的成就,是发扬创新精神的主要障碍。

懒惰平庸的人往往不是不动手脚,而是不动脑筋,这种习惯制约了他们走向成功的可能。

图 1-13 袁隆平与他的杂交水稻

相反，那些成大事者都养成了勤于思考的习惯，善于发现问题、解决问题，甚至让问题成为机遇。可以说，任何一个有意义的构想和计划都是出自思考，而且，每个人都有思考的机会。一个不善于思考难题的人，会遇到许多取舍不定的问题；相反，正确的思考能产生巨大作用，可以决定一个人应该采取什么样的行动。

正确思考往往蕴含于取舍之间，成功有时仅仅在于捕捉了一次别人忽视了的机遇，而机遇的捕捉，关键在于你是否具有强于他人的思考力。

所以，计划、目标或者成就，都是思考的产物。没有杰出的思考，是不会克服习惯性思维的。当你能轻松驾驭你的思考力时，一切都会是那么简单。

世界著名未来学家约翰·奈斯比特倡言："在信息时代，我们需要的技能是：学习如何思考，学习如何学习以及学习如何创造。"

④ 标新立异，不循陈规。创新人才不能靠传统做法建功立业。创新事业往往是"前无古人"，而惯于在陈规许可范围内工作的人，则把精力消磨于重复性的劳动中。

⑤ 甘认不知，善求答案。承认自己不知道是创新的起点，创新须借助"不知道"带来的压力。

南隐是日本的一位有名的大禅师。一天，有一位教授前来问禅，入座后大禅师请教授喝茶，在禅师给教授倒茶时，教授手中的茶杯被斟满后禅师仍不停地倒，水很快流了一地，教授慌忙提醒说："大禅师，不能再倒水了，杯子早就满了。"这时，大禅师方停住，然后对教授说："你现在满腹经纶，就跟这装满水的茶杯一样，我跟你讲再多，你还听得进去吗？"

如果我们是带着一种渴望、虔诚、敬重、勤勉的态度学习时，那么不仅对学到的知识终身不忘，同时还会自动地将其内化，积极践行，遵奉不怠。这样的学习，自然会让我们获益匪浅。因此，良好的学习效果首先来自良好的学习态度，而良好的学习态度关键来自我们的"空杯"思想。所谓"三十辐共一毂，当其无，有车之用。挻土以为器，当其无，有器之用。凿户牖以为室，当其无，有室之用"。也就是说，正因为轮毂的中空，才能插进辐条，做成车轮而有了车的作用。揉和陶土做器皿，正因为有了器皿的中空，才有了器皿的作用。开凿门窗建造房屋，正因为有了门窗四壁的中空，才有了房屋的作用。同样的，我们要是能虚怀若谷、永不自满，时刻保持空杯思想，就一定能长久保持旺盛的学习力，最大限度地发挥学习的作用。

⑥ 以干为乐，清心寡欲。创新人才能从自己的工作中取得快乐，会积极自娱于自我探索、追求和成就，避免在其他方面多费精力。马云在公司内部也常常讲：很傻很天真地坚持自己的想法，很猛很持久地干下去。

所有的地球人都是爱迪生的受惠人。我们不仅在生活上接受他的恩惠和利益，最重要的是我们继承了他的精神遗产。爱迪生献身科学、淡泊名利。在研制电灯时，记者对他说："如果你真能造出电灯来取代煤气灯，那你一定会赚大钱。"爱迪生回答说："一个人如果仅仅为积攒金钱而工作，他就很难得到一点别的东西——甚至连金钱也得不到！"他一直被称作现代电影之父，可是在电影界人士为他 77 岁寿辰举行的盛大宴会上，他说："对于电影的发展，我只是在技术上出了点力，其他的都是别人的功劳。"

唐太宗贞观年间，长安城西的一家磨坊里，有一匹马和一头驴子。它们是好朋友，马成天在外拉东西，驴在屋里拉磨。贞观三年，这匹马被玄奘大师选中，出发经西域前往印度取经。17 年后，这匹马驮着佛经回到长安。它重回磨坊会见驴子朋友。老马谈起这次旅途的经历：浩瀚无边的沙漠，高耸入云的山岭，凌峰的冰雪，热海的波澜……那些神话般的境界，使驴子听了极为惊异。驴子惊叹道："你有多么丰富的见闻啊！那么遥远的道路，我连想都不敢想。"老马说："其实，我们跨过的距离是大致相等的，当我向西域前行时，你一步也没停止。不同的是，我同玄奘大师有一个坚定的目标，按照始终如一的方向前进，所以我们看到了广阔的世界，而你被蒙住了眼睛，一直围着磨盘打转，所以永远也走不出这个狭隘的天地。"

⑦ 积极解忧，不信天命。挫折、失败常常伴随在创新的全过程中，创新人才需要相信自己，不随波逐流或听天由命。

爱迪生胸襟开阔、善处逆境。针对自己的耳聋不便，他说："走在百老汇的人群中，我可以像幽居森林深处的人那样平静。耳聋从来就是我的福气，它使我免去了许多干扰和精神痛苦。"1914 年某天晚上，爱迪生的电影实验室突遭火灾，损失巨大。爱迪生安慰伤心至极的妻子说："不要紧，别看我已 67 岁了，可我并不老。"

我国台湾歌手萧煌奇，他的《你是我的眼》这首歌深深地打动了我们。但打动我们的不是他的经历，而是他隐藏在内心深处的那份真挚的感情。他看不见，歌声却动人；他看不见，内心却坚强；他看不见，感情却真诚。如果非要问为什么的话，那只能是因为他用心看世界。正是因为看不见，才不会被世间的一切所迷惑，才不会迷失心灵，从而心底一片明净，这世界才会如同他们的歌声一样美好。

⑧ 才思敏锐，激情迸发。激情是人对所历、所见和所闻提高认识的概念化感受，是生命的最充分的延伸。创新人才才思敏锐、激情迸发才能进入佳境。

(2) 培养创新意识

创新活动首先来自强烈的创新意识。创新人才应善于发现矛盾，勇于探索，敢于创新。创造并非少数杰出人才的专利，要相信人人都有创造力，人人都可以搞发明创造。许多"小人物"搞发明的故事，已给我们很多启示。

诺贝尔物理学奖获得者詹奥吉说："发明就是和别人看同样的东西却能想出不同的事情。"我国著名教育家陶行知先生在《创造宣言》中提出，"处处是创造之地，天天是创造之时，人人是创造之人"，鼓励人们破除迷信，敢于走创新之路。

具有敏锐的洞察力，善于发现已有的事物或原理，用以解决矛盾，这也是创新意识的体现。山东有位名叫王月山的炊事员观察到灶里的煤火燃烧不旺时，只要拿铁棍一拨，火苗从拨开的洞眼蹿出，火一下就旺起来。后来，他用煤粉做煤球煤饼时，在上面均匀地戳几个通孔，不仅火烧得旺，而且节省燃煤。大家熟悉的蜂窝煤就是这样发明的。

(3) 提高创造力

创造力是人的心理特征和各种能力在创造活动中所表现出的综合能力。提高创造力应从培养良好的创造心理、了解创造思维的特点、掌握创造原理和创造技法等方面着手。创造力受智力因素和非智力因素的影响。

创造能力绝非仅是一种智力特征，更是一种性格素质，一种精神状态，一种综合素质。吉尔·福特认为："从狭义上讲，创造力是指最能创造人物特征的各种能力……而具备种种必备能力的个体，实际上能否产生具有创造性质的结果，还取决于他的动机和气质特征。"有人对世界上 320 名诺贝尔奖奖金获得者所具备的共同的素质作归纳，发现每个成功者的内在素质中既有智力因素(认知系统)也有非智力因素(动力系统)，有的甚至是非智力因素对其事业成功起了决定性作用。每一个教育工作者在工作过程中，不能重此轻彼，要全面发展学生的综合素质，以利于学生创造能力的培养。

习题

1. 什么是创新？创新有哪些基本原理？

2. 人类的历史就是一部创新的历史。请结合你所知道的中外历史，讲讲创新。

3. 阅读下面几段材料，分析各自与创新有何关系：

(1) 人类向往飞翔，向往飞向星光闪烁的地方。在东方与西方神话传说中，神都会飞：希腊神话中的神利用翅膀飞，阿拉伯故事《天方夜谭》中的神施魔法踏毯而飞，中国的神则乘白云飞……在我国山东省嘉祥县出土的东汉时期武梁祠石刻画像中，有一幅《雷神出巡图》，众多天神推着雷神安坐云朵在天空疾行。100 多年前，一位穷苦的牧羊人带着两个幼小的儿子替别人放羊为生。有一天，他们赶着羊来到一个山坡上，一群大雁鸣叫着从他们头顶飞过，并很快消失在远方。牧羊人的小儿子问父亲："大雁要飞到哪里去？"牧羊人说："它们要去一个温暖的地方，在那里安家，度过寒冷的冬天。"大儿子眨着眼睛羡慕地说："要是我们也能像大雁这样飞起来就好了。"小儿子也说："要是能做一只会飞的大雁该多好啊！"牧羊人沉默了一会儿，然后对两个儿子说："只要你们想，你们也能飞起来。"两个儿子试了试，都没能飞起来，他们用怀疑的眼神看着父亲。牧羊人说："让我飞给你们看。"于是他张开双臂，但也没能飞起来。可是，牧羊人肯定地说："我因为年纪大了才飞不起来，你们还小，只要不断努力，将来就一定能飞起来，去想去的地方。"两个儿子牢牢地记住了父亲的话，并一直努力着。等到他们长大——哥哥 36 岁、弟弟 32 岁时，他们果然飞起来了，因为他们发明了飞机。

(2) 1821 年，德国乡村一个农家女孩拿着妈妈的木梳在家门口玩耍。她拿了两个纸片，一上一下贴在木梳上，然后，把它放在嘴唇上，谁知呜里呜啦竟吹出了声。恰巧，一位名叫布希曼的音乐家路过此处，被这奇妙的声音吸引住了。他仔细端详了小女孩的杰作，回家后，就按小女孩的木梳、中国古笙和罗马笛的发音吹奏原理，用象牙制作了世界上第一把口琴。

(3) 欧洲一度疟疾流行，使得治疗疟疾的特效药"奎宁"奇缺。英国化学家柏琴试图通过人工合成的方法制造奎宁。他经过多次试验都失败了。有一次试验失败后，他在清洗试验装置时不慎将试验液体溅到了衣服上，他用了很多方法想清除这些污渍，但都没有成功。他发现这种物质能够使织物牢固地着色。他虽然没有能够如愿地发明人造"奎宁"，但却无意中发明了人工合成染料的方法。

第二章　克服思维定式　激发创新潜能

由于创新思维的本质在于对现有思维方式的超越，因此阻碍思维创新的主要因素必然地来自被超越者——思维方式本身。

2013年7月17日，习近平同志在《在中国科学院考察工作时的讲话》中指出，“学贵知疑，小疑则小进，大疑则大进”。要创新，就要有强烈的创新意识，凡事要有打破砂锅问到底的劲头，敢于质疑现有理论，勇于开拓新的方向，攻坚克难，追求卓越。

第一节　创新思维的障碍：思维定式

每个人在日常生活中都有各种各样的思维模式。如果单从表面上看，它是一件小事，不太引人注意，但很多人败就败在思维模式上。美国成功学大师拿破仑·希尔说：“思维能够成就一个人，也能够摧毁一个人。”这说明思维的力量是巨大的。

我们先讲几个故事。

泰坦尼克号有一个致命的思维错误。错在哪儿呢？他们认为船造得越大就越不会沉，越不会翻。其实只有两种情况下船不会沉。第一种情况是这个船造得更大，大得跟那个水塘一样大，它就不会沉、不会翻了，但也失去了用船航行的意义，就只能摆在那里当酒店之类的东西。有一次国际上有一场海战，甲方打乙方，打这艘船，再怎么打，打了无数发炮弹就是打不沉它。什么原因？它搁浅了。所以，第二种情况是，搁浅了自然就不会沉了。泰坦尼克号在这个思维前提错误的情况下，肉眼看到冰山了，方向转不过来；船要沉了，必要的救生艇、救生衣没带够。这就是思维摧毁了一船人。

亚洲一家穷人，在经过了几年的省吃俭用之后，他们积攒够了购买去往澳大利亚的下等舱船票的钱，打算到富足的澳大利亚去谋求发财的机会。为了节省开支，妻子在上船之前准备了许多干粮，因为船要在海上航行十几天才能到达目的地。孩子们看到船上豪华餐厅的美食都忍不住向父母哀求，希望能够吃上一点，哪怕是残羹冷饭也行。可是父母不希望被那些用餐的人看不起，就守住自己所在的下等舱门口，不让孩子们出去。于是，孩子们就只能和父母一样在整个旅途中都吃自己带的干粮。其实父母和孩子一样渴望吃到美食，不过他们一想到自己空空的口袋就打消了这个念头。旅途还有两天就要结束了，可是这家人带的干粮已经吃光了。实在被逼无奈，父亲只好去求服务员赏给他们一家人一些剩饭。听到父亲的哀求，服务员吃惊地说：“为什么你们不到餐厅去用餐呢？”父亲回答说：“我们根本没有钱。”“可是只要是船上的客人都可以免费享用餐厅的所有食物呀！”听了服务员的回答，父亲大吃一惊，几乎要跳起来了。如果他们当时肯问一问就不至于一路上都啃干粮了。他们不去问船上的就餐情况，最根本的原因就是他们没有去问的勇气，因为他们在自己的脑子里早就为自己设了一个限制——

穷人是没钱去豪华餐厅里享受美味食物的，于是他们就错过了十几天享受美食的机会。

1965年，苏联的心理学家包达列夫曾经做过一个试验：把同一张照片给两组大学生看，对第一组说“这是一位大科学家的照片”，对第二组说“这是一个大罪犯的照片”。结果，第一组学生一致认为那双深邃的目光表明他思想的深度，突出的下巴表明在科学研究道路上克服困难的决心；第二组学生一致认为，那双深陷的眼睛流露出他内心深处的仇恨，突出的下巴表明死不改悔的决心。对同一张照片之所以会有截然相反的描述，原因在于之前两种不同的介绍，使两组学生形成了截然相反的心理定式。心理定式是一定心理活动所形成的准备状态，它决定同类后继心理活动的趋势。思维定式就是从心理定式发展而来的。

思维转换是形成创新思维的一条重要途径。苏东坡游庐山，发现路回峰转，观察的角度不同，庐山的山山水水也呈现出不同景象。有感于此，他写下了著名的诗句：“横看成岭侧成峰，远近高低各不同。”许多科学上的发现、发明和创造，都是自觉不自觉地运用从不同角度观察事物的方法的结果。如图2-1所示。

图 2-1 横看成岭侧成峰，人生之路，换个角度也可以美到极致

思维对人们的生活有巨大的影响，因为它在一贯地、不知不觉地、成年累月地影响着人们的生活。当人在思考问题时，必然地会将头脑中所储存的知识和信息之间建立某种联系。这种联系每发生一次，都会使其得到巩固和加强，并最终形成一种习惯性思维。这种思维如同条件反射一样，使人碰到类似的问题，就回到老路上去，重复同样的思维线路。

在课堂上，老师对学生说，现在有一个聋哑人，又聋又哑，说不出话来，也听不见。他到五金商店去买一个钉子，他说不出话就怎么办？比画。人家就给他一个锤子。他摇手，不，他是要买钉子，他就使劲比画。就这点东西，不是锤子，肯定就是钉子，给他了，他非常高兴。老师接着说，同学们，下面又有一个盲人，他要买剪刀，我们怎么用最简洁的方式来表达？同学们说，老师、老师，我们知道，现在不能这样比画了。要这样比画。全班同学都赞成这样比画。老师说他不需要比画，他直接说买剪刀，因为他是盲人，嘴巴会说是吧。你看前面用的是比画，把你的思维引进，引进什么，引进比画的习惯性思维上了。

思维定式对于解决经验范围内的一般性、常规性的问题具有积极作用。它使人们能够熟练地运用以往的经验，驾轻就熟，简洁、快速地处理问题。但是，它对于那些超出经验范围的非常规问题，对那些需要运用新的思路和办法创造性地加以解决的问题，则是一种障碍。它使人们跳不出框框，打不开思路，限制了人们的创造性思考。爱因斯坦曾说过：停留在出现问题的思维上不可能解决出现的问题，如果不首先改变自己的思维框架，由简单的非此即彼的线性思维转向“复杂”的环环相扣的系统思维，那么就永远不能摆脱“怪圈”的阴影。在现代社会中，要想创造卓越的成就，就必须从培养良好的思维方式、突破固有的思维模式入手，也就是突破思维障碍来实现创新。

一、思维定式概述

思维定式是一种广泛存在的现象，古来有之，将来也不可能消失。所谓思维定式，就是按照积累的思维活动经验教训和已有的思维规律，在反复使用中所形成的比较稳定的、定型化了的思维路线、方式、程序、模式。它有如下两个特点：一是思维模式，即通过各种思维内容体现出来的思维程序、模式，既与具体内容有联系，却又不是具体内容，而是许多具体的思维活动所具有的逐渐定型化了的一般路线、方式、程序、模式；二是强大的惯性或顽固性，不仅逐渐成为思维习惯，甚至深入到潜意识，成为不自觉的、类似于本能的反应。就像物理学里的惯性一样，思维惯性也是很顽固，不容易克服的。

下面是电视节目中的一道智力测试题，这个练习能说明习惯性思维障碍的害处。

请你回答：

① 用两个阿拉伯数字 1 能组成的最大数字是什么？11，恭喜你答对了！

② 用 3 个 1 能组成的最大数字是什么？111，恭喜你又答对了！

③ 用 4 个 1 组成的最大数字是什么？1111，对不起，你答错了。

错在哪里？错在你犯了习惯性思维的错误。尽管前两道题你都答对了，但是你接着按照前面的方法去回答，以为把 1 前后排列起来总能获得正确的答案，那就是被自己误导了，正确的答案应是 11 的 11 次方。

要想使自己变得聪明起来、要想进行创新，就必须自觉地打破习惯性思维的障碍，主动去寻求新的思维方式。

在一次回答物理学家弗朗克为什么会成为名人的问题时，爱因斯坦说："空间、时间是什么，别人在很小的时候早已搞清楚了。但我智力发育迟，长大了还没有搞清楚，于是一直在揣摩这个问题。结果也就比别人钻得深一些。"由此可见，爱因斯坦之所以能够在科学上取得卓越成就，一个重要原因是，他不满足于前人传授下来并且认为已经搞清楚了答案的知识。爱因斯坦有句名言："常识只不过是人们在 18 岁以前聚集在心头的一堆成见。"

屈从于常识与思维定式，满足于既有答案的人永远不可能第一个发现思维王国的奇观，犹如整天徜徉于推土机开出的通衢大道的人，绝对欣赏不到优美醉人的林海仙境一样。

思维定式对于创新思维来说是很大的障碍，阻碍新思想、新观点、新技术、新形象的形成与传播。因此，必须把思维定式当作创新思维的枷锁、大敌，及时地给予破除。

二、阻碍创新的几种思维定式

1. 传统定式

在第一章中提到的美国铁路轨距的设计就是传统的产物。从美国铁路轨距宽度的传统可以看出，传统观念、传统习惯的形成不一定有科学根据，往往并不是有意识这样做的，而是不自觉、下意识、约定俗成的。如果创新思维遇到这样的传统问题，因为这是传统而拒绝改变，那就成为传统定势，不将之破除，创新思维就无法正常进行；如果创新思维与它没有什么关系，那它就只是一个传统习惯，破除与否，无关紧要，更没有必要花费大量资金去变更一切现有的铁路设施。

从秦始皇统一中国开始，之后的两千多年，皇帝们，除了明成祖朱棣，都是眼睛向内，不看世界。两千年只看内不看外的惯性思维的危险就在于，习惯成自然，反正是老祖宗传下来的，人们在做的时候便不问为什么，这使得中国失去了很多发展的机会。前中国驻法大使、外交学院原院长吴建民曾说过："今天的中国，要消除封闭的惯性。有些人讲起来慷慨激昂，说改革开放三十多年，大钱都被洋人拿走了，中国人挣的是血汗钱。这些话听起来似乎有道理，按照这些话的思路再深入地想下去，改革开放对还是不对？按照这些人的逻辑，那中国还是要回到封闭最好。回到封闭的状态，那不就完了吗？习近平总书记讲得好：'改革开放是实现中华民族伟大复兴的关键一招。'中国发展只能一步一步来，你一下子能跳到高端吗？不可能。大的开放思路要违背了，那不行，中国要倒霉。要警惕封闭的思维，长期封闭的惯性思维自觉不自觉地影响人的行为。"

不能说现有的各种传统观念、习惯都是好的，必须继承，也不能说它们都是坏的，应当抛弃；而是应当具体分析，继承优良传统，破除落后观念、不良习惯，发挥对社会有益的一面，抑制、抛弃有害的一面。

2. 书本定势

北宋时期著名政治家赵普是宋太祖赵匡胤的谋士、宰相，智囊团的头儿，曾为太祖出谋划策，发动陈桥兵变，拥立太祖赵匡胤。宋太祖死后，赵匡义当皇帝，别人认为赵普一生只读《论语》，不学无术，再当宰相不恰当。宋代罗大经写的《鹤林玉露》卷七中说："太宗尝以此论问普。普略不隐，对曰：'臣平生所知，诚不出此。昔以其半辅太祖定天下，今欲以其半辅陛下致太平。'"每本书都具有无穷多的内涵可以发挥出来，所以只需用"半部《论语》"，就足以论证"治天下"过程中的千万种具体政策和现实措施。

在学习方面，犹太人是全世界的榜样。犹太人对教育极为重视，对知识、对书无比重视。犹太人将学习视为信仰的一部分，每一个犹太人都必须会读书。犹太人自1世纪被罗马人奴役，开始流离失所，流浪全世界，直至1947年才回到现在的家园。在2000年的流浪历史中，一切都被掠夺了，只有书和知识是夺不走的财富，是可以随身携带而且终身享用的财产。在中世纪时期，犹太人就消灭了文盲，成为全世界最早消灭文盲的民族。就是这些因素使得犹太民族在全世界流浪了两千年，却是全世界独一无二没有乞丐的民族。"胸有文墨怀若谷，腹有诗书气自华"，你的气质里藏着你曾读过的书。因此，这个民族的整体素质比其他民族要高出一筹，全世界的富人恨他们太聪明，穷人恨他们太有钱。塔木德就是犹太智慧的基因库，塔木德本身的含义就是"钻研"或"研习"。塔木德认为："学习是至善行为，是美德的本源，一个人的虔诚、至善、平和、优雅都是靠后天教育的结果。"

马克思说，人只有有了欣赏音乐的耳朵，才能够欣赏音乐。每个人所拥有的世界，同每个人所拥有的知识、理论、修养是密不可分的。中国古话"君子坦荡荡，小人长戚戚"，西方类似的话为"仆人眼中无英雄"。为什么君子坦荡荡？那是因为君子心中有老子、孔子、庄子、孟子，养我浩然之气，万物皆备于我。为什么小人长戚戚？因为他只知道张三李四，叽叽喳喳，尔虞我诈，蝇营狗苟。为什么仆人眼中无英雄？因为英雄有英雄的事业，英雄有英雄的情怀，不理解英雄的事业，不懂得英雄的情怀，当然就"眼中无英雄"。北国风光，千里冰封，万里雪飘。这是毛泽东在《沁园春·雪》中对自然的礼赞。接着毛泽东写历史人物：惜秦皇汉武，略输文采，唐宗宋祖，稍逊风骚，一代天骄，成吉思汗，只识弯弓射大雕。俱往矣，数风流人物，还看今朝！这是政治家博大而深邃的情怀。

创新思维不是凭空产生的，必须以现有的科学技术和文学艺术为基础和前提。迄今为止，现有的科学技术成果绝大多数是有丰富实践经验和掌握了大量已有的科学技术知识的科学家、工程师们创新思维的产物；现有的文学艺术作品绝大多数也是知识渊博、生活经历丰富的作家、艺术家创新思维的结晶。这是任何忽视、贬低教育，否认书本知识在创新思维中重要作用的人都根本改变不了的客观现实。一般而言，创新大都是发现原有的科学技术有缺点或错误，克服、排除了缺点和错误，前进一步而实现的。

但尽信书不如无书。《史记·廉颇蔺相如列传》载："赵括自少时学兵法，言兵事，以天下莫能当。"而他因"纸上谈兵"使得赵军 40 万人被歼，这件事说明"读书破万卷"也不见得"做事若有神"，弄得不好，书读得越多反而创新能力越差。

兵法能够告诉我们许多战术，但是，任何兵法都不能告诉我们，在目前这次具体的战斗中，究竟应该采用哪一条战术。或者反过来说，在这次具体的战斗中，我们所要采用的任何一种战术，都能够从兵法上找出根据来。

岳飞曾经说过，兵书当然是要读的，然而更关键的是"运用之妙，存乎一心"。《兵法大全》你读过，我也读过，但是，这绝不意味着我们俩具有同样的指挥能力。在这次具体的战斗中，应该采用兵法中的哪一条呢？是应该用增灶法呢，还是应该用减灶法？是应该"穷寇勿追"呢，还是应该"除恶务尽"？兵法能告诉我们吗？不能！

马谡善于军计，是高级咨询参谋人才，被任命为参军，他的"攻心为上，攻城为下；心战为上，兵战为下"战略建言，七擒孟获。但他没有实战经验，拘泥于兵法教条。《三国志》中描述孔明"违众拔谡"，派其镇守街亭。在守街亭的战斗中，马谡认为，应该在山头上立营寨，以便"凭高视下，势如破竹"；而同行的王平则认为，应该在山下的路中间立下营寨，"使贼兵不得偷过"。双方都能举出兵书上讲的道理作根据。接下来的问题是，如果在山上立寨，结果会怎样呢？王平认为，敌军来围，截断水道，则我军军心自乱，不战而溃；但是马谡的看法正相反，如果敌军截断水道，则我军就会背水一战，以一当十，"置之死地而后生"。双方同样引经据典，讲得头头是道。如果单纯从兵书的观点来看，双方的立场同样无懈可击，然而，作战的实际结果就截然不同了。结果是失了街亭，马谡被斩。

现有的科学技术和文学艺术是人类认识世界、改造世界经验教训的总结，通过书本、教育世世代代流传、继承下来，避免了从头重新摸索。因此，通过这些书本保存下来的科学技术和文学艺术是人类的宝贵精神财富，必须认真学习和继承，只有这样才能站在前人的肩膀上乃至巨人的头顶上继续前进。

我们既要学习书本知识，接受书本知识的理论指导，又要防止书本知识可能包含的缺陷、错误或落后于现实的局限性。1979 年诺贝尔物理学奖的获得者、美国物理学家伯格说过一段很值得人们深思的话："不要安于书本上给你的答案，要尝试下一步，尝试发现有什么与书本上不同的东西。这种素质可能比智力更重要，它往往成为最好学生和次好学生的分水岭。"学习新知识，不能盲目迷信书本，应勇于质疑问题。勇于提出问题，这是一种可贵的探索求知精神，是创造的萌芽。人们常说："真理诞生于一百个问号之后。"而马克思的座右铭恰恰就是："怀疑一切。"

3. 经验定势

我们生活在一个经验的世界里。在一般情况下，经验是处理日常问题的好帮手，也正因如此，在各类招聘广告中，经常要特别注明"三年以上的实际工作经验"之类的话。

据说，意大利航海家哥伦布读了马可·波罗的《东方见闻录》后，一心想到东方去寻找财富。1492 年 8 月 3 日，41 岁的哥伦布受西班牙王室派遣，带着给印度君主和中国皇帝的国书，率领三艘百十来吨的帆船，从西班牙巴罗斯港扬帆出大西洋，直向正西航去。在船队横越大西洋的两个多月的航程中，大家看到的，除了茫茫海水，还是海水茫茫。大陆在哪里？什么时候才能够停靠到海岸边？谁心里都没有底。人们不免都有些忐忑不安，生怕越往西航行，离家乡越远，再也不能返回大陆。正当恐惧情绪在水手中蔓延时，一天傍晚，一群鹦鹉从人们的头顶上掠过，朝着东南方向飞去。有位经验丰富的老水手兴奋地提醒哥伦布说，我们快要到陆地了，因为鹦鹉是要飞到陆地上过夜的。鹦鹉飞去的方向一定有陆地，他建议朝那个方向驰去。哥伦布坚定地点点头说："没错！转舵！"哥伦布指挥船队追踪鹦鹉的方向，1492 年 10 月 12 日大约凌晨 2 点，船队终于停靠到一块陆地，最终发现了美洲大陆。

经验让哥伦布发现了美洲大陆。但他当时相信发现的这个小岛就位于东南亚海外，属于"Indies"（印度地方，包括今天印度、中南半岛及东印度群岛等地），所以他把当地人称为"Indians"（这正是美国原住民称为"印第安人"的由来）。一直到他过世，他都不承认自己发现了新大陆。不论是对他还是对当时的人而言，说他发现了一个完全不为人知的新大陆，这根本难以想象。当年，哥伦布向西航行，依靠的仍然是旧的世界地图，以为全世界在地图上都能找到。千百年来，不管是伟大的思想家还是学者都相信《圣经》是不会犯错的，而在《圣经》上只有欧洲、亚洲与非洲。人们都不会相信伟大的《圣经》居然会漏了半个世界而只字未提。应该说，哥伦布凭经验找到了美洲大陆，但书本定势却让他并不认为自己完成了发现新大陆的壮举。

我们通常把在各种实践中所获得、积累的一切感受、体验、认识统称为经验。经验定势是理解、处理问题时往往会不由自主地按照以往的经验去做的一种思维习惯，以后遇到与其相似的情况，往往都不由自主地回忆起来，成功的继续去用，失败的往往不再去重复。这是在动物那里就有的一种本能。成功的不一定就是合理的、符合科学的，失败的也不一定就是不合理的、违反科学的。

经验主义是近代哲学史上的一种重要的世界观、方法论，认为一切认识只能来源于经验，贬低、否认理性认识的意义。经验主义与理性主义之间的斗争在近代哲学史上占有重要地位。《驮盐巴过河的驴子》为经验主义害死人的经典案例。《伊索寓言》中有一个故事。一头驴驮着两大包盐过河。重重的盐把它压得头昏眼花。过河的时候，它一不小心倒在了水里，挣扎了半天都没能站起来。它绝望了，索性躺在水里休息了起来。过了一段时间，驴感到背上的盐越来越轻，最后，竟毫不费力地站了起来。驴高兴极了，为自己获得宝贵的经验而庆幸。后来，又有一次，它驮着两大包棉花过河，想起上次过河的情景，就故意倒下身去，躺在水里一动不动。过了一会儿，它想背上的棉花一定变轻了，便要站起来，但再也站不起来了。驴的悲剧就在于把过去的经验用于解决当前问题。经验主义的出发点是狭隘的局部的经验，往往表现为不重视理论知识的指导作用。

为什么"初生牛犊不怕虎"？那是因为它没有经验，没有见过老虎，也不知道老虎的厉害，把老虎当成一个普通的"侵略者"，于是本能地弓腰低头用角去撞，也许老虎会被这种意想不到的抵抗弄得不知所措、落荒而逃。而老牛深知老虎的厉害，于是遇虎后，骨酥腿软，乖乖地成为老虎的盘中餐。因此，有时经验少反而是一个优点，是"敢闯敢干"的代名词。

相传，古印度的舍罕王打算重赏国际象棋的发明者——宰相西萨·班·达依尔。于是，这位宰相跪在国王面前说："陛下，请您在这张棋盘的第一个小格内，赏给我 1 粒麦子；在第二个小格内给 2 粒，第三格内给 4 粒，照这样下去，每一小格都比前一小格加一倍。陛下啊，把这样摆满棋盘上所有 64 格的麦粒，都赏给您的仆人罢！"国王慷慨地答应了宰相的要求。这位宰相到底要求的是多少麦粒呢？宰相所要求的，竟是全世界在两千年内所产的小麦的总和！如果造一个宽 4 米，高 4 米的粮仓来储存这些粮食，那么这个粮仓就要长 3 亿千米，可以绕地球赤道 7 500 圈，或在日地之间打个来回。国王哪有这么多的麦子呢？他的一句慷慨之言，成了他欠宰相西萨·班·达依尔的一笔永远也无法还清的债。正当国王一筹莫展之际，王太子的数学教师知道了这件事,他说:"陛下,其实,您只要让宰相大人到粮仓去,自己数出那些麦子就可以了。假如宰相大人一秒钟数 2 粒,数完 18 446 744 073 709 551 615 粒麦子所需要的时间,大约是 2900 亿年。就算宰相大人日夜不停地数,数到他自己魂归极乐,也只是数出了那些麦粒中极小的一部分。这样的话,就不是陛下无法支付赏赐,而是宰相大人自己没有能力取走赏赐。"国王恍然大悟,当下就召来宰相,将此方法告诉了他。宰相沉思片刻后笑道:"陛下啊,您的智慧超过了我,那些赏赐,我也只好不要了!"当然,最后宰相还是获得了很多赏赐。

案例

思维的"冰点"

美国一家铁路公司,有一位调车员叫尼克,他工作认真负责,不过有一个缺点,就是他对自己的人生很悲观,常以否定的眼光去看世界。有一天,同事们为了赶着去给老板过生日,都提早急急忙忙地走了。不巧的是,尼克不小心被关在了一辆冰柜车里,无法把门打开。于是他在冰柜里拼命地敲打着、叫喊着,可由于除他之外全公司的人都走完了,没有一个人来给他开门。尼克的手敲得红肿,喉咙喊得沙哑,也没有人理睬,最后他只得绝望地坐在地上喘息。他想,冰柜里的温度在零下 20 摄氏度以下,如果再不出去肯定会被冻死的。他愈想愈可怕,最后只好用发抖的手,找来纸和笔,写下了遗书。在遗书里,他写道:"我知道在这么冷的冰柜里,我肯定会被冻死的,所以……"当第二天公司职员打开冰柜时,发现了尼克的尸体。同事们感到十分惊讶,因为冰柜里的冷冻开关并没有启动,而这巨大的冰柜里也有足够的氧气,尼克竟然被"冻"死了!其实尼克并非死于冰柜里的温度,尸检报告也显示没有被谋杀或急病猝死的可能,那么是什么原因呢?他是死于自己心中的冰点。因为他根本不敢相信这辆一向轻易不会停冻的冰柜车,这一天恰巧因要维修而未启动制冷系统。他的不敢相信使他连试一试的念头都没有产生,而坚信自己一定会被冻死。他死于自己的思维定式。

当然,也有一个在冰库里的工人因别人记得她而被救下来了的真实故事。一位女士在一家肉类加工厂工作。有一天,当她完成所有工作安排,走进冷库例行检查时,突然,一个不幸的时刻到来,门意外地关上了,她被锁在里面,淹没在人们的视线中。虽然她竭尽全力地尖叫着、敲打着,她的哭声却没有人能够听到。这个时候大部分工人都已经下班了,在冰冷的房间里,没有人能够听到里面发生的事。5 个小时后,当她濒临死亡的边缘,工厂保安最终打开了那冷库的门,奇迹般地救了她。后来她问保安,他怎么会去开那门,这不是他的日常工作。他解释说:"我在这家工厂工作了 35 年,每天都有几百名工人进进出出,但你是唯一一位每天早晨上班向我问好、晚上下班跟我道别的人。许多人是视我为透明人而看不见的。今天,你像往常一样来上班,简单地跟我问了声'你好'。但下班后,我却没听到你跟我说'明天见'。于是,我决定去工厂里面看看。我期待着你的一声'嗨'和'再见',因为这话提醒着我我是谁。没听到你的告别,我知道可能发生了什么。这就是我到处找你的原因。是不是予人良善,终得福报呢?"

空 城 计

《三国演义》第九十五回。其情节为街亭失守,司马懿大军直逼西城,诸葛亮无兵御敌,却大开城门,并在城楼抚琴,司马懿疑有埋伏,遂退兵。次子司马昭曰:"莫非诸葛亮无军,故作此态?父亲何故便退兵?"懿曰:"亮平生谨慎,不曾弄险。今大开城门,必有埋伏。我兵若进,中其计也。汝辈岂知?宜速退。"司马懿身经百战,若论带兵打仗的经验,比当时的司马昭丰富得多,但正是这些与诸葛亮多次交战的过程形成的经验禁锢了司马懿的大脑,使他做出了错误的判断。很多人嘲笑司马懿在空城计上面的谨慎,但是你反过来想想是谁最后赢得了天下?

空城计是不可能一直摆下去的,长期摆下去又会在别人的头脑中形成了新的经验。

化学家巴斯德解决蚕瘟问题

19世纪中叶法国的养蚕业曾一度陷入可怕的蚕瘟危机,即将结茧的蚕身上长出一粒粒像胡椒面一样的小斑点,一批批地萎缩死去,延续了二十多年,使法国的养蚕业濒临毁灭。法国政府先后请了许多昆虫专家商讨对付蚕瘟的对策,其中包括大名鼎鼎的昆虫学家法布尔。专家们根据自己的丰富知识和经验,提出了不少以往对付类似蚕瘟的行之有效的办法,如用煤油去熏蚕吃的桑叶,将硫黄、木炭灰、烟灰等撒在蚕身上等,但这次却没有什么效果。1865年秋天法国政府请来化学家巴斯德。他毫不掩饰地承认自己对昆虫学一窍不通,虚心地向法布尔请教。经过对病蚕的反复观察,认为蚕瘟可能与蚕身上的小斑点有关。他把病蚕与健康蚕分别加水磨成浆,放在显微镜下观察,发现病蚕有一种椭圆形细菌,健康蚕则没有。由此他意识到蚕瘟就是这种传染性细菌引起的。于是,他分析了蚕生长发育各阶段的特点后认为,必须在蚕蛾产卵阶段就采取措施:把每个蚕蛾产的卵都隔离开,放在显微镜下观察,凡发现有那种椭圆形细菌的都烧掉,只把没有那种细菌的作为蚕种。蚕农们按照他的做法,经过6年的努力,终于消灭了蚕瘟。法布尔得知消息后非常吃惊,既为自己沿用老经验备觉遗憾,也对巴斯德的创举深感钦佩,感慨地说:"巴斯德真是个了不起的承认自己一无所知的榜样……看来,开始时对某个问题一无所知,是解决这个问题的理想起点。"当然,对法布尔感慨的说法要正确理解,他说的"一无所知"仅仅是从某个专业的角度说的,不是指各个方面都"一无所知",关键是指不要受专业方面书本知识与经验定势的束缚与禁锢。

要提高对经验定势的认识,把经验与经验定势区分开来。经验是宝贵的,越丰富越好,而经验定势却不一定起好作用,虽然在处理常规问题时可以提高效率,避免或少走弯路,但对创新思维却常常起限制、禁锢作用。只要提高了对它的警惕,就可以减少甚至避免对创新思维的束缚。

4. 权威定势

据646年成书的佛经《大唐西域记》记载,释迦牟尼诞生时,向四方行七步,一手指天,一手指地,高声说:"天上天下,唯我独尊!"人类是社会性动物,有人群的地方就有权威。人类的社会活动需要权威。如恩格斯在批判反权威主义者时所说:"一方面是一定的权威,不管它是怎样形成的,另一方面是一定的服从,这两者都是我们所必需的,而不管社会组织以及生产和产品流通赖以进行的物质条件是怎样的。"恩格斯举例说:"能最清楚地说明需要权威,而且需要最专断的权威的,要算是在汪洋大海上航行的船了。那里,在危险关头,要拯救大家的生命,所有的人就得立即绝对服从一个人的意志。"

权威是必要的,权威定势却是要不得的,因为它是不假思索地以权威的是非为是非,是束缚创新思维的重要枷锁。我们要做到既尊重权威,又不迷信权威、不受权威束缚。

日本的小泽征尔是世界上著名的音乐指挥家。在他成名以前,一次,他去欧洲参加指挥家大赛。在决赛时,他被安排在最后一个出场。台下坐满了观众,他们大多是来自世界各地的音乐大师。评委会交给他一张乐谱。小泽征尔全神贯注地挥动着指挥棒,以世界一流指挥家的风度,指挥着世界一流的乐队演奏具有国际水平的乐曲。演奏中,小泽征尔突然听到乐曲中出现了一处不和谐的地方。他以为是乐队演奏错了,就指挥乐队停下来重奏一次。但是,他仍觉得不自然。在场的作曲家和评委都郑重声明乐谱没有问题。面对几百名国际音乐大师,小泽征尔考虑再三,坚信自己的判断是正确的。"不!一定是乐谱错了!"他的喊声刚落,评判台上的评委们立即站起来报以热烈的掌声，祝贺他大赛夺魁。

原来，这是评委们精心设计的，目的是试探指挥家是否能够坚信自己的正确判断。他们认为只有具备这种素质的人，才是真正的世界一流的音乐指挥家。前面的参赛者虽然也发现了问题，但是在国际音乐大师面前，都放弃了自己的意见。只有小泽征尔不迷信权威，相信自己，果敢地做出正确的判断，因而获得了这次大赛的桂冠。

5. 从众定势

“从众”定势即没有或不敢坚持自己的主见，总是顺从多数人的意志。这是一种广泛存在的心理现象。郑渊洁去参加一个作家笔会，在会上作家们大谈自己看过的书，有人问他，你有没有看过某个作家的书？他摇摇头。对方大惊：你连他的书都没看过你怎么写作？轮到郑渊洁发言时说：我最近在看库斯卡雅的书，特受启发，你们看过吗？70%的人点点头。然后郑渊洁说：这个名字是我瞎编的。

从众定势的形成有着深远的根源。人类是从群居动物进化来的，群居动物必须服从群体意志，少数服从多数是维护群体意志的基本准则，任何个体一旦脱离群体就难以生存。人类社会更是如此。产生阶级后，奴隶主、封建帝王利用掌握的权力把他自己的意志强加给全社会，成为社会意识，奴隶、农民的个人意志受到严重摧残。统治者希望自己的臣民们思想一致、步调一致，敢于“反潮流”“标新立异”的往往要受到严厉的制裁和惩罚。这是奴隶社会、封建社会发展缓慢的思维层面的根源。

“中庸之道”在中国的历史上长期占据统治地位，其中虽有丰富内涵，包括良好的精神、心理境界，不能简单地等同于“从众”，但“枪打出头鸟”“出头的椽子先烂”“木秀于林，风必摧之”等谚语、成语所表明的风气，无疑是其内容之一，对于“反潮流”“标新立异”“力排众议”等创新品质是一种无形的限制、排斥与打击。思维上的“从众定势”，使得个人有一种归宿感和安全感，能够消除孤单和恐惧等有害心理。在生活和工作中，采取多数人的看法、做法与态度，也是一种比较保险的处世态度，跟着众人，如果说的对、做得好，那自然会分得一杯羹；即使说错了、做得不好也不要紧，在众人面前不丢面子或大家共同承担，无须自己一人承担责任。同时，与周围的人态度、做法保持一致，既可以避免纷争，保持和谐、团结，一旦出了问题甚至犯了法，也可以“法不责众”。

奶奶看到孙女拿勺子用左手，就说女孩子用左手吃饭不好，这其实就是因为我们的社会是一个从众定势较强的社会，人们认为“右撇子”是正常状态而要把“左撇子”硬性地纠正过来。其实左手的闲置是人类自身能力资源的巨大浪费。训练左手更能挖掘右脑知觉、直观、形象思维的潜能。

案例

莫言获奖讲的故事

莫言在获得诺贝尔文学奖时讲了一个故事。有八个外出打工的泥瓦匠，为避一场暴风雨，躲进了一座破庙，外边的雷声一阵紧似一阵，一个个的火球，在庙门外滚来滚去，空中似乎还有吱吱的龙叫声，众人都胆战心惊，面如土色，有一个人说：“我们八个人中，必定有一个人干过伤天害理的坏事，谁干过坏事，就自己走出庙接受惩罚吧，免得让好人受到牵连。”自然没有人愿意出去，又有人提议道：“既然大家都不想出去，那我们就将自己的草帽往外抛吧，谁的草帽被刮出庙门，就说明谁干了坏事，那就请他出去接受惩罚。”于是大家就将自己的草帽往庙门外抛，七个人的草帽被刮回了庙内，只有一个人的草帽被卷了出去，大家就催这个人出去受罚，他自然不愿出去，众人便将他抬起来扔出了庙门。故事的结局我估计大家都猜到了，那个人刚被扔出庙门，那座破庙轰然坍塌。

毛毛虫也从众

法国科学家约翰·法伯曾做过一个著名的有趣的“毛毛虫试验”。有一种被昆虫学家称为行列蛾的昆虫，它们的幼虫就是毛毛虫。法伯把若干个毛毛虫放在一只花盆的边缘上，首尾相接，围成一圈；花盆周围不到6英寸的地方，撒了一些毛毛虫喜欢吃的松针。毛毛虫开始沿着盘子爬行，每一只都紧跟着自己前边的那一只，既害怕掉队，也不敢独自走新路。一个小时过去了，一天过去了，毛毛虫还不停地坚韧地团团转。一连走了7天7夜，终因饥饿和筋疲力尽而死去。这其中，只要任何一只毛毛虫稍微与众不同，便立即会过上更好的生活(吃松叶)。

如果有一个毛毛虫破除尾随的习惯向其他方向爬行觅食，就可以避免惨剧发生。人也是这样，决不能一条巷子走到底，要善于另辟蹊径。数学家欧拉为探求12次方程的计算方法夜以继日地算瞎了双眼。而数学家高斯只用了1个小时就找到了这种计算方法，大家惊叹不已，高斯说：“一切都不用奇怪，要是我不改变计算方法，我的眼也会瞎的。”人们以“毛毛虫思路”为鉴戒，激发求异思维。

新生活从选定方向开始

比塞尔是西撒哈拉沙漠中的一个小村庄，它靠在一块1.5平方千米的绿洲旁，从这里走出沙漠一般需要三昼夜的时间。然而，在肯·莱文发现它之前，这里的人们没有一个走出沙漠。据说，不是他们不想离开那儿，而是尝试了很多次都失败了。肯·莱文对此表示难以置信，于是他亲自做了个实验，他从比塞尔向北走，结果三天半就走了出来。这使得比塞尔人惊悟：原来他们中根本没有人向北走过，每一个试图走出沙漠的人都是沿着他前面那个人走过的路线走的，从来也没有人想过另辟蹊径。如今的比塞尔已经成了一个旅游胜地，每一个到达比塞尔的人都会发现一座纪念碑，那上面镌刻的碑文是：“新生活是从选定方向开始的。”

善于形成比较，提高利润

有许多人一起开山，大多数人将石头卖给他人建房用，另一个人则运到码头卖给花鸟商人。后者比其他人赚的钱多好几倍，因为他发现山上的石头形状很美。

后来不准开山了，村里人都种果树，而他却种柳树。因为他发现好水果不难收购，但是水果商却为没有柳筐装水果用而烦恼，所以他又比其他人多赚了很多钱。

不久之后，有一条横贯南北的铁路从这山里通车。村里人都在谈论要自组一个水果制品加工厂时，他却在自己家的地里砌了一道长百米、高三米的墙。这道墙面向铁路，背依翠柳，两旁是一望无际的万亩梨园。坐在火车上的人，在欣赏盛开的梨花时，都会在那堵墙上看到4个大字：“可口可乐”。这是方圆500里山川内唯一一个广告，也是最具特色的一个路牌广告。因此，他每年仅靠这个广告便可获得4万元的收益。

他的一系列“非常”举动引起了日本丰田公司亚洲区总裁山田信一的注意。山田信一被其罕见的商业头脑所折服，决定将其收拢到自己的旗下，便去寻找他。当找到他时，却发现，他正在自己的西装店门外与对面的服装店老板吵架。原来这两家店正在打价格战。此人店里的一套西装标价800元时，对街店里的同种西装却标价750元；他把价格降为750元时，对面的店又标价700元。1个月下来，他仅卖出8套西装，而对面的店却卖出800套。山田信一非常失望，认为他不过是一个只会打价格战的小商人。后来，山田信一却改变了看法，因为这两家服装店的老板是一个人。于是，他成了丰田公司的高层管理人员。

这个老板有两点值得学习：一是不从众，相反还走在众人的前面；二是利用了一般人都有的一个思维定式：认为打价格战的两个店是不同的两个人开的。

从众定势对于一般人的生活、工作是可以接受的，但对于创新思维来说却是必须警惕与破除的。因为，"大流"所掌握、传播的都不是新的思想、尖端的科学技术，都是离前沿比较远的属于普及类型的思想与科学技术常识；任何科学技术上的新概念、新规律、新思想、新理论、新技术、新工艺都是个别的科学家、工程技术人员首先提出来的，刚刚开始时往往只有极少数人能够理解、接受。"大流"有时还传播一些谎言和谬误；"谎言重复千遍成为真理"，这在各个民族、地区都有类似的谚语，表明具有一定的普遍性。因此，在科学技术、真理的问题上，不能用"表决"的方法实行"少数服从多数"的原则。

爱因斯坦相对论刚提出的时候，全世界只有几个人能够看得懂。哥白尼的太阳中心说，突破了占据统治地位的托勒密的地心说，不仅为宗教势力所不容，也不能为广大的世俗群众所理解。因此，虽然他的革命性巨著《天体运行论》经过三次重大修改于 1539 年就完成了，但却一直不敢公开发表。他在序言中写道："我深深意识到，由于人们因袭许多世纪以来的经验观念，对地球居于宇宙中心静止不动的见解深信不疑，所以我把运动归于地球的想法，肯定会被他们看成是荒唐的举动。"虽然，当时的经验势力与宗教势力过分强大，是他不敢发表的主要原因，但是害怕群众接受不了也是重要原因。

在掌握科学技术前沿情况的基础上，只有敢于不"随大流"，敢于"独立思考""标新立异""反潮流"，才能进行创新思维。

第二节　培养创新习惯　激发创新潜能

有一个故事是这样的。两个儿子大了，富翁老了。富翁一直在苦苦思索，到底让哪个儿子继承遗产？想起自己白手起家的青年时代，他忽然灵机一动，找到了考验他们的好办法。富翁锁上宅门，把两个儿子带到一百里外的一座城市里，然后给他们出了个难题，谁答得好，就让谁继承遗产。他交给他们一人一串钥匙、一匹快马，看他们谁先回到家，并把宅门打开。兄弟俩几乎是同时到达家门口。但是面对紧锁的大门，两个人都犯愁了。哥哥左试右试，苦于无法从那一大串钥匙中找到最合适的那把；弟弟呢，则苦于没有钥匙，因为他刚才光顾了赶路，钥匙不知什么时候掉在了路上。两个人急得满头大汗。突然，弟弟如喜羊羊一样，一拍脑门，有了办法。他找来一块石头，几下就把锁砸了，他顺利地进去了。自然，继承权落在了弟弟手里。这与亚历山大大帝拔剑斩开"戈尔迪之结"，从而称王亚洲的故事相类似。人生的大门往往是没有钥匙的，在命运的关键时刻，人最需要的不是墨守成规的钥匙，而是一块砸碎障碍的石头。没有一成不变的事物，也没有放之四海而皆准的真理，必须变化地去看事物。抱着旧观念、旧框框去看待新情况，必然是行不通的。事情发生了总会有解决的方法的——换个角度思考问题，通常就会使一些困扰我们的问题迎刃而解。对一件事情坚持不懈地努力，为之付出，是令人敬佩的；但是，如果执着的方向不对，盲目地执着，那就是偏执了。

一、通过创新获得成功

日本一家公司为了对 3 位应聘市场策划职位的年轻人实施智力测验，将 3 人送到广岛，付给每人最低生活费 2 000 日元。考题是：在那儿待上一天，看看谁带回的钱多。

A 很聪明，花 500 日元买了一副墨镜，除充饥的费用外，余下的钱买了一把旧吉他。他来到繁华广场上搞起了“盲人卖艺”，于是，琴盒里的钱慢慢多了起来。

B 更聪明，他花 500 日元做了一个箱子，并写了一张广告：“将原子弹赶出地球——纪念广岛灾难 40 年暨加快广岛建设大募捐。”余下的钱则雇请两位中学生演讲，以招徕围观者。结果，他得到了很多募捐款。

C 不知怎么想的，根本没打算去挣钱。他找了个小餐馆，小菜薄酒，美美吃了一餐并花去了 1 500 日元，然后钻进一架废弃汽车里，甜甜地睡了一觉。

傍晚时分，正当卖艺“盲人”“募捐”小伙生意红火，心里得意时，眼前突然出现一位佩胸卡、戴袖章、挎手枪的大胡子管理人员。这管理人员扯下“盲人”的墨镜，砸掉“募捐”的箱子，没收了他们的非法所得，还叫喊着要起诉他们犯了欺诈罪。

当狼狈不堪的 A 与 B 两手空空赶回公司时，已经迟到了。他们更没想到的是，等待他们的居然是那个“管理人员”。原来，C 将余下的 500 日元买了胸卡、袖章、玩具手枪与化妆用的胡子，假扮管理人员将 A 与 B 的钱给没收了。公司老板最后的评价是：A 与 B 只会费力地开辟市场，C 善于吃掉对手的市场。因此，C 被录用了。

这则故事说明：当今时代，竞争靠的是智慧，而不仅仅是汗水。那么，智慧是什么呢？智慧其实就是一种分析判断、发明创造的创新能力，是敏锐机智、灵活精明的主观反映，是一个人充满活力的宝贵财富。在这个智慧不断升值的知识经济时代，一个人没有金钱并不可怕，没有地位也不可悲，而不善思考、缺乏智慧才是人生的缺憾。

创新能力是必须通过学习、教育、训练、实践、激励等培养出来的，主要包括如下内容。

(1) 学：就是学习创新的基本知识，提高“自我表象”，增强责任感，强化创新动机。

(2) 练：就是在学习的过程中，勤学勤练，学以致用，学练结合。

(3) 干：就是应用，就是实践，就是运用创新的思维、创新的技法，通过创新的活动，创造性地解决生活和社会中存在的各类问题。

(4) 恒：就是将开展创新活动和提升人的创新能力作为一项长期战略而经常化、制度化。

也许，很多人都会认为自己天生比别人笨，没有天赋。其实，智慧是平凡的，聪明也不神秘，只要大家能够积极开动思维的机器，适应创新进取、优胜劣汰、智慧谋生的时代主旋律，有意识地在生活中学会并培养创新的习惯，智慧和聪明就会如同山泉一样，绵绵不绝，从而营造一个拥有智慧的人生，创造超越他人的价值。

图 2-2 曾国藩

曾国藩(1811—1872 年)(图 2-2)，湖南人，“中兴名臣”之一，先后任两江总督、直隶总督，诏加“太子太保”，封“一等毅勇侯”，成为清代以文人而封武侯的第一人，授“英武殿大学士”，升“光禄大夫”，谥称“曾文正公”。毛泽东在湖南第一师范毕业的前一年，1917 年 8 月 23 日，在致黎锦熙的信中写道：“愚于近人，独服曾文正，观其收拾洪杨一役，完满无缺。”

宋代以后，有一个非常奇特的现象，文人做官后，梦寐以求地想得到一个谥号——文正。而作为统治者的皇帝，是绝对不会轻易把这个谥号赐赠给臣子的。能得到这个谥号的人，不管是本谥还是追谥，都有一个共性，那就是他们都是在文坛声名鹊起、在政坛功绩斐然、在民间深受敬仰的人。众人耳熟能详的获得此谥的人有宋代李昉、范仲淹、司马光等，元代有耶律楚材等，明代有方孝孺等，清代有曹振镛、曾国藩等。司马光言：“文正是谥之极美，无以复加。”认为文是道德博闻，正是靖共其位，是文人道德的极致。大而言之，经天纬地曰文，内外宾服曰正；小而言之，博学多才曰文，忠直守节曰正。

但曾文正小时候的天赋却不高。有一天在家读书，对一篇文章重复不知道多少遍了，还在朗读，因为他还没有背下来。这时候他家来了一个贼，潜伏在屋檐下，希望等他睡觉之后捞点好处。可是等啊等，就是不见他睡觉，还是翻来覆去地读那篇文章。贼人大怒，跳出来说："这种水平读什么书?"然后将那文章背诵一遍，扬长而去。贼人很聪明，至少比曾文正要聪明，但是他只能成为贼，而曾先生却成为毛泽东都钦佩的人："近代最有大本夫源的人。"

这个笑话并非空穴来风。曾氏一族的天资并不出色。曾国藩的父亲曾麟书一生考了17次秀才，一直到43岁，才勉强过关。但另一方面，曾国藩又是个极为"精明"的人。因为他知道真正聪明的人都是下笨功夫的人。确实，"笨"到极致就是"聪明"，"拙"到极点就成了"巧"。

曾国藩26岁进京赶考，返乡途中在金陵书肆典了四季衣裘购进《二十三史》。父亲且喜且诫，表达了这样的意思：借钱买书不怕，可以尽力想法替你赎还，你若能圈点一遍，就算对得起我了。一年内，曾国藩几乎足不出户，将《二十三史》通读了一遍。

相反，不用则退。第二次世界大战期间，美国海军于1943年占领了南太平洋巴布亚新几内亚的一个小岛。这个岛上有一些土著的原始部落，在美国海军陆战队上岛之前，他们没有机会接触外来的文明，祖祖辈辈都生活在岛上。美国海军陆战队上岛以后，带来了发达的科学技术，并且把飞机上的食品给土著人分享，让土著人非常激动、印象深刻。没过多久，美军撤离了这个小岛，土著人眼巴巴地望着"神仙"坐着飞机，消失在茫茫的天际。这个小岛从此又被现代文明遗忘了，再没有人去注意它的存在。如此过了几十年，有一支考察队又登上小岛时，发现这些岛上的居民竟然用木头雕刻了一个飞机模型，每年还在飞机模型旁举行隆重的宗教祭祀活动祈求那些"骑着飞龙"并且赐给他们食物的"神"能再一次光临小岛。其实，他们的祖先可能在5万年前开始从东南亚漂洋过海而来。有一种说法叫文化遗忘理论，就是说这里的土著人已经不会他们祖先的造船与航海技术，因为自从他们在岛上定居生活以来，造船技术就没有用途了，随着岁月的推移而渐渐遗忘了。要不然太平洋中部的波利尼西亚群岛为何在万年前就已经有些人移居了呢。

二、培养创新习惯

创新精神的实质是指强烈的进取精神和勇于开拓的思维意识。只有在这种精神和意识的支配下，人们才能逐渐养成创新的习惯。其实，人生的定律原本就如逆水行舟，不进则退。因此，要想培养创新的习惯，应从以下几方面入手。

1. 注重首创精神的培养

首创是创新的重要本质特征。首创就要有敢为天下先的理念。之所以要强调首创精神，是因为首创的成果对人类社会的贡献，往往是巨大的、开创性的、意义深远的和充满无限机会的，有些甚至直接导致了社会的历史性变革。比如说我们的杂交水稻和汉字照排技术，这是外国人没有过的。

伦琴之前人们一直是不知道X光的。伦琴在介绍他的这个科学发现的时候用了一张照片，这张照片就是伦琴用X光为他的夫人纤细的手指拍的一张照片(图2-3)，伦琴夫人的左手无名指戴着一枚非常精制的戒指，然而在这个照片上出现的就像是一个骷髅的手指套着一个金属圈，人们大为惊叹，觉得他可以用于骨科和牙科病患的检查。后来在美国，人们用它做成牙科的检查仪器，帮助医生检查牙齿的病变。所以在20世纪的前半期，美国的牙科后来居上，在很大程度上源于美国人强烈地运用X光技术的能力和需求。这一发现一旦产生就立即导致了实际的应用。后来，这个技术在发展的过程中又面临着新的科学问题。比如说，当人们用

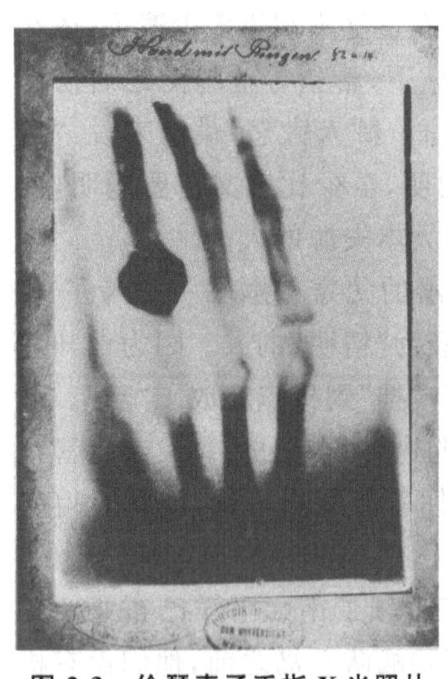
图 2-3 伦琴妻子手指 X 光照片

它照射一些晶体的时候，发现 X 光通过晶体之后，感光胶片出现了斑斑点点的图像，人们觉得它不但很美而且可以提示某种物质内部的重要的信息。后来人们发现，X 光的波长和晶体中的原子的距离大致相同，X 光可以出现衍射、出现各种各样的花纹，因此产生了 X 光物质结构分析技术。今天，我们在分析很多晶体的特性、晶体的分类的时候，都采用 X 光结构分析，这就是科学发现导致技术发明，技术发明帮助人类开拓新的领域，而开拓新的领域又产生新的技术。后来，医院 X 光的透视技术遇到了严重的问题，大约是在 20 世纪五六十年代，照 X 光已经不能满足检查很多疾病的需求，比如说人们希望 X 光可以照射出软组织的一些微小的病变，比如说癌的一些早期的变化，后来人们就发明了 CT 技术。所谓 CT 技术就是 X 光技术、传感器技术、计算机技术和电视的显示技术相结合的一个新的透视技术。所以，一种原创性的科学发现和技术发明能够产生后续的一系列的进步，科学和技术的发展就是这么交织在一起的，同时处于主流的重大技术发明源于科学发现。

对于每一项技术进步，都存在着利弊权衡和潜在的副作用。感谢 1946 年诺贝尔生理学或医学奖得主马勒(Hermann Muller)，他让人们意识到安全和锻炼的重要性。马勒因证明 X 射线对人体引起的突变(称为 X 射线诱变)而获得诺贝尔奖。20 世纪 20 年代中叶，他收集了大量证据证明果蝇暴露于 X 射线下，引起基因突变，最终导致寿命缩短。他肯定这些危害同样会发生在人身上。虽然他 20 年来一直尝试宣传他的研究，第二次世界大战在日本爆炸的原子弹强调了辐射、X 射线和核辐射的危害。然后，诺贝尔委员会最终认识到了他的研究。马勒的发现，以及他反核武器的政见，让他成为原子时代改变世界技术进步的宝贵砝码。

2. 注重进取精神的培养

强烈的、永不休止的进取精神就是勇于接受挑战。一个人成功的最大动力是要有“野心”，“野心”反映了他对准目标采取进攻的态势和不达目的誓不罢休的心态，包括强烈的革新意识、强烈的成就意识、强烈的开拓意识、强烈的竞争意识四种意识。

众所周知，各种物质都是由原子组成的，而原子又由电子和原子核组成；原子核则是由中子和质子之类的基本粒子组成的；然而基本粒子并不基本，它们又都由更为基本的“夸克”堆积而成。夸克是我们目前所认识到的物质的最小单位。20 世纪 60 年代，物理学家认为所有已知的基本粒子均由三种夸克组成，即上夸克、下夸克和奇异夸克，所有的现象都可以用三种夸克来解释，并由此建立了一整套基本粒子理论。

丁肇中当时就怀疑，为什么只有三种夸克？为了寻找新的夸克，丁肇中决心组装一个高灵敏度的探测器，它的灵敏度要达到新夸克/已知夸克＝1/100 亿。何谓灵敏度是一百亿分之一呢？这就好比广州下雨的时候，大概每秒钟有 100 亿个雨滴，其中有一个是蓝的，要把它找到。但这个实验不受物理界欢迎。第一，当时的所有物理现象都可以用三种夸克来解释，所以人们不需要第四种夸克。第二，没有人相信这样困难的实验可以做成，因此这个实验几乎被当时所有的加速器实验室拒绝了。后来，终于在美国布鲁克海文国家实验室做了这个实验。在实验中，有一种粒子在正电子负电子质心系能量到达 31 亿电子伏特的时候，突然就产生一个很高的峰。根据以前所有的理论，这个峰是不应该存在的。这说明又找到了一种新粒子，这就是 J

粒子。J粒子有很特别的性质：第一，它的质量比其他所有已知的粒子都重；第二，它的寿命比其他所有已知粒子的寿命长1 000倍。这意味着什么呢？大家知道，如果所有人在世界上活到100岁左右，但你突然发现一个村子里的人能活到100 000岁，这就表示这些人可能有特别的性质。这种长寿命的重粒子可能是新的夸克家族成员，所以，以前的人认为只有三种夸克的看法是错误的。当然，有了这第四种夸克，你就可以问有没有第五种、第六种——是的，至今为止，已发现了六种。由于这项成果，丁肇中获得了1974年的诺贝尔奖。

这里我们得到启示：永远要对自己有信心，对于你认为正确的事，应永远保持自己的信心坚持下去，别人反对是别人的事。

3. 注重探索精神的培养

人们的探索欲望，常常表现为强烈的好奇心和对真理执着的追求。为此，也会产生强烈的求知欲。而强烈的求知欲，需要靠顽强的毅力和拼搏精神才能得以实现。事实上，真知灼见正是通过不断探索而获取的。

耗散结构理论是由研究蚂蚁的集体活动得到的。普里高津(1917—2003年)发现不论是几百只的小集体，还是几百万只的大集体，每个蚂蚁集体都有一致的行为。大的蚂蚁集体，为了寻找食物，有时能同时派出几十万只蚂蚁一起行动，这样大的行动有组织分工问题，也有相互联络问题。于是他在自己的实验室里养了6 000只蚂蚁，并给每只蚂蚁编了号，通过长期观察发现蚂蚁也有勤劳与懒惰之分，而在条件改变以后，懒蚂蚁也会主动干活。基于这些观察，他提出了耗散结构理论，1977年因此理论而荣获诺贝尔化学奖。

4. 注重顽强精神的培养

没有百折不挠的毅力，没有不怕困难、不怕失败、不畏风险的勇气，没有抵抗超强压力的精神和意识，是不可能取得创新成果的。正如马克思所说："在科学上没有平坦的大道，只有不畏劳苦沿着陡峭山路攀登的人，才有希望到达光辉的顶点。"

创造需要付出非凡劳动，不能幻想囊中取物、一蹴而就，需要有坚定的毅力、克服重重的困难才能取得胜利。爱迪生(图2-4)研究白炽灯时，为寻找灯丝材料曾用过6 000多种植物纤维，试验了1 600多种耐热材料。六六六农药因试验666次才取得成功，故取此名。

爱迪生的名言"天才就是百分之九十九的汗水加百分之一的灵感，但那百分之一的灵感是最重要的，甚至比那百分之九十九的灵感还重要。发明是百分之一的聪明加百分之九十九的勤奋"，"世间没有一种具有真正价值的东西，可以不经过艰苦辛勤的劳动而得到"，就是对顽强精神重要性的最好阐释。

图2-4　爱迪生和他的电灯泡

爱迪生一生只上过三个月的小学，他的学问是靠母亲的教导和自修得来的。他的成功，应该归功于母亲自小对他的谅解与耐心的教导，才使原来被人认为是低能儿的爱迪生，长大后成为举世闻名的"发明大王"。爱迪生从小就对很多事物感到好奇，而且喜欢亲自去试验一下，直到明白了其中的道理为止。长大以后，他就根据自己这方面的兴趣，一心一意做研究和发明的工作。他在新泽西州建立了一个实验室，一生共发明了电灯、电报机、留声机、电影机、磁力析矿机、压碎机等总计两千余种东西。爱迪生的强烈研究精神，使他对改进人类的生活方式做出了重大的贡献。

一个大雪天的夜晚，爱迪生的妈妈突然生病了，爸爸急忙找来医生。医生说："孩子的妈妈得了急性阑尾炎，需要开刀做手术。"那时候只有油灯没有电灯，油灯的光线很暗，一不小心就会开错刀。爱迪生突然想起一个好办法，他拉着妈妈的手说："妈妈，我要给您制造一个晚上的太阳。"他把家里所有的油灯全都端了出来，再把一面镜子放在油灯的后面，让医生顺利地做完了手术。医生说："孩子，你是用你的智慧和聪明救了你的妈妈。"

5. 注重献身精神的培养

杰出的成功者往往都不是天生的，而是后天成就的。所有杰出的成功者，无一例外都是崇高的理想和献身精神在其人生道路上释放出了巨大的能量。

正如爱因斯坦所说："每个人都有一定的理想，这种理想决定着他努力和判断的方向。"

我国的原子弹研究成功了，靠的是什么？靠的就是科研工作者那种甘于寂寞、忘却名利、艰苦奋斗的奉献精神。若是名利思想缠身，计较一己得失，西部大山深处就不会有蘑菇云升起。

钱伟长（1912—2010年），江苏无锡人，中国科学院学部委员（院士）、波兰科学院院士。钱伟长儿时每逢寒暑假，父亲钱挚和四叔钱穆等会相继回家。在长辈营造的琴棋书画氛围里，他能领略华夏文化的精妙，陶醉于中国历史和文化之中。每到夏天长辈们都要将省吃俭用购置的四部备要、二十四史和欧美名著等拿出晾晒，童年的钱伟长成了积极参与者，耳濡目染，增长了对人类文化的崇仰之心。在《八十自述》中他曾提及："每年夏天三天的晒书活动我是最积极的参与者，从这些活动中，增长了我对祖国浩瀚文化的崇仰……"

1931年夏，高考中，钱伟长以中文和历史两门学科100分的成绩跨进了清华大学。可是，钱伟长其余四门课——数学、物理、化学和英文，却总共考了25分。其中物理只考了5分，英文从没有学过，0分。

那时清华文学院有朱自清、闻一多、冯友兰、陈寅恪、雷海宗、俞平伯、杨树达等名教授，而钱伟长对古文和历史都有兴趣，究竟是进中文系还是入历史系？就在钱伟长决定进入历史系的第二天，也就是1931年的9月18日，日本帝国主义发动了"九·一八事变"，蒋介石却奉行不抵抗政策。一时，全国青年学生纷纷举行游行示威，呼吁抗日。当天，钱伟长从收音机里听到了这个震惊中外的消息，毅然决定弃文从理。

多年之后，钱伟长记忆犹新："我听了这消息就火了。年轻嘛，没飞机大炮，我们自己造！我下决心不学历史了，要学造飞机大炮。有老同学告诉我，你进物理系吧。但是，物理系主任吴有训怎么也不肯收我。"在北京大学任教的钱穆并不赞同他的选择，建议他还是继续钻研家学渊源的历史学。钱伟长去找史学大家顾颉刚。顾颉刚满口赞成："我们国家站不起来受人欺负，就因为科学落后。青年人有志于科学，我们应该支持。"钱穆便不再反对。

为了说服吴有训，那段时间他每天都去吴的办公室软磨硬泡。吴早上八点到办公室，他六点半就等在门口。最后，吴有训被他的热情感动，决定让钱伟长先到物理系学一年，期末考试物理和高等数学成绩达到70分才可以继续学下去。这个没有难倒钱伟长。刻苦学习本来就是他的习惯，从清华大学毕业时，钱伟长已经成为物理系学习成绩最好的学生之一，吴有训也非常器重他，还把他收为自己的研究生。

为了国家的需要是钱伟长弃文从理的原因，也是他留洋求学的初衷。1940年1月，他考取了中英庚款会的公费留学生，赴加拿大多伦多大学留学。出发前，四叔钱穆特地从苏州赶到上海，为他送行。钱伟长告诉钱穆，出国绝不是为了自己、为了家庭，而是想走科学救国的道路。1946年，钱伟长回国，在清华大学任教。1947年，钱伟长获得再次赴美从事研究工作的机会。当他到美国大使馆填写表格时，看到这么一道问题："如果中国和美国开战，你为美国效力吗？"钱伟长毫不犹豫地填了"NO"。

1956 年我国第一次制定 12 年科学技术发展的远景规划，时任清华大学副校长的钱伟长参与了这个规划制定。钱伟长在自己的计划之中，极力主张发展原子能、航天导弹、自动化、计算机和自动控制。有人看"傻眼"了："钱伟长学的是力学、应用数学，他怎么不要自己的专业了？"这个计划遭到了数学、物理等多个基础学科四百来名知名学者的反对。但钱伟长坚持己见，并最终得到了周总理的支持，计划顺利实施。

面对质疑，钱伟长说，我没有专业，国家的需要就是自己的专业。此时，有两个人坚定地站在钱伟长一边，他们是搞原子弹的钱三强和搞航天的钱学森。"三钱"共同为中国的"两弹一星"事业奉献。

从上面的故事可见，"弃文从理"的钱伟长具有奉献精神，坚持一切从国家的需要出发。

三、相信并开发你的创新潜能

1. 相信你的创新潜能

在苏联，第二次世界大战期间，在斯大林格勒保卫战中，在战争打到白热化的时候，八名苏联红军把一门大炮从山下抬到山上，对敌进行炮轰。等到战争结束的时候，十二名士兵抬这门炮竟然纹丝不动。这就是说，你身体平时状态时所释放出来的能量，与你被激发时所释放出来的能力是完全不同的。

潜能是人们身上固有的、尚未被自己所认识与发掘的内在能力与能量。每个人身上都有这种潜能，虽然可能藏得很深，但只要我们努力，就一定能将它发掘出来。科学研究发现，人的大部分能力都处于休眠状态，未能得到开发与利用。其实，所谓的伟人与常人在智商与能力上并没有太大的差别，唯一的区别就在于潜能开发的程度不同。

▶ **案例**

林肯的石头

美国第 16 任总统林肯(Abraham Lincoln)(图 2-5)，首位共和党总统，他为推动美国社会向前发展做出了巨大贡献，受到美国人民的崇敬。1862 年 9 月，他发表了将于次年 1 月 1 日生效的《解放黑奴宣言》。在 1865 年美国南北战争结束后，一位记者去采访林肯。他问："据我所知，上两届总统都曾想过废除黑奴制，宣言也早在他们那时就起草好了。可是他们都没签署它。他们是不是想把这一伟业留给您去成就英名？"林肯回答："可能吧。不过，如果他们知道拿起笔需要的仅是一点勇气，我想他们一定非常懊丧。"林肯说完匆匆走了，记者一直没弄明白林肯这番话的含义。

图 2-5　亚伯拉罕·林肯

直到 1914 年林肯去世 49 周年后，记者才在林肯留下的一封信里找到了答案。在这封信里，林肯讲述了自己的幼年时的一件事："我父亲以较低的价格买下了西雅图的一处农场，地上有很多石头。有一天，母亲建议把石头搬走。父亲说，如果可以搬走的话，原来的农场主早就搬走了，也不会把地卖给我们了。那些石头都是一座座小山头，与大山连着。有一年父亲进城买马，母亲带我们在农场劳动。母亲说:‘让我们把这些碍事的石头搬走,好吗?’于是我们开始挖那一块块石头。不长时间就搬走了。因为它们并不是父亲想象的小山头,而是一块块孤零零的石块,只要往下挖一尺,就可以把它们晃动。”林肯在信的末尾说:“有些事人们之所以不去做,只是他们认为不可能。而许多不可能,只存在于人的想象之中。”

据说,这位名叫马维尔的记者读到林肯留下的这封信的时候,已是76岁的老人了,就是在这一年,他正式下决心学外语。据说,几年之后,他在广州采访时,是以流利的汉语与孙中山对话的。

农民拉车上山坡

一位农民拉着沉甸甸的板车来到山脚下,眼望那长长的土坡,本来就疲惫的身躯一下子瘫软下来。心想,这么长的陡坡,靠自己一个人肯定是上不去了。于是,农民立在坡前,畏而却步,又焦急又无奈。这时,来了一位热心的过路人,他主动说:“上去吧,我来帮你。”得到这一难得的帮助,农民立即来劲了。热血涌了上来,心力也足了,他咬紧牙,奋力拉着。旁边热心人“咳哟,咳哟,加油,加油!”的吃力而有节奏的号子声和加油声,不断激励着农民,结果没花多少时间,车子就上了坡顶。农民歇下脚,非常感激那位热心人。热心人却说:“别谢我,要谢就谢你自己。我这两天腰扭了,用不上劲,只是给你加油而已。”农民这才明白:原来,不是自己拉不上坡顶,而是自己低估了自己。

这就是潜能。潜能是人们身上固有的、尚未被自己所认识与发掘的内在能力与能量。每个人身上都有这种潜能,虽然可能藏得很深,但只要我们努力,就一定能将它发掘出来。

科学研究发现,人的大部分能力都处于休眠状态,未能得到开发与利用。其实,所谓的伟人与常人在智商与能力上并没有太大的差别,唯一的区别就在于潜能开发的程度不同。一般来说,伟人都高度自信,他们相信自己的能力,相信自己的潜能,勇于开发自己,敢于表现自己,从而大大激发了内在的潜能,这就是他们成功的主要原因。而常人则总以为自己能力不大,潜力有限,缺乏能耐,故而大的“野心”不敢有,高的目标不敢想,许多事情不敢做,从而自己限制自己,自己约束自己,迈不开前进的步伐。所以说,对于常人而言,潜能不是有与无、大与小的问题,而是怎样得到有效开发与调动的问题。

2. 开发创新潜能

(1) 好奇,可以激荡潜能

陈陈只有8岁,上小学三年级。一天,陈陈吃完西瓜,问父亲西瓜是怎么长出来的。父亲说,只要将你吐出来的西瓜籽种到地里,过不了多久,就会长出西瓜苗,并慢慢结出西瓜来。父亲只是简单地介绍了西瓜生长的有关知识,但好奇的陈陈却行动起来了。

陈陈按照父亲的介绍,将西瓜籽种了下去。不久,西瓜长苗、开花、挂小果了,陈陈很高兴。谁知,一天早晨,陈陈发现拇指大的小西瓜被老鼠吃掉两个,心里难过极了。陈陈向父亲讨教办法,父亲让陈陈自己去思考。陈陈想,得想个办法将小西瓜保护起来。于是,他找来玻璃瓶、易拉罐、塑料盒,将小西瓜一一套起来,让老鼠吃不到。几天过去了,日渐长大的小西瓜被瓶颈卡住,出不来了。陈陈想,再过几天,看看小西瓜成长的力气有多大,能不能将玻璃瓶胀破。却也怪了,一个星期过去了,小西瓜非但没胀破瓶子,倒顺着瓶子的边缘继续生长,变成圆柱体西瓜了。真好玩,陈陈高兴极了。继而又想,如果用方形或葫芦形的瓶子套在瓜上,能不能长出方形、葫芦形的西瓜?西瓜能不能长成猪八戒、孙悟空?还有,西瓜的形状可以人为控制,其他瓜果能不能呢?好奇心促使陈陈提出了一大串问题,也思考了一大串问题。在思考中，他做了大量试验，得到很多收获。结果，陈陈越思考越有兴趣，越思考越有所得。在父亲的帮助下，陈陈提出了“克隆瓜果模”的创意，并向国家申请了专利。

这个充满价值和广阔前景的创意其实一点也不神秘，完全是好奇心引发出来的。西方谚语说：“好奇是研究之父，成功之母。”的确，好奇可以使人对事、对人充满兴趣，而有了兴趣就会去质疑，去探究，去刨根究底。有了好奇之心，人的注意力就会高度集中，一切知识储备与经验积累都会迅速汇聚起来，使思维细胞空前活跃，潜能往往就在这时释放出来，使人发挥出极大的创造性。试想，一个8岁的孩子何曾想到要发明创造？又何曾想到要开发潜能？但好奇心却将他的能量释放出来，并不知不觉地做出了发明创造。

图 2-6　2001 年，日本四国岛的方形西瓜

如图2-6所示为日本生产出来的一种方便运输和储存的方形西瓜。

（2）矛盾，可以逼出潜能

兰博基尼在进入汽车领域之前，是拖拉机生产领域的佼佼者，被称为“拖拉机大王”，如今兰博基尼产品线依然包含拖拉机。费鲁齐欧·兰博基尼是兰博基尼的创始人，同时他也是一个超级法拉利粉丝。兰博基尼拥有4辆法拉利汽车，但当时法拉利汽车变速箱存在问题，费鲁齐欧·兰博基尼的投诉被拒绝。一气之下，费鲁齐欧·兰博基尼变卖了他的4辆法拉利，倾尽家产成立了兰博基尼汽车公司，与法拉利竞争。于是，一个“恶魔”诞生了。

只要我们有坚定攻关的决心，精神意识就会空前兴奋，内在潜力就会得到充分的调动。在这种情况下，我们就会获得前所未有的成就。

（3）困难，可以激发潜能

▶ 案例

生孩子生出一个专利企业家

有个叫晏青的女士，生下一个男孩，全家快乐之余，麻烦也一个接一个地来了。不知为什么，刚生下的孩子老是哭，晏青四处求医也不见效果。年轻的母亲通过仔细观察和揣摩，终于把原因找到了，原来是孩子护脐的绷带绑得太紧。绑紧了会痛，绑松了会掉。殷殷的爱子之心，促使她积极想办法解决矛盾。第二天，晏青发挥自己的聪明才智，通过想象与创新，动手设计了一条使用简便、富有弹性、不易滑落的护脐绷带。将新绷带给儿子戴上后，孩子果然不哭了。晏青又缝制了几条，送给其他妈妈试用，深受欢迎。后来，晏青干脆缝制了一批，送到市场上去，结果大受好评，十分畅销。

接下来，晏青发现，孩子睡觉总爱蹬被子，容易着凉；如果改用睡袋，温度又不便调节，因为睡袋只有一端开口，不通风透气，闷热难受。为了孩子的健康成长，晏青又动起了脑筋：被子既要不被蹬掉，又要能调节温度，还要通风透气——经过多次试验，“双层睡袋”诞生了。正是育儿的难处逼出了晏青一个又一个的好创意。这些创意深受社会欢迎，于是，晏青一一申请了专利，并果断辞去公职，创办了“婴儿用品厂”。

其后，为解决婴幼儿尿湿裤子的问题，她发明了“四脚棉裤”；为解决母亲喂奶的尴尬，她又发明了“喂奶文胸”……她坚持走“专利建厂、专利立厂、专利护厂”之路，很快就拥有了16项发明专利，8大系列200多个规格品种的婴幼儿用品。很快，晏青的事业红红火火，她也成为一名名副其实的专利企业家。

这个故事说明：有困难，就有矛盾。在困难时刻，人们往往斗志昂扬，思维活跃。只要不畏艰难，去集中精力解剖矛盾，战胜困难，往往就会逼出创造性思维。

(4) 目标，可以催发潜能

▶ 案例

智慧之士永远拥有制高点

从前，西部有个缺水的边远小镇，居民要到5里外去挑水吃。因此，吃水成了人们生活中的一大难事，缺乏劳动力的人家就更困难了。

困难就是商机。于是，脑瓜灵活的村民甲挑起水桶，以挑水、卖水为业，每担水卖2角钱。虽然辛苦点，但还算是一条不错的路子。村民乙见了，觉得不能让他一家独占市场，也走上挑水、卖水之路，并且将两个儿子也动员进来，很快占据了市场的大头。甲想，你家劳动力强，不如我的脑袋瓜好用。于是他略加思索后决定，买来20副水桶，并请20个闲散劳动力，由他们挑水，自己坐镇卖水，每担水抽成5分钱。这样，既省了力气，又多赚了钱。

可时间一长，这些闲散劳动力熟悉了门道，不再愿意被抽成，纷纷单干去了。于是，甲一下子成了“光杆司令”，而且竞争更激烈了。

但聪明人是难不住的。甲请人做了两个大水柜车，并租来两头牛，用牛拉车运水，每次40担，效率提高了，成本却降低了，因此赚头更大了。这让其他人看得直眼红。

人们很快看到了“规模经营”的优势，于是纷纷联合起来，或用牛拉车，或用马拉车，参与到竞争中。然而，正当竞争日趋激烈时，人们突然发现，自己的水竟然卖不出去了，原因是，甲买来水管，安装了管道，让水从水源直接流到村子里，自己只要坐在家里卖水就行了，且价格大幅度下降，一下子垄断了全部市场。

这个事例告诉我们：在生意场上，法律保护是必要的，也是明智的；但要长期保密，永远独有，也是不可能的。最可靠的办法只有一个，那就是思维永远快人一步，智慧永远高人一筹。虽然别人可以偷走你现在的成果，却永远偷不走你的智慧。因此，我们要训练创造性思维，拥有独到的智慧，最终将创新变成自己的日常习惯，使自己永远立于竞争的潮头。

社会就是这样，善于动脑筋创新的人总是走在前头，其他人则在后面跟着走。正是智者不断创新、不断跟随的努力和竞争，才推动了社会的进步。我们祝愿每一位读本书的朋友，都能够积极开发自己的潜力，养成创新的习惯，用先人一步的智慧，来获得一生的不断成功。

习题

1. 障碍创新思维的因素是什么？它有几种方式？

2. 什么是传统(从众、权威、经验、书本)定势？请举例说明。

3. 什么是思维定式？你所见到的它最严重的表现是哪些？你自己在学习和工作中是否犯过思维定式的错误？如果犯过，表现在哪些方面？已经改正了多少？(1942年6月底7月初，中央党校期末考试题中有：什么是教条主义？你所见到的最严重的表现是哪些？你自己在学习和工作中是否犯过教条主义的错误？如果犯过，表现在哪些方面？已经改正了多少？）

4. 分析下列材料，说明它们各属于什么类型的思维定式，并说明如何在生活与工作中加以克服。

(1) 猴子与香蕉

有人做过一个这样的试验：把五只猴子关在一个笼子里，上头有一串香蕉。实验人员装了一个自动装置，一旦侦测到有猴子要去拿香蕉，马上就会有水喷向笼子，而这五只猴子都会一身湿。首先有只猴子想去拿香蕉，当然，结果就是每只猴子都淋湿了。之后每只猴子在几次的尝试后，发现莫不如此。于是猴子们得到一个共识：不要去拿香蕉，以避免被水喷到。后来实验人员把其中的一只猴子释放，换进去一只新猴子 A。猴子 A 看到香蕉，马上想要去拿，结果，被其他四只猴子狠狠地揍了一顿。因为其他四只猴子认为猴子 A 会害得他们被水淋到，所以制止它去拿香蕉。A 尝试了几次，虽被打得满头是包，依然没有拿到香蕉。当然，这五只猴子就没有被水喷到。后来实验人员再把一只旧猴子释放，换上另外一只新猴子 B。猴子 B 看到香蕉，也是迫不及待要去拿，当然，一如刚才所发生的情形，其他四只猴子狠狠地揍了 B 一顿。特别是猴子 A 打得特别用力(这叫老兵欺负新兵，或是媳妇熬成婆)。猴子 B 试了几次总是被打得很惨，只好作罢。后来慢慢地，一只一只的旧猴子都换成新猴子了，大家都不敢去动那香蕉，但是它们都不知道为什么，只知道去动香蕉会被其他猴子揍。

(2) 人类染色体数目的发现

20 世纪 50 年代初，美籍华裔生物学家徐道觉的助手，在实验中错将冲洗培养组织的平衡盐溶液配制成低渗溶液，容易使细胞胀破，但在显微镜下却意外地发现，染色体溢出后的铺展情况良好，数目清晰可见。但是，当时书本上仍然是 20 年代美国遗传学家潘特的观点：既然大猩猩、黑猩猩的染色体都是 24 对(48 个)，那么人类的染色体也是 24 对。24 对，在徐道觉的脑袋里是常识，他就没去数。过了几年，另一位美籍华裔生物学家蒋有兴采用同样的处理技术，终于发现人类的染色体不是 24 对，而是 23 对，为人类染色体的研究做出重要贡献。两者的差别就在于后者突破了书本定势。

(3) 李维(Levis)公司的创建

19 世纪 40 年代后期，美国加利福尼亚州发现了金矿，掀起了“淘金热”。许多先行者一天之间成为百万富翁的消息不胫而走，吸引了更多后继者潮水似的涌来。随着淘金者日益增多，竞争日趋激烈，除了矿脉成为角逐的对象之外，优良、适用的淘金用具和生活用品也炙手可热。

德国犹太人李维・施特劳斯(Levi Strauss)也来到这个巨大的竞争场，他没有投入淘金者的竞争，带来的也不是淘金工具以及所需的资金，而是他原来经营的线团之类的缝纫用品，还有他认为可供淘金者做帐篷用的帆布。一到目的地，缝纫用品便被一抢而空，这使他熟悉了当地的裁缝，帆布却无人问津。

一天，李维和一位疲惫不堪的矿工坐在一起休息，这位井下矿工抱怨说：“唉，我们这样一整天拼命地挖、挖！吃饭、睡觉都怕别人抢在前面，裤子破了也顾不上，这个鬼地方，裤子破得特别快，一条新裤子穿不了几天就可以丢了……”

“是吗？如果有一种耐磨经穿的裤子……”李维顺着他的话说到一半就呆住了。帆布不正是最耐磨的布料吗？对！就这样！他一把扯住那个矿工就走。李维把矿工带到熟识的裁缝店里，对裁缝师傅说：“用我的帆布给做一条方便井下穿的裤子，你看行吗？”“当然可以。最好是低腰、紧身，这样既方便干活，看上去又潇洒利索。”裁缝师傅出主意道。“行，你看着做好了，一定要结实。”第一条牛仔裤的前身——工装裤就这样诞生了。由于它美观、方便、耐穿，深受矿工欢迎。

在此基础上，李维还采用一位裁缝的建议，发明并取得了以钢钉加固裤袋缝口的专利。时至今日，Levis 牛仔裤上的钢钉，仍是结实和美观的象征。牛仔裤，从加利福尼亚矿区推向城市，从美国推向全世界。李维成了闻名于世的“牛仔裤大王”。

（4）大家一起闯红灯

你骑自行车来到一个十字路口，看到红灯亮着，尽管你清楚地知道闯红灯违反交通规则，但是你发现周围的骑车人都不停车而是直闯过去，于是你犹豫一下，也会跟着大家一起闯红灯。

5. 在生活与工作中，你认为最具有创新意识的是件什么事情？创新在哪里？

6. 请用 6 根火柴摆 4 个等边三角形。

7. 图 2-7 这幅漫画说明了什么？

8. 能否用 4 条直线一笔将图 2-8 所示的这 9 个圆点连接起来？

图 2-7 挖宝

图2-8 用四条直线一笔连接九个圆点

9. 添加一条直线，把图 2-9 所示图形划分为两个三角形。

10. 分析如图 2-10 中所示漫画《父与子》，看看这说明什么。

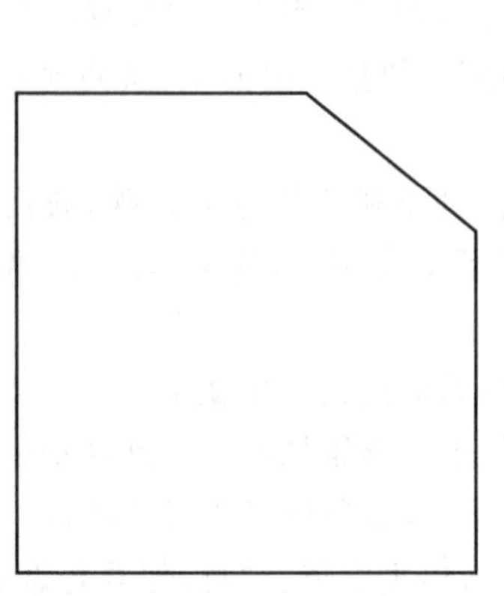

图 2-9 一笔分成两个三角形

图 2-10 山羊的螺旋形

11. 结合本书第一章、第二章内容，分析下面几段文字说明什么问题？

北(识)字捋无蟛蜞

"不识蟛蜞"出自《世说新语》里的一个段子。蔡谟初至江南时，见蟛蜞，大喜曰："蟹有八足，加以两螯。"于是让人烹煮来吃，孰知吃完上吐下泻，才发现原来蟛蜞不是螃蟹。后来遇到谢尚，提及此事，谢尚取笑他说："卿读《尔雅》不熟，几为《劝学》死。"

《尔雅》对蟛蜞早有记载说明：似蟹而小，不可食。《荀子·劝学》中有"蟹六跪而二螯"的记载，"六跪"就六条腿的意思，显然有纰漏。后来的《大戴礼记·劝学篇》则修正为"蟹二螯八足"，东汉大学士蔡邕根据《大戴礼记·劝学篇》改写成了《劝学章》，其中就有"蟹有八足，加以二螯"的说法。而东晋的蔡谟则是蔡邕的曾孙辈侄孙，蔡邕无疑是蔡家有史以来最有名气和成就的人物，其家族后人熟读祖宗的《劝学章》也是顺理成章的事，谢尚嘲笑蔡谟就是因为这个渊源，笑其只识祖宗不识经典。

从这些记载看来，显然古人都认为蟛蜞是不能吃的。然而，沿海的南方人可不这样认为。广东、福建等地皆有吃蟛蜞的习俗。

蟛蜞属甲壳纲，方蟹科，蟹身呈长方形，只有大拇指大小，两只蟹螯几乎比身子还大。旧时逢退潮时海滩满满皆是，徒手可捉。而真正捕捞者，会用"大划"(一种捕捞工具，套着网袋的木质三角框，带长把)往海滩上一插一划，捞起来便可捕获甚多。也有放"大拰"(连环套着的网笼)，一天收一两次的。旧时海边鹅寮的饲养户，有些会连同红肉等小贝类捋去饲鹅、鸭，因贝壳钙质多，养出来的鹅、鸭肉质坚实，产下的蛋也特别好吃。

蟛蜞遇有捕捉者，则往石缝里钻，感觉到被攻击时，往往会夹住敌人弃螯而逃，小小蟛蜞，亦有壮士断臂之勇。

蟛蜞个小，烹煮的话几乎无肉，唯有秋冬上膏时生腌，方能吃其鲜味。腌制时先用清水浸洗，除却尘土，然后加入姜、蒜、盐、辣椒等腌个一天半天(讲究点的可先用高度酒浸泡消毒)，其他配料如芫荽、小葱、金不换、酱油、鱼露、沙茶等可视各人好恶添加，等它腌死后就可食用。蟛蜞壳薄，吃的时候无须像腌蟳蟹一样掰开吃肉，直接咬嚼，吸其味吐其壳，咸香酥脆，清甜鲜美，有海味而无腥气。潮汕人几乎都吃上瘾，也有直接用来下酒的。

关于蟛蜞，潮汕地区流传着这样的故事。清朝康熙年间，为防海盗郑成功侵略，强迫沿海居民内迁，实施海禁。沿海寨门贴有"此处不准捋蟛蜞"的告示。澄海一位蔡秀才，与乡里人一同前往海头捋蟛蜞，见到告示，犹豫再三，不敢越雷池一步，最后只能空手而归；其他不识字的乡人，完全无视告示，放手抓捋，结果皆满载而归。回到乡里后，识字的蔡秀才就被乡里人嘲笑其"老北(识)字捋无蟛蜞"，这句俗语后来也用来讽喻照书行事、不懂变通的人。而今蟛蜞早已不像以往多得可以用划插了，如果继续污染和过度捕捞，以后真的要捋无蟛蜞了。

"不识蟛蜞"与"捋无蟛蜞"，相距一千多年的两位蔡姓读书人，给我们贡献了两个相映成趣的段子，与生腌蟛蜞的滋味一同留在潮人心间，难以忘却。

第三章　组合创新

宫商角徵羽五律变化出无穷无尽的新音调，组成新的音乐作品，每一首歌都不同；青白赤黑黄五色组合出目不暇接的新颜色，组成不同的风景，不同的作品；酸甜苦辣咸五味变化出尝不胜尝的味道，全世界各地方的口味都不相同。世界著名科学家布莱斯曾说过：组织得好的石头能成为建筑，组织得好的词汇能成为漂亮的文章，组织得好的想象能成为优美的诗篇。

这就是组合的力量。

我们生活中处处充满了各种组合：裤子与袜子组合成为连袜裤；鸡尾酒将不同颜色、不同比重、不同口味的酒，按照一定的方式组合在一起，使之成为形态、味道各异的新品种；通过对各种家具进行结构上的改进与联系，使组合家具既利于组合又便于拆卸，使用率和有效性大大超过了传统家具；沙发床，将床与沙发组合，通过结构的处理，将床与沙发的概念进行整合；此外还有工具箱、组合文具、组合刀具、礼盒包装（如补品礼盒、名酒礼盒等）等组合方式。

据说，有人分析了1900年以来的480项重大创新成果发现，技术创新的性质和方式在20世纪50年代发生了重大变化，原理突破型成果的比例开始明显降低，而组合型创造上升为主要方式。据统计，在现代技术开发中，组合型成果已占全部发明的60％～70％。

第一节　组合创新原理与一般规律

一、组合创新原理

组合创新是通过将已有的技术、原理、形式、材料等要素按一定的科学规律和艺术形式有效地组合在一起，使之产生新的效用的方法，如图3-1和图3-2所示。

诺贝尔生理学医学奖获得者豪斯菲尔德发明的CT扫描仪，是通过把X射线照相装置同电子计算机结合在一起实施的。而这两项技术本身都是成熟的技术，并无什么原理上的突破。但合成一体后，便可诊断出脑内疾病及体内癌变，这一特殊功能是原来两项技术单独使用时所没有的，因而是一项重大发明。

第二次世界大战时期，德国在Fa-223运输直升机上加装了一挺7.92毫米MG15机枪，从而形成了武装直升机。而之前，就算敌人在空中相遇，也会招手示意。后来想，既然是敌人，下次如能带支枪干掉对方就好了，于是武装直升机就产生了。但是，如果你认为再后来，更有了歼击机、轰炸机等，那你就错了，因为歼击机在一战中就有了。

在如图3-3所示的圆规直尺上，每隔5毫米便有一个空心圆圈。需要画圆时，只需按住起始端，把笔尖插入半径数值对应的圆圈中，转动笔即可完成操作了。如图3-4所示为剪刀与激光的组合，以方便剪纸时有方向的导引。

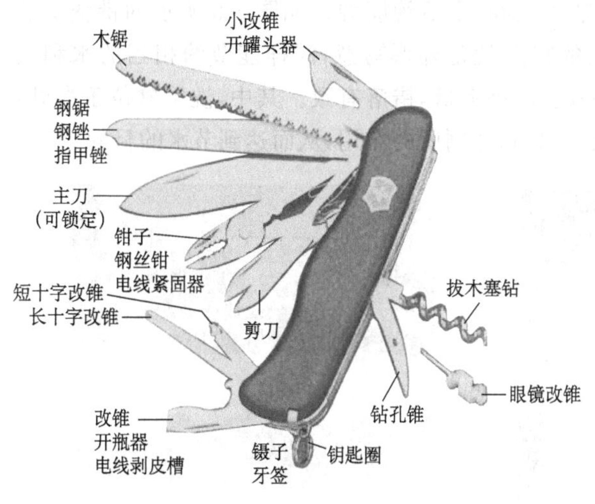

图 3-1 瑞士军刀

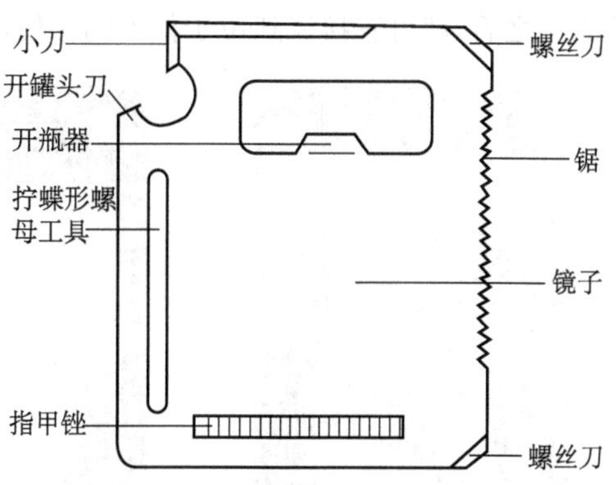

图 3-2 集多种常用工具功能于一身的多用工具

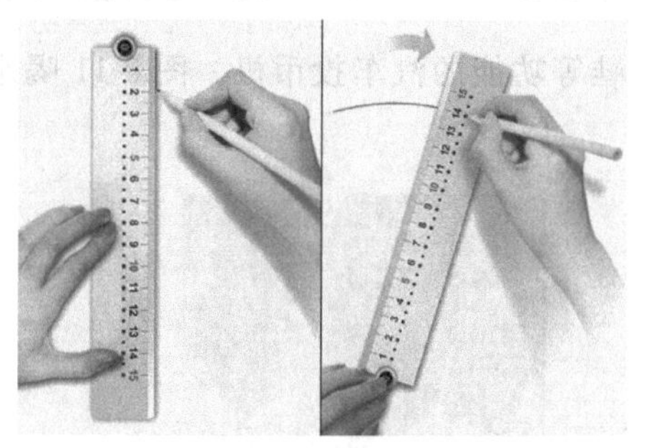

图 3-3 圆规直尺

图 3-4 高科技要这样运用于民

英国有个叫吉姆的小职员,成天坐在办公室里抄写东西,常常累得腰酸背痛。他消除疲劳的最好办法,就是在工作之余去滑冰。冬季很容易就能在室外找个滑冰的地方,而在其他季节,吉姆就没有机会滑冰了。怎样才能在其他季节也能像冬季那样滑冰呢?对滑冰情有独钟的吉姆一直在思考这个问题。想来想去,他想到了脚上穿的鞋和能滑行的轮子。吉姆在脑海里把这两样东西的形象组合在一起,想象出了一种“能滑行的鞋”。经过反复设计和试验,他终于制成了四季都能用的“旱冰鞋”(图 3-5)。

如图 3-6 所示的隐形高跟鞋,只要轻轻摁一下按钮,就可以将高跟鞋变成平底鞋,女士们开车、骑车、跳舞、走路都没有烦恼了。

图 3-5 旱冰鞋

图 3-6 可变高度鞋

如图 3-7 所示的洗手台与坐厕的结合，既节省空间，也节约能源。如图 3-8 所示的带洗手的小便池。如图 3-9 所示的新型小便池，其最大的特点就是外形写意，同样能节约相当的水和空间。该小便池将洗手盆和小便池无缝整合到一起，高高低低，错落有致。其中，洗手盆位于高处，洗完手之后，就可直接流到位于低处的小便池内，起到冲厕所的作用，从而达到节水的目的。

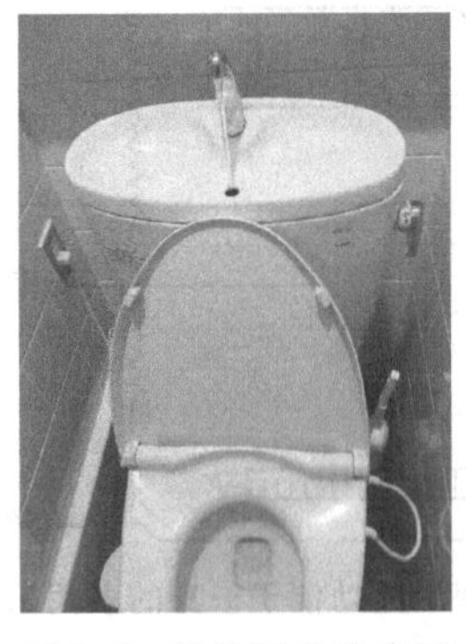

图 3-7 带洗手盆的座厕

图 3-8 带洗手盆的小便池

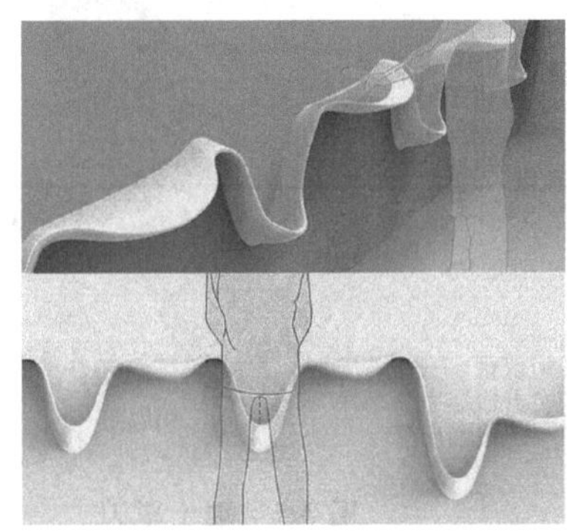

图 3-9 带洗手盆的艺术小便池

如图 3-10 所示为具有投币、找零、票据、擦鞋等功能的汽车投币机。图 3-11 喝水、吃零食两不误。

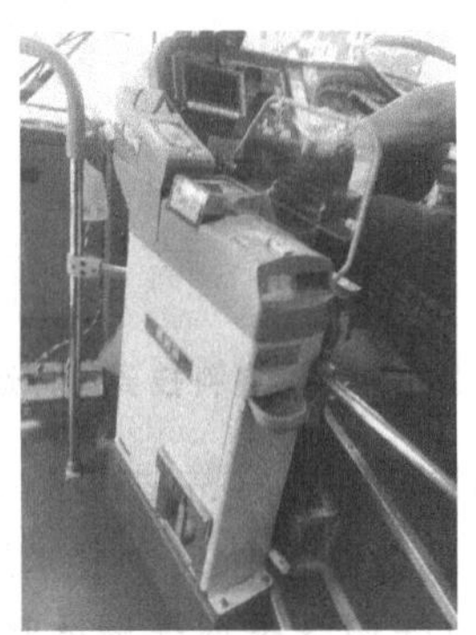

图 3-10 新型汽车投币机

图 3-11 喝水、吃零食两不误

对于小户型用户而言，既节省空间又功能多样的家具总是备受欢迎。如图 3-12 所示的这款“组插家具”就是其中之一，它由两只可单独使用的椅子组成，一旦组合在一起则又可以当作案桌使用，创意简单却非常实用。图 3-13～图 3-16 为组合创新原理的其他具体应用。

图 3-12 组插家具

图 3-13　街边舒适、温馨的多功能休闲椅

图 3-14　野战炊事车让炊事工具具有移动的功能

图 3-15　汽车起重机让起重机具有移动的功能

图 3-16　起重机装到船上形成浮式起重机，也具有移动的功能，不过，这一次，是在水面上

如图 3-17 所示为混凝土搅拌车。这种车由拌筒 1、两侧支承滚轮 2、支承轴承 3、进料斗 4、卸料槽 5、液压马达 6、水箱 7 构成，采用了新的工作模式，从料场装料后，在运输途中开动搅拌槽搅拌料，到达工地后即可卸下合格的混凝土。混凝土搅拌车能同时完成搅拌与运输两项工作，效率高、效果好。

在此基础之上，出现了如图 3-18 所示的自主装载移动式混凝土搅拌车。

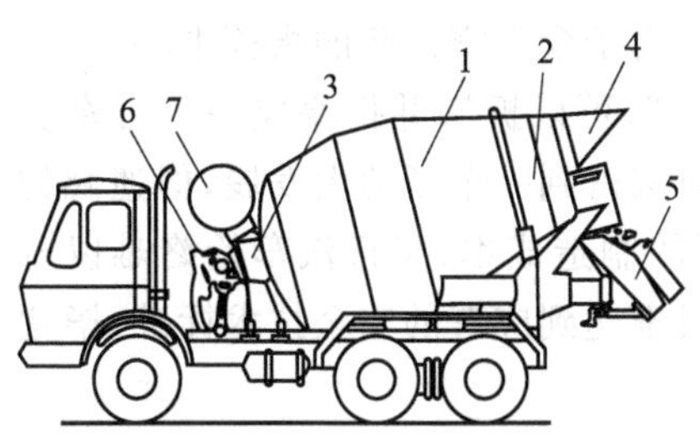

图 3-17　混凝土搅拌车

图 3-18　自主装载移动式混凝土搅拌车

2015 年 4 月 16 日上午，由海南自主研发的地效翼船(图 3-19)在海口实现双船试飞。地效翼船是一种新型水面高速运输工具，停在水面像船，起飞后更像飞机。该船飞行速度可达每小时 120 千米,续航 1 500 千米,可用于海防,旅游等。据称,该飞机将用于承担海岸防卫任务及海关巡逻,甚至可能在未来的海上高速公路上找到用武之地。

图 3-19 是船又是飞机的地效翼船

既然船可以与飞机组合,那么汽车应该也可以。早在莱特兄弟 1903 年的那次著名飞行之前,人们就广泛的想象了飞在天空中的工具应该是什么样子,在汽车刚刚出现的年代,最常见的想象就是给汽车插上翅膀,像鸟一样在天空飞翔。如图 3-20 所示为 1890 年的 Au Bon Marche 百货公司的海报,正能看出那个时代人们的想象。1924 年,纽约时代广场驶过一辆人们从未见过的车,有着机翼和螺旋桨,这是来自新泽西州的 A. H. 罗素的发明(图 3-21)。同样的,如图 3-22 所示,1928 年出现的这辆看起来蠢笨的飞行汽车也是那个年代的产物,同样未经证实能够真正飞上天空。不过除了飞行,这架机器还可以作为船在水面上前进。汽车,船,飞机,它都占了,但,它真的可靠吗?

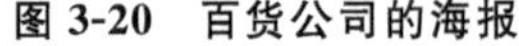

图 3-20 百货公司的海报

图 3-21 A. H. 罗素的发明

图 3-22 汽车、船与飞机的组合体

如图 3-23 所示为 1946 年 1 月泰德·霍尔制造的 NX59711。它有每小时 110 英里的飞行速度和每小时 60 英里的最高行驶速度。霍尔原本的设计是用于伞兵突击队的指挥中心。

如图 3-24 所示,1966 年莫尔顿·泰勒制造的"航空汽车",可以拆卸并折叠成一个可牵引的拖车。随着风洞和垂直起降技术的引入,飞行汽车似乎应该得到一个新的大发展,但遗憾的是,由于无法克服巨大的噪声、夸张的油耗和完全不切实际的制造成本,飞行汽车始终难以普及。最主要的是还要面对安全问题,简单操控的飞行汽车很难达到应有的安全技术标准,毕竟冒险家是少数,人们开飞行汽车并不是想要玩命。

如图 3-25 所示,真正不怕堵车的飞行汽车 AeroMobil 3.0 于 2015 年亮相,它能够搭载两名乘客,在机翼收起的情况下能够变成一辆跑车。在 1 分钟之内,可以完成飞行和汽车模式之间的转换。在汽车模式时,还可停入正常停车位,可使用加油站提供的普通燃料。

图 3-23　NX59711

图 3-24　泰勒的“航空汽车”

图 3-25　飞行汽车神器 AeroMobil 3.0 在飞行、变装、入库中

由于现有的技术要素数量极其庞大，所以组合创新方法具有非常广阔的应用空间；由于已有的技术要素的可用性在其现有的应用领域中已被证明，这些技术要素比较成熟，在应用中可能遇到的一些技术问题已被解决，不要求我们对每一项技术要素都具有很深入的专门知识，所以组合创新方法与其他方法相比是一种成功率较高的方法；由于原始技术要素的创新有赖于基础科学理论的发展，通常难度较大，这使得在成功的创新成果中，应用组合创新方法取得的成果具有较大的比重。

二、组合的一般规律

把产品看成若干模块的有机组合，只要按照一定的工作原理，选择不同的模块或不同的方式进行组合，便可获得多种有价值的设计方案。组合要恰当，单纯的罗列是没有任何意义的。组合在功能上应该是 1+1≥2，在结构上应该是 1+1≤2。这样就要求尽量减少中间环节，利用中间环节。将两物组合制作成一件物品，由于这样的组合精简了生活用品的数量，所以可使生活更为方便。如果两物组合后同时产生异化，从而产生第三种功能，这就是一种高级的组合，是一个很值得研究的方向。这种“组合异化”是设计学的一种发展。

进行组合时，一般从以下几个方面入手。

1. 把不同的功能组合在一起而产生新的功能

如将台灯与闹钟组合成定时台灯；将奶瓶与温度计组合成知温奶瓶，等等。

2. 把两种不同的功能的东西组合在一起增加使用的方便性。

如将收音机与录音机组合成收录机。

3. 把小东西放进大东西里，不增加其体积

如将圆珠笔放进拉杆式教鞭里形成两用教鞭。

4. 利用词组的组合产生新产品

如将“微型”与系列名词组合可以得到微型车、微型灯、微型洗衣机、微型电视、微型电

扇……用“魔”字可以组合出魔方、魔球、魔棍、魔碗……

组合创新法不仅在产品设计上有着广泛的应用，在其他领域中也发挥着巨大的作用。例如，电影中的蒙太奇手法就是组合法的具体运用。在企业管理上，好的薪金组合不仅可以充分调动员工的积极性，也能给企业带来更强的凝聚力。在企业营销方面，一种恰当的营销技术组合对于帮助企业的产品打开销路是非常有效的……

组合设计法是设计创新的有效途径。它在整合产品或建立产品系统性的同时，增强了原有产品的功能，方便了人们的使用和管理，节约了时间、空间或费用，甚至满足了人们日益提高的精神审美的诉求。“组合出创意”，如果将组合设计法融会到创作实践中去，相信会催生出更多宜人的新产品，创造出更多的社会价值。

第二节　组合创新的主要方法

组合创新方法有多种形式，从组合的要素的差别区分有同类组合、异类组合等，从组合的内容区分有功能附加组合、原理组合、结构组合、材料组合等，从组合的手段区分有技术组合、信息组合等。现将常用的几种组合方法简介如下。

1. 主体附加型组合

主体附加型组合是以原有产品为主体，在其上添加新的功能或形式。它以一种“锦上添花”的方式，在原本已经为人们所普遍接受的事物上，利用现有的其他产品为其增加一些新的附加功能，来改进原有产品，为其带来新的亮点，从而开发出新的市场需求，适应更多用户的需求，使产品更具生命力。因此，主体附加型组合不改变主体的主要功能，而是在此基础之上增加一些功能，以给使用者带来更大的便利。

最初的洗衣机只是代替人的搓洗功能，以后又增加了甩干、喷淋装置，使其有了漂洗和晾晒功能。电风扇也是如此，在逐渐增加摇头、定时、变换风量等装置后才成为今天的样子。附加与插入除了可更好地发挥主体的技术功能外，有时还可增加一些辅助功能或相关功能。比如，在自行车上安装里程表、挡雨罩、折叠货物架、小孩座椅等使之用途更广。

这类设计适用于那些在未曾进行这些附加改动之前，原有产品已经得到人们的广泛认可和使用，但是在人们的潜意识里仍然会感觉到这些产品的某些缺憾，或渴望它们有更好的表现。如原有铅笔的主要功能是写字，当写了错字需要进行修改时，有时不一定能找到橡皮。于是现在的铅笔添加了橡皮，使它除书写之外还具有了擦除的功能。与此相类似的还有蒙古国的一种啤酒，瓶子底部设计成一个瓶起子功能，这样不仅方便喝啤酒的顾客开启(图 3-26)，同时也是一种促销手段——买啤酒的人一次至少都是买两瓶，以方便开启。聪明的促销手段不是降低商品价格，而是站在顾客需求角度赋予商品更多价值。

还有叫壶的出现，就迎合了人们的这种潜在需要。它在传统水壶的壶盖或壶嘴上多加一个小孔哨，使水壶在水开时能以响亮的哨音提醒那些或许早忘了炉子上正在烧水的人们。格雷夫斯为阿勒西公司设计的一种自鸣式不锈钢开水壶，为了强调幽默感，将壶嘴的自鸣哨做成小鸟式样。叫壶通过对传统水壶增添附加结构，获得烧水以外的提示功能。小小的气哨，放在孩子们的口中只是一个制造声响的小玩具，而放在传统的水壶上却给人们带来了许多方便，消除了诸多安全隐患。

除此以外，气哨与其他产品的组合也产生了许多充满创意的新产品。如针对小孩子宜吃

图 3-26 多功能啤酒瓶

宜玩的“哨糖”——在糖块中预留哨孔，可以边吹着玩边吃糖。同样，针对小孩子的“哨鞋”，在童鞋上加上气哨，随着脚步的起落，发出一声声清脆的哨音，这不仅增加了孩子学走路的乐趣，同时也能通过哨音让家长及时捕捉孩子的踪迹。如图 3-27 所示，这是一双会发光的拖鞋，可以方便起夜一族，在夜晚抹黑起床时不至于看不见。特别适合夜盲症患者。如图 3-28 所示的棉拖下面的鞋底是可以撕掉单独清洗的，这样你在家里活动的同时就可把家里的地板拖得干干净净的。

图 3-27 会发光的拖鞋

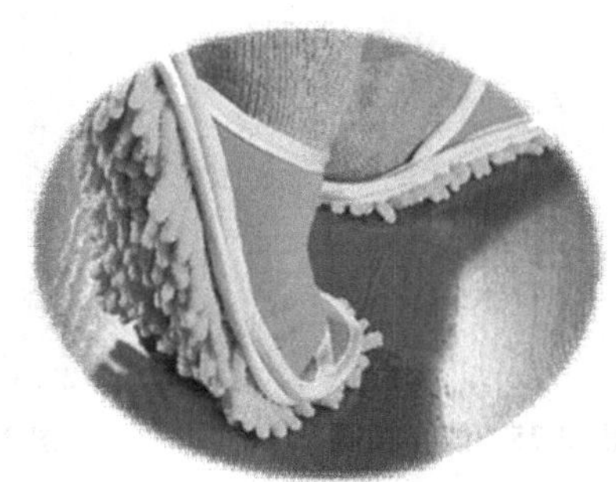

图 3-28 可拖地的棉拖

如图 3-29 所示，设计师出于对篮球和乔丹的热爱，设计出可携带篮球的自行车。如图 3-30所示，自行车的座位在 Lee Sang Hwa 等人设计下又变成了一把自行车锁，只需按下按钮，将自行车座位放倒，卡住车后轮，设定密码后即可将车锁定。如图 3-31 所示，给照相机配上一把小伞，可有效应付强光。

图 3-29 可携带篮球的自行车

图 3-30 自带车锁的自行车

图 3-31 配了小伞的照相机

如图 3-32 所示，显示空位的停车场指示灯，停车太方便了。如图 3-33 所示，给摄像机装上腿，工作人员不用扛机器操作了，轻松、快速而准确。如图 3-34 所示为再也不怕被丢的可以定位的小钥匙扣。如图 3-35 所示的鹿角插座，鹿角不仅仅是为了美观，实用性更强。它能够正好托住各式的充电设备，采用的聚氨酯橡胶材料结实耐用且质地舒适，杜绝了对小朋友产生的伤害。此外，还有如图 3-36 所示的顺带照明灯的面板；如图 3-37 所示的十分钟电力插头，将电脑插头连接上它再插入插座，在突然断电的情况下，它可提供额外十分钟的电力，类似一个 UPS，避免电脑数据丢失。这些创意都是在主体上附加一些辅助功能，给生活带来很多方便。

图 3-32　显示空位的停车场

图 3-33　移动摄像机

图 3-34　可以定位的小钥匙扣

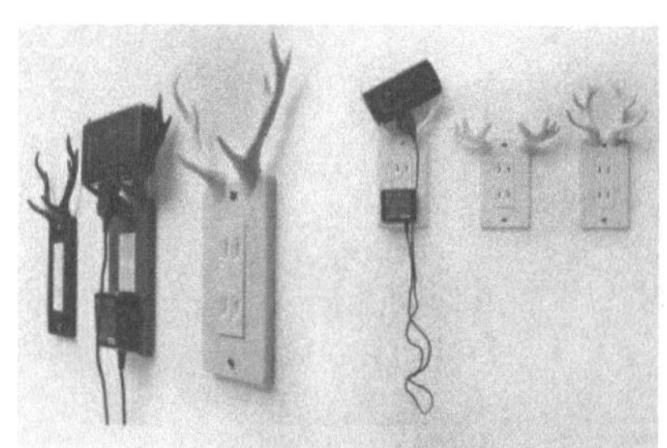

图 3-35　鹿角插座

图 3-36　顺带照明灯的面板

图 3-37　十分钟电力插头

如图 3-38 所示为自动封口的垃圾桶，它就像我们超市里使用的自封口一样，只要用力把袋口向下一压就可以了，非常方便，可让我们的环卫工人工作更轻松一点。类似的还有图 3-39。

图 3-38　自动封口的垃圾桶

图 3-39　再也不担心被番茄酱粘到了

如图 3-40～图 3-44 所示均为方便泡茶所做的组合创新给人带来的浪漫，更带来了方便。图 3-40 所示的幸福钓鱼人茶叶杯是一富有画面感的作品，让人感觉很幸福：恬静的午后，一对情侣依坐池塘边钓鱼，享受两人的悠闲时光。钓竿沿着棉线往下延伸，慢慢地引出茶的清香与色泽，望着水面上两人的倒影，像是池中鱼儿成双嬉戏，激起一阵阵幸福的涟漪。如图 3-41 所示，茶杯将杯的边缘做成一个挂钩状方便系茶包，比前者简洁，但少了一份浪漫。但这两种都是在茶杯上做文章。那么对于已有的杯子，为方便系茶包，出现了如图 3-42 所示的蝴蝶茶包。茶包挂绳的另一头是纸做的蝴蝶，泡茶的时候，蝴蝶可以卡在茶杯边沿上，像挂钩一样把茶包线挂住，方便处理茶包，又增加美感。

图 3-40 幸福钓鱼人茶杯

图 3-41 系茶包的茶杯

图 3-42 蝴蝶茶包

图 3-43 小小鸭子茶中游

图 3-44 不会弄湿桌子的杯子

图 3-45 这是一个微信的时代

如图 3-46 所示为能让锅盖站立的手柄，L 形结构可以充当支架使用，让锅盖立起来。而且锅盖上蒸汽冷凝后的水还可以通过接口流入手柄内的储水盒里，避免了流到台面上增添麻烦。类似的还有图 3-47 和图 3-48。

图 3-46 能让锅盖站立的手柄

图 3-47 设计与实用的完美结合：尼斯水怪汤勺

图 3-48　左边两幅图在盆上设计了本来是用手来挡的网，右图则将网移到了底面

如图 3-49 所示为英国 Taga 公司推出的骑行婴儿车 Taga Bike，巧妙地把婴儿车、手推车、自行车完美结合起来，不仅能推还能骑，可带着孩子一起去兜风。类似的还有图 3-50。

图 3-49　骑行婴儿车 Taga Bike

如图 3-51 所示，这辆双胞胎骑行婴儿车是把图 3-52 所示的自行车的前后两个婴儿位变成并排的组合方式。车斗让妈妈们骑车带着宝宝变得更安全，也可将它卸下变成普通婴儿车。

小孩子需要照顾，老人亦然。如图 3-53 所示，2010 年 3 月 19 日，北京市 83 岁的张永清展示他将轮椅和自行车结合在一起的发明。

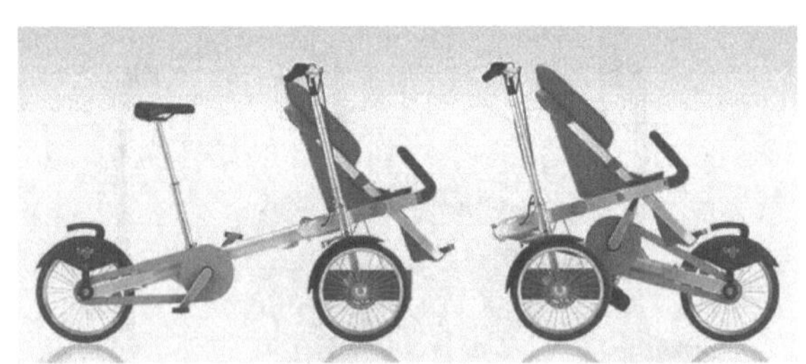

图 3-50　自行车变手推婴儿车只需 20 秒

图 3-51　左右双胞胎骑行婴儿车

既然自行车可以加在婴儿车上，那么滑板也可以，以使滑行时省力，如图 3-54 所示。当然，滑板可以让大人来滑或站立在上面，也可以站小孩子。如图 3-55 所示，这款 Sidekick Stroller Board 来自美国著名婴儿车品牌 Orbit Baby，是为该品牌的 G2 婴儿车设计的配件。Sidekick Board 是加装在婴儿车的轮子上的，可以分别装在两个后轮上。这样，妈妈就可以带着三个孩子一起上街啦，是不是很温馨呢？

图 3-52　前后双胞胎骑行婴儿车

图 3-53　带自行车的轮椅

图 3-54　滑板婴儿车

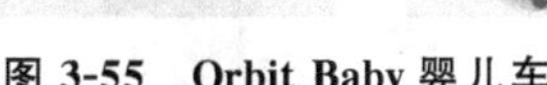

图 3-55　Orbit Baby 婴儿车

对主体结构进行附加组合的产品有很多,比如一种带有夹子的台灯在学生宿舍颇受欢迎,它将夹子这种最普通的事物附加到了台灯上,学生能把它随意地夹在宿舍的床架上照明。夹子使台灯的固定方式从单纯的底座中得到拓展,使用就方便了许多。

2. 同类组合

同类组合将若干个同一类事物如同"搭积木"一样组合在同一种产品上,使同类产品既能保留自身的功能与外形特征,又相互契合,紧密联系,以满足人们的特殊需求。最简单的同类组合就是如同将两支笔或两块手表装在一只精巧的礼品盒中,便成了象征友情与爱情的"对笔""对表"。类似产品还有子母台灯、双拉链、鸳鸯宝剑等。

同类组合由于组合的元素相同或者相似,一般不是串联就是并联,偶尔存在混联,这是同类组合的特点,也是容易把握的创新方法。

日本松下电器公司申请的第一项专利就是带有两个相同插孔的电源插座,它是松下幸之助因为在家中与妻子同时需要使用电源插座的情况下受到的启发,发明原理非常简单,就是将两个相同插孔在形式上串联在一起,但是由于它满足了大量用户的需求,因而在商业上获得了巨大的成功。

随着现代各种电器不断增多,普通的电源插座解决不了插头位置不兼容的问题,如图3-56所示的可旋转插座与图 3-57 所示的布置成环形的插座就是为了解决这个问题而设计的。图 3-58 所示为可随意增加和减少的电源插座。但我们仔细研究发现,图 3-56 所示最下面的那个图,实际上又组合了可随意增加和减少的电源插座与可旋转插座的功能,即既可以随意增加和减少插座数量,又可旋转每个插座。

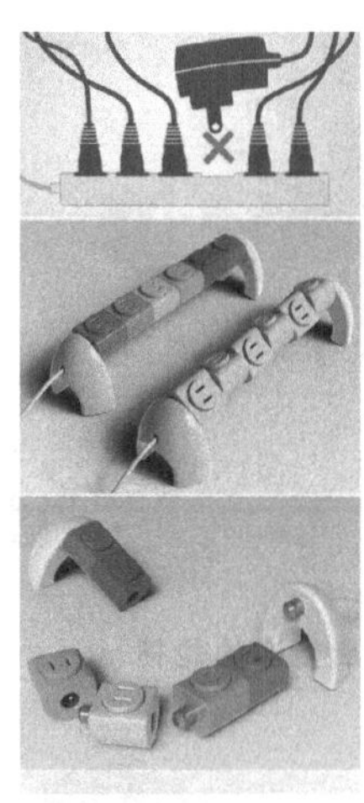

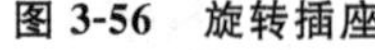

图 3-56 旋转插座

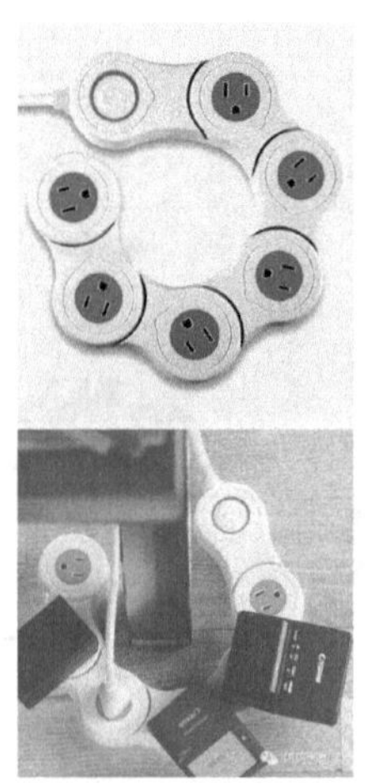

图 3-57 环形插座

图 3-58 可随意增加和减少的电源插座

现在很多充电器均采用 USB 接口，相应地，创新的 USB 插头设计应运而生，如图 3-59 所示。类似的还有图 3-60 所示的手表 U 盘。

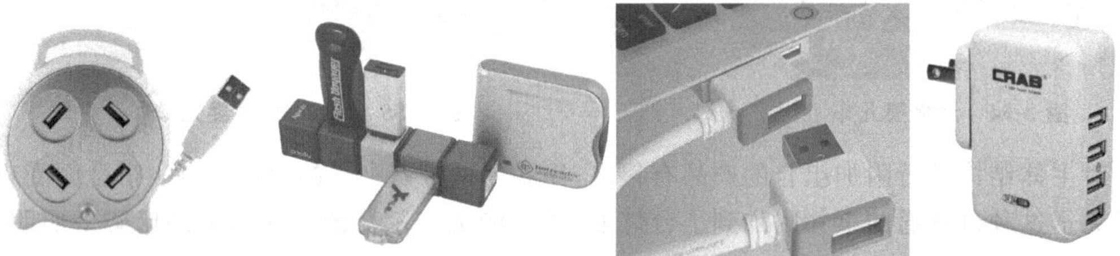

图 3-59 创新的 USB 插头设计

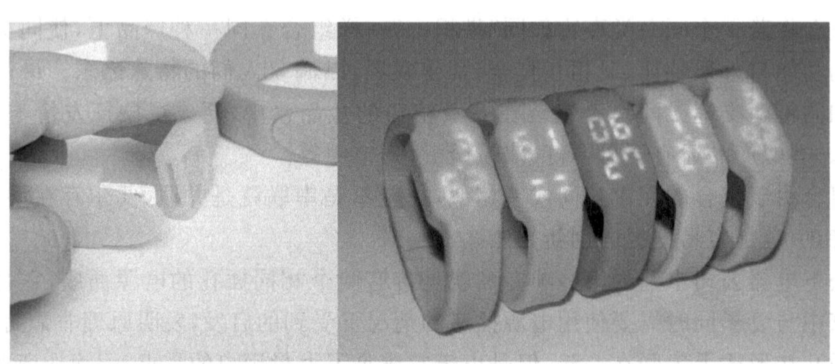

图 3-60 手表 U 盘

如图 3-61 所示，将几个相同的衣服架组合在一起，就可构成一个多层挂衣架，以分别挂上多件衣和裤子，从而达到充分利用衣柜空间的目的。这是因为不同衣架是并联挂在杆上的，要节省空间，在每个衣架上再串联多层挂衣架即可。类似的还有图 3-62。

日本有一家专营文具的企业，经营了 10 多年仍没有很大起色，经常为积压的各种小文具而头痛。一位刚刚在公司工作了一年的女孩子，她虽然没有经商经验，但她从学校出来不久，对学生需要文具的心态非常了解，自己亦有切身体会。于是，她根据自己的体会设计了一种

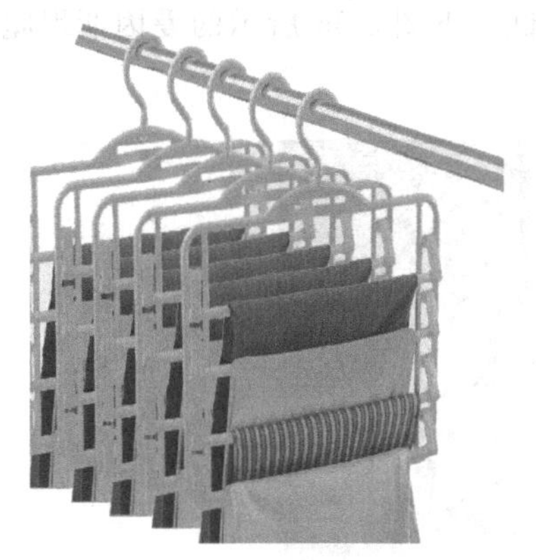

图 3-61　多层挂衣架

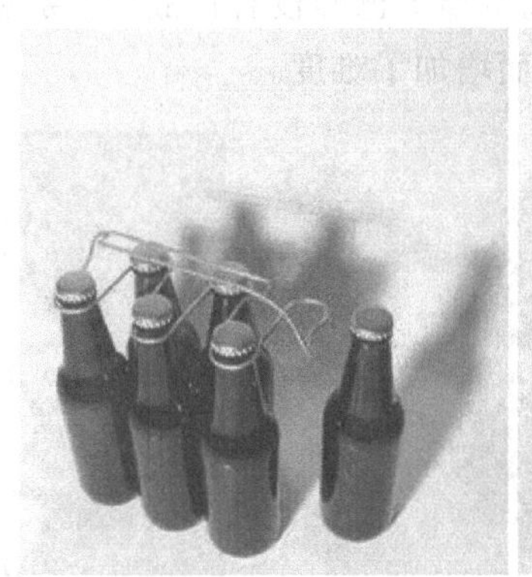

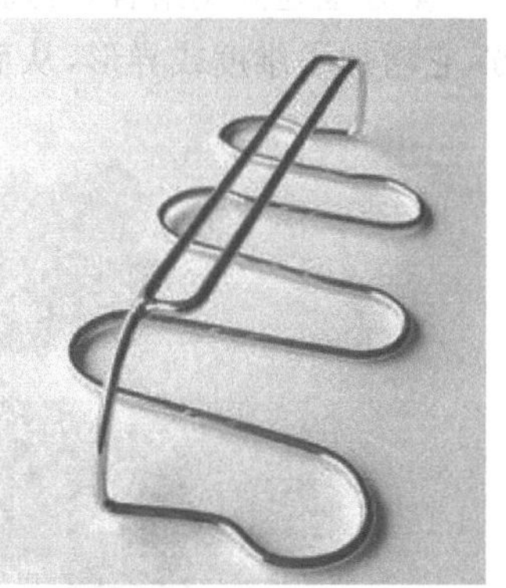

图 3-62　一次可以携带 6 瓶啤酒的拎酒器

“文具组合”的销售办法，于 1981 年进行试销。“文具组合”一经面市，立即引起轰动，成为划时代的热门商品，在短短的 1 年零 4 个月的时间，共销售出 340 万盒，不但把该公司的所有存货卖光了，连工厂刚生产的新货也供不应求。这件事一下子成为日本文具行业的特大新闻。事实上，所谓“文具组合”只不过是 7 件小文具组合：10cm 长的尺子，透明胶带，1m 长的卷尺，小刀，订书机，剪子，合成糨糊。7 件小东西装在一个设计美观的盒子里，定价 2 800 日元。这样把一些最普通的，并有大量存货的小文具加在一起，使滞销变为畅销。道理很简单，它方便了消费者。一般人的办公桌是不会有那么齐备的小文具的，特别是中小学生的书包，更会缺这少那，当需要使用时，一下子又难以找到可使用的文具。这一“创举”却开发了潜在的消费需求，所以旺销起来。

双人自行车的设计使两个人可以同时骑行同一辆自行车(图 3-63)，在具体结构上还分为双人前后骑行自行车和双人左右骑行自行车，也有三人自行车；具有多个 CPU 的计算机可以在一定的计算机制造水平下获得较高的运算速度；具有多个发动机的飞机不但可以获得更大的动力，而且具有更高的可靠度；双色或多色圆珠笔上可以安装多个不同颜色的笔芯，使得有特殊需要的人减少了携带多支笔的麻烦；多面牙刷将多组毛刷设计在一个牙刷头上，两侧的毛刷向中间弯曲，中间的毛刷顶部呈卷曲状。使用这种牙刷刷牙时两侧的毛刷可以包住牙的两个侧面，中间的短毛可以抵住牙齿的咬合面，可以同时将牙的内侧和外侧及咬合面刷干净，提高了工作效率。

在图 3-64 中，虽然他仍然可以把钱存到他的存钱罐，但终究还是会落进她的存钱罐。类似的还有图 3-65。

图 3-63　双人骑行自行车

图 3-64　到底是谁的存钱罐

图 3-65　可以两人同时使用的两面镜

魔方也是同类组合，普通的魔方已经没有挑战性？那就试一下图 3-66 所示的爱因斯坦魔方，它增加了维度或异形，从而增加了难度。

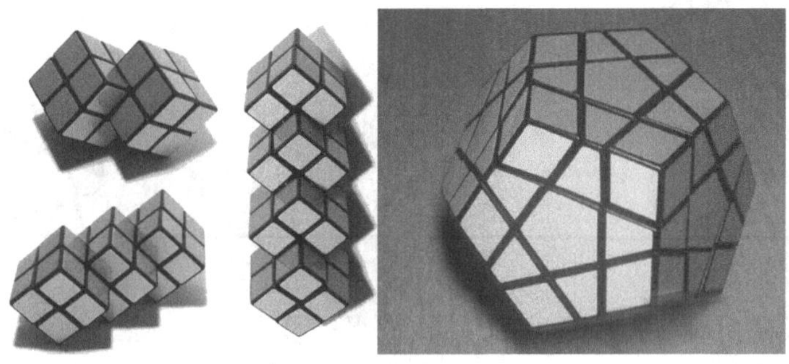

图 3-66 爱因斯坦魔方

如图 3-67 所示的果盘，下面放果实，上面可放壳。如图 3-68 所示的双层花生纸袋，里面有两层，花生放在一层内，而壳可放在另一层内，所以就不会混合在一起了，既环保又实用。以上两例中，也可认为前者是串联，后者是并联。类似的还有图 3-69 和图 3-70。

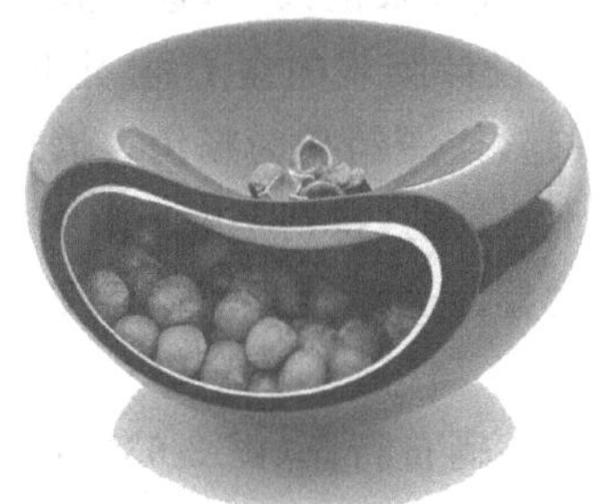

图 3-67 果盘

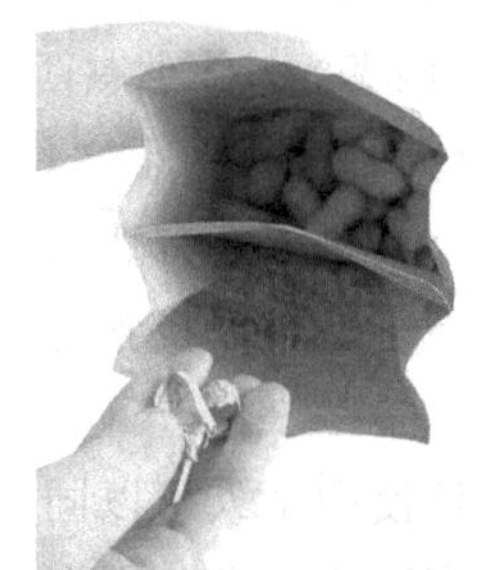

图 3-68 双层花生纸袋

图 3-69 这两个小碗简直太窝心了

图 3-70 超有趣！能一分为二的水果碗

20 世纪中期，美国和苏联对火箭的研制都有了一定的物质、技术基础，刚开始设计时想，如果把火箭串联组合在一起形成多级火箭，是不是会冲得更远，甚至可达月球。但当时都被火箭串联的经验定势禁锢住了，致使火箭的推力依然不够，无法冲出地球的引力。这时，苏联有个青年科学家提出一个大胆的设想：只串联上面的两个火箭，下面的火箭则将 20 个发动机并联起来(图 3-71)。经过严密的计算、论证和实践检验，终于取得成功。并联的多个火箭使初始动力和速度大大提高，足以克服地球的引力，抢在美国之前，于 1957 年首先将人造卫星送上蓝天。其实，回过头来想想，把火箭从串联到并联，技术难度并不大，真正难的是突破以往形成的那种经验型的习惯定势，它把人们的思路束缚、限制住了。

图 3-72、图 3-73 均因多刀片并联而提高效率。

图 3-71　多级火箭

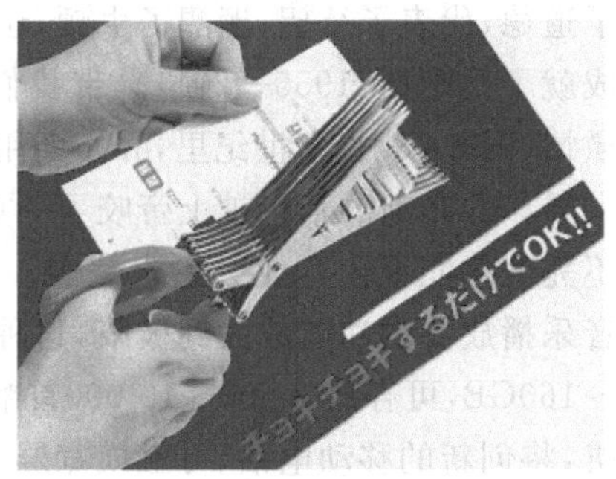

图 3-72　效率高的剪刀

图 3-73　效率高的水果刀

3. 异类组合

人们在工作、学习及其他活动中经常同时有多种需要，如果将能够满足这些需求的功能组合在一起，形成一种新的商品，使得人们不会因为缺少其中某一种功能而影响活动的进行，这将会使人们工作、学习、生活更加方便，同时商品生产者也将获得相应的利益。

异类组合就是将两个相异的无主次之分的事物统一成一个整体从而得到创新。

我们还是从插座说起。前一部分内容讲了，各种不同电器使用的增多要求有更多的接口，产生了插座；U 盘与电器充电要求有更多的 USB 接口，产生了组合 USB 接口。这两者分不清主与次，使用在不同的场合。小米插线板(图 3-74)则把插座与组合 USB 接口两者组合在一起，如图 3-75 所示，能够同时满足手机 USB 充电与插线板给电器供电的需求。

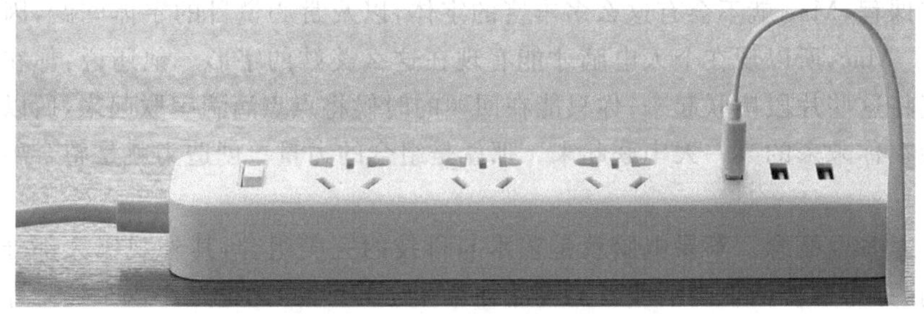

图 3-74　小米插线板

图 3-75　可同时充电供电的电线面板

如图 3-76 所示，在这个行李箱小车上，设计者花了 10 年的时间。这是一辆自带马达的代步车，最高时速能达到 12 英里(约 20 千米，1 英里＝1 609.3 米)。每次充电能行驶 30～40 英里(48～64 千米)。类似的还有图 3-77。

图 3-76　行李箱小车

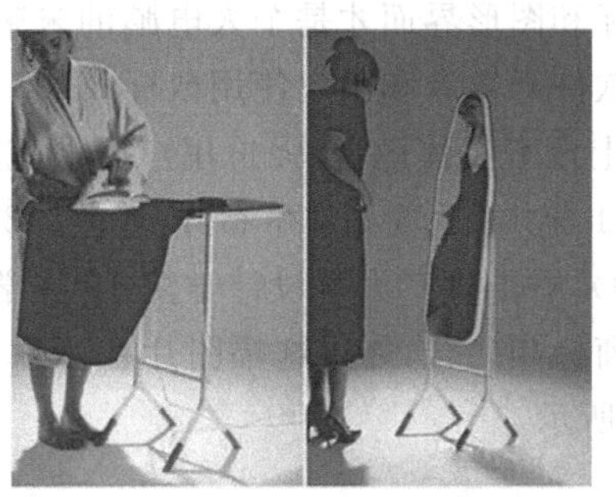

图 3-77　勤劳、臭美两不误

图 3-78 新周刊 2011 年第八期封面

曾经有人说过：三个苹果改变世界，它诱惑了夏娃，让人有了道德，代表了欲望；砸醒了牛顿，让人有了科学，代表了知识；成就了乔布斯(1955—2011)，带我们体验这个新世界，代表了激情(图 3-78)。新世纪里，乔布斯用他的苹果征服了几乎整个世界。乔布斯的苹果被上帝咬了一口：苹果公司的理念是只有不完美才能促使企业去追求完美。他用 iPod 颠覆了音乐，将音乐播放器的功能放大到极限，这种 MP3 播放器容量高达 10～160GB，可存放 2 500～10 000首歌曲；他用 iPhone 颠覆了手机，将创新的移动电话、可触摸宽屏 iPod 以及具有桌面级电子邮件、网页浏览、搜索和地图功能的突破性互联网通信设备这三种产品完美地融为一体；他用 Mac、iPad 颠覆了计算机，Mac 是第一款采用点击用户界面的大众计算器，堪称 Windows 的“前辈”，而 iPad 则定位介于苹果的智能手机 iPhone 和笔记本计算机产品之间；他又用皮克斯电影工作室奉献的《海底总动员》《飞屋环游记》颠覆了电影，赋予了电影动画全新的含义。

乔布斯说：“伟大的艺术品不必追随潮流，他本身就能引领潮流。”1976 年，时年 21 岁的乔布斯和 26 岁的沃兹尼艾克成立了苹果电脑公司。1985 年，乔布斯获得了由里根总统授予的国家级技术勋章。乔布斯曾说：在设计第一台 Mac 电脑的时候，我把当时我学的那些东西全都设计进了 Mac。那是第一台使用了漂亮字体的电脑，如果我当时没有退学，就不会有机会去参加我感兴趣的美术字课程，Mac 就不会有这么多丰富的字体，以及赏心悦目的字体间距，因为 Windows 只是照抄了 Mac，所以现在个人电脑才能有现在这么美妙的字形。他还说：你在向前展望的时候不可能将这些片段串联起来；你只能在回顾的时候将点点滴滴串联起来，所以你必须相信这些片段会在你未来的某一天串联起来。那就是组合的力量。创造力就是整合事物的能力。

“艺术”和“美”是一对孪生概念。苹果电脑就是艺术与科技的完美组合，其外观比大部分电脑要美。在很久之前，乔布斯就认识到消费者更青睐外观漂亮的产品，无论是小汽车还是计算机，消费者都希望这些产品的外观能够比市场上的类似产品更加漂亮。正因为他的独特眼光，他能够将这些外观漂亮的产品带给消费者。在此过程之中，乔布斯也向其他所有竞争者证明，要想赶上苹果，那么竞争对手就必须更好地设计出外观漂亮而且具有创意的产品。若说乔布斯是艺术家，乃是因为他对于艺术的技术本质的深刻理解，对于艺术追求创新和差异化的深度认同。艺术家必须偏执。艺术家不讨好受众，艺术家挑战受众。20 世纪 80 年代初，乔布斯相信鼠标和图形界面才是个人电脑的未来，于是第一代麦金塔电脑没有上、下、左、右方向键，以强迫软件开发者和用户使用鼠标；2007 年年初，乔布斯相信触屏才是智能手机的未来，于是 iPhone 上没有实体键盘，强迫用户习惯使用软键盘输入文字。

2011 年 10 月 5 日，乔布斯逝世。2011 年 10 月 6 日，为了缅怀苹果前 CEO 乔布斯(图 3-79)，香港理工大学设计学院 19 岁学生 Mak 在他设计的 Logo 中，将乔布斯的头像侧影与苹果商标相融合，之后这幅图片在互联网上迅速传播，Mak 甚至因此得到了工作邀约。如图 3-80 所示。

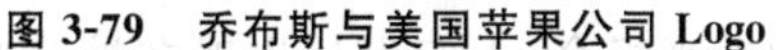

图 3-79　乔布斯与美国苹果公司 Logo

图 3-80　Mak 设计的 Logo

我们的汉字也是一种偏旁与部首的组合，不同的组合形成不同的含义。有一副对联非常有意思，功力深厚，堪称神联。上联：若不撇开终是苦，下联：各自捺住即成名。横批：撇捺人生。真有深度！"若"字的撇如果不撇出去就是"苦"字；"各"字的捺笔只有收得住才是"名"字；一撇一捺即"人"字。凡世间之事，撇开一些利益纠结就不苦了；看方寸之间，能按捺住情绪才是人生大智。

有些不同商品的功能人们不会同时使用，将这些不同时使用的商品功能组合在一起，可以节省空间。夏季人们需要使用空调，冬季则需要使用取暖器，冷暖空调将这两种功能组合在一起，既可共用散热装置和温度控制装置，又可以节省空间，节省总费用；白天人们需要用沙发，晚上睡觉时又需要用床，沙发床的设计将这两种功能合二为一，节省了对室内空间的占用，如图 3-81～图 3-83 所示。

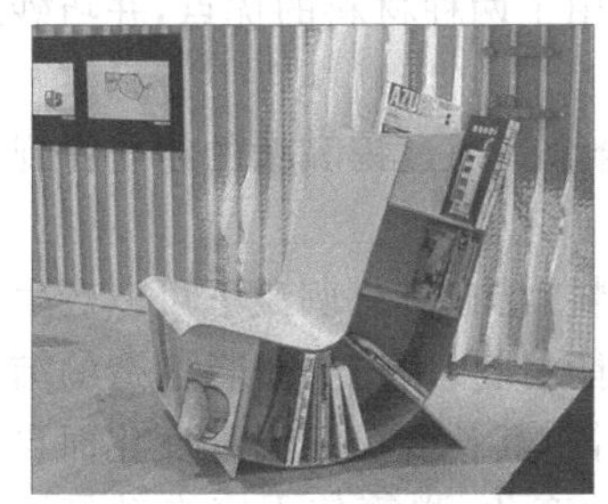

图 3-81　书柜凳子

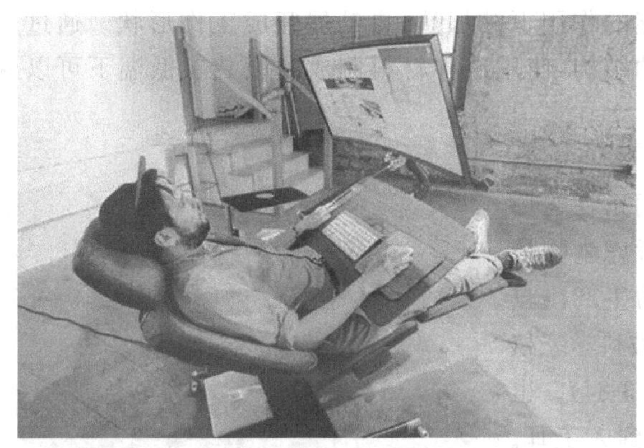

图 3-82　带椅子的桌子，可以让你躺着办公

图 3-83　双功能比萨神器

从很多例子可以看出，异类组合法需要有一条引导组合设计的主线，使组合创新更具有说

服力和开发价值:它可以是人的使用方式,从而组合出如U盘小刀、PDA键盘保护套、带麦克风的耳机这样的产品;也可以是人的精神审美诉求,如饰品化的手机、MP3、数码相机等。无一例外的是,异类组合将功能作加法,将体形作减法,获得的创新产品极大地方便了人的使用,满足了人的精神需要,同时帮助人们节省了时间、空间或费用的支出。

4. 材料组合

有些应用场合要求材料具有多种特征,而实际上很难找到一种同时具备这些特征的材料,通过某些特殊工艺将多种不同材料加以适当组合,可以制造出满足特殊需要的材料。

V带传动要求制作带的材料具有抗拉、耐磨、易弯、价廉的特征,使用单一材料很难同时满足这些要求,通过将化学纤维、橡胶和帆布的适当组合,人们设计出现在被普遍采用的V带材料。

建筑施工中需要一种抗拉、抗压、抗弯、易施工且价格便宜的材料,钢筋、水泥和砂石的组合很好地满足了这种要求。

通过将不同材料的适当组合,人们设计出满足各种特殊要求的特种材料,如具有特殊磁转变温度的铁磁材料、具有极高磁感应强度的永磁材料、具有高温超导特性的超导材料、耐腐蚀的不锈钢材料、具有多种优秀品质的轴承合金材料等。供电中使用的导线要求具有导电性能好、机械强度高、容易焊接、耐腐蚀和成本相对较低的特点。铜具有良好的导电性,耐腐蚀性,并容易焊接,但是其机械性能较差,而铁具有机械性能好、价格便宜的优点。根据这些特点,人们设计出铁芯铜线,这种导线的芯部用铁材料制作,表面用铜材料制作。高频交流电流有集肤效应,电流主要经导线的表面流过,焊接性和耐腐蚀性也主要由表面材料表现,而处于表面的铜材料正好同时具有这方面的优点。通过这种组合,充分地利用了两种材料的优点,并巧妙地掩盖了各自的缺点,满足供电系统对电线的使用要求。

通过锡与铅的组合得到了比锡和铅的熔点更低的低熔点合金。通过镍和钛的组合得到具有形状记忆功能的特殊合金。

将某些在外界环境变化时可产生信息输出的材料(感知材料)与在信息刺激下可以产生动作的材料(机敏材料)以适当的方式组合,可以人为合成某些智能材料,用这类材料制造的结构可以在环境条件变化时自动做出反应,例如用智能材料制成弹簧,其长度可随温度变化而自由伸缩,将这种弹簧用于温室温度的自动控制,随着温室内温度的变化,弹簧使天窗自动打开或关闭,用以调节室内温度。用智能材料制造人造卫星天线,制成后可将其折叠成较小的体积,以利于卫星发射,天线送入太空后,在太阳能的作用下被加热,自动展开成工作形状。通过人工合成的相变纤维在不同温度下呈现不同的结构,使用这种材料制成的服装在低温下可以保暖,在高温下有利于散热。

5. 基因重组

今天,在全球各地的实验室里,科学家们正在运用组合创新的方法改造各种生物。他们毫不考虑生物最基本的原始特征,打破自然选择的法则,只为生产出自己有兴趣的新生物。1996年,一只老鼠背上被科学家植入牛软骨细胞,让它长出人类耳朵的形状(图3-84)。也许在不久之后,科学家就能通过这种方式得到人工耳。巴西生物艺术家爱德华多·卡茨在2000年得到了一项新艺术作品:一只发着荧光绿的兔子。卡茨找到法

图3-84 背上长有人类耳朵形状的老鼠

国一间实验室，付费请求按他的要求改造出一只会发光的兔子。法国科学家于是在一只普通的兔子胚胎上植入由绿色荧光水母取得的DNA，于是，这只名叫阿巴的绿色荧光兔子隆重登场。新华网2016年2月5日报道：英国首次批准人类胚胎基因编辑实验。

动物保护团体谴责这种基因工程实验，认为这样会加重实验动物的痛苦，无视它们的需求与欲望。人权保护团体也担心，这样可能被用来创造某种超人类，结果人类或许将不复存在。例如，我们可以用复制的方式制造出不懂得恐惧为何物的士兵，不知道反抗是什么的工人。人类手中握有基因修改与重新组合的能力，却还无法做出明智、有远见的决定。

6. 技术组合

技术组合方法是将现有的不同技术、工艺、设备等技术要素加以组合，形成解决新问题的新技术手段的发明方法。随着人类实践活动的发展，在生产、生活领域里的需求也越来越复杂，很多需求都远不是通过一种现有的技术手段所能够满足的，通常需要使用多种不同的技术手段的组合来实现一种新的复杂技术功能。

上海一些科技工作者发现，当单独用激光或超声波对水作灭菌处理时，都只能杀死部分细菌。如果先后用两种方法处理，仍有相当一部分细菌不死。但如果两种方法同时使用，则细菌就会全军覆没，这就是“声—光效应”。这种方法不仅在灭菌方面有效，在化学研究方面也有着潜在的巨大价值。

联邦德国科学家发明的一种清除肾结石的方法，就是两种现象的组合：一种现象是电力液压效应—水中两个电极进行高压放电时，产生的巨大冲击力能把坚硬的宝石击碎；另一种现象是在椭球面上的一个焦点上发出声波，经反射后会在另一个焦点上汇集。同时利用这两种现象便可设计出击碎人体内肾结石的装置。其治疗过程是让患者卧于温水槽中，并使结石位于椭球面的一个焦点上，把电极置于椭球面的另一个焦点上。经过约一分钟的不断放电，分散通过人体的冲击波就可汇集作用于结石，将结石击得粉碎。

技术组合方法可分为聚焦组合方法和辐射组合方法。

(1) 聚焦组合

聚焦组合方法是指以待解决的问题为中心，在已有的技术手段中广泛地寻求与待解决问题相关的各种技术手段，最终形成一套或多套解决这一问题的综合方案。如图3-85所示。应用这种方法的过程中特别重要的问题是寻求技术手段的广泛性，要尽量将所有可能与所求解问题有关的技术手段包括在考察的范围内，只有通过审慎的考察，不漏掉每一种可能的选择，才可能组合出最佳的技术功能。

前些年西班牙要修建新的太阳能发电站，需要解决的最重要的技术问题是如何提高太阳能的利用效率。针对这一要求，他们广泛寻求与之有关的所有技术手段，经过对温室技术、风力发电技术、排烟技术、建筑技术等的认真分析，最后形成一种富于创造性的新的综合技术——太阳能气流发电技术。这种太阳能气流发电厂如图3-86所示，它的结构非常简单，发电厂的下部是一个宽大的太阳能温室，温室中间耸立着一个高大的风筒，风筒下安装风力发电机，这里应用的各个单项技术本身都是很成熟的，经过组合就形成了世界上最先进的太阳能发电技术。

(2) 辐射组合

辐射组合方法是指从某种新技术、新工艺、新的自然效应出发，广泛地寻求各种可能的应用领域，将新的技术手段与这些领域内的现有技术相组合，可以形成很多新的应用技术。应用这种方法可以在一种新技术出现以后迅速地扩大它的应用范围，世界发明史上有很多重大的技术发明都经历过这样的组合过程。例如，以强磁材料为技术核心，应用辐射组合形成多种应用(图 3-87)。

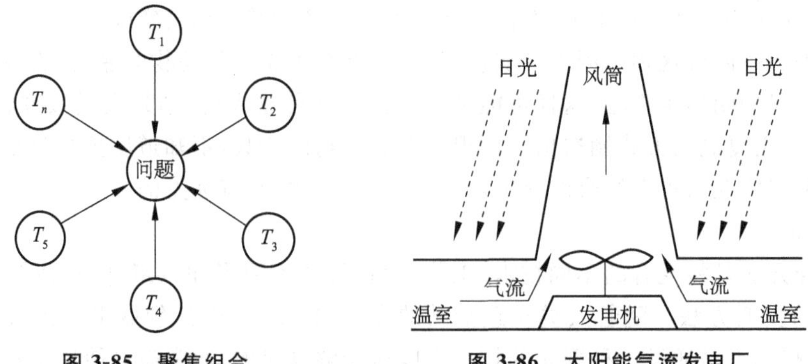

图 3-85 聚焦组合　　**图 3-86 太阳能气流发电厂**

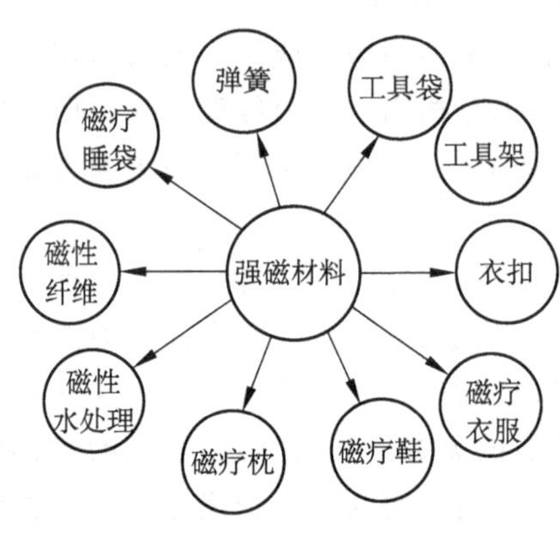

图 3-87 辐射组合

7. 信息组合

应用组合法从事创新活动的关键问题是合理地选择被组合的元素。为了解决这个问题,提高组合创新的效率,有人提出一种非常有效的组合方法——信息组合法。

首先将待分析的对象分解为可以被组合的信息元素,信息元素可以是产品的不同组成部分,可以是产品的分功能,也可以是产品的属性;然后将待组合的信息元素制成表格,表格的交叉点即为可供选择的组合方案。例如,将现有的家具及家用电器进行组合,可以制成如表 3-1 所示的表格,通过组合可对新产品开发提供线索。列在表格中参与组合的元素不但可以是完整的商品,也可以是商品的属性,参与组合的因素可以是二维的,也可以是多维的。

如图 3-88 所示,有人用信息组合法分析公园游船的设计问题,从中分解出三个独立的设计要素:船体的外形,船的推进动力,船体材料。列举出的船体外形可以选择的方案有龙、鱼、鹅、鸳鸯、画舫等,船的推进动力可以选择的方案有手划桨、脚踏桨、喷水、电动螺旋桨等,船体材料可以选择的方案有木、钢、水泥、玻璃钢、铝合金等。将船的外形、动力、材料各选取一种方案即可组合成一种游船设计方案。信息组合法能够迅速提供大量的原始组合方案,作为进一步分析的基础。

表 3-1　家具与家用电器的组合

家具与家用电器	床	沙发	桌子	衣柜	镜子	电视
床						
沙发	沙发床					
桌子	床头桌	沙发桌				
衣柜	床头柜	沙发柜	组合柜			
镜子	床头镜	沙发镜	镜桌	穿衣镜		
电视	电视床	电视沙发	电视桌	电视柜	反画面电视	
灯	床头灯	沙发灯	台灯	带灯衣柜	镜灯	电视灯

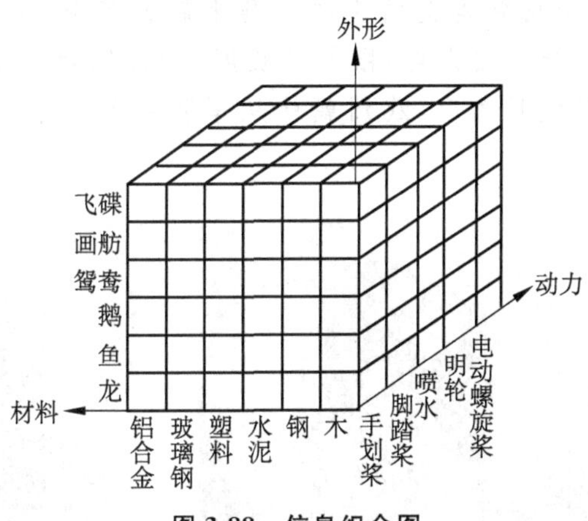

图 3-88　信息组合图

考古发现与史料证明，面条起源于中国，已有四千多年的制作食用历史。面条是一种用谷物或豆类的面粉加水磨成面团，之后或压或擀制成片再切或压，或者使用搓、拉、捏等手段，制成条状（或窄或宽，或扁或圆）或小片状，最后经煮、炒、烩、炸而成的一种食品。因此，不同的原料（如小麦、杂粮等）、不同的制作方法（如切、压、拉、削、搓等）、不同的成熟方法（如蒸、煮、煎、炸、烤等），加以不同的配料（如卤料、菜码等）组合就形成了不同的面条，有据可查的面食在山西就有 280 种之多。

第三节　案例分析

▶ 案例

干戈矛戟

常说“大动干戈”“化干戈为玉帛”，那么什么是“干戈”？干和戈是古代常用武器。具体地说，“干”指盾牌，上古时期，秦称“盾”，六国称“干”；“戈”指进攻的类似矛的用于勾、啄的格斗武器，因以“干戈”用作兵器的通称。下面仅以戟与弩的发明来说明武器设计中经常使用组合创新思维。

戈（图 3-89）与矛（图 3-90）组合而形成戟。

图 3-89 戈

图 3-90 矛

中国淘汰戟(图 3-91)之后 900 年,欧洲出现了戟(图 3-92)。欧洲戟跟中国戟不一样,基本上是斧与矛的结合。其中以瑞士长戟最为著名。它长 2～3 米,可以发挥刺、挑、劈、砍、勾等多种功能,其中用弯钩把骑士钩下马来勒索赎金,是瑞士雇佣兵的生财之道之一。欧洲戟跟中国戟一样头端太重,限制了长度,加之比矛昂贵,所以始终只是矛的辅助武器。到燧发枪和刺刀发明之后,欧洲戟就从军队中除名了。但直到今天,梵蒂冈卫队仍然使用戟。

图 3-91 中国戟

图 3-92 欧洲戟

戟是由两种不同兵器组合而形成的新兵器。而三弓床弩则是在单弓(图 3-93)的基础之上进行同类组合而成的新兵器,威力远远超过三只单弓(图 3-94)。

图 3-93 单弓

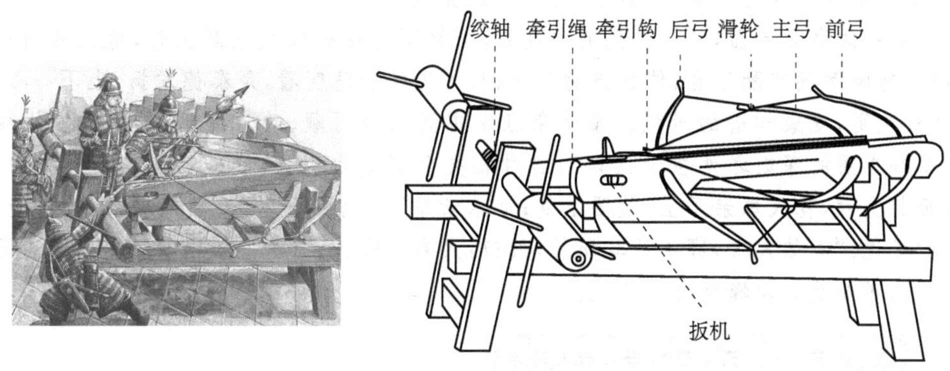

图 3-94 三弓床弩及其结构复原图(孙机复原)

组合创新在《周易》中的作用

宋朝大哲学家朱熹在他所做的《周易本义》序言中写道:“易之为书,卦爻彖象之义备,而天地万物之情见。”意思是《周易》这套象数系统,把天地万物之情都表现出来了。这么神妙的智慧是什么呢?朱熹说就是两个字——阴阳。八八六十四卦是阴阳,三百八十四爻也是阴阳。只要把阴阳两个字弄懂了,整个《周易》就会一通百通。

的确,《周易》系统的核心就是阴阳的不同组合:三个相同或不相同的阴阳组合组成八卦(图 3-95),两个相同或不相同的八卦组成六十四卦(图 3-96),六十四卦每卦有六个爻,共三百八十四爻。卦与爻都是阴阳交织的整体作用,组合后被赋予了丰富的含义。

《周易》的智慧在“和谐”。《周易》中的八卦依次为乾卦、坤卦、震卦、巽卦、坎卦、离卦、艮卦和兑卦(图 3-95)。乾为天,是纯阳之卦;坤为地,是纯阴之卦。乾坤两卦被看作是父亲和母亲,父母交合以后生出六个孩子,就是“乾坤六子”。震卦为长男,坎卦为中男,艮卦为少男。巽卦是长女,离卦是中女,兑卦是少女。

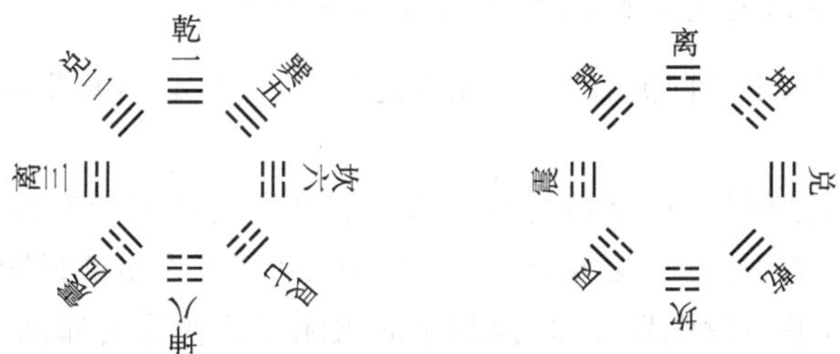

图 3-95 八卦图(左边为先天八卦图,右边为后天八卦图)

下面举例说明六十四卦具有的丰富含义。

我们常说的否极泰来,指的就是否卦与泰卦:否卦是乾卦在上,坤卦在下(图 3-97);泰卦是坤上乾下(图 3-98)。从阴阳的角度来讲,乾卦代表阳气,坤卦代表阴气。否卦是阳气上升,阴气下降,阴阳背道而驰,所以不好。泰卦是阴气上升,阳气下降,阴阳互相交合,天地交而泰,所以是个好卦。卦的好坏就是根据阴和阳相互之间的关系确定的。

《彖》(tuàn)曰:“泰。小往大来吉亨。”《彖传》说:“泰卦象征亨通太平:阴柔者往外,表示阳刚者入内,吉祥,顺利。”这表明了天地阴阳交合,万物生养畅通,君臣上下交相沟通,志同道合。本卦卦象内阳刚而外阴柔,内刚健而外柔顺。这表明了君子之道渐长,小人之道渐消。外柔内刚,道出了中国文化极为重要的“君子”的基本面貌风骨。

天人合一的和泰局面,从大自然的角度看,是天下温暖的阳气逐渐上升,地上的阴湿之气逐渐退缩,冷暖两气交融汇合,催化万物生长;从人类社会角度看,是泰德发扬,上下一心,同心同德,和气生财,安康和谐的时代。泰卦象征宇宙间风调雨顺、政治清明、国泰民安的最佳状态。但泰卦思想的深刻之处在于认识到这种相交会演变为相背,使事物向其相反方向转变。所以到泰卦上六,乾天本亲乎上,就要上复;坤本亲乎下,就要下返,天翻地覆,大势所趋,泰极否来。孟子说:“故彼人者,寡不死其所长,故曰:太盛难守也。”(这些人很少不是死于自己的所长,所以说:事业达到顶峰就难以持久。)

上卦 / 下卦	天 ☰	澤 ☱	火 ☲	雷 ☳	風 ☴	水 ☵	山 ☶	地 ☷
天 ☰	乾	履	同人	無妄	姤	訟	退	否
澤 ☱	夬	兌	革	隨	大過	困	咸	萃
火 ☲	大有	睽	離	噬嗑	鼎	未濟	旅	晉
雷 ☳	大壯	歸妹	豐	震	恒	解	小過	豫
風 ☴	小畜	中孚	家人	益	巽	渙	漸	觀
水 ☵	需	節	既濟	屯	井	坎	蹇	比
山 ☶	大畜	損	賁	頤	蠱	蒙	艮	剝
地 ☷	泰	臨	明夷	復	升	師	謙	坤

图 3-96　六十四卦图的由来

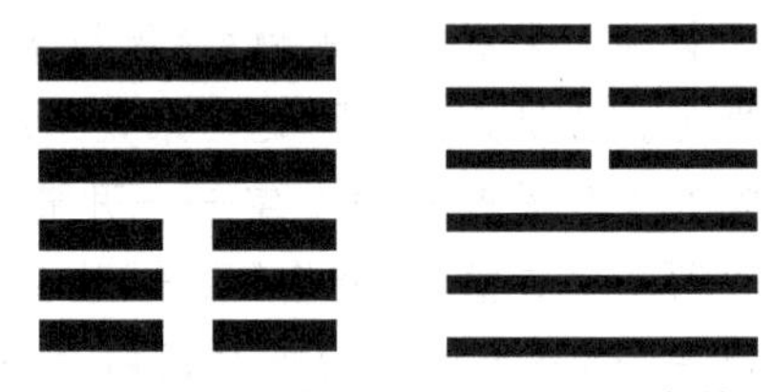

图 3-97　否卦　　**图 3-98　泰卦**

第十二卦否卦接泰卦之后而来,否卦说明事物不可能永远和泰畅达。其卦象为坤下乾上。如果说,泰卦表示天地相交,万物相通,世道昌盛;那么,否卦则表示天地不交,万物不通,世道衰落。

否卦下坤上乾,乾为天,坤为地,天在地上。阳刚之气上行,阴柔之气下降,天地不交。《象》曰:天地不交,否。君子以俭德辟难,不可荣以禄。《象传》说:天地阴阳不相交合,象征着闭塞黑暗。闭塞黑暗的局面下,人性邪恶、丑陋的一面充分暴露,小人甚多,不利君子。此时君子应有鉴于此,收敛自约以避免灾难,不能被荣华富贵所诱惑。

世道险恶,君子固穷,不肯同流合污,当闭塞达到极点时,必然倾覆,起先尤有闭塞,最终通泰欢喜。

老子说过,“祸兮福之所倚,福兮祸之所伏”,这个世界上没有绝对的“祸”与“福”,“塞翁失马焉知非福”,也是这一道理。《红楼梦》里有一首“好了歌”也许最能说明这些了:“世人都晓神仙好,唯有金钱忘不了,平生只恨聚无多,及到多时眼闭了。”快乐与潇洒是一种生活姿态,只有摆正了这一姿态,你的生活才会更加幸福。

否极泰来,没有否哪有泰?没有轻而易举的“泰”,更不会有永不疏通的“否”。雪莱有诗:“冬天到了,春天还会远吗?”说的是同样的道理。

▶ 案例

英国“聪明”手杖问世可发警报捡钥匙

行动不便者使用手杖时,常希望它重量轻、携带方便、用途多样、用法简单。英国某公司推出的“聪明手杖”(图 3-99)不但可以满足这一系列要求,而且节能环保——用发条作动力。

聪明手杖的设计者是 44 岁的英国人安丝蒂。她本身就是一个残疾人。

安丝蒂说:“我走路时,觉得自己很容易受到伤害。……我觉得老年人手边应当有个东西,遇到紧急情况时可以按动报警。”

这种聪明手杖自重很小，长度可以调节，方便不同身高者使用。它的把手经过特殊防滑处理，前端安装有一个高亮发光二极管紧急照明灯泡。

令人称道的是，这个发光二极管灯泡既不需电池提供动力，也不用充电，而是用最“原始”的方法驱动：上发条。使用者只需上1分钟发条，就能让紧急照明灯工作数分钟。

另外，发条还能为手杖上多个红色发光二极管小灯供电。使用者过马路时，只需按动把手上的控制键，杆身的小红灯就会闪烁不停，提醒过往车辆注意。一旦遇到紧急情况，只需按动按钮，手杖就会发出警报声。设计者还为不方便弯腰的使用者提供了更多方便：如果他们不慎把钥匙掉落在地，只要把手杖倒转，就可以用把手上的吸铁石轻松捡起失物。如图3-100所示为折叠椅与平拉车的组合。

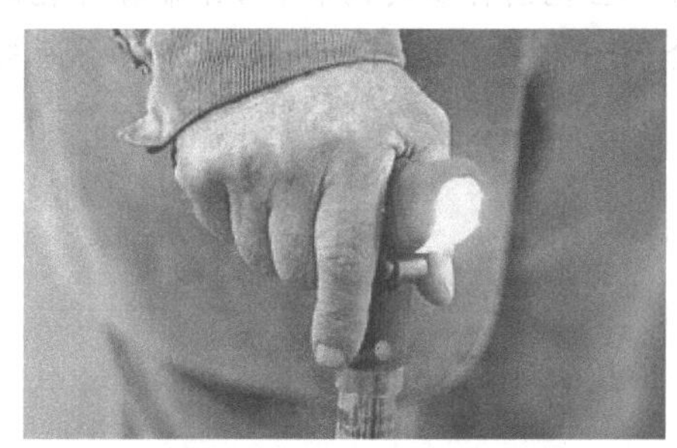

图3-99 “聪明”手杖

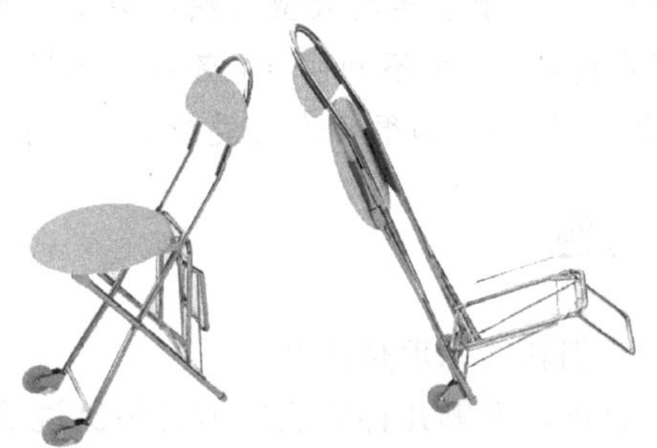

图3-100 折叠手拉椅

（资料来源：大洋新闻时间：2009－03－23，广州日报）

新编爱情小说

我国台湾有位学者运用还原法分析了中国历史上众多的爱情故事，发现这些故事虽然年代、地点和人物姓名各不相同，但却有一个雷同的模式，其原点就是：书生落难、小姐搭救、后花园私订终身、应考及第、衣锦团圆。此模式中独立可变的要素有书生、落难、小姐、搭救、后花园、私订终身、应考及第、衣锦团圆8个。然后运用形态分析组合，而每个要素的形态分别如下。

A. 书生。(a)旧式书生；(b)新式大学毕业生；(c)音乐家；(d)未成名的工程师；(e)画家；(f)中国书生；(g)外国书生；(h)老童生；(i)未成功的企业家；(j)到外国去的中国厨师；(k)青年科学家；(l)医生；(m)文学家；(n)女性书生；等等。

B. 落难。(a)没有路费；(b)被冻在风雪之中；(c)途遇强盗；(d)患病；(e)游泳遇险；(f)车祸；(g)画卖不出去；(h)工程受到意外损失；(i)未婚妻变心；(j)从事科学研究心身疲惫；(k)开演奏会无人光顾；(l)演奏时昏倒；(m)写完小说不能出版；(n)在国外洗盘子；等等。

C. 小姐。(a)大家闺秀；(b)酒吧女郎；(c)高中女学生；(d)山地女郎；(e)校花；(f)歌星；(g)外国女郎；(h)航空小姐；(i)游泳健将；(j)网球明星；(k)导游；等等。

D. 搭救。(a)赠款；(b)示爱；(c)鼓励用功；(d)恳求爸爸给他安排职位；(e)跳下水去营救他；(f)长年看护病人；(g)帮他补课；(h)拜托有钱的叔叔给他开演奏会；(i)赞助留学费用；等等。

E. 后花园。(a)东京；(b)台北；(c)伦敦；(d)咖啡馆；(e)书房；(f)邻居家；(g)博物馆；(h)飞机上；(i)游泳场；(j)途中；(k)山中；(l)女郎家中；(m)河畔；(n)医院；(o)学校；(p)演奏大厅；等等。

F. 私订终身。(a)接吻；(b)默许；(c)送信物；(d)郊游；(e)给予鼓励；(f)通信；(g)互相研讨音乐艺术;(h)男弹琴女唱歌;(i)讨论学术问题;等等。

G. 应考及第。(a)旧时中状元;(b)中探花;(c)洋博士;(d)中国博士;(e)演奏会盛况空前;(f)一幅画被博物馆收藏了;(g)做生意发大财;(h)考取大学;(i)成名;(j)做官;(k)大病痊愈;(l)做出发明;等等。

H. 衣锦团圆。(a)结婚;(b)他或她变了心;(c)死去;(d)一个人远走高飞;(e)家庭同意婚事;(f)母亲不同意;(g)私奔;(h)没有结局;(i)长相思;(j)环球旅行结婚;等等。

从上面这些要素及其可变形态可以推知,由这些形态可组合出4亿多个故事来。如若按Ac+Bd+Cf+Df+El+Fe+Ge+Hh的选取组合,便可构造下述故事:一位小提琴手忽然患了严重的四肢关节风湿病,精神几乎崩溃。他的已是歌星的女朋友不仅没有离开他,反而将他接回自己家中,日日夜夜地看护着他。在女朋友家中,备受感动和鼓励的他很快就恢复了练琴的信心和勇气,终于在某次大型的演奏会上一举成名。当他满怀成功的喜悦,并带着鲜花赶到女朋友家中时,伊人竟不知去向,空留下永恒的怀念……如果将这一故事梗概加以不断的充实、修饰后,不就是一部很动人的爱情小说吗?

习题

1. 组合创新的原理是什么?
2. 组合创新有哪几种方法?请各举例说明。
3. 分析下列材料说明,用的是组合创新中的哪种方法?创新点在哪里?

(1) 分析图3-101～图3-103,说明创新之处。

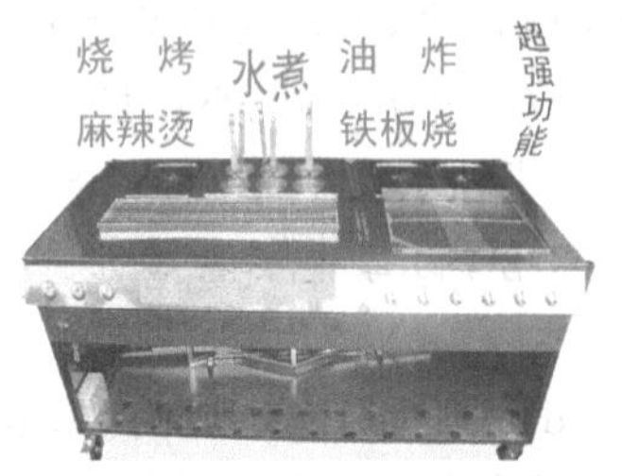

图3-101 多功能小吃车

图3-102 高效节能蒸锅

图3-103 玩具糖

(2) 2011年9月26日,圣彼得堡,一名商人打开的俄罗斯传统“套娃”玩偶(图3-104)上分别是时任俄罗斯总统梅德韦杰夫和总理普京的头像(图3-105)。

图3-104 俄罗斯套娃

图3-105 梅德韦杰夫和普京头像“套娃”

第四章　类 比 创 新

世界上的事物千差万别，但并非杂乱无章，它们之间存在着程度不同的对应与类似。有的是本质的类似，有的是构造类似，也有的仅有形态、表面的类似。从异中求同，从同中见异，用类比法即可得到创造性成果。

第一节　类比创新原理与步骤

据传，春秋时期，伞由鲁班之妻云氏根据下雨时青蛙躲在荷叶下而发明："劈竹为条，蒙以兽皮，收拢如棍，张开如盖。"如图 4-1 所示。

图 4-1　伞的发明

我有给我的小孩温小萱写成长日记的习惯。2014 年 12 月 13 日，广州市金碧世纪花园，大晴天。小萱与隔壁小朋友带各自的狗下去玩。我看到榕树的气生根垂下来，便想，如果有猴子在这里，它也许会在这里荡来荡去的。对，这不就是秋千的很多根绳子吗？秋千是不是人类看到猴子玩耍而发明的？最初的学习可能也是像猴子一样，用两只手抓住一根绳子或两根绳子去荡，后来玩久了觉得不舒服，所以就将两根绳子绑在一起。想到此，我就做了一个秋千，让她们玩。玩了一会，小萱说她屁股痛，我就把外套脱下放在她屁股下垫着。啊，这就是秋千的板凳啊！并且这个板凳还是软的。后来小萱提议给她们的狗也坐坐，让狗狗们也享受享受荡秋千的乐趣。这个秋千坐起来很舒服，因为这里环境好，关键是它很特别，除了可以前后摆动外，因树枝受力而可以上下移动，比现在的秋千好多了，如图 4-2 所示。

我们知道在中国的省份中，前面第一个字相同的有山东山西、河南河北、湖南湖北、广东广西。前三组都是以山、河、湖为界而定的，因而我一直纳闷广东广西这个"广"字是什么含义。顺着前面三组的思路，终于明白了何谓广东广西。史载，汉武帝平定岭南攻打赵佗时，兵从广

图 4-2　自然秋千

西贺江和桂江而下，两江交汇处就是现在广东封开和广西梧州之间，并设置交趾部统治岭南，首府设在广信县(现在的封开)。“广信”取自汉武帝平定岭南时的圣旨“初开粤地，宜广施恩信”中的“广”“信”二字，广信以东为广东，以西为广西。看来学习、提问有时也需要类比思维。

阿凡提来到闹市，刚挤上电车，忽觉褡裢里有动静，猛伸手，抓住了一个扒手的手腕，钱包掉在地上。众目睽睽之下扒手却假装镇静：“对不起，我想掏钱买票，却错把你的褡裢当作我的口袋了。”“噢！”阿凡提打了扒手一个耳光，然后笑着说：“对不起，我本想赶跑一只讨厌的蚊子，却错把你的脸当成我的脸了！”

有位奥地利医生叫奥斯布鲁格，他父亲是个卖酒的。为了判明高大的酒桶里还有多少酒，这位父亲经常用手在桶外敲敲，然后判定酒桶里还有多少酒，是满桶还是空桶。父亲的这一做法启发了他，他便由此推论，人的胸腔腹腔不也像只桶吗？既然父亲能敲敲酒桶知道酒的多少，那么，医生敲敲病人的胸腔腹腔并细细地听，不就可以由声音判定他的病情吗？于是细细钻研，认真总结，终于发明了著名的诊病方法——叩诊。

听诊器的发明过程是一段精彩的故事(图 4-3)。1816 年，一辆急驶而来的马车在法国巴黎一所豪华府第门前停下，车上走下了著名医生雷内克，他被请来给这家的贵族小姐诊病。等小姐捂着胸口诉说病情后，雷内克医生怀疑她染上了心脏病。若要使诊断正确，最好是听听心音。早在古希腊的《希波克拉底文集》中，就已记载了医生用耳贴近病人胸廓诊察心肺声音的诊断方法。当时的医生都是隔着一条毛巾用耳朵直接贴在病人身体的适当部位来诊断疾病，而这种方法明显不适用于年轻的贵族小姐。雷内克医生在客厅一边踱步，一边想着能不能用新的方法。走着、走着，他的脑海内突然浮现出前几天见到的一件事。那是在巴黎的一条街道旁边，几个孩子在木料堆上玩儿。其中有个孩子用一颗大钉敲击一根木料的一端，其他孩子用耳朵贴在木料的另一端来听那有趣的声音。雷内克医生路过这里，兴致勃勃地走过去问：“孩子们，让我也来听听这声音行吗?”孩子们愉快地答应了。他把耳朵贴到木料的一端，认真地听孩子们用铁钉敲击木料的声音。“听到了吗？先生。”“听到了，听到了！”想起这件事，正在为贵族小姐诊病的雷内克医生灵机一动，马上找来一张厚纸，将纸紧紧地卷成一个圆筒，一头按在小姐心脏的部位，另一头贴在自己的耳朵上。结果，他听到了从未听到过的清晰的心脏跳动的声音。这件事情启发了他，他发明了木制听诊器。1850 年，橡胶管听诊器取代了木制听诊器。

美国皮革商巴察喜欢钓鱼，他经常去的地方是纽芬兰渔场。1940 年冬天的一个早晨，他看到一个很有意思的现象：钓的鱼一放到冰上很快就冰得硬邦邦的了，而且只要冰不融化，鱼过个三五天也不变味。难道食物结了冰就可以保鲜？巴察这样问自己。他开始了试验。经过多次探索，他发现不仅鱼类在冰冻条件下可以保鲜，其他食物，比如牛肉、蔬菜都可以这样做。他决定制造出一台能让食品快速冰冻的机器。成功的路是艰难的，在研制速冻机的过程中，巴察吃尽了苦头，但他从不气馁。通过反复地试验、不断地总结经验，巴察终于成功了。他向国家专利局申请了专利，发明了世界上第一代冰箱，并且以 3 000 万美元的天价把这项技术卖给了美国通用食品公司。

如图 4-4 所示为在湖北省随州市出土的战国时期的青铜鉴缶（现存湖北省博物馆）。它的中央是盛酒的容器，在其外壁和酒器之间放冰，可以说是世界上最早的冰箱。

图 4-3　听诊器是如何发明的

图 4-4　战国时期的青铜鉴缶

后周和凝编的《疑狱集》中，收了一则“张举烧猪”的破案故事。讲的是五代十国时，吴国句章县辖区内，一房屋失火，丈夫死于火中。男方亲戚认为妻子有杀人纵火嫌疑，就去官府报案。县令张举在审理中发现，妻子拒不认罪，又找不出证据。于是叫人买来两头活猪，先杀一头，然后把一死一活两头猪关进棚屋，再放火烧屋。等活猪也死了，就一起拖出来检验。那头先杀死的猪，嘴里没有烟灰，而那头后死的猪，嘴里和呼吸道里全是黑色的烟灰。再检验死者尸体，发现他嘴里确实没有烟灰。到此地步，那个妻子只好认罪。

由以上可知，类比创新法，是一种确定两个以上事物间同异关系的思维过程和方法，即根据一定的标准尺度，把与此有联系的几个相关事物加以对照，把握事物的内在联系进行创造。

综上所述，类比设计法的实施大致有以下三个步骤。

第一步，选择类比对象。类比对象的选择应以发明创造目标为依据，一般应选择熟悉的对象为类比对象，它应该是生动、直观的事物，以便于进行类比。这一步中，联想思维是很重要的，要善于应用联想把表面上毫不相关的事物联系起来。

第二步，将两者进行分析、比较，从中找出共同的属性。

第三步，在第一、二步基础上进行类比联想推理并得出结论。如图 4-5 所示。

图 4-5 穿了伪装的汽车

如图 4-6 所示，中国 99 式主战坦克着了迷彩外表，这种外表是根据战区的不同而不同的。例如，北方雪天可能是白色，一般是迷彩，但着装后就不能变了。如果能像变色龙一样根据环境的变化而变化，融入环境就更好了。图 4-7 是能够从任何物体上彩色的笔。将两者联系起来，是不是就可以让坦克自动从周围环境取色，外表就跟着变色，与环境融为一体，以迷惑敌人于无形之中呢？

图 4-6 中国 99 式主战坦克着迷彩装

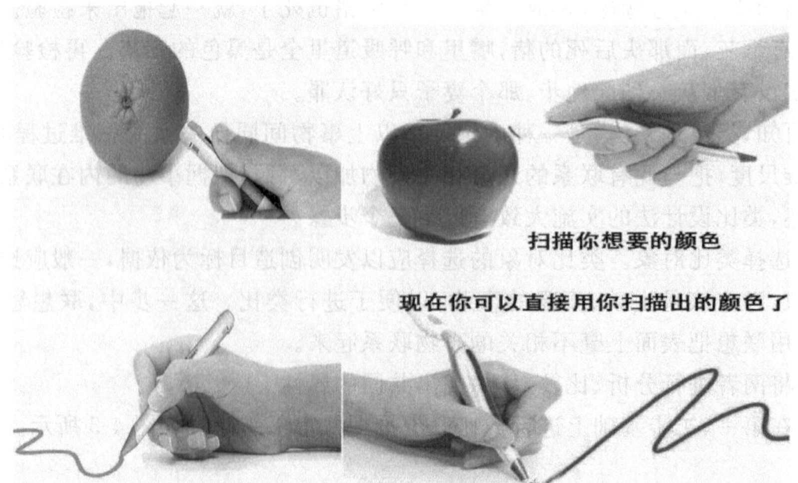

图 4-7 能够从任何物体上采色的笔

第二节　类比创新的主要方法

经过长期实践，人们逐渐把这种发明方法进行归类和整理。根据类比的对象和方式不同，类比法还可以进一步区分为仿生类比、直接类比、象征类比、因果类比等。

1. 仿生类比

发明者模仿生物的结构和功能等进行发明称为仿生类比。例如，虎和猫时而奔跑如飞、时而突然止步，人们从它们的脚掌结构得到启发，发明出带钉子的跑鞋；从蜘蛛在两棵树之间结网，联想发明横跨峡谷的吊桥；蝙蝠在黑夜中能自由飞翔而从不会撞到障碍物，借助对蝙蝠的研究人们发明了超声波探测仪，可以用来测量海洋深度、探测鱼群、追踪潜艇、诊断疾病、工业探伤等。本部分内容将在第五章仿生创新中详细介绍。如图 4-8 所示。

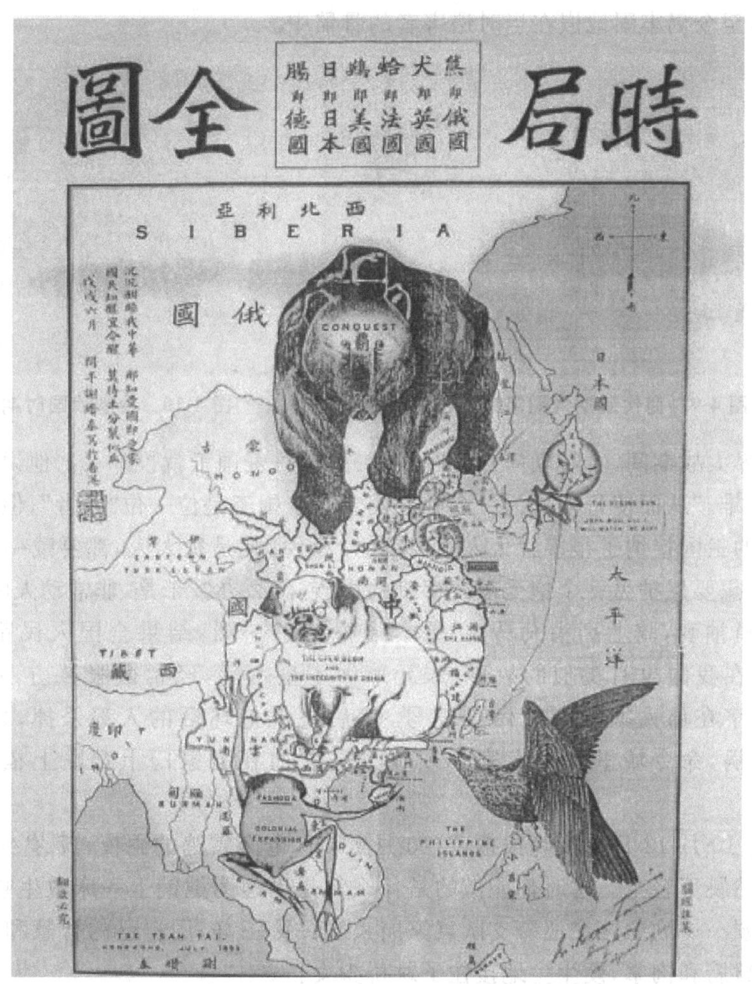

图 4-8　1899 年，谢赞泰绘制了一幅政治漫画“时局全图”

2. 直接类比

发明者从自然界或已有的技术成果中，寻找出与发明对象类似的现象或事物，从中获得启示，从而发明设计出新的发明项目，这就叫作直接类比法。

古埃及人曾用不断转动的链条运送水桶以灌溉农田；1783 年英国人埃文斯运用类比法将

该方法用于磨坊以传送谷粒。这一类比发明成果虽然十分简单，但是在长达几千年的时间里却一直没有被人发现。

庄子说："宋国有一族人善于制造一种药。这种药，冬天的时候搽在皮肤上，可使皮肤不会干裂。所以这一族人，世世代代便做漂白布絮的生意。后来有个客人知道了，便出百金，收购了这个秘方。他将秘方献给吴王，并说明这个秘方在军事上的秘用。那时吴越双方是世仇，吴王得到这秘方之后，就在冬天发动水战。吴人恃有秘方，军士都不生冻疮，越人没有这种药，军士便生皮肤病而大败。吴人大败越人以后，献秘方的客人，便受封了一大块土地，生活富裕，社会地位也不同了。同样的一种药方，有人不会用，只好世代漂絮。有人会变通使用，便列土封侯。"

商代后期(约公元前1100年)带平衡翅的青铜箭镞(图4-9)，其后掠的尾翅使射出的前飞行稳定，现代导弹的尾翼与此相似。图4-10为北京地区出土、现存首都博物馆的春秋战国时期的青铜箭镞，至今仍牢固地嵌在当时遇害者的骨骼中。

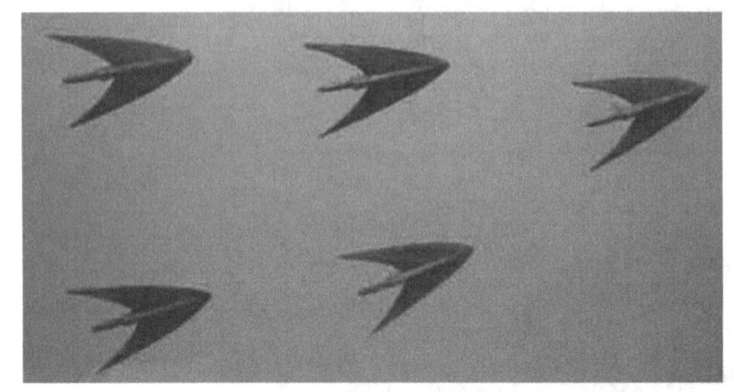

图4-9　商代后期青铜箭镞

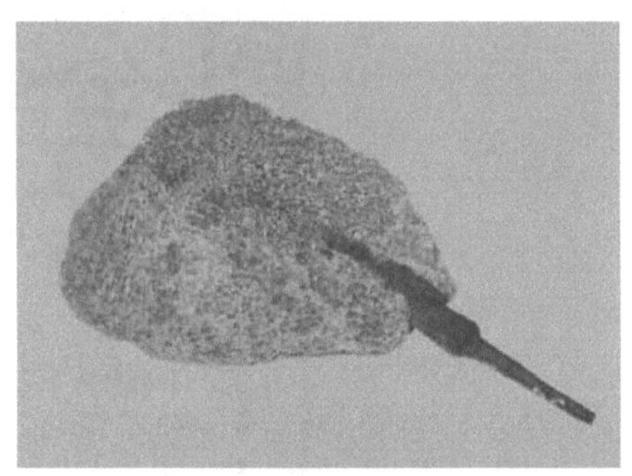

图4-10　春秋战国时期的青铜箭镞

第二次世界大战期间，希特勒向丹麦刚发了三炮，丹麦国王就投降了。他说："我们要安徒生，不要民族英雄。"从而使丹麦成为一个中立国。这位国王是位一位"弱者"，但他有"弱者"的反抗。他当时的王国接纳了很多犹太人，希特勒命令说，凡是犹太人，都要戴一个黄袖套。一个弱小的民族，想要保护另一个饱受欺凌宰割的民族，怎么办？于是，非常动人的场景出现了：国王自己戴着黄袖套，骑上高头大马，在哥本哈根走了一圈，结果全国人民都戴上了黄袖套。他的做法在我国也有类似的故事：朱元璋做了皇帝后，经常微服私访，听到有人说他的坏话就用福字在那人家的门上做个记号，然后把说他坏话的人都杀掉，好心的马皇后为消除这场灾祸，命令城里大小人家必须在天亮之前在自家门上都贴上福字，一场大祸终于避免了。

据2011年10月12日重庆晚报报道：10月11日，电闪雷鸣的雨夜，17岁少女张呈从近6米高的天桥突然跳下轻生。这时你能做的是什么？是迅速为她铺上一床救生垫，还是无助地看着她香消玉殒……渝中区交巡警支队袁家岗大队民警王静，用自己的智慧和勇气做出了回答———他用臂膀和肉掌，硬生生地接住了跳桥少女！

王静接张呈时，想到的是苏联一位战绩普通的足球门将。"他普通得甚至没有在足球界留下过自己的名字。但他最传奇的一次扑救，就是条件反射般地接住了从高楼上坠下的一个黑影——那个黑影竟然是一个婴儿！"王静之所以能说起这段只有老资格球迷才知道的传奇门将的故事，是因为从警前，他曾是足球门将。"正是有当门将的底子，在桥下接女孩时，我才特别自信。"王静坦诚地说，他知道"杭州最美妈妈"的故事，但在救人时，他压根儿就没想到“最美妈妈”，而是那位苏联具有传奇色彩的门将。“这让我很兴奋，全身运动细胞都调动起来，也坚定了我成功接住女孩的信心。”王静说，当时他先观察了地形，随时挪动脚步紧跟落点，然后轻舒猿臂，用一套利落的“接球＋落地保护”动作，将女孩成功接住。如图 4-11 所示。

图 4-11　接到女孩的刹那果断收手收腹顺势泄力，屈膝后倒地缓冲

在自然界，河川中夹杂的有机污泥流入海洋，海洋并不会因此受到污染。经科学家研究发现，原来海洋中生长着一种能消化有机物质的净化细菌，有机物质经它消化后变成水和二氧化碳，从而使海洋具有自净化功能。人们将含有净化细菌的污泥放入净化池中，然后再鼓入氧气，使净化细菌大量繁殖，废水在净化细菌的作用下，便可变成无污染的净水。

现在市场上销售的附有特氟隆的不粘锅，就是由法国企业家格雷戈受钓鱼线不粘水草的启发，将钓鱼线表面使用的特氟隆运用到家用锅上，而实现了锅不粘食物的功能。又将之用于制作钢笔头，从而使钢笔头不粘墨水，非常圆润。一般的钢笔吸墨水时，粘在笔尖的墨水都要用纸擦一下，否则弄得四处都是，而用特氟隆这种材料做的钢笔就免去了这种麻烦，既高档又实用。

使用微波烹饪食物的方法首先是由 Percy Spencer 想到的。Percy Spencer 曾为 Raytheon 公司建造雷达设备的磁电管。1946 年的一天，他在一个启动的雷达设备上工作时，突然发觉放在自己口袋里的巧克力融化了。他经过思索和研究，发现巧克力是被微波融化的。将国防军事上的微波技术运用到民用品，便产生了微波炉。

在“阿波罗”航空计划中，美国为解决宇航员在太空可以吃到蔬菜以补充维生素的问题，发明了冷冻脱水蔬菜技术。该技术是将蔬菜中所含的过多水分脱去，同时保留食物中 98%的营养成分。现在，脱水蔬菜已经成了很多方便面的“标配”。

在科学领域里，惠更斯提出的光的波动说，就是与水的波动、声的波动类比而发现的；欧姆将其对电的研究和傅里叶关于热的研究加以直接类比，把电势比作温度，把电流总量比作一定的热量，运用傅里叶热传导理论的基本思想再引入电阻概念进行研究，建立了著名的欧姆定律；库仑定律也是通过类比发现的，劳厄谈此问题时曾说过“库伦假设两个电荷之间的作用力与电量成正比，与它们之间的距离的平方成反比，这纯粹是牛顿定律的一种类比”；基本粒子学的弦模型、袋模型等也是类比推理的结果。

3. 延伸与扩大类比

百善孝为先。“树欲静而风不止，子欲养而亲不待。”比尔·盖茨说：“世界上最不能等的莫过于孝敬父母。”好好对待陪在你身边的那些人，因为亲情、爱情、友情都是一辈子的事，爱与不爱，下辈子都不会相见。孟子延伸何为至孝说："孝子之至，莫大于尊亲；尊亲之至，莫大于以天下养。"并由此由孝敬自己的亲人延伸至"老吾老以及人之老，幼吾幼以及人之幼"。这些都是延伸与扩大类比的例子。

类似的例子如图 4-12～图 4-16 所示。

图 4-12　Nikol 纸巾广告创意，让人叹服的超强吸水性

图 4-13　超强对焦，竟然发现山中的拉登

图 4-14　某洗衣精广告，太光滑，感觉没有穿衣服

爱因斯坦认为，如果我们乘坐的飞船速度可以达到光速，那我们的时空就会完全不同。在机械设计中，只要将曲柄连杆机构中的连杆变为无限长，就可以将曲柄连杆机构变为曲柄滑块机构。

诗仙李白的很多诗都采用夸张的手法，也是延伸与扩大类比的例子。例如，他在《望庐山瀑布》中写道："日照香炉生紫烟，遥看瀑布挂前川。飞流直下三千尺，疑是银河落九天。"还有《赠汪伦》："李白乘舟将欲行，忽闻岸上踏歌声。桃花潭水深千尺，不及汪伦送我情。"

图 4-15　联邦快递广告，比火警还快，所以干脆用快递运救火车

图 4-16　“加长”人腿，增强视觉效果

据《泾县志》记载，李白流寓宣城时，正值安禄山兴兵造反的年头。当时有位隐居在泾县山村的士人姓汪名伦，非常想请诗仙来家中痛饮欢歌，倾诉衷肠。无奈他与李白素不相识，不好贸然相邀。汪伦知道李白的喝酒和他的诗篇一样出名，不仅是一代诗仙，也是一代酒仙。汪伦的酿酒十分讲究：上等的珍珠糯、清澈的桃花潭底水。酿出的酒水碧透、香甜甘醇。他挑着一担自酿的美酒叫卖在宣城街头，有问价者，斗酒十千，惊得询价者咋舌，如此昂贵，还会有谁问津？殊不知，这正合了汪伦的心意，其实他怎会是卖酒之人，无非是想结识李白。果然，李白来到了汪伦的面前，立刻被那诱人的酒香吸引了，他也不问价钱，只叫拿酒来尝。汪伦递过一碗，李白接过浅酌一口连声叫好，便要全买了。偏偏这天匆忙间忘了带银子，这时汪伦说：“金钟玉马不足贵，只求相识相对饮。”他邀请李白痛饮，直至酒尽篓空，仍觉意犹未尽。这时汪伦便邀请李白去家中做客，李白欣然应允，顺便问起山村风光，汪伦借着几分酒意自豪地说：“十里桃花美，万家酒店香，山青水更绿，人称桃花源。”李白来到了汪伦家中，一连住了几天，四处游玩，没有见到什么十里桃花，更没看见什么万家酒店，感到纳闷，便向汪伦提起了这件事，责怪汪伦欺骗了他。汪伦听了微微一笑说：“村人怎敢欺骗诗仙，明天定当与君同去一游。”第二天，汪伦便带着李白来到了十里外的桃花岭上。这桃花岭的桃花虽没有十里之广，然漫山遍野姹紫嫣红，却也是十分的鲜艳迷人。桃花岭下有桃花潭，桃花潭畔有万家村，一家酒肆高挑一个斗大的“万”字旗，酒香诱人。李白此刻不由大笑道：“原来如此十里桃花、万家酒店，妙啊，实在太妙了！”此时，远处传来彼起此伏的山歌声，更增添了这桃花岭优雅美好的意境。李白与汪伦在万家酒店痛饮告别，并且挥毫写下了《赠汪伦》这首小诗。

4. 因果类比

两个事物的各个属性之间可能存在着同一种因果关系。因此，可以根据一个事物的因果关系，推出另一事物的因果关系。

曾经听到一个刚刚配了眼镜的朋友感慨道：“原来世界这么清晰啊！”可见眼睛对于人来说有多重要，一个清晰的世界是多么重要。而最早发明眼镜的灵感竟然来自蜘蛛网上的水珠。13 世纪中期，英国学者培根雨后在花园漫步的时候，突然看到蜘蛛网上沾了不少水珠，他发现透过雨珠看树叶，叶脉放大了不少，连树叶上细细的毛都能看得见。这使得他非常兴奋。他回家找来一个玻璃球，切下一块，然后拿这半玻璃球看书，结果文字放大了许多，培根找来一块木片，挖出一个圆洞，将玻璃球片装上去，安上把手，这就是最初的眼镜(图 4-17)。

图 4-17 眼镜的由来

天然牛黄是非常珍贵的药材，只能从屠宰场上碰巧获得。这样偶然得来的东西不可能很多，因此很难得到，也无法满足制药的需求。其实，牛黄这种东西，只不过是由于某种异物进入了牛的胆囊后，在它的周围凝聚起许多胆囊分泌物而形成的一种胆结石。一家医药公司的员工们为了解决牛黄供应不足的问题，集思广益，终于联想到了"人工育珠"：既然河蚌经过人工将异物放入它的体内能培育出珍珠，那么，通过人工把异物放进牛的胆囊内也同样能培育出牛黄来。他们设法找来了一些伤残的菜牛，把一些异物埋在牛的胆囊里，一年后，果然从牛的胆囊里取出了和天然牛黄完全相同的人工牛黄。

100 多年前，结核菌肆虐世界，肺结核病夺去了数千万人的生命。为了防治结核病，科学家进行了多种努力。开始，他们想到了种牛痘已经可以预防天花，就做实验把结核菌疫苗接种到人体。但是这样非但不能预防结核病，反而使健康人也传染上了这种疾病。一天，卡尔梅特(Leon Calmette)和介兰(Camile Guerin)两位科学家散步走到了一块玉米地旁，发现这里的玉米长得很不好，又矮又小。他们问土地的主人这是怎么回事。主人告诉他们，玉米长得这样差并不是因为没有上肥料，而是因为这种玉米已经种了十几代，品种退化了。卡尔梅特和介兰听主人这么说，相视一笑，他们不再散步，匆匆赶回实验室，进行结核菌的退化实验。在 1921 年培养到第 230 代的时候，终于培养出了无害的结核菌人工疫苗，可以用来预防结核病。为了纪念这两位科学家，人们就把这种结核菌人工疫苗叫作"卡介苗"(BCG)。

德巴赫是法国著名的生理学家，他曾致力于研究动物机体同感染作抗争的机制问题，但一直没有成果，令他伤透了脑筋。一次，他仔细观察海盘车的透明幼虫，并把几根蔷薇刺向一堆幼虫扔去。结果那些幼虫马上把蔷薇刺包围起来，并一个个地加以"吞食"。这个意外的发现使德巴赫联想到自己在挑除扎进手指中的刺尖时的情景：刺尖断留在肌肉里一时取不出来，而过了几天，刺尖却奇迹般地在肌肉里消失了。这种刺尖突然消失的现象，一直是他心中没得到解决的一个谜。现在他领悟到，这是由于刺扎进手指时，白细胞就会把它包围起来，然后把它吞噬掉。这样就产生了"细胞的吞噬作用"这一重要理论，它指明在高等动物和人体的内部都存在着细胞吞食现象，当机体发生炎症时，在这种现象的作用下，机体得到了保护。

5. 象征类比

象征类比是一种用具体事物来表示某种抽象概念或思想感情的思考方法。

生活中我们常用玫瑰类比爱情,玉兰类比纯洁,绿叶类比生命,大炮代表强权与战争,书籍代表知识,钢铁代表坚强,蓝色代表大海等。设计桥梁要赋予"虹"的象征格调。纪念碑、纪念馆一类建筑,需要有"宏伟、庄严"之感,于是人们就在其高度、范围、色彩、造型等设计上动脑筋,来实现这种象征意义。又如,设计咖啡馆需要幽雅的格调,茶馆需要有民族风格,音乐厅要求有艺术性,于是人们根据自己的需要,通过具体构造、色彩等来表现这种象征的意义。现在街头上矗立的各种抽象城市雕塑都是运用象征类比的手法设计的,如图4-18和图 4-19 所示。

图 4-18 深圳证券交易所门口的牛

图 4-19 五粮液酒厂的酒瓶子楼

6. 对称类比

许多事物都有对称的特点,可以通过对称类比的关系,发明创造新的东西。例如,一个能量解对应着电子,那么另一个能量解对应着什么呢?人们知道电荷正负的对称性,英国物理学家狄拉克从描述自由电子运动的方程中,提出了存在正电子的电解,结果被实践证实了。

如果对称的部分是相反的,我们将在逆反创新中进行详细论述。

7. 综合类比

事物属性之间的关系虽然很复杂,但可以综合它们相似的特征进行类比。

例如,要设计一架飞机,要先做一个模型放在风洞中进行模拟飞行试验,就是综合了飞机飞行中的许多特征进行类比。风洞像一片模拟天空,能真实模拟航空航天飞行器与空气相对运动的环境与状态(图 4-20)。我国目前所有的航天飞行器,包括"神舟"号飞船的发射装置、逃逸塔、返回舱的安全飞行与返回,无不经过风洞试验的历练。尤其是飞船返回舱,在返回地球的过程中要穿越大气层,受到摩擦产生的高温及风、雨、雷、电影响,不仅其外形设计,就是其防热材料的选择也必须经过多次风洞试验。1940 年,美国建成了当时位居世界第三的塔库马大桥。这是一个悬锁桥,当时这座桥梁的设计师将这座桥的抗风能力设计为风速每秒 60 米。然而非常不幸,桥造好刚刚四个月,就在每秒 19 米的小风的吹拂下倒塌掉了。大家觉得很不可思议,这么小的风就把一座大桥吹倒了,是什么原因呢?当时不知道这是什么原因,原因却在 40 多年后被找到了。原来建造该桥的时候,桥本身固有的频率和风速为每秒 19 米的风引起的振动频率刚好一致,这个桥就倒掉了。如果当时塔库马大桥把它的形状稍微改进一下的话,它就不会有这个灾难了。所以,现在建造任何大桥,都必须经过风洞试验,例如杨浦大桥就在复旦大学风洞实验室吹过风。类似的如图 4-21~图 4-23 所示。

图 4-20 风洞实验图

图 4-21 中国首台汽车性能模拟器

图 4-22 汽车驾驶培训模拟器

图 4-23 俄罗斯宇航员训练中心，水下训练模拟失重状态是太空训练的一个组成部分

空气中存在的负离子可以使人延年益寿、消除疲劳，还可辅助治疗哮喘、支气管炎、高血压、心血管病等，但负离子只有在高山、森林、海滩湖畔较多。后来通过间接类比法，创造了水冲击法产生负离子，后吸取冲击原理，又成功创造了电子冲击法，这就是现在市场上销售的空气负离子发生器。

8. 综摄类比

综摄类比法是美国麻省理工学院的康顿教授在 1952 年发明的。综摄类比法的使用过程，是通过各类方法的综合运用来实现对研究对象所有方面的深入把握，再使用各种类比方法，对研究对象进行创新的过程。

综摄类比法有如下两项基本原则。

(1) 同质异化

对现有的各种发明，积极运用新的知识或从新的角度来加以观察、分析和处理，从而产生创造性成果的。这就叫作同质异化。澳大利亚曾发生这样一件事：在收获季节里，有人发现一片甘蔗田的甘蔗产量竟提高了 60%，这是怎么回事呢？回想起来，原来在甘蔗栽种前一个月，有一些水泥撒落在这块田里，科学家们经过研究，发现正是水泥中的硅酸钙，使那片酸性土壤得到了改良，这才提高了甘蔗的产量。于是，可以用来改良酸性土壤的“水泥肥料”就发明出来了。

(2) 异质同化

上海《少年报》上曾登载过《巧妙的找水办法》一文。文章说的是非洲南部卡拉哈里沙漠边缘的草原地带，每逢旱季，当地居民就会因缺乏生活用水而大伤脑筋，甚至不得不离开故乡。但是人类是最聪明的，天无绝人之路，留下来的人们发现当地的动物——狒狒还是照样活动。可以肯定的一点是，没有水，狒狒是无法生活的。这说明狒拂能找到水源，于是人们就用“连环计”让狒狒向人们“报告”水源在什么地方。“连环计”是这样把以下这些事情联结起来的：诱捕狒狒—给狒狒喂盐—狒狒口渴—放走狒狒—狒狒奔向水源—跟踪狒狒—找到水源。人们无法找到水源，但是人们却懂得怎么借狒狒当“向导”去找水源，从而达到目的。这样的思考方法，就是综摄类比法的异质同化。

再来看看“人造血”的发明吧！一次偶然的机会，老鼠掉进了氟碳化合物溶液里，但是它却没有被淹死。这奇怪的现象引起了科学家的注意。经过分析研究，发现氟碳化合物能够溶解和释放氧气和二氧化碳，这与血液里的红细胞能担负输送氧气和运载二氧化碳的原理很相似。于是，科学家利用氟碳化合物溶液制成了“人造血”。人造血的发明，主要是科学家把人们熟悉的血液中红细胞的特点——能够担负输送氧气和运载二氧化碳，和出现的不熟悉的怪现象——老鼠掉进氟碳化合物溶液里没有淹死，进行“接通”，从而得出氟碳化合物能溶解和释放氧气和二氧化碳的结论。

9. 幻想类比法

幻想类比法是在创意思维中用超现实的理想、梦幻或完美的事物类比创意对象的创意思维法。发明者在发明创造中，通过幻想类比进行一步一步的分析，从中找出合理的部分，从而逐步达到发明的目的，设计出新的发明项目，这就叫作幻想类比法。

爱因斯坦年轻时在构思相对论问题时曾想：如果以光速追随一条光线运动，会发生什么情况呢？这条光线就会像一个在空间中振荡着而停滞不前的电磁场，正是这一类幻想类比，打开了“相对论”的大门。科学中的“理想实验”都包含着许多幻想类比因素，甚至古今中外先进思想家关于人类社会种种“理想模式”的理想，也包含着许多幻想类比因素。

第三节　案例分析

一、庄子的类比思维

中国历史上的春秋战国时期(公元前770—前221年)，是一个大动乱、大变革的时期，是中国社会由奴隶制到封建制的大转折时期，是各种政治主张、哲学观点、学术思想异常活跃的时期，形成了儒、道、法、墨、名、兵等诸子百家争鸣的局面。

庄子(约公元前369—前286年)，战国时期宋国蒙(今河南省商丘)人，曾做过蒙地方的漆园吏，是继老子之后道家学派的代表人物。

庄子的很多故事都是用类比来表达自己的思想。

成语“庄周贷粟”“涸泽之鱼”来自一个故事。庄子很穷。有一天，家里穷得实在是揭不开锅了，等米下锅。他就去找监河侯借米。这个监河侯对他非常热情，说：“好啊，我马上要去收税金，一旦把税金全收上来，我一下就借给你三百金。”话说得很漂亮，三百金，这是多大的一笔钱啊！庄子一听，“愤然作色”，他对监河侯说：昨天我也从这个地方过，路上忽然听到有人叫我的名字。我四下看了一下，发现在路上大车压出来的车辙里面，有一条小鲫鱼，在那儿跳呢。我就问鲫鱼，在那里干什么呢？小鲫鱼说：“我是东海的水官，现在你要有一斗一升的水，就能救了我的命。”我说：“好啊，我这就要去吴越那个地方，引来西江的水来救你。”这小鲫鱼说：“你要这么说，不如早一点去卖鱼干的铺子里找我吧！”

《庄子·秋水》载有“鸱得腐鼠”、“鸱吓鹓雏”的故事，“鸱”是老鼠，“鹓雏”是什么？就是传说中的凤凰。李商隐曾写道：“十岁裁诗走马成，冷灰残烛动离情。桐花万里丹山路，雏凤清于老凤声。”

“鸱吓鹓雏”的故事是这样的。惠施在梁国做了宰相，庄子想去见见这位好朋友。有人急忙报告惠子，道：“庄子来，是想取代您的相位哩。”惠子很惶恐，想阻止庄子，派人在国中搜了三日三夜。哪料庄子从容而来拜见他道：“南方有只鸟，其名为凤凰，您可听说过？这凤凰展翅而起，从南海飞向北海，非梧桐不栖息，非练实不食，非醴泉不饮。这时，有只猫头鹰正津津有味地吃着一只腐烂的老鼠，恰好凤凰从头顶飞过。猫头鹰急忙护住腐鼠，仰头视之道：‘吓！’现在您也想用您的梁国来吓我吗？”

李商隐在《安定城楼》中写道：“不知腐鼠成滋味，猜意鹓雏竟未休。”

一天，庄子正在涡水垂钓。楚王委派的二位大夫前来聘请他道：“吾王久闻先生贤名，欲以国事相累。深望先生欣然出山，上以为君王分忧，下以为黎民谋福。”庄子持竿不顾，淡然说道：“我听说楚国有只神龟，被杀死时已三千岁了。楚王珍藏之以竹箱，覆之以锦缎，供奉在庙堂之上。请问二大夫，此龟是宁愿死后留骨而贵，还是宁愿生时在泥水中潜行曳尾呢？”二大夫道：“自然是愿活着在泥水中摇尾而行啦。”庄子说：“二位大夫请回去吧！我也愿在泥水中曳尾而行哩。”

庄子快要死的时候，他的弟子们准备厚葬自己的老师。庄子知道后用幽默的口气说：“我死了以后，大地就是我的棺椁，日月就是我的连璧，星辰就是我的珠宝玉器，天地万物都是我的陪葬品，我的葬具难道还不丰厚吗！你们还能再增加点什么呢？”学生们哭笑不得地说：“老师呀！要那样的话，我们还不是怕乌鸦老鹰把老师吃了吗？”庄子说：“扔在野地里你们怕乌鸦老鹰吃了我，那埋在地下就不怕蚂蚁吃了我吗？你们把我从乌鸦、老鹰嘴里抢走送给蚂蚁，为什么那么偏心眼呢？”

庄子也说了，一味类比创新，不顾现实条件，反而会弄巧成拙。《庄子·天运》中说：“故西施病心而矉其里，其里之丑人见而美之，归亦捧心而矉其里。其里之富人见之，坚闭门而不出；贫人见之，挈妻子而去之走。彼知矉美而不知矉之所以美。”

佛经中还有这样一个故事。有一个非常丑陋的夜叉，别人每骂她一句，她的相貌就漂亮一分，别人不断骂她，她竟然越变越好看。有人骂你，要感谢他帮助你消除业障，告诉自己，你正像那个丑陋的夜叉一样在不断地变美。生命中促人进步的，往往是你的敌人和苦难。

二、袁隆平培育籼型杂交水稻

众所周知，大米是中国南方人民的主要粮食。在中国这样一个人口众多的国家，大米的供应是否充足，关系国计民生。

如果能培育出杂交水稻种子，那么它的第一代将以最大的优势，使水稻大幅度增产。当时，米丘林、李森科的“无性杂交”学说——“无性杂交可以改良品种，创造新品种”的传统论断垄断着科学界。袁隆平继续做了许多试验，依然没有任何头绪。他开始怀疑“无性杂交”的一贯正确性，决定改变方向，沿着当时被批判的孟德尔、摩尔根遗传基因和染色体学说进行探索，研究水稻杂交。而在当时，作为自花授粉的水稻被认为根本没有杂交优势。但他义无反顾地选定了杂交水稻这道科研课题。

袁隆平知道，要培育杂交稻种，首先必须找到水稻雄性不育的植株。因为水稻是雌雄同株的自花授粉植物，在同一朵花上并存着雌蕊和雄蕊。只有找到雄性不育的水稻植株，才能实现异花授粉，从而培育出杂交的水稻种子。为找到雄性不育的水稻植株，袁隆平在每年的水稻扬花季节，都要在几百万株水稻中细心搜寻，就像大海捞针一样艰难。功夫不负有心人，他终于找到了雄性不育的水稻植株，他用别的稻花和它们杂交，成功地繁殖了一代雄性不育的稻种。

“众人拾柴火焰高。”在集体的努力下，1973 年，袁隆平 10 余年的梦想终于变成了现实：他试种的水稻亩产达 500 千克，而晚稻亩产达 600 千克。2015 年 9 月，超级杂交稻实现百亩示范片亩产 1 067.5 千克，刷新中国水稻亩产最高纪录。

籼型杂交水稻的培育成功，大幅度提高了水稻的产量，它的种植迅速在全国范围内推广。后来，柬埔寨、菲律宾、泰国等国家也相继引进。袁隆平理想的种子，成功地在世界范围内生根发芽，结出累累硕果，从而被人们誉为“杂交水稻之父”。

袁隆平获得 2000 年度国家最高科学技术奖，这是首次以国家名义对为科学技术发展做出杰出贡献的科学家给予最高荣誉奖励。2004 年，袁隆平被评为当年“感动中国”十大人物之一。颁奖词中写道：袁隆平是一位真正的耕耘者。当他还是一个乡村教师的时候，已经具有颠覆世界权威的胆识；当他名满天下的时候，却仍然只是专注于田畴，淡泊名利，一介农夫，播撒智慧，收获富足。他毕生的梦想，就是让所有的人远离饥饿。

2007 年 4 月 29 日，世界杂交水稻之父、中国工程院院士袁隆平在美国首都华盛顿正式就任美国科学院外籍院士。世界著名科学家、诺贝尔化学奖获得者、美国科学院院长西瑟罗纳先生在新当选院士就职典礼上介绍袁隆平院士的当选理由时说：袁隆平先生发明的杂交水稻技术，为世界粮食安全做出了杰出贡献，增产的粮食每年为世界解决了 3 500 万人的吃饭问题。

三、可口可乐瓶的设计

1898 年鲁特玻璃公司一位年轻的工人亚历山大·山姆森在同女友约会中，发现女友穿着一套筒型连衣裙，显得臀部突出，腰部和腿部纤细，非常好看。他突发灵感，根据女友穿的这套裙子的形象设计出一个玻璃瓶，这个瓶子设计得非常美观，很像一位亭亭玉立的少女，他还把瓶子的容量设计成刚好能装一杯水。瓶子试制出来之后，获得大众交口称赞。有经营意识的亚历山大·山姆森立即到专利局申请专利。

当时，可口可乐的决策者坎德勒在市场上看到了亚历山大·山姆森设计的玻璃瓶后，认为非常适合作为可口可乐的包装，他便以 600 万美元的天价买下此专利。

亚历山大·山姆森设计的瓶子不仅美观，而且使用非常安全，易握不易滑落。更令人叫绝的是，其瓶型的中下部是扭纹形的，如同少女所穿的条纹裙子；而瓶子的中段则圆满丰硕，如同少女的臀部。此外，由于瓶子的结构是中大下小，当它盛装可口可乐时，给人的感觉是分量很多。采用亚历山大·山姆森设计的玻璃瓶作为可口可乐的包装以后，可口可乐的销量飞速增长，在两年的时间内，销量翻了一倍。从此，采用山姆森玻璃瓶作为包装的可口可乐开始畅销美国，并迅速风靡世界。600 万美元的投入，为可口可乐公司带来了数以亿计的回报。

四、井冈山革命烈士纪念碑

“井冈山革命烈士纪念碑”(图 4-24)由邓小平题写，主碑是用镀钛的不锈钢制作的。主碑的基座部分，采用“将军红”大理石砌成，高 9.7 米，表示此碑于 1997 年纪念井冈山革命根据地创建七十周年时建成。它高达 27 米，意含 1927 年毛泽东等老一辈无产阶级革命家创建了井冈山革命根据地。主碑顶端的造型是突出“山”的形状——用不锈钢制作的“井冈山”造型，远看如一团火焰，寓意井冈山星火燃遍九州——“星星之火，可以燎原”；近观如林立的钢枪，寓意“枪杆子里面出政权”。类似的如图 4-25～图 4-27 所示。

图 4-24 井冈山革命烈士纪念碑

图 4-25 形如“小蛮腰”的广州塔

图 4-26 广州圆大厦，与珠江水里的倒影形成‘8’字，网友称其为“铜钱大楼”

图 4-27 桥与倒影形成完美圆形的德国莱科勃克桥（Rakotz Brücke）

五、雕塑艺术：冰雕、沙雕与草雕

冰雕，是一种以冰为主要材料来雕刻的艺术形式(图 4-28)。

沙雕(图 4-29)是一种融雕塑、绘画、建筑、体育、娱乐于一体的边缘艺术，它通常通过堆、挖、雕、掏等手段塑成各种造型来供人观赏。沙雕艺术体现自然景观、自然美与艺术美和谐统一，其体积的巨大是传统雕塑难以比拟的，具有强烈的视觉冲击力。

图 4-28 冰雕图

图 4-29 沙雕

随着环保意识的增强，城市绿地面积也在增加，园林艺术逐渐走入我们的视野，其中草雕在美化环境的同时，也给在城市里居住的人们带来别样的清新体验。如图 4-30～图 4-32 所示。

图 4-30　草雕

图 4-31　自然还是艺术创作

图 4-32　奥地利艺术家创造自然生长木椅，耗时 20 余年成形

2015 年 11 月，几张南京美龄宫的航拍照片刷爆朋友圈。照片中，秋日里的美龄宫在南京环山路的变色梧桐树包围下，构筑成了项链心形吊坠，而美龄宫身处吊坠中间，犹如一颗绿宝石，被网友称为“世界上最牛的项链”，如图 4-33 所示。

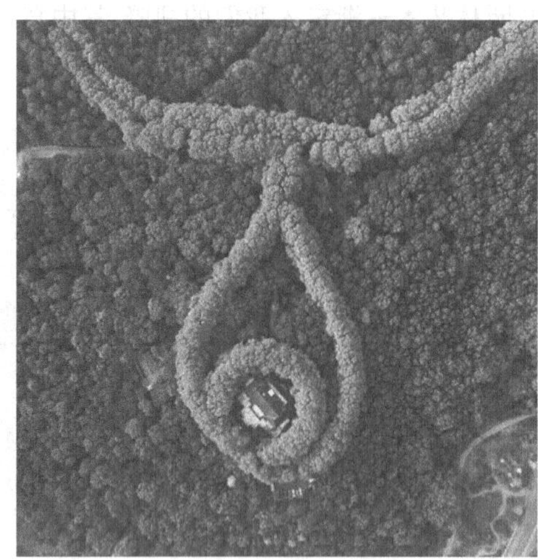

图 4-33 南京美龄宫的航拍照片

六、阳光闹钟

许多人都对闹钟痛恨无比，这是约恩·麦克纳利和伊恩·沃尔顿发明这种名为“阳光枕头”的原因。装有发光二极管的它不再用刺耳的铃声把你唤醒，而是用晨曦般的光线把人从睡梦中唤醒。大约在你起床的40分钟前，这种枕头就开始模拟自然光逐渐发光，一点点变亮，让你感觉外面的太阳正在向你招手。据研究认为，当眼皮接收到光芒时会刺激大脑减少睡眠荷尔蒙而清醒。与此相似，如图4-34所示的“无声闹钟”到了预定的时间时，便会慢慢发出光芒，房间将由黑暗到光照柔和再到明亮，直至人被唤醒。

如图4-35所示，创意定时闹钟设计会用咖啡的香气叫醒你。

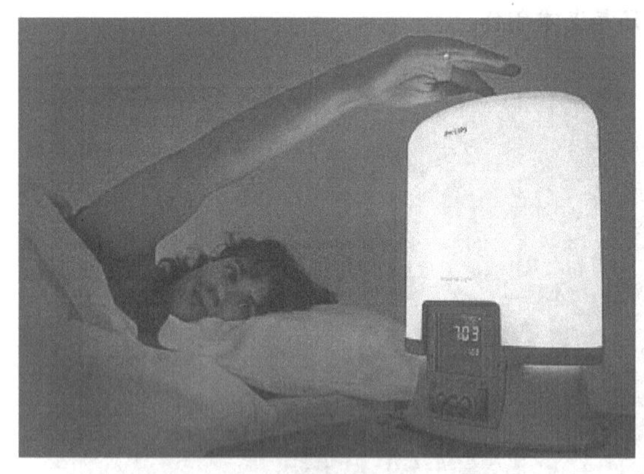

图 4-34 用温暖的阳光叫醒你

图 4-35 用咖啡的香气叫醒你

其实，早上叫醒你的，不应该是闹钟，而是梦想！

七、邮票的故事

1840年，英国首次正式发行邮票。最早的邮票跟现在的不一样。每枚邮票的四周没有齿孔，许多邮票连在一起，使用的时候，得用小刀裁开。1848年的一天，英国发明家阿切尔到伦敦一家小酒馆喝酒。在发明家的身旁，一位先生左手拿着一大张邮票，右手在身上翻着什么。

看样子，他是在找裁邮票的小刀。那位先生摸遍身上所有的衣袋，也没有找到小刀，只好向阿切尔求助：“先生，您带小刀了吗？”阿切尔摇摇头，说：“对不起，我也没带。”那个人想了想，从西服领带上取下一枚别针，在每枚邮票的连接处都刺上小孔，邮票便很容易地被撕开了，而且撕得很整齐。阿切尔被那个人的举动吸引住了。他想：要是有一台机器能给邮票打孔，不是很好吗？阿切尔开始了研究工作。很快，邮票打孔机造出来了（图 4-36）。用它打过孔的整张邮票，很容易一枚枚地撕开，使用的时候非常方便。邮政部门立即采用了这种机器。直到现在，世界各地仍然在使用邮票打孔机。

图 4-36　邮票

与此相类似，后来很多单据、信件、胶带等都采用预设的方式，让我们的生活更方便，如图 4-37～图 4-45 所示。

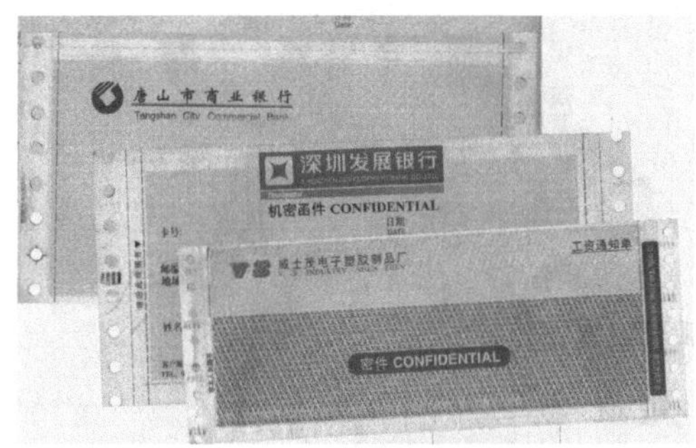

图 4-37　银行对账单等单据

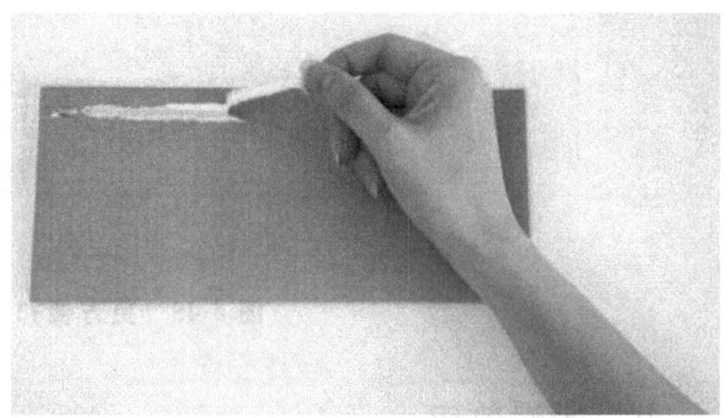
图 4-38　信封预设撕条

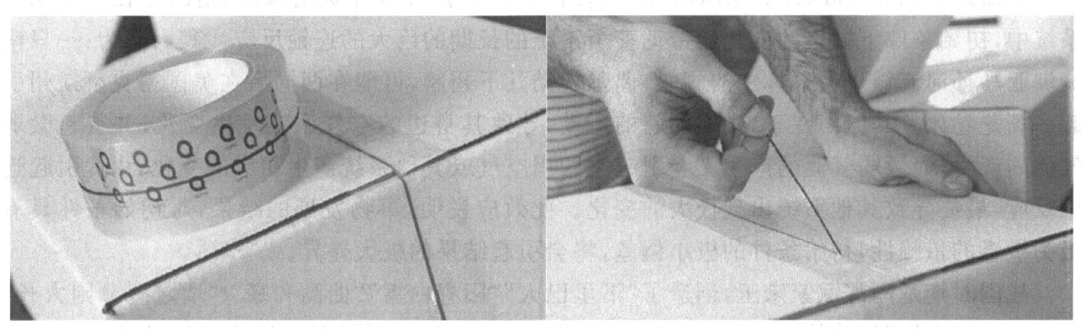
图 4-39　很容易拆包装的胶带，把中间紫色线一撕即开

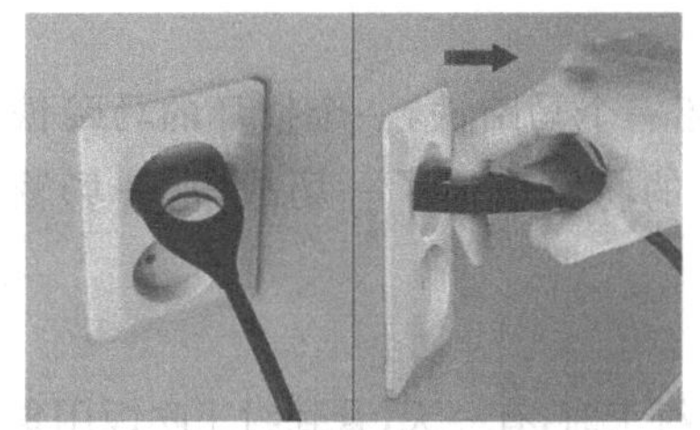
图 4-40　方便插拔的插头设计

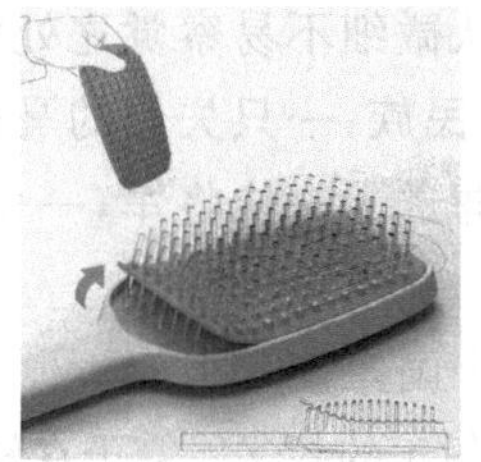
图 4-41　有了它，就再也不怕梳子被头发缠住啦

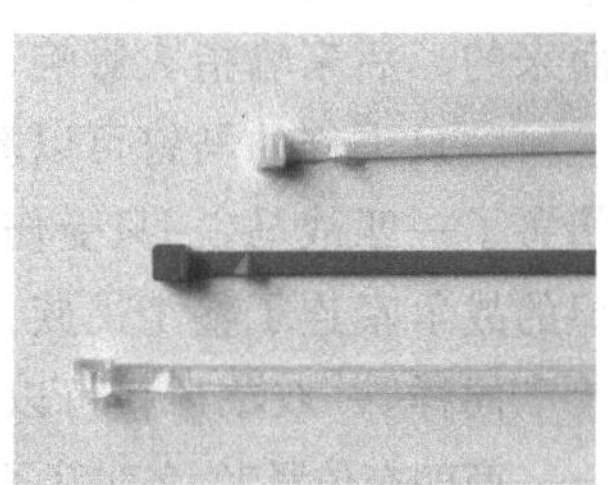
图 4-42　易剪扎带

图 4-43 Touchin 矿泉水瓶支架，防止病从口入

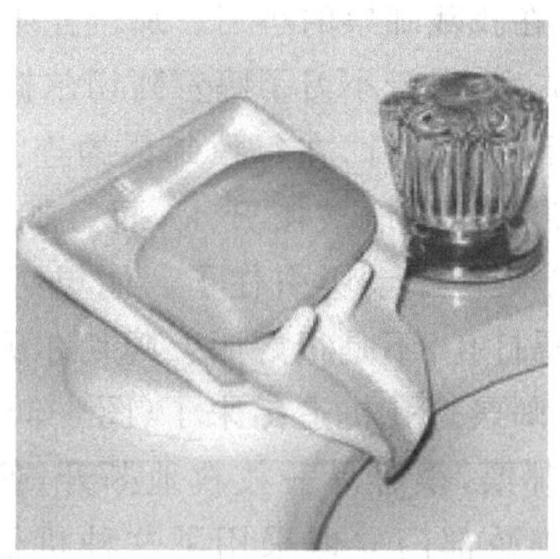
图 4-44 永远保持干爽的肥皂盒

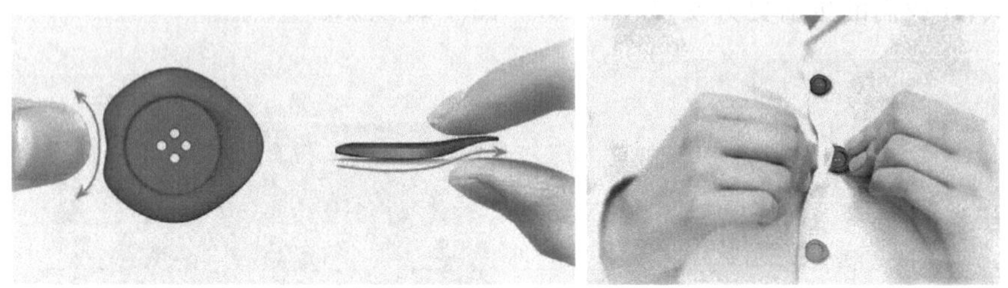
图 4-45 更方便扣上的弧形创意纽扣

八、蝴蝶效应

蝴蝶效应(The Butterfly Effect)是气象学家洛伦兹 1963 年提出来的，指的是在一个动力系统中，初始条件下微小的变化能带动整个系统的长期的巨大的连锁反应。其大意为：一只南美洲亚马孙河流域热带雨林中的蝴蝶，偶尔扇动几下翅膀，可能在两周后在美国得克萨斯州引起一场龙卷风。其原因在于，蝴蝶翅膀的运动，导致其身边的空气系统发生变化，并引起微弱气流的产生，而微弱气流的产生又会引起它四周空气或其他系统产生相应的变化，由此引起连锁反应，最终导致其他系统出现极大的变化。此效应说明，事物发展的结果，对初始条件具有极为敏感的依赖性，初始条件的极小偏差，将会引起结果的极大差异。

战国时期楚国辞赋家宋玉，创造了“下里巴人”“阳春白雪”“曲高和寡”“增之一分则太长，减之一分则太短”等典故。“风起于青萍之末”出自宋玉所作《风赋》。原意指风从地上产生出来，开始时先在青苹草头上轻轻飞旋，最后会成为劲猛彪悍的大风，即是说大风是自小风发展而来的。后来喻指大影响、大思潮从微细不易察觉之处源发。

一只失修的马钉可以葬送一个民族：一只失修的马蹄损坏一个马蹄铁，一个损坏的马蹄铁伤害了一匹战马，一只受伤的战马葬送了一位将军，一位失败的将军输掉了一场战争，一场输掉的战争牵连了整个民族。

同样，一双象牙筷可以葬送一个国家。

商朝有位贤者，名叫箕子，他是殷纣王的叔父。箕子在辅佐殷纣王时，有一天，看到纣王吃饭用象牙筷子，箕子忧心忡忡。他的朋友见他如此，就问：只不过是一双象牙筷子，值得你这样寝食难安吗？

箕子说：你看到的，只是纣王用了一双象牙筷；我看到的，却是纣王浮华的未来。你想，当吃饭用象牙筷时，他会用土钵盛饭吗？一定会设法弄来犀牛角或美玉做的碗盘，才能与象牙筷搭配嘛！而精致的犀牛角和美玉做的碗盘，绝不会用来装蔬菜、萝卜，必定要想法子装山珍海味、稀奇肴馔，才会觉得不辜负了珍贵的餐具。如果吃的都是佳肴奇馔，那么，你还能希望他安于穿着朴素的棉布衣，在茅草屋里用餐吗？他必定会想要穿着绫罗绸缎、锦衣绣袍，住在豪华深宫里享受了。这些都是可以预见的结果，也是我现在担忧恐惧的原因呀。

果不其然，过了五年之后，殷纣王真的建了一座美丽的园子，挂满了肉，以供随时享用；设了炮烙之刑，以虐人为乐；拥有一个用酒糟堆成的山丘、一个特设来装酒的池子，每天流连在酒池肉林中，过着奢华逸乐的日子。没过几年，殷商就灭亡了。

利用"蝴蝶效应"有时可以说服别人。赵惠文王时，赵奢初做赵国的田部吏(征收田赋的小官)，收租税，执法无私，因平原君家不肯出租，赵奢依法处置，杀平原君家主事者九人。平原君发怒，要杀赵奢，赵奢说道："君于赵为贵公子，今纵君家而不奉公则法削，法削则国弱，国弱则诸侯加兵，诸侯加兵是无赵也，君安得有此富乎？以君之贵，奉公如法则上下平，上下平则国强，国强则赵固，而君为贵戚，岂轻于天下邪？"(《史记·廉颇蔺相如列传》)。平原君听了这番道理，认为赵奢是贤能之人，向赵王介绍举荐。后来，赵惠文王赐赵奢号为马服君，赵奢于是与廉颇、蔺相如同位。

习题

1. 类比创新的原理是什么？
2. 类比创新的步骤是什么？
3. 类比创新有哪些方法？请举例说明。
4. 请问，你最得意的类比创新是什么？创新点在哪里？
5. 下列两组等式说明的是什么问题？

$$\begin{cases}1.01^{365}=37.8\\0.99^{365}=0.03\end{cases}\qquad\begin{cases}1.02^{365}=1377.4\\0.98^{365}=0.0006\end{cases}$$

6. 分析下列材料，说明创新点在哪里？

(1) 轮机模拟器

从平静的悉尼港到宽阔的新加坡港，从繁忙的上海港到美丽的大连港，几个小时领略了几个世界级大港的风采。广州航海学院航海模拟器各训练海区可设置不同的通航环境条件及各种水文气象条件(图 4-46 和图 4-47)。共有 12 个训练船模，包括了散货船、化学品船、集装箱船、客船、超级油轮等不同船舶类型。利用该模拟设备，可开展船舶操纵模拟训练及港航工程船舶操纵模拟试验研究。

轮机模拟器主要组成部分有模拟电站操作屏、大型可操作模拟屏、主机操作系统模拟屏、模拟主机及其操作台、模拟机舱中的系统控制箱、驾控台、集控台等，可进行所有轮机故障的设定、分析与排除，其中很多故障为轮机长一生在大海中是遇不到的，例如油路出了问题或没有油了等。

(2) 史上最浪漫的一道圣旨

公元前 74 年，汉昭帝死后，因其没有子嗣，在大司马霍光的奏议下，18 岁的刘询意外地登上了帝王的宝座。为了笼络霍光这个左右朝政的权臣，当年刘询又娶了霍光的女儿。深知自己势单力孤的刘询，在霍光的有生之年，一直对他言听计从，百依百顺。

图 4-46 广州航海学院航海模拟器

图 4-47 广州航海学院轮机模拟器

可是，只有一件事让霍光心里很不痛快，也让群臣摸不着头脑，那就是立皇后问题。当时群臣为讨好霍光，都纷纷上书说霍光的女儿是最佳的皇后人选，对此，刘询不置可否，第二天就颁发了一道“上乃召求微时故剑”的圣旨。

善于揣测上意的大臣们很快便品出了这道圣旨中的特殊意味：连贫微时用过的一把旧剑都念念不忘的人，自然也不会将跟自己相濡以沫的女人抛舍不顾。醒悟过来的大臣们马上转变了风向，纷纷请立许平君为皇后。刘询因此“顺应”众意，把许平君立为皇后。此后，“故剑情深”便成为一个家喻户晓的浪漫典故。

即使冒着帝位不保的风险，也要为心爱的女人争一个享受至高尊荣的名分，刘询的这道圣旨无疑是中国历史上最浪漫的圣旨，而隐藏在圣旨字里行间的，却是一个王子对贫女最庄严的爱情承诺。

7. 根据图 4-48 所示的工具的原理，修改图 4-49 使其成为更为先进简便的农业工具。

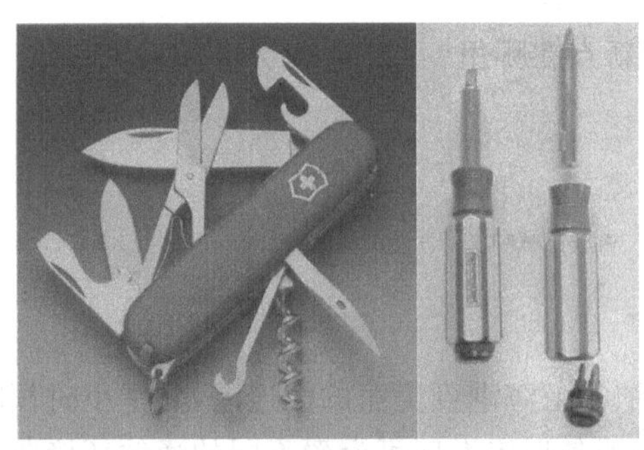

图 4-48 工具

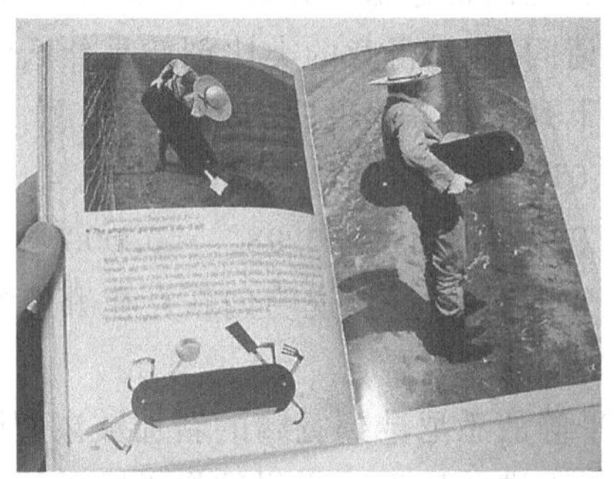

图 4-49 农业用具

8. 图 4-50～图 4-52 这些图的原理是什么？

图 4-50 意大利罗马街头艺人用一根木棍举起同伴

图 4-51 桃江马迹塘故事

图 4-52 “人在树上走”是如何实现的

第五章　仿生创新

地球形成于45亿年以前，约15亿年后地球上才出现最早的生命，即原生的单细胞生物。生物又从低等生物不断地向高等生物进化：由微生物进化到原始植物，如海藻；继而进化到无脊椎动物，如水母、蠕虫；再进化到脊椎动物。这些脊椎动物约于3亿年前，和其旁系中的某些无脊椎动物、植物一起，开始成功地适应陆上生活。最早适应陆上生活的是两栖动物，接着是史前时期的大批爬行动物、鸟类，最后是哺乳类动物。哺乳类动物在地球生物界居统治地位已达6 000万年。

仿生创新就是向大自然的生物学习，进行发明创造，从而为人类服务。随着全球经济的发展，经济高速发展与能源极度消耗的矛盾是当今世界的一个难题，人们不得不注意到生物体的出色功能。为了能创造出在结构、功能、控制、能耗等各方面更有竞争力的产品，不少国家越来越重视学习生物体的卓越功能来解决各种工程难题。

第一节　仿生创新原理

据说华佗年轻时去公宜山采药，爬到半山腰时发现了一个洞穴。他很好奇，正想进去，忽然听到里面有人在谈论医道，他就站在洞外听。他听得入了神，听着听着，听见那两个人谈起了华佗，这可把他吓坏了，他正要转身跑去，忽然听见一个人叫道："华生既已来了，何不入内一叙！"华佗只好硬着头皮走进去，原来是两位白发长须的仙人。他们向华佗传授了许多奇妙的医术，还传给他一套健身功法：模仿虎、鹿、熊、猿、鹤的姿态去运动，这就是著名的"五禽戏"。在《庄子·刻意》文中写道："吹呴呼吸，熊经鸟申，为寿而已矣。此导引之士，养形之人，彭祖寿考者之所好也。"华佗说："人体欲得劳动，但不当使极耳。动摇则谷气得消，血脉流通，病不得生，譬如户枢，终不朽也。是以古之仙者为导引之事，熊经鸱顾，引挽腰体，动诸关节，以求不老。"华佗下山之后，依教奉行，不但救治了众多的病人，也增进了自己的健康。

《马王堆导引图》(图5-1)是1973年在湖南长沙马王堆汉墓出土的帛画，为西汉早期作品，是现存最早的导引图谱。其中第四十一图正是"熊经"(图5-2)。

在长期的进化过程中，受到自然条件的严峻选择，为了生存和发展，自然界形形色色的生物各自练就了一套独特的本领。例如，有利用天文导航的候鸟，有建筑巧妙的蜂窝，有能探测热源的响尾蛇；有能预报风暴的水母；有能事先躲避矿井崩塌或有害气体的老鼠；有能感受到超声波的蝙蝠；有能迅速判断目标的位置、运动方向和速度，并能选择最好的攻击姿势和时间的青蛙；等等。

现代飞行器的仿生原型也来自天空中的飞行动物(如鸟与蜻蜓等)，鸟的翅膀能产生上升

图 5-1 马王堆导引图

图 5-2 1964 年河北保定出土的西汉六个“熊经”图形(摹本)

力、推动力,而飞机双翼通过发动机驱动也有上升和推动的功能。鸟的骨骼中空能使身体重量减轻,适宜在空中飞行,而飞机采用铝合金、工程塑料等轻型材料减轻机身质量,飞机仿鸟的自由流畅的外形减少了飞行阻力,如图 5-3 所示。

蜻蜓通过翅膀振动可产生不同于周围大气的局部不稳定气流,并利用气流产生的涡流来使自己上升。蜻蜓能在很小的推力下翱翔,不但可向前飞行,速度可达 72 千米/小时,还能向后和左右两侧飞行。科学家以此结构为基础研制成功了直升机,如图 5-4 所示。

直升机的概念最早可追溯到中国古代的竹蜻蜓。在晋朝葛洪所著的《抱朴子》一书中就描绘了通过旋转的竹蜻蜓垂直升空的情景和可以通过旋转的螺旋桨产生垂直向上的拉力,它被认为是世界上最早的对垂直起降直升机基本原理的描述。尽管这些记载都缺乏可靠的依据,但竹蜻蜓对世界航空发展的贡献是举世公认的。早在热气球发明之前,竹蜻蜓就作为玩具传到了欧洲,以其奇妙的垂直升空原理被欧洲人看作一种航空器来进行研究。西方的许多航空先驱者都是从竹蜻蜓中悟出了一些重要航空原理。

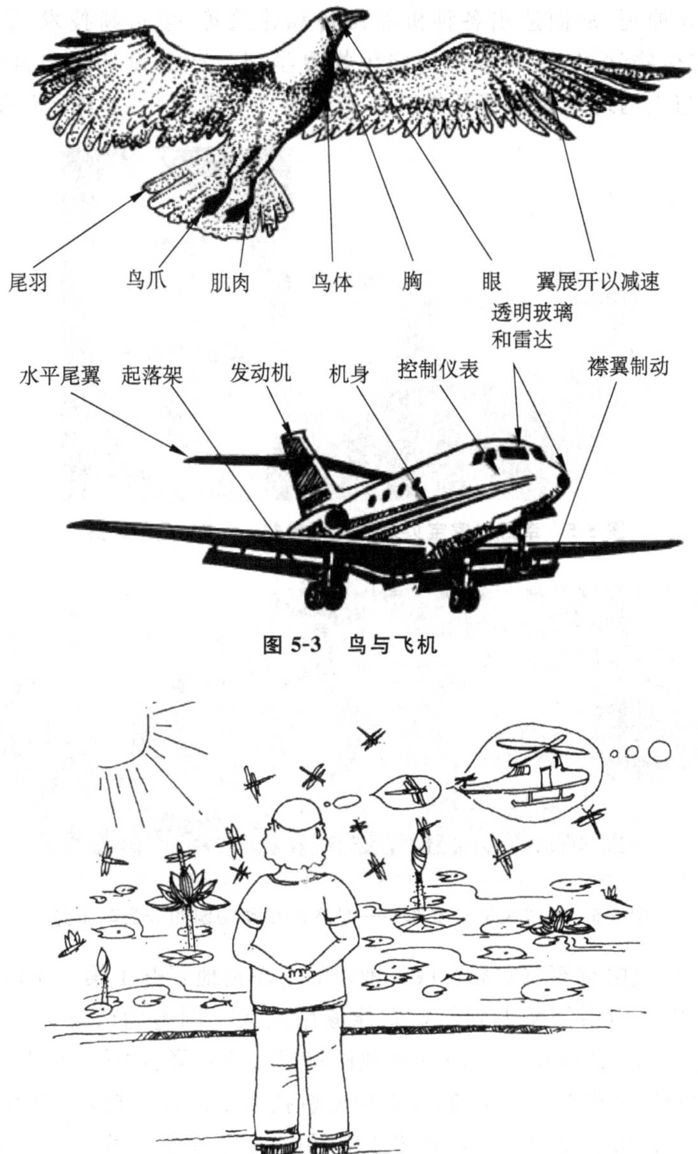

图 5-3　鸟与飞机

图 5-4　由蜻蜓想到直升机

超音速飞机高速飞行时，机翼产生剧烈振动甚至会折断而引起飞机失事。令人吃惊的是，早在 3 亿年前，蜻蜓翅膀的构造就解决了这个难题——在翅膀末端前缘上有一翅膀较厚的翅痣区。蜻蜓依靠加重的翅痣在高速飞行时安然无恙，于是人们仿效蜻蜓在飞机的两翼加上了平衡重锤，解决了因高速飞行而引起振动这个棘手的问题。

大自然的奥秘不胜枚举。自然界的无穷信息传递给人类，启发人的智慧和才能。高楼大厦源于"鸟巢""洞穴"，渔网的发明源于古人对蜘蛛织网的模仿，喷气推进原理是模仿墨鱼的运动原理，减振器的设计可以模拟马腿纤维减振结构……每当发现一种生物奥秘，就有可能成为一种新的设计理念，也可能诞生出一种新产品。自然界中无数有机生命（动物与植物）丰富的形体结构，多维的变化层面，巧妙的色彩装饰和图形组织以及它们的生存方式、肢体语言、声音特征、平衡能力、功能和工作原理，给予人类以启发，为工程技术提供新的设计思想与工作原理，从而造出各种机器设备和建筑等，创造新技术，这就是仿生创新，简单地讲，就是向生物学习，要有意识地向生物界学习。产品设计要与自然融合、亲近，生物体中体现出的与人沟通的感性特征将对新产品设计有所启示，如图 5-5 和图 5-6 所示。

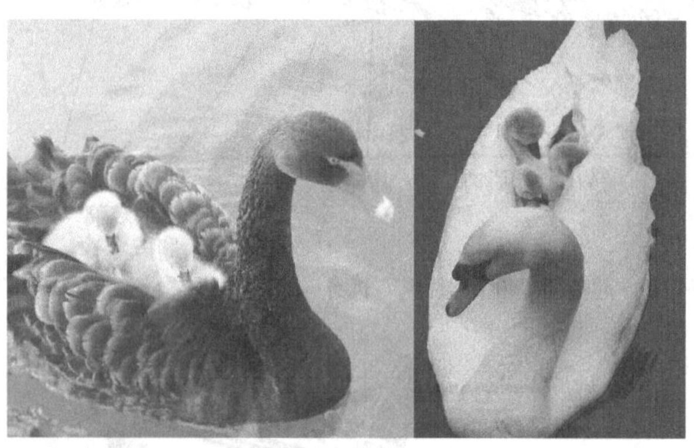

图 5-5　幸好我家宝贝儿打小不晕船……噢，是不晕鹅

图 5-6　蟒蛇大战公交车——哥本哈根动物园的公交车车身

1960 年 9 月，由美国空军航空局在俄亥俄州的空军基地召开了第一次仿生学会议。会议的中心议题是“分析生物系统所得到的概念能够用到人工制造的信息加工系统的设计上去吗?”这一新兴的科学名为“Bionics”，1963 年我国将“Bionics”译为“仿生学”。斯梯尔把仿生学定义为“模仿生物原理来建造技术系统，或者使人造技术系统具有或类似于生物特征的科学”。简言之，仿生学就是模仿生物的科学。确切地说，仿生学是研究生物系统的结构、特质、功能、能量转换、信息控制等各种优异的特征，并把它们应用到技术系统，改善已有的技术工程设备，并创造出新的工艺过程、建筑构型、自动化装置等技术系统的综合性科学。从生物学的角度来说，仿生学属于“应用生物学”的一个分支；从工程技术方面来看，仿生学根据对生物系统的研究，为设计和建造新的技术设备提供了新原理、新方法和新途径。

仿生思维就是在大自然中寻找解决问题的方程式。19 世纪 20 年代，英国要在泰晤士河下面修建地下隧道。如果用传统的支护开挖法，松软多水的岩层容易塌方。工程师布鲁尔对此一筹莫展。一天，他无意中发现有只小虫使劲地往坚硬的橡树皮里钻。布鲁尔注意到，那只小虫是在其硬壳保护下进行工作的，此情此景使工程师恍然大悟：施工时如果先将一个空心钢柱体打入松软岩层中，然后在这个“盾构”的保护下进行施工就不会出现塌方的问题了。通过向昆虫学习，“盾构”代替了“支护”，做出了发明创造。

仿生学的主要研究方法就是建立模型，模拟认识，实践创新。其研究构成大致有以下三个阶段。第一阶段是对生物原型的研究。根据生产实际提出的具体课题，将研究所得的生物资料予以简化，吸收对技术要求有益的内容，除去与生产技术要求无关的因素，得到一个生物模型。第二阶段是将生物模型提供的资料进行数学分析，并使其内在的联系抽象化，用数学的语言把生物模型"翻译"成具有一定意义的数学模型。第三阶段是根据数学模型制造出可在工程技术上进行实验的实物模型。在生物的模拟过程中，不仅仅是简单的仿生，更重要的是在仿生中有所创新。经过实践—认识—再实践的多次重复，使模拟出来的东西越来越符合生产的需要。这样模拟的结果，使最终建成的机器设备与生物原型不同，在某些方面甚至有超过生物原型的能力。例如，今天的飞机在许多方面都超过了鸟类的飞行能力，电子计算机在复杂的计算中要比人的计算能力迅速而可靠。

第二节　仿生创新的主要方法

仿生学的研究从模拟微观世界的分子仿生学到宏观世界的宇宙仿生学，包括生物原型的研究（即动物的感觉器官、神经元、神经系统的整体作用）、机械仿生、建筑仿生、分子仿生、化学仿生和宇宙仿生等广泛的内容。随着现代工程技术的发展，学科分支繁多，在仿生学中相应地开展了对口的技术仿生研究。例如，航海部门对水生动物运动的流体力学的研究；航空部门对鸟类和昆虫飞行的模拟与导航的研究；工程建筑部门对生物力学的模拟；无线电技术部门对于人神经细胞、感觉器官和神经网络的模拟；计算机技术部门对于脑的模拟以及人工智能的研究；等等。

一、按生物分类方法进行分类

1. 仿植物创新

(1) 尼龙搭扣的发明

瑞士工程师乔治打猎时看到牛蒡子(图 5-7)牢牢地附着在猎狗身上与他的衣帽上。有一次他用放大镜观察，原来是牛蒡子上长的小钩钩住了他的衣裤。于是他想："能不能把这种结构派上用场呢?"后来他利用新出现的尼龙材料做试验，经过多次试验和研究，制造了一条布满尼龙小钩的带子和一条布满密密麻麻的尼龙小环的带子(图 5-8)。两条带相对一合，小钩恰好钩住小环，牢牢地固定在一起，一扯即可分开。乔治在 1948 年发明的这一尼龙搭扣非常方便好用，不像扣子那么难系，也不像拉锁容易坏掉，至今使用广泛。

图 5-7　牛蒡

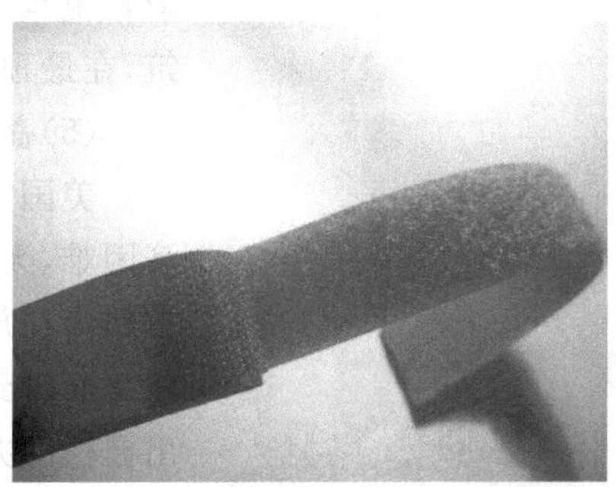

图 5-8　尼龙搭扣

(2) 太阳电池板与向日葵

2007 年，Sunpower 公司在美国内华达州内利斯空军基地安装了 7 万块太阳电池，发电能力可达 1.5 万千瓦。每一排面板都配备了一个像百叶窗一样的单电机跟踪系统，能让面板随着太阳的位置而转动，从而提高能源利用率。

(3) “莲花效应”与自清洁涂料

30 年前，德国波恩大学威廉·巴斯洛特通过对荷叶表面的超微结构和性质的研究发现了荷叶的自净原理(莲花效应)，即荷花的叶子上的许多凹凸结构可以将降水变成一滴滴水珠，它们能卷起并带走所有的灰尘微粒，使得水珠和灰尘无法附着在荷叶上(图 5-9)。这对物体表面防污处理有着非常重要的意义，将其应用到自清洁涂料以及玻璃(图 5-10)和屋顶瓦片的设计上，目前已在欧洲的很多建筑上使用。如果我们能够设计出更像大自然的建筑物和产品，不污染也不造成废弃物，我们的生存环境就会好很多，甚至可能帮助人们解决全球气候变暖问题。

如图 5-11 所示，这把伞看起来和传统雨伞无异，可无论下多大的雨，只要轻轻一甩，伞面的水痕将迅速消失。

图 5-9　荷叶具有自我清洁的功能

图 5-10　自洁玻璃

图 5-11　仿莲叶的伞

(4)芝加哥螺旋塔

您知道哪里有螺旋线吗？自然界中到处都有。所有有回旋形贝壳的软体运动——螺，都有螺旋线；蜘蛛以螺旋形结网；牛角按螺旋形生长；向日葵的花子按螺旋形排列；人的内耳耳轮也是螺旋形的。

图 5-12　芝加哥螺旋塔

当前，“回归自然，崇尚自然”已成热门话题，所以，一批直接模仿螺的外形的建筑也应运而生了。芝加哥螺旋塔(图 5-12)是一幢 150 层的摩天楼，可沿凹槽方向引导气流，减轻侧向风载荷。该楼高 610 米，是世界上最高的住宅建筑，在最顶层甚至可以遥望呈优美弧形的天际线。

(5)蔷薇与带刺的铁丝

美国加利福尼亚州的约瑟夫，小学毕业后，由于家庭经济困难，无法继续上学，只得帮人放羊。约瑟夫喜欢读书，常常因为在放羊时埋头读书，羊群撞倒栅栏，跑到地里损坏了庄稼而受到老板训斥。约瑟夫决心找出一个能防止羊群冲出栅栏的办法来。原有的栅栏是用若干木棍作支柱，每根木棍缠上四根铁丝围成的。约瑟夫经过细心观察后慢慢发现，羊群会冲倒铁丝做的栅栏，却不敢去碰用蔷薇做成的围墙，那是因为蔷薇有刺。他想：用蔷薇来做栅栏不就可以防止羊群跑出去了吗？他试着在用铁丝做的栅栏旁边栽了一些野生的蔷薇，果然能解决问题。羊群不敢去碰有刺的蔷薇，便不再冲出栅栏了。过了一段时间，约瑟夫感到，要在几十米的范围内密密麻麻地种植蔷薇，这未免太费事费时。后来他想到一个办法，把蔷薇缠在铁丝上，也能起到栽种蔷薇的作用。但是缠上去的蔷薇，过上一段时间它们的刺就会脱落，这样做效果还是不理想。不久他又想到，把铁丝剪成四五厘米长，就像蔷薇的刺那样，然后再把它们缠在栅栏的铁丝上。一试，效果很好，完全可以起到用蔷薇做成的围墙那样的作用。就这样，约瑟夫发明了带刺的铁丝并申请了发明专利。他在家庭的支持下，凑了一笔钱，开办了一家小工厂，专门生产这种“不需要人看守”的带刺的铁丝。如图 5-13 所示。不但一般的家庭可用它来防盗，连部队也可用它来作为战地的防御网。

图 5-13　蔷薇的启子—带刺铁丝—防御网

2. *仿动物创新*

(1) 仿动物的结构：中国舱外航天服的关节采用“虾”结构

2004 年，我国决定研制舱外航天服。舱外服与舱内服的最大区别是，舱外服上下肢都必须能够活动，甚至包括手套和关节，既要求灵活，又要求密封。但如果关节灵活，密封性就很可能不够；而密封性保证了，又可能不够灵活。这给设计带来了极大的困难。国外航天服大都采用波纹结构，靠挤压变形而成，活动起来并不轻松。山穷水尽之时，一只大虾突然启发了设计者李志。他发现，虾的身体关节非常特殊，可以保证身体的灵活性，活动起来非常轻盈。李志和他的同事买来各种虾进行观察，最后经过试验，航天服的肩肘部都采用了“虾”结构，比外国同类产品好很多。经验证明，该航天服安全可靠。

(2) 仿动物的鼻子：由狗鼻子而发明气体分析仪

狗的嗅觉异常灵敏，人们据此发明了电鼻子。这种电鼻子是集智能传感技术、人工智能专家系统技术及并行处理技术等高科技成果于一体的高自动化仿生系统。它由 20 种型号不同的味觉传感器、一个微处理芯片和用来分析气味信号并进行处理的智能软件包组成。它使用一个小泵把地面的空气抽上来，使之流过这 20 种传感器表面，传感器接收到微量气味后，形成相应的数字信号送入微处理器，微处理器中的专家系统对这些数字信号进行比较、分析和处理，将结果显示在屏幕上。电鼻子并不是狗鼻子的简单再现，其灵敏性、耐久性和抗干扰性远远超过狗鼻子。目前电鼻子广泛应用于军事领域，比如，利用电鼻子可寻找藏于地下的地雷、光缆、电缆及易燃易爆品和毒品等。

(3) 仿动物的耳朵：由水母耳朵发明风暴预测仪

“燕子低飞行将雨，蝉鸣雨中天放晴。”生物的行为与天气的变化有一定关系。沿海渔民都知道，尽管有时海上风平浪静，但浅水处的水母却突然纷纷游向深海，这就预示着风暴即将来临。研究发现，在蓝色的海洋上，由空气和波浪摩擦而产生的次声波(8～13Hz)传来时，总是风暴来临的前奏曲。这种次声波人耳无法听到，但“春江水暖鸭先知”，早在5亿年前就漂浮在海洋里的水母却很敏感。原来，水母“耳”腔内有一带小柄的球，次声波传来时，它便振动并刺激“耳”神经，于是水母就听到了正在来临的风暴的隆隆声，比人类更早感受到即将来临的风暴。仿生学家仿照水母耳朵的结构和功能，模拟了水母感受次声波的器官，设计了风暴预测仪。这种预测仪能提前15小时对风暴做出预报，对航海和渔业的安全都有重要意义。

(4) 仿动物的眼睛：从蛙眼到电子蛙眼

青蛙对静止的物体视而不见，它只对运动的物体敏感，更具体地说只对它喜欢吃的昆虫或者与要吃掉它的飞禽等天敌的形状相似的物体才起反应。这表明，青蛙对落在视网膜上的影像并不是全部向大脑反馈，而是集中注意那些具有特定形状，而且相对于背景运动的物体。研究表明，青蛙眼睛的整个信息加工处理系统由其视网膜和视顶盖组成。视网膜上有三层神经细胞，从内到外分别是感受细胞、双极细胞和神经节细胞。视网膜上形成的光学图像，经过感受细胞、双极细胞、神经节细胞(输出细胞)最后传送到大脑中枢。神经节细胞又可分四种：第一种最小的细胞叫“边缘侦察器”，只能感受比周围环境较亮或较暗物体的边缘，像树干、天空、湖岸的轮廓；第二种较大的细胞叫“昆虫侦察器”，它只能感受移动的昆虫；第三种细胞叫“事件侦察器”，它能感受亮度的变化；第四种细胞叫“光强减弱感受器”，它感受光线减弱时阴影的暗色部分。这四种检测器同时工作，分别辨认和抽取输入视网膜图像的某种特征，并把该种图像特征传送到视觉中枢视顶盖的不同层次中去。在视顶盖的每一层都产生图像的某一特征，一个复杂的图像就分解成几种易于辨别的简单特征，使青蛙能够很快地发现和识别目标。最后将每一层的特征叠加，就得到了青蛙所看到的综合图像。

模仿青蛙视觉系统的原理制成了多种用途的由电子元器件制成的“电子蛙眼”，可准确识别形状一定的物体，在许多技术系统中发挥了奇异的作用。例如，在雷达系统里，能够在显示屏上清晰地从强背景噪声中区分出目标，能快速而准确地识别出飞行中的特定形状的飞机、舰船和导弹等，特别是能够根据飞行特性区别真假导弹，防止以假乱真，从而提高了雷达的抗干扰能力；在交通要道，它能指挥车辆的行驶，防止车辆碰撞事故的发生。

(5) 仿动物的皮肤：人造海豚皮

海洋生物强势附生，会使船舶航速降低、寿命缩短，如果船体上不使用防生物污损的防护涂料，往往不出两个月，船底就会被各种海洋附着生物覆盖得几乎看不出原样。船舶防污防腐涂料正是在这种需求下诞生的。然而，在相当长的时间里，人类对附着在船舶上的海洋生物采取的都是“毒杀”策略，终将危及人类自身。鲨鱼、海豚身上为什么不会附生一些细菌、藻类呢？由美国佛罗里达大学的材料科学教授布伦南领导的一个研究小组探究鲨鱼防护海底生物附着的微观结构原理，研制出一种对环境无害的舰艇防护涂层。他们使用塑料和橡胶材料，复制出一种鲨鱼皮作为防护涂层，它由数十亿个细小的菱形凸起物组成。在小功率电流的作用下，这些菱形凸起物会发生变化。随着电流变化，其表面上的棱可以鼓起或缩回，在船体表面曲来拐去。隆起的运动能除去积攒的泥沙及船体上的腐质，这些泥沙、腐质的聚集往往带来水藻、贝类的繁殖。

船在水中航行时，船身附近的湍流形成巨大阻力，而海豚却轻而易举地超过开足马力的船只，其奥妙何在？经过分析发现，除海豚具有流线形体形外，其特殊的皮肤结构还具有优良的减小水阻的作用。海豚皮肤分内外两层，外层薄且光滑柔软，内层为脂肪层，厚且富有弹性。当海豚游动时，在旋涡形成的压力和振动下，皮下脂肪层呈波浪式运动，具有很好的消振作用，一定程度地减少了高速运动时产生的旋涡。根据海豚皮肤结构的特点，用橡胶和硅树脂制造了一种“人造海豚皮”。这种“人造海豚皮”厚3.5mm，由三层橡胶组成。外层厚0.5 mm，质地光滑柔软，好像海豚皮外层。中层厚2.5mm，做有许多橡胶乳头，乳头之间充满黏滞硅树脂液体，富有弹性，好像吸振的脂肪层。里层厚0.5mm，为支承层。将这种“人造海豚皮”覆盖在鱼雷或船体上，可减少50%的阻力，也能使船速显著提高。

也就是说，仿海豚皮肤，不但减少了细菌、藻类的附着，而且减少了船航行时的阻力。

(6) 仿动物的鳞片：蝴蝶与卫星控温系统

遨游太空的人造地球卫星，当受到阳光强烈辐射时，向阳的一面温度高达200℃，而背阳的一面却为−200℃。这样，很容易“烤”或“冻”坏卫星上的各种精密仪器、仪表。在蝴蝶的身体表面生长着一层细小的鳞片，这些鳞片的自动开合有调节体温的作用。向蝴蝶学习，科学家为人造卫星设计了一种犹如蝴蝶鳞片的控温系统。

(7) 仿动物的整体形状

德国化学家凯库勒发现了芳香化合物分子结构，分子中的原子以对称形式组成闭合的环形连接的链，分子模型完美、漂亮。凯库勒在自传中说：为了苯的结构式，我的草稿纸用了几麻袋。面对这六个氢原子和六个碳原子到底应怎样连接呢？我为此而疲劳不堪，趴在稿纸上睡着了。朦胧的眼睛还盯着这条长长的碳原子链……突然，这条碳链动起来了，变成了一条蛇。这条蛇奇怪地一回头，自己咬着了自己的尾巴！啊，凯库勒惊醒了，叫声“好了”，双手捧着那条“蛇”，迅速地画出了苯的结构式(图5-14)。

(8) 仿动物身体的特殊功能

自然界中有许多生物都能产生电，仅仅是鱼类就有500余种。人们将这些能放电的鱼，统称为“电鱼”。各种电鱼放电的本领各不相同。放电能力最强的是电鳐、电鲶和电鳗。非洲电鳐能产生的电压高达220伏；非洲电鲶能产生350伏的电压；南美洲电鳗竟能产生高达880伏的电压，称得上电击冠军，据说它能击毙像马那样的大动物。

电鱼放电的奥秘究竟在哪里？经过对电鱼的解剖研究，终于发现在电鱼体内有一种奇特的发电器官。这些发电器官是由许多叫电板或电盘的半透明的盘形细胞构成的。单个电板产生的电压很微弱，但由于电板很多，产生的电压就很高了。

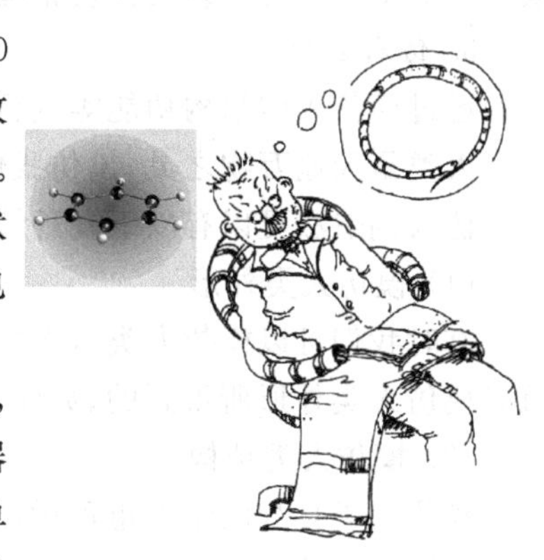

图 5-14　由梦得出苯的结构式

电鱼这种非凡的本领，引起了人们极大的兴趣。19世纪初，意大利物理学家伏特，以电鱼发电器官为模型，设计出世界上最早的伏打电池。因为这种电池是根据电鱼的天然发电器官设计的，所以把它叫作“人造电器官”。

(9) 仿动物“医术”

有些动物会用野生植物治病。有一种鹿泻肚子的时候，常常去吃槲树的皮和嫩枝，这些东西含有鞣酸，能够止泻；“喵喵”叫的大花猫，患了肠胃炎腹泻不止时，会急急忙忙地找一种带苦味的有毒植物——藜芦草吃，藜芦草里面含有一种生物碱，有催吐的作用，以吐治泻，成了猫治疗肠胃炎的一种有效方法；热带森林中的猴子，得了疟疾，就会去啃咬金鸡纳树的树皮，这种树皮中含有金鸡纳霜，是治疗疟疾的特效药。

著名的云南白药，是云南民间医生曲焕章发明的。据说，曲焕章是位打猎能手。一天，他打中了一头老虎。谁知第二天请人去抬时，那虎不翼而飞了。后来才知道，带伤的老虎是吃了一种药草后逃跑的。曲焕章采回这种药草，配合其他药物治疗跌打损伤，效果非常好。于是，云南白药便问世了。

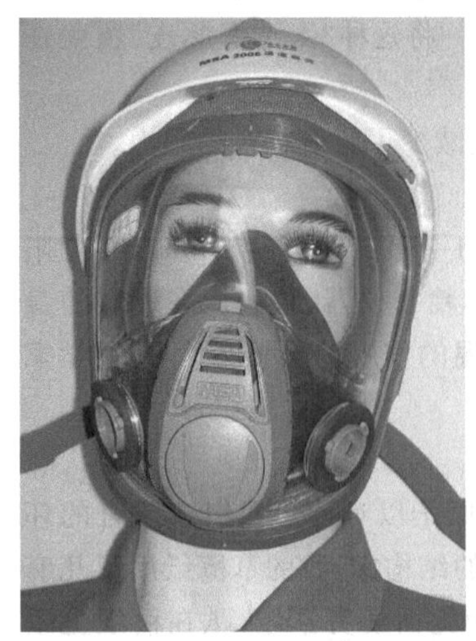

图 5-15　防毒面具

细心的人会注意到防毒面具的外形和猪嘴极为相似(图 5-15)，这是为什么呢？莫非防毒面具的发明和猪嘴有关？事实确实如此。1915 年，德军为了打破欧洲战场长期僵持的局面，第一次使用了化学毒剂。他们在阵地前沿设置了 5 730 个盛有氯气的钢瓶，朝着英法联军阵地的顺风方向打开瓶盖，把 180 吨氯气释放出去，随风一直扩散到联军阵地纵深 25 千米处，致使 5 万英法联军士兵中毒死亡，大量野生动物也相继中毒丧命。可奇怪的是，这一地区的野猪竟意外地生存下来。这件事引起了科学家的极大兴趣。原来是野猪喜欢用嘴拱地的习性，使它们免于一死。当野猪闻到强烈的刺激性气味后，就用嘴拱地，被野猪拱动后的泥土就变得较为松软，对毒气起到了过滤和吸附的作用。根据这一发现，科学家们设计、制造出了防毒面具。防毒面具没有直接采用泥土作为吸附剂，而是使用吸附能力很强的活性炭，猪嘴的形状能装入较多的活性炭。如今尽管吸附剂的性能越来越优良，但它酷似猪嘴的基本样式却一直没有改变。防毒面具可以说是模仿猪嘴外形与防毒办法的一件杰作。

3. 仿人创新

通过模仿人体结构功能等进行创造的方法称为拟人仿生法。

人类是天地万物之灵，模仿我们人类自身，可以诞生出无数伟大的发明创造。

仿人创造法可以有以下几种情形。

(1) 模仿人类外形

有时我们可以模仿人类自身的外形做出发明创造，如第四章中所讲的可口可乐瓶的设计就是模仿人类外形所得到的，如图 5-16～图 5-20 所示。

(2) 模仿人类结构

模仿人类自身的结构也可做出发明创造。比如，人的双臂灵活自如，能够做出拉、提、伸、举、旋转、移动等各种各样的动作。机械手就是模仿人的手臂动作逐步完善的。

(3) 模仿人类功能

有时我们模仿人类自身的功能可做出发明创造。

比利时布鲁塞尔某公园，当把废弃物“喂”入垃圾桶时，让它道声“谢谢！”因此引起游客的兴趣，专门捡起垃圾放入桶内，不自觉地起到了增强保护环境卫生的作用。

日本发明家熊田长吉，将人类血液循环系统中动脉和静脉的不同功能和心脏瓣膜阻止血液逆流的功能运用到锅炉的水和蒸汽的循环中，这种仿生设计，使他发明了熊田式锅炉，热效率提高了 19%。

(4) 模仿人类智能

最值得人类自豪的，是我们有智能，模仿人类的智能进行发明创造具有强大的吸引力。

图 5-16　人形水果是如何造成的

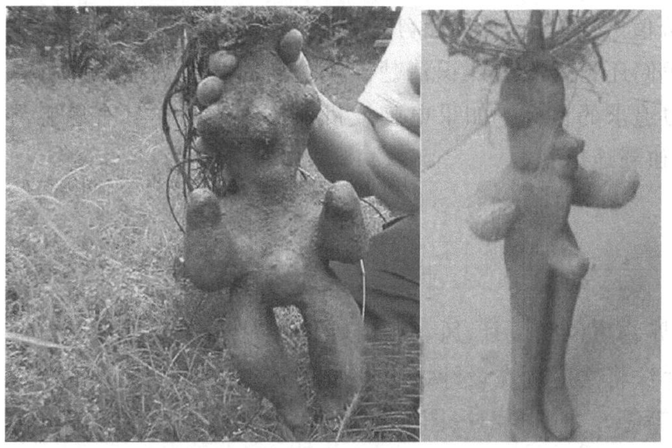

图 5-17　所谓的“千年人形何首乌”

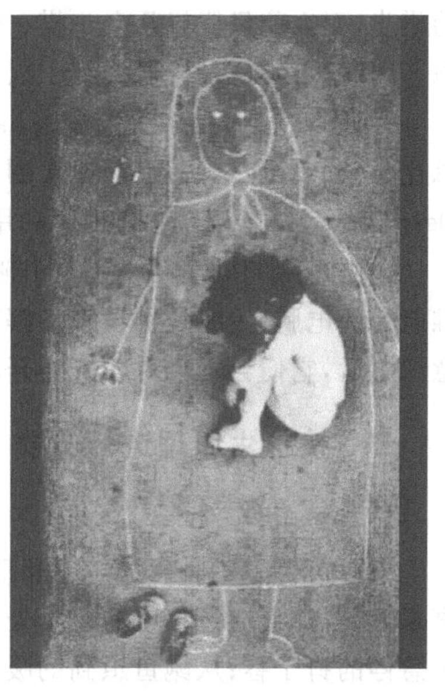

图 5-20　在伊拉克，一个没有妈妈的小女孩，在孤儿院的水泥地面上，画了一个妈妈，她小心地脱下鞋子，在她的胸口睡着了……所以，我们没有理由觉得不幸福，在有人爱、有人惦记与牵挂的时候，请珍惜……珍惜所有生命中出现的人！我们还有什么理由抱怨自己不够幸福！珍惜现在所拥有的，其实幸福可以很简单

图 5-18　匈牙利小丑形状的高压输电塔

图 5-19　“萌”车

人脑是人体中最微妙的智能器官，大约由 100 多亿个神经细胞所组成。每个神经细胞的周围，有 1 000～10 000 个突触伸展出去，和相邻的神经细胞的突触相交联。尽管在人的一生中，每小时约有 1 000 个神经细胞发生障碍，一年内有近 900 万个神经细胞丧失功能，然而，即使如此，大脑仍能正常地工作，其主要原因就是大脑有足够的“后备力量”。一些神经细胞发生故障，另一些“备用”的神经细胞马上顶替上来。而计算机却不行，只要其中一个元件损坏或发生故障，便会影响整个系统的工作性能。在计算机学习人脑方面主要有人工神经网络、人工智能等。人工神经网络是一种应用类似于大脑神经突触连接的结构进行信息处理的数学模型。人工智能是研究、开发用于模拟、延伸和扩展人的智能的理论、方法、技术及应用系统的一门新的技术科学。

1996 年 2 月 9 日，国际象棋世界冠军卡斯帕罗夫在费城与超级电脑“深蓝”首次过招。“深蓝”以凌厉的攻势和精确的计算，首局击败世界冠军，极大地震撼了世界棋坛。但卡斯帕罗

夫随后总结经验，稳扎稳打，最终以3胜2平1负的战绩取胜，赢得了40万美元的奖金。所有担心被计算机抢走饭碗的人为卡氏的胜利而欢欣鼓舞。“深蓝”决心洗刷败走费城的耻辱。1997年5月3日至11日，“深蓝”再次迎战世界棋王，“深蓝”以2胜3平1负的战绩将世界冠军拉下了马。于是有人认为人工智慧战胜了人的智慧；更有甚者，有人开始担忧“深蓝”智慧对人类前途的影响。它处理信息的能力远超人脑，它把大量的数据进行分析，分析出数以十亿计的棋步，而人脑只能想几十步棋。但“深蓝”并没有“智慧”，因为“深蓝”不具备人类的特点：意识。因此，与其说是机器战胜了人，不如说是一群人借助机器战胜了另一群人。

2016年3月，阿尔法狗(AlphaGo)对战世界围棋冠军、职业九段选手李世石，并以4∶1的总比分获胜。阿尔法狗是一款围棋人工智能程序，由位于英国伦敦的谷歌(Google)旗下DeepMind公司开发，这个程序利用“价值网络”去计算局面，用“策略网络”去选择下子。

人类思维的机理至今还是个谜，我们还远远没有认识清楚。模仿人的智慧创造出具有思维能力的电脑，始终是科学家不懈努力追求的目标。如果电脑或机器人像人一样具有思想与意识之后，它们会不会对着人类开战，独霸地球？

二、按仿生原理进行分类

1. 形态仿生

形态仿生主要研究生物体和自然界物质(如日、月、风、云、山等)存在的外部形态及其象征寓意，以及如何通过相应的艺术处理手法将之应用在设计之中。如从猫、虎的爪子想到在奔跑中急停的钉子鞋；从鲍鱼想到的吸盘；等等。如图5-21～图5-26所示。

图5-21 国家体育场(鸟巢)

图5-22 仿大自然形态的背景墙

图5-23 厨房里的仿生创意

图 5-24 仿生装饰品

图 5-25 保时捷跑车鼠标

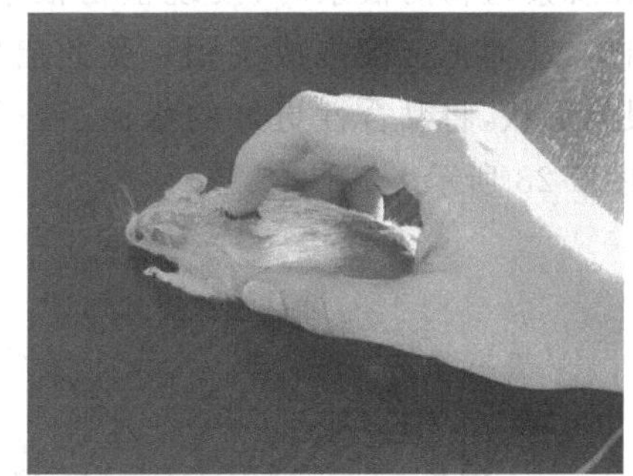

图 5-26 “鼠”标

章鱼不仅可连续六次往外喷射墨汁,而且还能够像最灵活的变色龙一样,改变自身的颜色和构造,利用灵活的腕足在礁岩、石缝及海床间爬行,有时把自己伪装成一束珊瑚,有时又把自己装扮成一块覆盖着藻类的石头,然后突然扑向猎物。澳大利亚墨尔本大学的马克·诺曼,在1998年于印尼苏拉威西岛附近的河口水域发现一种章鱼能迅速拟态成海蛇、狮子鱼及水母等有毒生物,避免攻击。

过去,短跑都是站着起跑的。澳大利亚短跑运动员舍里尔曾经为短跑成绩停滞不前而苦恼。他观察到袋鼠虽然拖了个大袋子,大腹便便,可是它每小时跑70多千米,跳远一步达12米。舍里尔发现袋鼠跑跳前总是先向下屈身,把腹部贴近地面,然后一跃而起。舍里尔模仿袋鼠,发明了蹲式起跑,因而他在1896年的奥运会上创造了优异成绩。后来,许多运动员仿效。如另一位运动员布克在起跑线上蹲下的地方挖了一个小小的浅坑,一只脚放进浅坑,起跑时脚一蹬,便箭一般冲出去,取得了100米短跑不到10秒的成绩。于是田径运动场上出现了助跑器这种产品,如图5-27所示。

图 5-27 蹲式起跑

2. 结构仿生

模仿生物结构取得创新成果的方法称结构仿生法。

香蕉皮比梨皮、苹果皮等其他水果皮滑，人踩在香蕉皮上很容易滑倒，原因在于香蕉皮由几百个薄层构成，层与层之间可相对滑动。据此原理，人们发明了层状结构的优良的润滑材料——二硫化钼。二硫化钼的结构与香蕉皮相似，其层数是香蕉皮的200万倍，人们将它作为润滑剂，现已在滑动轴承中大量使用，效果比黄油好得多。

如今世界上高大建筑物，基本上是钢筋混凝土结构的。但钢筋混凝土的发明者既不是著名的建筑师，也不是卓越的力学家，而是一位整天摆弄花草的法国园艺家莫尼埃。1865年的一天，他在观察植物的根系时，发现植物根系在松软的土壤里互相交叉、盘根错节，形成一种网状结构，从而把土壤抱成了团。受此启发，在砌花坛时，为防止被人踩坏，他试着将铁丝编成根的形状，将黏合性更好的水泥、沙子、小石子浇灌在一起，钢筋混凝土就这样被发明了，如图5-28所示。

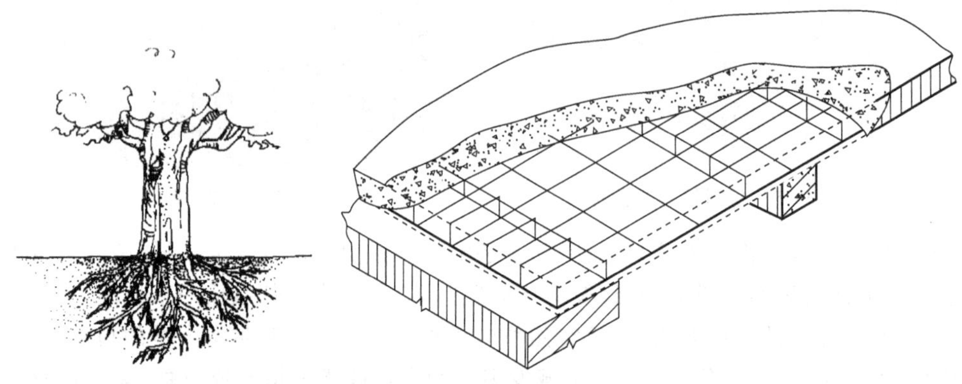

图 5-28　树根与钢筋混凝土

巢房正面均为正六边形，背面的尖顶处由三个完全相同的菱形拼接而成。如图5-29所示。这一特殊的结构具有同样容积下最省料的特点。经研究，人们还发现蜂房单薄的结构还具有很高的强度。据此，人们发明了各种重量轻、强度高、隔音和隔热等性能良好的蜂窝结构材料，广泛用于飞机、火箭及建筑上。例如，蜂窝纸板是把瓦楞原纸用胶黏结方法连接成无数个空心立体正六边形，形成一个整体的受力件——纸芯，并在其两面黏合面纸而成的一种新型环保节能材料(图5-30)。类似的如图5-31和图5-32所示。

图 5-29　蜂房结构示意图

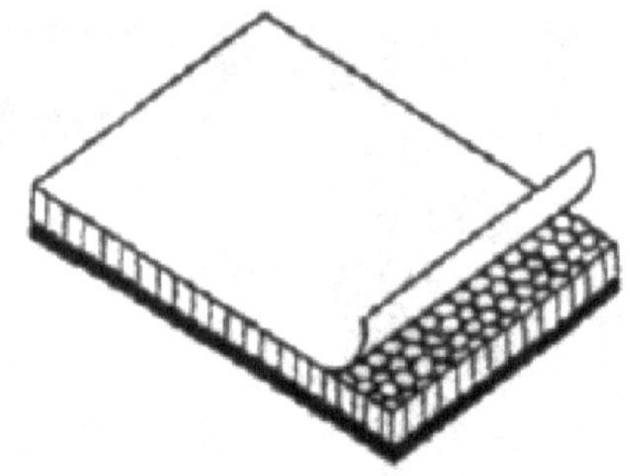

图 5-30　蜂窝纸板

图 5-31 “天津蜂巢”——中钢国际广场(高 358 米)

图 5-32 不用充气的“蜂巢”轮胎

日本超高速子弹头列车所面临的一个烦人问题是,列车在驶离隧道时会产生音爆现象。在高速行驶中,列车前部“鼻子”形成的风墙不仅会产生巨大的噪声,而且还会减慢列车的速度。人们观察到,翠鸟从空中一头扎入水中,不会溅起任何水花,这主要归功于它那特殊形状的喙。根据翠鸟喙部形状设计的新型列车解决了这些问题,并使列车能效提高 20%(图 5-33)。

图 5-33 子弹头列车设计灵感来自翠鸟的喙

3. 功能仿生

功能仿生主要研究生物体和自然界物质存在的功能原理,并用这些原理去改进现有的技术或建造新的技术系统,以促进产品更新换代或新产品开发。

响尾蛇尾部末端具有一串角质环,为多次蜕皮后的残存物,当遇到敌人或急剧活动时,它就迅速摆动尾部的尾环,每秒钟可摆动 40～60 次,长时间发出响亮的声音,致使敌人不敢近前或被吓跑,故称为响尾蛇。但响尾蛇最引人注意的不是它的响尾,而是在它的两只眼睛的前下方各有一个漏斗状的小窝。这对小窝是一种极强的“热感受器”,人们把它叫作“热眼”。自然界中的一切物体只要它的温度高于绝对零度,都能向外辐射红外线,而且不同的物体辐射红外线的波长和强度不同。响尾蛇的“热眼”非常灵敏,能对千分之一度的温度变化做出反应,虽然小动物发出与地面、草丛只是略有不同的红外线,响尾蛇依然可以通过自己那灵敏的“红外线探测器”觉察到身边其他事物的存在并准确无误地确定它的位置。因此,在伸手不见五指的黑夜,响尾蛇能准确无误地捕捉到小动物。在响尾蛇死后一个小时内,即使响尾蛇的其他身体机能已停顿,只要头部的感应器官组织还未腐坏,仍可探测到附近 15 厘米范围内发出热能的生物,并自动做出袭击的反应。据此原理,美国研制出对热辐射非常敏感的半导体元件制成了“人造热眼”,并将其应用于“响尾蛇”导弹(图 5-34)——一种跟踪飞机的空对空导弹。当导弹从飞机上发射以后,

图 5-34 响尾蛇导弹

"人造热眼"紧盯着高温目标——敌机的喷火口，导弹直朝敌机冲去，跟踪追击，准确无误地击中目标。

三、按学科分类进行仿生

1. 信息仿生学

通过研究、模拟生物的感觉(包括视觉、嗅觉、听觉、触觉等)、语言、智能等信息及其存储、提取、传输等方面的机理，构思和研制出新的信息系统的仿生方法称为信息仿生法。它的研究内容包括细胞内和细胞间通信、动物间通信、机体的信息存储与提取、感觉器官的机理和人工智能。

蚁群算法(Ant Colony Optimization，ACO)，是一种用来在图中寻找优化路径的概率型算法。其灵感来源于蚂蚁在寻找食物过程中发现路径的行为。很多蚂蚁在没有事先告诉他们食物在什么地方的前提下开始寻找食物。当一只找到食物以后，它会向环境释放一种信息素，吸引其他的蚂蚁过来，这样越来越多的蚂蚁便会找到食物。有些蚂蚁并没有像其他蚂蚁一样总重复同样的路，它们会另辟蹊径，如果新开辟的道路比原来的其他道路更短，那么，渐渐地，更多的蚂蚁被吸引到这条较短的路上来。最后，经过一段时间运行，可能会出现一条最短的路径被大多数蚂蚁重复着。

2. 控制仿生学

控制仿生学是研究生命活动所特有的自动控制过程及其工作原理，用以研制具有类似功能的自动控制、定向和导航等技术系统的学科。当前研究较多的是体内稳态、反馈调节、肢体运动控制、动物的定向与导航、生态系统的涨落和人—机合作。这些存在于生物机体内的自动控制系统，结构小巧、功能完善、精确可靠，在许多方面都是目前人造控制系统无法比拟的。控制仿生学的研究目的在于为改善工程自动控制系统的结构和提高其性能提供借鉴。

人和动物机体依靠神经通路和内分泌(激素)通路，自动调节其生理活动、肢体运动及自身行为，以保持机体与内外环境的统一。人的体温一年四季始终维持在37℃左右，这是由于人体内有一个完善的体温恒定调节系统，通过这个系统来精确控制机体产热与散热过程的平衡。当体温上升(或下降)时，皮肤和体内的温度感觉器便把热(或冷)的刺激，通过神经通路传给体温调节中枢——下丘脑，下丘脑经过分析后，再通过神经通路和效应器去调节和协调机体的循环、排泄、运动等系统，使产热和散热达到精确的平衡，从而保持体温的恒定。生物神经系统对机体调节控制的基础是反馈，这与工程上的自动调节装置的原理是极为类似的。生物控制系统的结构特点与机能原理对自动控制技术的发展具有极重要的参考价值。人和动物的行走、奔跑、游泳、飞翔等各种灵巧的肢体运动，也都是在机体自动控制系统的精确、可靠的控制下才得以完成，并保持了动作过程中身体的平衡以及动作的协调与稳定的。

工程自动控制系统输入的阈值一经调定就成了固定的，而生物控制系统却具有自动调节的可变阈值。例如，在嘈杂的声响环境中，人的听觉系统能阻断声音通道或有选择地开放某种声音通道，做到"集中注意力"看书或听某一个人的谈话，对其他声响则"充耳不闻"。模仿人的控制系统的这一功能，去建造具有可变阈值的工程自动控制系统，如具有较高抗干扰特性的军事监听、观察和通信系统，将具有重大的军事意义。

3. 力学仿生学

力学仿生学研究和模拟生物机体外部形态和内部结构的力学原理。研究最多的是植物的茎、叶以及动物体形、肌肉、骨骼的结构力学原理和动物的飞行、游泳、血液循环系统的流体力学原理。

在静力作用下，鸡蛋可以承受较大的力。记得有一年中央电视台春节联欢会上，有一女孩表演踩蛋，女孩两手各提一桶水，双脚踩在 4 个鸡蛋上，鸡蛋安然无恙。1925 年德国耶拿斯切夫玻璃厂厂房采用了球形薄壳，直径为 40 米，壳厚只有 60 毫米，采用钢筋混凝土为建筑材料，厚度与跨度之比为 1∶667。如图 5-35 和图 5-36 所示。

图 5-35　48 棵"钢铁大树"撑起长沙南火车站

图 5-36　中国国家大剧院

4. 化学仿生学

化学仿生学研究和模拟生物体中的各类化学反应，模仿光合作用、酶学原理、选择性生物膜和生物结构的能量转换、生物合成、生物发电、生物发光等。

自从人类发明了电灯，生活变得方便、丰富多了。但普通电灯的效率只有 6%左右，其余大部分都以热能的形式浪费掉了，而且电灯的热射线有害于人眼。那么，有没有只发光不发热的光源呢？人类又把目光投向了大自然。在自然界中，有许多生物都能发光，如细菌、真菌、蠕虫、软体动物、甲壳动物、昆虫和鱼类等，而且这些动物发出的光都不产生热，所以又被称为"冷光"。在众多的发光动物中，萤火虫的荧光把化学能转变成光能具有很高的发光效率，萤火虫的冷光很柔和，很适合人类的眼睛。科学家研究发现，萤火虫的发光器位于腹部，由发光层、透明层和反射层三部分组成。发光层拥有几千个发光细胞，它们都含有荧光素和荧光酶两种物质。在荧光酶的作用下，荧光素在细胞内水分的参与下，与氧化合发出荧光。萤火虫的发光，实质上是把化学能转变成光能的过程。早在 20 世纪 40 年代，人们根据对萤火虫的研究，创造了日光灯，使人类的照明光源发生了很大变化。近年来，科学家先是从萤火虫的发光器中分离出了纯荧光素；后来又分离出了荧光酶；接着，又用化学方法人工合成了荧光素。由荧光素、荧光酶、ATP（三磷酸腺苷）和水混合而成的生物光源，可在充满爆炸性气体的矿井中使用。

图 5-37 所示为人工冷光键盘。图 5-38 所示为荷兰埃因霍温市（Eindhoven）郊外的一条 600 米长的自行车道。每到夜晚，道路会变得非常漂亮：成千上万颗小石头发着蓝绿色的微光，如同银河星空洒落人间一般，在这条路上骑行，有一种置身梦境的浪漫感受。

2008 年，中国导弹之父钱学森的堂侄钱永健与美国生物学家马丁·沙尔菲和日本有机化学家兼海洋生物学家下村修凭绿色荧光蛋白的研究获得该年度诺贝尔化学奖。

图 5-37 人工冷光键盘

图 5-38 荷兰埃因霍温市(Eindhoven)的郊外

动植物、细菌的活细胞是一个天然的化工厂，在它们的生命活动中不断地进行着合成与分解，小到甘油、醋酸等小分子，大到核酸、蛋白质、抗生素、激素等复杂物质，而且这一类反应在细胞内非常高效地进行着。研究模拟天然物质的结构、个别生化反应原理、整个生物合成路线以及生物合成的高效性成为化学仿生的一个领域。

过去许多有用的物质都是从植物中直接提取的，例如植物碱吗啡(止痛剂)、奎宁(抗疟疾药)、利血平(抗高血压药)等，但是这种提取方法有着很大的局限性。在研究这些天然物质的结构特性及合成途径过程中，人们发现了人工合成同样或更高生物活性物质的途径。以天然生物碱吗啡的分子骨架为基础，人工合成了模仿物普罗美多，它比吗啡具有更高的止痛作用；改变和简化毒扁豆碱(眼科用药)和管箭毒(松弛肌肉药)分子，也合成了高活性的模仿物。根据植物体内的生长激素合成的人工类似物，因在细胞内不易分解而具有更佳的效果。另外还有昆虫信息激素及其类似物在农业生产中的应用等。人工模仿物和天然物质相比较，不仅在分子结构上相类似，而且在生物活性上也相似，甚至效果更加理想。

5. 医学仿生学

医学仿生学研究人工脏器、生物医学的图像识别以及医学信号的分析和处理。

有人见到，一条蝮蛇的头部被另一条毒蛇咬伤了，肿得连嘴都合不拢，于是它拼命喝水，之后蝮蛇头部的肿胀渐渐消退了，这跟医生抢救被毒蛇咬伤的病人时的情景，真有点不谋而合。那时，医生往往给患者大量输液，加快毒液排出的速度。

6. 农业工程仿生

俯瞰生活在黏湿土壤中的各种动物，为何能活动自如而体表毫不沾土？仿生脱附、仿生摩擦学以及地面机械仿生理论与技术，对我国开展农业机械、施工机械等装备的节能降耗，提高作业效率有极大的促进作用。吉林大学地面机械仿生技术教育部重点实验室基于土壤动物体表的几何非光滑特征，仿鳞片形状设计了非光滑推土板在进行土壤切削试验时不发生黏附，与光滑推土板相比，可平均降低推土阻力约15%；仿土壤动物体表而设计的仿生犁壁也具有良好的脱附减阻性能，制备出的仿生非光滑耐磨复合层，其耐磨性为基体45钢(淬火态)的29倍；仿生钻头，其表面仿造穿山甲鳞片在其体表的分布形式，切削齿仿造穿山甲的爪趾，从而达到减粘降阻脱附的目的，希望可以在泥质岩中钻进时有效地防止钻头泥包现象及提高机械钻速。

7. 生物工程

精细微操作系统是细胞标记、铸造、核移植、基因转移、染色体切割、人工授精以及显微外科等的有力工具，可以探索生命科学，为实现农业工厂化和绿色革命做贡献。我国在动物转基因工程、抗病转基因小麦和大豆以及抗虫转基因棉方面已取得一些成果。

8. 机械仿生

研究动物体的运动机理,模仿动物在地面的爬(含墙面上的行进)走(含地下的行走)、空中的飞、水中的游和跑等运动,运用机械设计方法研制各种运动装置。

自从1962年第一台机器人在美国通用汽车公司投入使用以来,机器人便由童话变成了现实。在机器人体内一般都装有一台微型计算机,在接受指令后,机器人便开始执行任务。如果在机器人身上安装上一些传感装置(如视觉、触觉、听觉等),它们不仅能与环境进行对话交谈,而且还能在复杂的环境中"生存",这类机器人叫作智能机器人。

智能机器人除广泛应用于工业外,还可用于农业、矿业、医疗、太空、海洋、文娱、体育等领域。它可用于农业,如耕耘作业机器人、收获管理机器人等;可用于勘探,如太空飞行机器人、海底隧道建筑机器人、深海考察机器人等;可用于医疗,如手术机器人、康复机器人等;可用于体育,如教练机器人。

第三节 案例分析

由于对狼的偏见和憎恨,人类曾经对狼进行过大规模的屠杀,但狼仍然顽强地生存着,至今已几百万年。这的确是一个奇迹。现在,越来越多的物种从这个星球上消失,越来越多的物种被人类列入被保护的行列,狼却一直没有被人类驯服,也没有弱小到需要靠人类的保护才能继续在地球上存在下去。人们往往只看到狼的凶残,实际上狼是极其有智慧与毅力的动物,也正因如此,体积不大的狼才成为陆地上生物中最高的食物链终结者之一。

近年来出版了很多书,如《狼道》《狼图腾》《狼踪》《狼族》等。《狼道》的主题就是探索狼的团队精神与合作智慧;《狼图腾》把狼、牲畜、老鼠、旱獭、黄羊和人之间的密切关系,说得真切、生动、在理,是一部历史文化和生态学教科书。

2016年4月,史玉柱在巨人集团总部召开2016年首次员工大会,宣布将在巨人施行"狼文化"。为何要在巨人施行"狼文化"?史玉柱对几家强调"狼文化"的互联网公司做了研究,了解到华为是中国企业中最早提出"狼文化"的。在他看来华为成功的背后有两个核心:一是华为创始人的决策牛;二是华为这么多年一直坚持的"狼文化"。"成功的企业,嘴上不一定说,但骨子里多数都是'狼文化',比如三星、阿里、腾讯,都是'狼文化'。他们把对客户的了解、研究,结合自身长处发挥到极致。如果是一帮'兔子'做产品,才不会去想这些呢。"史玉柱说,"百度近年也开始呼吁'狼文化',所以只要是伟大的公司,没有不是'狼文化'的。'兔子窝'文化肯定要失败的,尤其搞互联网,竞争这么激烈,如果不是'狼文化',肯定是死路一条。"

"伤其十指,不如断其一指。"本节通过重点介绍狼的社会组织、危机意识及对危机处理的管理能力、智慧等,向狼学习,向生物学习。

一、学习狼的"社会"组织

在自然界残酷的竞争中,狼族凭借坚韧、顽强、忠诚、合作、牺牲等最优秀的个体素质与最卓越的团队精神,成为个性张扬的强者。

1. 学习狼"社会"的和谐

对人类的一些好色之徒,习惯于用"色狼"来称呼,其实狼是一夫一妻制,公狼很有责任感,母狼很有爱心。每年四月份母狼产仔的时候,公狼一直要保护母狼,每天都要出去猎食,尽可

图 5-39　狼的叫声是一种传递信息的手段

能地吞下食物，回来后把食物吐出来分给自己的妻子和孩子吃。母狼不仅精心抚育自己的孩子，碰到失去母亲的小狼，也会把它抚养长大。并且狼群团结，不会有哪只狼在同伴受伤时独自逃走，不是“狼心狗肺”。狼是对它们的家庭、群体最忠诚的动物，这种忠诚超过了任何一种哺乳动物。在狼群集体捕猎时，如果有同伴牺牲，它们就不会离去，到了深夜，狼群会围绕在同伴的尸体周围哀号。那种狼嗥的声音听起来非常凄凉，我们能从中听出狼群对同伴的思念和爱(图 5-39)。在狼的“社会”里，狼善于交际，它们并不仅仅依赖某种单一的交流方式，而是随意使用各种方法。它们嗥叫，用鼻尖相互挨擦，用舌头舔，使用包括唇、眼、面部表情以及尾巴位置在内的复杂精细的身体语言或利用气味来传递信息。当狼群与自己的孩子交流时，它们表现了自己慈祥的一面，根本不去计较什么辈分，它们要让幼狼感觉到平等。这时，幼狼会爬到它们身上，甚至与它们厮打，无论幼狼做什么过分的举动，它们也不会生气。这不正是我们理想中的和谐社会吗(图 5-40)？狼群在平静地生活，而我们的社会有这样或那样的矛盾，我们的家庭成员也会为了某些并不太重要的事情而时常争吵。

2. 学习狼的感恩

在动物界中，狼和秃鹫就是一对很好的搭档。它们之间和平相处，互相感激。它们都很喜欢吃动物的腐肉，但狼在陆地上活动，用眼睛所能看到的范围毕竟有限。秃鹫可以在高空飞翔，所以它们观察的范围就比较广，这样就能容易发现动物的尸体，但是它们却不能撕开动物厚重的皮毛。所以，秃鹫就会找狼来帮忙。秃鹫把狼引领到动物尸体前，狼撕开动物的皮毛，而秃鹫和狼就可以共同享用可口的食物了。虽然狼对食物很珍惜，总希望独享，但它知道如果没有秃鹫的引领，自己是绝对不会轻松地找到食物的，因此对秃鹫满怀感激。如图 5-41 形象图。

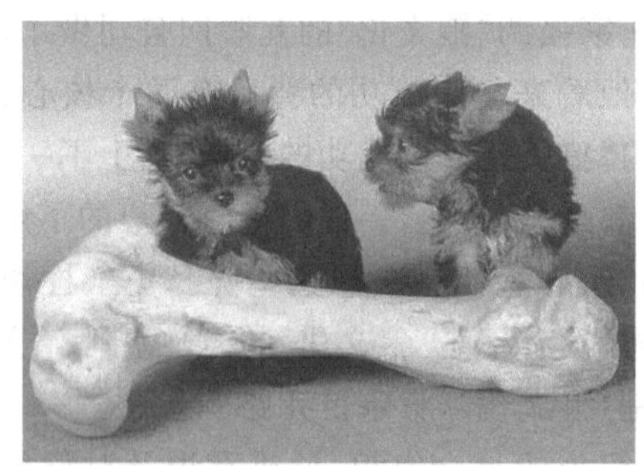
图 5-40　学会分享喜悦

图 5-41　学会与各种人愉快地相处

3. 学习狼的合作精神

狼最值得称道的是战斗中的团队精神。狼的本能里就有合作意识，一个狼群就是一支训练有素、纪律严明的部队。统一行动，绝对服从，协同作战，甚至不惜为了胜利粉身碎骨以身殉职，这就是狼的纪律。狼群知道，为了生存，在必要的时候就要付出一定的代价。狼有什么呢？它只有一条命，而这条命是狼群给的。所以狼从不会退缩。狼是世界上最具有团队精神的动物。自我牺牲精神就是狼群团队精神的一种充分表现。狼为了团队的利益，为了大多数狼的利益，会毫不犹豫地牺牲自己的利益，即使是献出生命也在所不惜。

在冬天，一群狼踏着积雪寻找猎物。它们最常用的一种行进方法是单列行进，一匹挨着一匹。头狼的体力消耗最大。作为开路先锋，它在松软的雪地上率先冲开一条小路，以便让后边的狼保存体力。头狼累了时，便会让到一边，让紧跟在身后的那匹狼接替它的位置。这样整个狼群都可以保持昂扬的斗志。再来看看狼捕猎时的场景。狼群在围猎时，有严格的战术和作战纪律。每头狼都有自己的任务，任何狼都不能擅离职守。有些狼要做先锋，去骚扰猎物；跑得快的狼去围追或者到前面堵截；强壮的狼去猎杀强壮的猎物；弱小的狼去猎杀相对弱小的猎物。羚羊是草原上跑得最快的动物，但它们却常常成为狼群捕食的对象，而速度比它们慢的马群却很少被狼当作捕食的目标。为什么呢？原来马是群居动物，它们也有像狼一样的团队合作意识和团队精神。它们知道如果不紧密地团结在一起，它们就很可能成为狼群的食物。每当有食肉动物来袭击时，成年而强壮的马就会头朝里、尾巴朝外，自动围成一圈，把弱小的和衰弱的马围在中间。只要敌人一靠近，外围的马就会扬起后蹄去踢敌人。一旦被马踢到，即使不死也会受重伤，所以很少有食肉动物愿意去袭击马群，即使是最具合作意识的狼群。相比之下，羚羊没有互相保护的团队精神，当遇到敌人袭击时，羚羊群就会四散逃跑。分散开的羚羊即使跑得再快，也逃不过敌人的围追堵截，而成为敌人的美餐。因此，食肉动物们更喜欢把灵巧和奔跑速度快的羚羊作为捕食对象。如图 5-42 所示乐于助人。

图 5-42　乐于助人

狼尽管在面对上万只黄羊和凶猛的老虎时都毫不退缩，但是面对人类的枪口，它们却适当转移，体现了它们的智慧。狼群的智慧也体现在很少攻击强壮的猎物上。独自狩猎时，狼会遭到大型猎物的反击。这就是狼群采取全方位进攻的原因。这个原则也适用于集体防御，微小的生物只要团结起来，就能够击败入侵者。

4. 学习狼为了追求自由而不惜牺牲的精神

狼不会为了嗟来之食而不顾尊严地向人摇头晃尾。狼认为被抓不可怕，挨饿不可怕，最可怕的是没有了骨气，成了一条摇尾乞怜的狗。所以，狼有时也会独自高唱自由之歌。在威尔金斯教授的著作《狼族》中，有一个故事让我们看到了狼对自由的追求。故事是这样的：在阿根廷的潘帕斯草原上，牧民抓到了一只母狼，但没有把它打死，而是想尽办法给这只狼套上了铁锁链。这条狼连续几天拒绝进食，连续几天在夜里对着天空长嗥。声音是那么凄凉、悲壮，周围的老牧民们听到这样的狼嗥，都忍不住流下了热泪。每当有人走近它的时候，它的眼里就冒出仇恨的火光。但即使再可怜，牧民们也不会放了它，终于牧民们杀掉了这只七天没有吃食物的狼。在即将死亡的那一刻，牧民们惊奇地发现，狼眼里那仇恨的目光不见了，取而代之的是善良，是感谢，也许是在感谢牧民们让它的灵魂重获自由吧。而狼的近亲——狗，在远古时代，人类就驯服了它。直到现在，狗伴随人类走过了漫长而坎坷的道路，狗被认为是人类最忠诚的伙伴。如今，人与人之间的隔膜越来越大，又是狗让众多孤独的心灵得到了慰藉。所以，我们自私地用许多美好的词汇来赞美狗。但客观上来说，狗却是很可怜的动物。为了生存，狗不得不依靠人类，摇头晃尾地讨好主人，仅仅是为了获得一点食物。它们失去了最为宝贵的自由，而狼却将狗弃之不顾的自由，当作最为宝贵的东西看待，它的重要性甚至超过了自己的生命。即使是人类的自由之歌，也没有狼嗥的那种悲壮和激昂。

二、管理仿生学

1. 学习狼的危机意识及对危机处理的管理能力

要想顺利地生存下去，不仅要有无惧危险的勇气，更要有发现危险的能力，如果嗅不到明天的危险，那么也许明天死期就到了。

“狼运动量大，消耗高，它们总担心自己饿死，危机意识特别强。高速发展的公司一定有危机感。比尔盖茨说过，‘微软离破产永远只有十八个月’。三星也有类似的危机企业文化。”史玉柱说，“但兔子没有危机意识，每天都乐呵呵，兔子生活在草丛里，很可爱、很欢乐。能活得久的企业都有危机意识，没有危机意识的企业活不久；安全感要不得，只有活在危机意识之中才能真正拥有安全感。”

狼经常用伏击战来屠杀羊群，它们深谙此道。而狼群有时候也会成为猎人或者其他大型食肉动物的猎取目标。所以，狼也经常会遭遇这种伏击战术，狼如果没有高度的危机意识，就很容易成为敌人的食物或者牺牲在猎人的枪下。在蒙古国草原上，牧民们会在一些牲畜的尸体旁边挖一些陷阱，在里面布置狼夹。狼一旦掉进陷阱里，就会被狼夹夹断四肢甚至腰部，根本没有逃脱的机会。虽然，食物的诱惑让它们不可抗拒，但它们会保持足够的警惕性。它们知道毫不费力就到嘴的食物，不是毒药就是诱饵。一般地，在离牧民居住区较近的地方，它们都会格外小心，会用嘴叼一些物体扔到牲畜尸体周围，来看看有没有陷阱。等探明了没有危险之后它们才放心地走过去，但也并不是立刻就去撕咬食物，而是用它们嗅觉灵敏的鼻子去闻闻尸体。如果有异常的味道，它们也不会去吃，因为那有可能是牧民们在牲畜的尸体上撒了毒药。狼的胃壁肌肉能自动收缩，当它们怀疑自己吃了有毒食物时，会立即收缩胃肌，把胃里的东西吐出来，以防万一。狼简直就具有了像人一般的智慧，也正是这种智慧保障了它们生存至今。此外，同一个陷阱永远不可能抓住两只狼，犯一次错误可以原谅，但是连续犯两次错误就只能算不可救药的愚蠢。

2. 学习狼的管理原理

(1) 狼的管理原理1：目标管理——像响尾蛇一样直击目标

狼拥有鼻子尖、嗅觉灵敏的特质。狼善于寻找、发现市场机会。狼的鼻子迎风抽动，时刻利用它的尖鼻子寻找机会。

狼绝对不会将任何多余的时间和体力花费在无意义的事情上，因为它们的眼睛永远只盯着猎物，并且狼不会打无准备之仗，踩点、打围、攻击、堵截，组织严密、很有章法。

草原王者——狼知道：王者与强者的区别就在于，强者只拥有强大的力量，而王者则兼具力量与智慧，凡事都准备充分，强大的力量不如万全的准备。追逐猎物仅仅靠猛跑是不够的，尤其在对付大群猎物的时候，必要的准备和步骤是获得成功的基础，而谋划是实现这一切的唯一保障。

在北美草原上，北美野牛是北美洲最为凶悍的动物，体重达 1 000 千克，头顶锋利双角，即使面对最富攻击性的捕食动物也毫不退缩。体重只有 40 千克的狼在牛群四周游荡，并非漫无目的，而是盯住猎物。北美野牛觉察到危险，便会增强戒备。为获取成功，狼必须解决两个问题——协作狩猎和选择合适的猎物。如果在选择目标时发生失误，最终会葬送自己的生命。所以，狼必须寻找老弱病残的猎物。整个牛群休憩时，体弱的成员混杂在强壮的野牛里难以分辨，狼只得耐心等候。此时，继续靠近牛群将遭到攻击，狼群必须把体弱的野牛隔离出来。渐渐地，它们包围了野牛。终于，在奔跑中，一头野牛便被狼群捕获。

当狼拖着受伤的右腿逃生时，右腿会成为前进的阻碍，它会毫不犹豫地咬断自己的腿，以求生存。生存第一，狼很清楚只有活下去才有希望，为了活下去这个大目标的实现就要牺牲右腿这样的小目标。

(2) 狼的管理原理 2：狼不会为了所谓的尊严，在自己弱小时攻击比自己强大的东西

若过早地将自己的底牌亮出去，往往容易在以后的交战中招致失败。羽翼未丰时，更不可四处张扬。

案例

曾国藩的“潜龙在渊”

曾国藩初创湘军时，朝廷屡次下旨征调，但曾国藩都婉拒了，为什么？

曾国藩深研《易经》，《易经》乾卦中的“潜龙在渊”告诉世人，君子要待时而动，要善于保存自己，切勿轻举妄动。

初建湘军时，他的湘军，水陆两军加起来也就一万来人。这时的湘军，若去与太平天国的百万之师相对抗，无异是以卵击石。曾国藩出兵征讨太平军前，有人赠予曾国藩一把家传古剑，他的岳父欧阳老人说：“涤生（曾国藩字）今日喜得宝剑，老夫也高兴。老夫十分喜爱旧日读过的一首古剑铭，现把这首古剑铭送给你，‘轻用其芒，动即有伤，是为凶器；深藏若拙，临机取决，是为利器’。”无论是处世还是用兵，平时深藏锋芒，关键时果断出手，出手便能解决问题。

因此，为了保护自己的起家资本，曾国藩曾四次抗拒清廷圣旨。1853 年，当曾国藩把练勇万人的计划告诉了爱将江忠源后，不懂深浅的江忠源马上向清廷合盘奏出。结果，船炮未齐、兵马尚弱的曾国藩，很快就招来了咸丰皇帝的一连串征调谕旨。第一次是 1853 年，武汉危急，清政府接连下令让曾国藩率湘军增援湖北，曾氏没去。第二次是同年 12 月，太平军大将胡以晃进攻庐州，清廷令曾国藩火速开赴安徽救援，抗旨。第三次是 1854 年 2 月，太平军袭破清军黄州大营，清廷再次催促曾国藩赴援武汉，曾拒绝前往。第四次，是眼睁睁看着老师吴文镕被击败而没驰援。为何曾国藩会屡屡按兵不动呢？原因是，他深知太平军兵多将广，训练有素，绝非一般农民起义队伍可比，没有一支劲旅是不能贸然去碰的。况且与太平军争雄首先是在水上而不是在陆上，没有一支得力的炮船和熟练的水勇，是无法与拥有千船百舸的太平军相抗衡的，甚至连兵力调动和粮饷供应都会有困难。所以他下定决心：船要精工良木，坚固耐用；炮要不惜重金，全购洋炮。船炮不齐，决不出征。

图 5-43　凡事量力而行。有一个故事是这样的，师父问徒弟：如果你要烧一壶开水，生火到一半时发现柴不够，你该怎么办？有的弟子说赶快去找，有的说去借，有的说去买。师父说：为什么不把壶里的水倒掉一些呢？——世事总不能万般如意，有舍才有得

对于自己卧薪尝胆、潜龙在渊的苦心，曾国藩在给朋友的信中曾这样诉说：“剑戟不利不可以断割，毛羽不丰不可以高飞。”如图 5-43 所示。

(3) 狼的管理原理3:思考如何做好管理者

狼王知道,狼王是狼群的领袖,更是群体交流的纽带,一个和群体之间没有任何隔阂的狼王是永远不会失败的;个体是群体的一部分,只有尊重个体,才能保障群体的利益。学会体贴下属,那么在必要的时候,他们就会为你、为整个群体效死;威严,绝对的威严,是管好这个团队的必需手段。一个没有威严、没有统治手腕的头狼,很快就会被别的狼取代。

三、学习狼的"毅力"

自发性进攻是狼的本能,狼具有不屈不挠的精神,不达目标不罢休。

狼是"失败乃成功之母"信条最卓越的实践者。狼捕猎失败的概率大约为90%。在狼的眼睛里,永远看不到失败的气馁,因为它们知道,不管经历过多少次失败,只要它们能捕捉到猎物,只要它们能生存下来,最后的成功一定是属于它们的。所以狼永远是草原上的王者。对狼群来说,失败就是经验,失败磨炼了狼的技能以及增添了其对成功的渴望。它们会把每一次失败都牢牢记在心里,以避免再犯同样的错误。

案例

布鲁士国王的"毅力"

布鲁士国王七次失败于英格兰军队,未能恢复自己的国家,感到前途渺茫。有一次,他偶然见到一只蜘蛛在织网,就把它刚织好的网碰破了。蜘蛛并不灰心,又重新织好。国王想:我七次受挫,已经没有信心了,如果我把蜘蛛网弄破七次,蜘蛛会怎么样呢?于是国王一次又一次地把蛛网弄坏,而蜘蛛一次又一次地织好。国王在这个小生灵面前羞愧地低下了头,他从蜘蛛身上发现了"毅力"的可贵,决心重整旗鼓,第八次出征,终于成功了。

曾国藩"屡败屡战"

曾国藩的一生,充满了挫折。他参加七次科举才中进士;当官后差点被皇帝砍了脑袋;太平天国时,每次亲自率军都吞下败仗,他甚至投江自杀了好几次。这样一个人,为什么会让这么多后人佩服呢?因为,曾国藩即使遇到了无数的挫折失败,但每次最后还是选择了屡败屡战。其愈挫愈勇的品格,源自于其父亲曾麟书的身教。曾麟书连续17次科举才考上秀才,在这样耳濡目染的教育下,曾国藩养成了不愿服输的个性。在湘军起兵初期,曾国藩屡遭挫败,作战老是吃败仗。湘军在1854年5月的首战中,水军险遭歼灭;9个月后,曾国藩更是被太平天国翼王石达开攻破湘军水营,100多艘战舰全被烧毁,就连曾国藩的座船都被抢走;1856年夏天,曾国藩坐困南昌。曾国藩在接连遭遇败仗的打击下,拟了一份奏章给咸丰皇帝,自责自己带湘军作战老是"屡战屡败",但最后被属下建议修改成"屡败屡战",希望咸丰给予湘军更多整军备战的机会。这好像在白居易《赋得古原草送别》中"一岁一枯荣",是先枯后荣,不是先荣后枯,给人以希望。最终,天生湖南"骡子"脾气的曾国藩,没有因一时的挫败而失志,屡败屡战,重整部队,终于在1864年平定太平天国之乱。这启示后人:即使是最坏的环境,你都有机会使之变好。

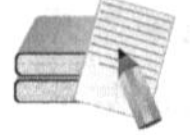

习题

1. 生物为什么值得我们学习?我们要向生物学习什么?请举例说明。
2. 阅读下列材料,上网查找资料,然后回答问题。

苍蝇是细菌的传播者,令人讨厌,但有很多地方值得研究。

利用仿生技术的微型飞行器的发展趋势将向着仿生智能微型飞行器方向发展。飞行器的大小和飞行性能可与鸟类和昆虫媲美。如加利福尼亚大学研制的“会飞的机器苍蝇”。

苍蝇的楫翅(平衡棒)是“天然导航仪”,人们模仿它制成了“振动陀螺仪”。这种仪器目前已经应用在火箭和高速飞机上,实现了自动驾驶。

研究动物的跟踪制导本领也是控制仿生学的重要课题,典型的例子是关于雄性家蝇对雌性家蝇的跟踪行为的研究。雄性家蝇借助复眼中各个小眼的协同配合,依据追逐目标(雌性家蝇)在其小眼视网膜上成像大小的变化,判断与目标间的距离,蝇脑根据距离变化去控制其下一时刻的飞行加速度。人们据此总结出了蝇跟踪运动的导引规律。依据生命活动精确、完善的自动控制原理,去研制自动控制系统以及定向和导航系统,在军事上具有广泛的应用前景。

苍蝇的眼睛是一种“复眼”,由 3 000 多只小眼组成,人们模仿它制成了“蝇眼透镜”。“蝇眼透镜”是用几百甚至几千块小透镜整齐排列组合而成的一种新型光学元件。用它做镜头可以制成“蝇眼照相机”,一次就能照出千百张相同的相片。这种照相机已经用于印刷制版和大量复制电子计算机的微小电路,大大提高了工效和质量。

夜视镜是军队进行夜战的法宝,但普通夜视镜最大的缺陷是视野较窄,视角只有 30 到 40 度,使用者常常需要扭头,不仅可能忽视藏在死角的敌人,也容易被后者发觉而暴露自身。英国宇航系统公司的开发人员早前就把注意力放在了视力很强的苍蝇身上,经过解剖学研究发现,这种小蝇的每只眼睛包含数千只单眼,可同时形成许多帧完整的图像,成像视角也极为惊人。于是,他们模仿这种结构,为新型夜视镜设计了 9 个“电子单眼”,使其视角增大到 60 度,其最大亮点就在于减轻了士兵的负担,同时让佩戴者能够轻松地“眼观六路”。

苍蝇经常要识别各种气味,用来检测气体的成分和食物的气味。那么请回答这个问题:我们是否可以利用苍蝇鼻子制成“电子鼻”,以便广泛用于化学、食品工业,以及矿井、仓库、潜艇、宇宙飞船内的气体成分分析、输气管道的检漏等呢?

苍蝇对人类的危害主要是传播疾病。经研究发现,苍蝇能携带 60 多种细菌,一只苍蝇的体表可沾有百多万个细菌,最多的可携带五亿个左右。蝇类携带、传递的病原体很多,能传播痢疾、伤寒、霍乱、脊髓灰质炎、结核、沙眼、肝炎、寄生虫病等多种疾病。请回答:苍蝇出入于肮脏之地,置身于不计其数的病菌之中,自身却并不因此而染上疾病,奥秘何在?

3. 阅读下列材料,然后回答问题。

我国古代在新石器时代就有了往死者口中放口含物的做法。到周代,除了往死者口中放置谷物外,还流行用玉作口含物。琀,就是放入死者口中的玉。

下面介绍一下古人对于蝉的记载。《史记・屈原贾生列传》中载:“蝉蜕于浊秽,以浮游尘埃之外。”蝉从幼虫、蛹蜕变成长翅的成虫可谓出淤泥而不染。晋・郭璞有《蝉赞》云:“虫之清洁,可贵惟蝉,潜蜕弃秽,饮露恒鲜。”是说蝉有出污秽而不染,吸晨露而洁净的天性。《论衡・无形篇》说:“复育转而为蝉。”

如图 5-44 所示白玉蝉,东汉(25—220 年)所制,长 6.2 厘米、宽 3.3 厘米、厚 0.8 厘米,1959 年河北定县北庄中山简王刘焉(刘秀的儿子)墓出土。该玉洁白无瑕、晶莹剔透,其温润半透明感之重超乎常人的想象,几乎可给人以窒息的震撼。蝉双目外凸,用斜磨阴刻线条勾出头、胸、双翼等细部轮廓,蝉尾和翼端呈尖锋状。身体线条尖颖方正,所有转弯处却又圆洁轻灵,玉蝉造型生动,光滑轻巧,简直就是振翅欲飞。

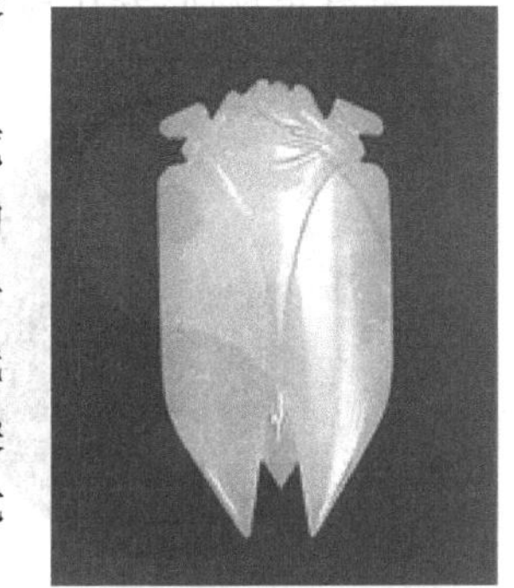

图 5-44　白玉蝉

请问:在死者口中为何要含玉琀蝉?代表了什么含义?

第六章 逆反创新

第一节 事物的正反两面

列宁说:“统一物之分为两个部分以及对它的矛盾着的部分的认识,是辩证法的实质。”

毛泽东说:“事物的矛盾法则,即对立统一的法则,是自然和社会的根本法则,因而也是思维的根本法则。”

《周易·系辞上》中说:“一阴一阳之谓道。”

宇宙有无限大,所以称为太极。太极图(图 6-1)外圆象征太极,以反 S 曲线将圆形图案等分为两半,一半是黑色,一半是白色,白为阳、黑为阴,表示阴阳的对立统一。黑色中有一个白圆点,白色中有一个黑圆点,表示对立双方互相渗透。环弧形如两鱼交游状,以示阴阳变化循环不已。太极图形象化地表达了阴阳轮转、相反相成是万物生成变化根源的哲理。

以上叙述都表明,阴与阳的对立与统一,就是普遍规律。对立统一规律是唯物辩证法的根本规律,它揭示出自然界、人类社会和人类思维等领域的任何事物都包含着内在的矛盾性,事物内部矛盾推动事物发展。

宇宙间任何领域、任何层次、任何事物,无不都是含有对立要素成分的统一体。例如,在人类生存的近太空中存在的“正物质”内,原子由质子、中子、电子组成,而质子带正电荷,电子带负电荷。这样,使原子成为对立统一体。而在远太空,还存在另一种“反物质”。它们的质子带负电荷,电子带正电荷。那样,也使原子成为对立统一体。于是,宇宙又是“正物质”与“反物质”的对立统一体。

纸有正反面,麦比乌斯环(图 6-2)只存在一个面:里面与外面相互交替形成一个面。

图 6-1 太极图

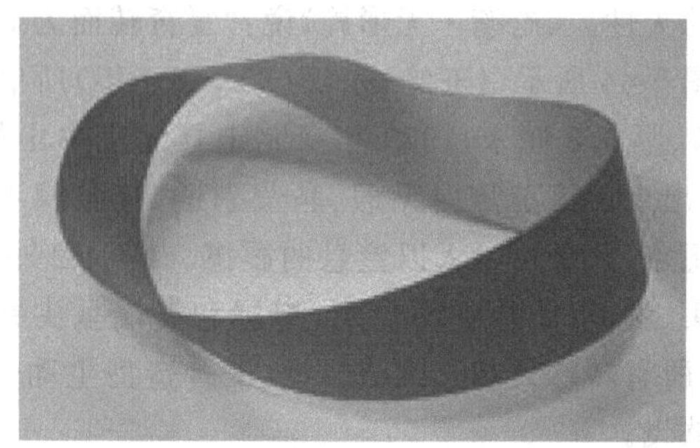

图 6-2 麦比乌斯环

最大的遗憾不是错过最好的人，而是当你遇见最好的人时，已经把最好的自己用完了。

《明心宝鉴》里有一段话："天听寂无音，苍苍何处寻？非高亦非远，都只在人心。"

杨绛先生在一百岁感言中写道："一个人经过不同程度的锻炼，就获得不同程度的修养、不同程度的效益。好比香料，捣得愈碎，磨得愈细，香得愈浓烈。我们曾如此渴望命运的波澜，到最后才发现，人生最曼妙的风景，竟是内心的淡定与从容。我们曾如此期盼外界的认可，到最后才知道，世界是自己的，与他人毫无关系。"

林语堂《人生不过如此》中说：人生不过如此，且行且珍惜。自己永远是自己的主角，不要总在别人的戏剧里充当着配角。

孔子说："温而厉，威而不猛，恭而安。"

《内经》中说，"人以天地之气生，四时之法成"，"人生有形，不离阴阳"，"阳病治阴，阴病治阳"。意思是，人依靠天地的阴阳要素而产生，遵循春夏秋冬的自然时令而发育成长；人生的形体结构，也离不开阴阳的对立统一，高级生物的基因(DNA)，由雌性与雄性的基因分子通过互相排斥进行优选，然后结合为有性繁殖的基因，于是使它们所繁衍的后代成为雌雄双方的对立统一体；属于阳经络的疾病可以治疗阴经络，属于阴经络的疾病可以治疗阳经络，冬季发作的疾病可在夏季治疗，夏季发作的疾病可在冬季治疗。

孙武认为，"没之亡地而后存，陷之死地而后生"。

宋代学者刘基认为，"一昼一夜华开者谢，一秋一春物故者新。激湍之下，必有深潭。高丘之下，必有浚谷"。

既然万物是由对立面所构成，那么，逆向思维就是帮助人们提高创造力、完成自然赋予人们使命的工具。即对立面处处存在，逆向思维时时可用。只要留心观察，常动脑筋，新想法就会不断涌现，创造力就会不断提高。

据史料记载，朱元璋当皇帝后曾问群臣，天下谁人最快乐？众人各抒己见，有人说功成名就者最快乐，有人说金榜题名者最快乐，有人说高官厚禄者最快乐，有人说富甲天下者最快乐……答案五花八门。朱元璋听着这些回答连连摇头。此时，一个名叫万钢的大臣意味深长地说："臣以为，畏法度者最快乐。"此言一出，众皆愕然。朱元璋连连点头，称其见解"甚独"。此言虽然语言简洁，却称得上真知灼见：最大的自由是不自由，畏法度者最快乐。

▶ 案例

罗斯柴尔德家族

有一个流传甚广的罗斯柴尔德家族(Rothschild Family)的神话。

1815 年 6 月 18 日的英法战争中，惠灵顿指挥的英军在滑铁卢打败了拿破仑指挥的法国军队，罗斯柴尔德家族的情报员马不停蹄地跑回伦敦把胜利的消息先通知了内森·罗斯柴尔德，内森并没有大量买进英国公债，而是反其道而行之，让交易员大量抛售英国公债。由于被大量抛售，英国公债的价格开始下跌，越下跌越有人跟着抛售，由此形成恶性循环。几个小时后，英国公债的价格只剩下原价的百分之五，这个时候，内森又让交易员大量买进英国公债。随后他成了英国政府最大的债权人。

到 19 世纪中叶，一个庞大的罗斯柴尔德金融帝国形成。每当有战争，他们便向各国政府提供军事贷款，战后又为战败国提供赔款。罗斯柴尔德家族是一个拥有 50 万亿美元、富过八代的财富家庭，他们曾经控制并主宰着西方世界的金融业长达百年，被认为是用金钱征服世界的"第六帝国"。

案例

犹太商人如何将被盗的钱让别人送回来

古时候，有个犹太商人来到一个市镇跑买卖。他打听到几天之后会有特别便宜的商品出售，就留在那里等大削价的日子到来。可是，他身边带了不少金币，当时又没有银行，随身携带又重又不方便，还很不安全。于是，他一个人悄悄来到一个僻静之处，瞧瞧四周无人，就在地里挖了一个洞，把钱埋了起来。可是，等第二天他回到原地一看，却大吃一惊：钱不见了。他呆呆地站在那里，反复回忆，百思不得其解。就在这时，他无意中一抬头，发现远处有一间房子，房子的墙上有个洞，正对着他埋钱的地方。他突然想到，会不会是住在这房子里的人，正好从墙洞里看见自己埋钱，然后就挖走了呢？如果事情确实如此，怎样才能把钱要回来呢？这个商人打定主意，来到屋前，看见住在里面的是一个男人。他客气地问道："你住在城市里，头脑一定灵活。现在我有一件事要向你请教，不知行不行？"那人一口答应道："请尽管说。"商人接着问道："我是外乡人，特地到这里来办货，身上带了两个钱包，一个放了500个金币，另一个放了800个金币。我已经把小钱包悄悄埋在没人知道的地方。现在的问题是，这个大钱包是埋起来比较安全呢，还是交给能够信任的人保管比较安全？"房子的主人回答说："要是我处在你的位置的话，什么人我都不会信任。也许我会把大钱包同小钱包埋在一个地方。"等商人一走，这个贪心不足的人马上拿出挖来的钱包，又把它埋在原来的地方。等他刚埋完离开，守候在不远处的商人便马上回来，挖出钱包——500个金币一个不少地回到了他手里。

《塔木德》是一册流传三千三百多年的羊皮卷，是一本犹太人至死研读的书籍。该书上说："你没有破绽，就不会上当；骗人的人身上，也一定有漏洞。"

这个商人确实手段高明。他知道，小偷之所以偷窃别人的东西，就是因为有一种贪得之心，自然是可得之物价值越大，贪得之心也就越大。所以，只要你肯动脑筋，尽可以借其贪得之心找到对方的"软肋"，让对方为你所用，让他自己吐出已得之物，也算给他个教训。但商人的谋划妙就妙在他请小偷自己出主意，自己将所窃之物交出来。这种摸透对手的心思，迷惑对手以达到自己目的的手段可谓出奇制胜。

案例

宋太祖以愚困智

南唐后主李煜派博学善辩的徐铉到大宋进贡。按照惯例，大宋朝廷要派一名官员与徐铉一起入朝。朝中大臣都认为自己辞令比不上徐铉，谁都不敢应战，最后反映到宋太祖那里。

太祖的做法，大大出乎众人意料。他命人找10名不识字的侍卫，把他们的名字写上送进宫，太祖用笔随便圈了个名字，说："这人可以。"在场的人都很吃惊，但也不敢提出异议，只好让这个还未明白是怎么回事的侍卫前去。

徐铉见了侍卫，滔滔不绝地讲了起来，侍卫根本搭不上话，只好连连点头。徐铉见来人只知点头，猜不出他到底有多大能耐，只好硬着头皮讲。一连几天，侍卫还是不说话，徐铉也讲累了，于是也不再吭声。这就是历史上有名的宋太祖以愚困智解难题之举。照一般的做法，对付善辩的人，应该是找一个更善辩的人，但宋太祖偏偏找一个不认识字的人去应对。这一做法，反倒引起了善辩高手的猜疑，使他认为陪伴自己的人，是代表宋朝"国家级水平"的人。对大国猜不透，就不敢放肆。以愚困智，只因智之长处，根本无法发挥。

▶ 案例

从讨厌到给钱

一位退休的老人，在乡下买了一栋房子，打算安度晚年。在这栋房子的后园里，种着一株果实累累的大苹果树。但不幸的是，临近的小孩几乎是日夜来“光临”这株苹果树，同时还带来了石头和棍棒。老人本想安享宁静，但是，房子的玻璃常被击破，而小孩回报老人的则是无数的嘲弄及辱骂。老人在不堪其忧之余，终于想出了一招妙计。

有一天，面对满园的顽童，他告诉他们，从明天起，他欢迎他们来玩，同时在他们离开前，还可以到屋里向老人领取一块钱的零用钱。孩子们大喜，如往常一样地砸苹果、戏弄老人，同时又多了一笔小小的收入，因此天天来园中，玩得不亦乐乎。一个礼拜过后，老人告诉小孩们，以后每天只领取五毛钱的零用钱。顽童虽然有些不悦，但还是每天都来玩耍。再过一星期，老人将零用钱改成每天只给一毛钱。孩子们愤愤不平，群起抗议：“哪有这种事，钱愈领愈少，我们不干了，以后再也不来了。”

从此，庄园恢复了往日的宁静，苹果树依然果实累累，不再饱受摧残。

“傻”小孩成为美国总统

一个美国的傻孩子，小时候家里很穷，沉默寡言，家乡的人常取笑他。大家做过这样的试验：拿一枚五分的硬币和一枚一角的硬币放在他面前，然后告诉他只准选取其中的一枚。每次，他都是拿五分的，而不是拿一角的。后来这个孩子慢慢长大了，有人提起当年那事，问他为什么会那么做呢，难道当时真的不知道哪个更值钱吗？他说：“当然知道。可是如果我去拿那个十分的硬币，还会有谁再和我玩那种游戏呢？那么，我就连五分钱也拿不到了。”这个专拣五分硬币拿的小孩，长大后成了美国第九任总统，他的名字叫威廉·哈里逊。表面上的“傻”未必是真的“傻”，还有可能是大智若愚。

一只小鸟飞往南方过冬

一只小鸟飞往南方过冬。天气太冷了，小鸟冻僵了，从天上掉了下来，跌在一大片农田里。它躺在田里的时候，一头母牛走了过来，在它身上拉了一泡屎。冻僵的小鸟躺在牛屎堆里，发觉牛粪真是太温暖了。牛粪让它慢慢地缓过劲儿来。它躺在那儿，又暖和又开心，不久就开始高兴地唱起歌来了。一只路过的猫听到了小鸟的歌声，走过来探个究竟。顺着声音，猫发现了躲在牛粪中的小鸟，非常敏捷地将它刨出来吃了。

所以，不是每个在你身上“拉屎”的都是你的敌人；不是每个把你从“屎堆”中拉出来的人都是你的朋友；而且，当你陷入深深的屎堆当中(身陷困境)的时候，闭上你的嘴(图 6-3)。

犹大的亲吻不是真的亲。为了让敌人辨认出耶稣，犹大假装请安、拥抱和亲吻耶稣。之后，耶稣被捕并被钉死在十字架上。

图 6-3　向你伸出手的人，不一定都想救你

▶ 案例

幸福的公主

国王有七个美丽的女儿，她们那一头乌黑亮丽的长发远近皆知，所以国王送给她们每人十个漂亮的发夹。有一天早上，大公主醒来，一如往常地用发夹整理她的秀发，却发现少了一个发夹，于是她偷偷地到了二公主的房里，拿走了一个发夹；然后，二公

主偷三公主的，三公主偷四公主的……一直到六公主拿走七公主的发夹。于是，七公主的发夹只剩下九个。

第二天，邻国英俊的王子忽然来到皇宫。他对国王说："昨天我养的百灵鸟叼回一个发夹，我想这一定是属于公主们的，而这也真是一种奇妙的缘分，不晓得是哪位公主掉的发夹？"这就好像当年另外那位王子在并不记得与他跳舞的是谁的情况之下，只凭水晶鞋而找到灰姑娘一样。公主们听到了这件事，都在心里想说："是我掉的，是我掉的。"可是头上明明完整地别着十个发夹，所以都懊恼得很，却说不出口。只有七公主走出来说："我掉了一个发夹。"话才说完，一头漂亮的长发因为少了一个发夹，全部披散下来，王子不由得看呆了。故事的结局大家都知道，王子与公主从此一起过着幸福快乐的日子。

少了一个发夹，就有了缺憾，就拼命去补足；但正因有缺憾，未来就有了无限的转机、无限的可能性，何尝不是一件值得高兴的事呢！人生不可避免的缺憾，你将怎样面对呢？逃避不一定躲得过，面对不一定最难受。孤单不一定不快乐，得到不一定能长久，失去不一定不再有，转身不一定最软弱。别急着说"别无选择"。别以为世上只有对与错，许多事情的答案都不是只有一个，正如前无前路，后无退路，我们可从侧面走。所以我们永远都有路可以走，你能找个理由难过，也一定能找到许多快乐。天冷不是冷，心寒才是寒。愿您的心都是暖暖的。

第二节　逆向思维的主要方法

逆向思维之所以奏效是因为现实本身就是充满对立的。正如老子所言："有无相生，难易相成，长短相较，高下相倾，音声相和，前后相随。"托马斯·曼说过："一条伟大的真理在于它的对立面也是一条伟大的真理。"

菲茨基拉德曾说过："测验一个人的智力是否上乘，要看他脑子里是否同时容纳相反思维而无碍其处事行事。"

逆反思维就是倒过来想问题，从相反的角度考虑问题。例如，温度变化会导致热胀冷缩，反过来，利用热胀冷缩就可以测量温度，伽利略正是基于此而发明了体温计；声音能引起振动，反过来，振动也能发声，爱迪生的留声机就是利用了这样的原理；酒精与各种金属盐一起燃烧时灯焰会发出不同的颜色，分析其光谱可测出元素的含量，英国化学家本生与德国物理学家基尔霍夫就是这样发明了光谱分析仪。

逆向思维包括反向探求，顺序、位置颠倒和巧用缺点等方法。它们都是创造性地利用事物的对立面的方法。

一、反向探求

反向探求是指从现有事物的反面进行思考，使思维的功能和作用发生转化，激励并启发人们的创造性思维，以达到发明创造的目的。在问题求解的过程中，由于某种原因使人们习惯向某一个方向努力，但实际上问题的解却可能位于相反的方向上，意识到这种可能性，在解决问题时及时变换求解方向，有时可以使很困难的问题得到解决。

北宋时，有一次西夏的部队兵临渭州城下。一天，渭州知府曹玮同将军们在一起喝酒，突然士兵前来报告：军营中有几千名士兵叛逃到西夏阵营里去了。众将领听后，一个个大惊失色，而曹玮却镇定自若。他只轻描淡写地说了一句话，便把当时在场的人都稳住了。这句话后来又被西夏派来的密探听到，没过几天，从宋营叛逃过去的那几千名士兵，全都被西夏主帅处死了。曹玮说的这句话是:“那些人是我派过去的。”曹玮抓住有众多将领在场的机会,故意说了那句既能安定军心又能迷惑敌人的话。当时在场的将军们听说那些士兵都是曹玮故意派过去做内应的,自然也就都不紧张了。曹玮的这句话同时也是说给西夏的密探听的。西夏的主帅在收到密探送回的这一情报后,自然大为震怒:“原来这些家伙都是曹玮故意派过来的奸细,不统统杀掉还行?”

圆珠笔被发明之后,影响其推广的重要因素是其漏油问题,原因是笔的圆珠出现磨损,珠与套管的间隙加大。于是人们从材料上想办法,后来珠耐磨了,而套管磨损反而加快了。而日本田藤三郎却不再从耐磨上想办法。他经研究发现圆珠笔大概在书写了两万字之后才出现漏油现象,因此想:如果此时无油可漏则会如何呢?因此,他将油管做小一点,控制笔中的油墨,使它写到 15 000 字左右时油墨用完,漏油问题从而解决。

有一个关于著名的智者纳斯列金如何帮人讨债的故事。故事说,一个商人向纳斯列金的朋友哈桑借了 2 000 个金币,并曾写下了借据。可是在还钱的期限快到了的时候,哈桑却突然发现借据丢失了。这使他焦急万分,寝食不安。他知道,丢失了借据,向他借钱的这个商人是不会认账的。哈桑来找纳斯列金帮助,问他这件事该怎么办。纳斯列金对哈桑说:“你不要急,我给你说一个办法。你赶快给这个商人写一封信去,你在信上对他说,还款的日期快到了,叫他快准备好向你借的 2 500 个金币,到时候一定要送来还你。并要他立即给你回一封信,说明是否能保证按期还钱。”哈桑听了迷惑不解:我丢了借据,要这个商人还借给我的那 2 000 个金币都成了问题,怎么还能向他要 2 500 个金币呢?尽管哈桑想不通纳斯列金为什么竟向他出这样的主意,但还是照办了。最后那位商人乖乖地按期偿还了借哈桑的那 2 000 个金币。纳斯列金向哈桑出这样的主意,是要使那位商人在回信中承认自己向哈桑借了 2 000 个金币,哈桑便可以此作为书面证据。纳斯列金思考这个问题时就运用了以进为退的创新思维。

反向探求可以从功能性反转、结构性反转、因果性反转和思维观念反转等途径进行探索。

1. 功能性反转实例

随着全球气候变暖,北冰洋冰层加速融化,不少国家注意到了北极地区蕴藏的丰富资源和极具商业价值的航道。随着北极地区天然气、石油和铁矿石开采速度加快,今后商用破冰船需求将大大增加。在北极航线开通后,亚洲至欧洲之间的航程将因此而缩短多达 40%。传统的破冰船,都是依靠自身的重量来压碎冰块的,因此它的头部都采用高硬度材料制成,而且设计得十分笨重,活动非常不便。科学家运用逆向思维,变向下压冰为向上推冰,即让破冰船潜入水下,依靠浮力从冰下向上破冰。这种新型破冰船设计得非常灵巧,不仅节约了许多原材料,而且不需要很大的动力,自身的安全性也大为提高。如图 6-4 所示。

2. 结构性反转实例

有一种转动墙板在市场上非常走俏,但这种墙板在使用一段时间后,转动灵活性会下降。技术人员通过深入调查和研究后发现,造成这一现象的原因是这种墙板的轴承座圈开口向上,时间久了很容易积累灰尘或杂物,导致阻尼增大,转动不便。找到问题所在,技术人员利用结构反转设计,将轴承座圈的开口由向上改为向下,这样不仅灰尘和杂物无法藏身,而且转轴每转动一次就相当于清理一次轴承座圈,使用结果令消费者十分满意。

由此联想到以“不为良相,便为良医”为终生追求的范仲淹的《岳阳楼记》:不以物喜,不以己悲。居庙堂之高则忧其民;处江湖之远则忧其君。是进亦忧,退亦忧。然则何时而乐耶?其必曰“先天下之忧而忧,后天下之乐而乐”乎。

图 6-4 中国“雪龙”号破冰船

3. 因果性反转实例

在自然界中，很多自然现象之间是有联系的。在某个自然过程中，一种自然现象可以是另一种自然现象发生的原因；而在另一个自然过程中，这种因果关系可能会颠倒。探索这些自然现象之间的联系及其规律是自然科学研究的任务。因果性反转就是利用了这种因果关系可以互相转变的原理来进行的创造性活动。例如，1820 年，丹麦物理学家奥斯特通过多组试验，证明了电流的磁效应，即将铁棒缠上铜线，并给铜线通上电流，中间的铁棒就会变为磁铁。随后，法拉第认为电现象与磁现象之间是辩证的关系，既然电能够产生磁，那么磁也应能产生电，即如果给磁铁缠上铜线，铜线也可能会产生电流。他从 1822 年开始寻找磁的电效应，做各种试验：把铜线改粗改细、变长缩短，又改变各种绕线方法……几百次，上千次，总也产生不了电流。1831 年的一天，放在桌子上的铜线圈中的磁铁棍偶然掉了出来，就在这时电流计上的指针动了一下。由此，他发现了变化的磁场所引起的电磁感应现象，即产生感应电流，运动是必要条件。这个发现奠定了发电机的基本工作原理。

反向探求也包括思维观念上的反向思维。

一个妇人，育有两子，长子卖伞，次子染布。妇人无论是晴天还是阴天，天天坐在路口哭泣，因为若天晴，长子的伞就无人购买；若雨天，次子之染坊则无法开张，故无生意。一智者开导她说：“既如此，你何不颠倒思考：晴天，次子好染布；雨天，长子开市吉。”妇人茅塞顿开，换位思考之后，天天喜上眉梢，不复哭泣。

在日本一个偏僻山区里，有一个小山村，因山路崎岖，几乎与世隔绝，几十户人家仅靠少量贫瘠的山地过日子，十分落后，生活极为贫苦。全村人虽然也想脱贫致富，却一直苦于无计可施。一天，村里来了一位精明的商人，他立即感到这种落后本身就是一种可贵的商业资源，便向村里的长者献了一条致富的计策。于是，长者马上召集全村人，对村民们说：“如今，都是什么年代了，咱村的人还过着和原始人差不多的生活，我们深感内疚和痛心！不过，大都市里的人过着现代化生活的时间长了，一定会感觉乏味。咱不妨走回头路，干脆过原始人的生活，利用咱的‘落后’，出卖这‘落后’，定会招来许多城里人。咱们呢，也可以借此机会做生意赚钱。”这一计策博得全村人的喝彩。从此，全村人便开始模仿原始人的生活方式，在树上搭房，披兽皮，穿树叶编织的衣服。不久，那位商人便向日本新闻界透露了他发现这个“原始人”小部落的秘密，立即引起了社会各界的轰动。从此，成千上万的人都慕名而至，参观者络绎不绝，众多的游客为部落带来了可观的财富。有经营头脑的人来了，他们来这里修公路、造宾馆、开商店，将这里开辟为旅游点。小山村的人趁机做各种生意，终于富裕起来了。

正如一位拍客所说：他们去遥远的山寨采风，有人拍回的组照名曰《苦难岁月》，有人随后举办的个人摄影展唤作《世外桃源》。人生的许多苦乐，不在于你的处境，而在于你看境遇的角度。

人精于进更要巧于退。老子说：“功遂身退，天之道也。”美国篮球巨星乔丹，36 岁时宣布退休，结束了体育史上一段曾经令千万人着迷和振奋的辉煌生涯。这个美国职业篮球联赛超级明星，一生中六次协助芝加哥公牛队夺得冠军，本身获得 10 次得分王和 5 次最有价值球员奖。他在为自己创造了美丽的神话后，毅然在自己锋芒毕露时，退出了苦心建立起的霸业。

公元前 496 年，吴王阖闾攻打越国，大败，不久死去。《史记·越王勾践世家》记载，阖闾临死时告诉其子夫差：“必毋忘越。”勾践听说吴国日夜操练士兵以向越国报仇，便打算先发制人，再来一个大捷。范蠡力谏：天道要求我们盈满而不过分，气盛而不骄傲，辛劳而不自夸其功。勾践不听，执意出兵，结果遭遇会稽山大败。双方议和，按照“合同”，勾践将要带着妻子到吴国当奴仆，他想带着文种。范蠡说：“四封之内，百姓之事……蠡不如种也。四封之外，敌国之制，立断之事……种不如蠡也。”可以看出，范蠡对自己有一个清醒的认识，且具有敢于担当的高贵品格。

《史记·越王勾践世家》中说：“吴既赦越，越王勾践返国，乃苦身焦思，置胆于坐，坐卧即仰胆，饮食亦尝胆也。”于是越王成就了自己，也成就了蒲松龄的名联：“有志者，事竟成，破釜沉舟，百二秦关终属楚；苦心人，天不负，卧薪尝胆，三千越甲可吞吴。”

范蠡帮助勾践政治成功以后引身而退。因与文种情同手足，临走，留给他一封推心置腹的信，“蜚鸟尽，良弓藏；狡兔死，走狗烹。越王为人长颈鸟喙，可与共患难，不可与共乐。子何不去?”力劝当年一起远赴吴越的小伙伴、现均为勾践股肱大臣的文种也早日归隐。文种不听。后来勾践赐文种一剑：“子教寡人伐吴七术，寡人用其三而败吴，其四在子，子为我从先王试之。”文种于是就自杀了。我想，被后人称为“商圣”“道商鼻祖”“财神”的范蠡三次经商成巨富而富甲天下，三散家财，也是与他的聪明、他的舍得分不开的。

我们可以用反向探求法创新戏玩法。例如，我们可在平时玩的经典游戏“剪刀、石头、布”的基础上加一点点小的改动。每一次，胜利者都要做“哭”的动作，输的一方则要做“笑”的动作，谁先做错就要淘汰。或者根据“口令”做出相反的动作，例如听到“起立”就要坐下；听到“举左手”就要举右手；听到“向前走”就要后退……总而言之，要和口令相反才可以。

二、顺序、位置颠倒

人们在长期从事某些活动的过程中，对解决某类问题的过程及过程中各种因素的顺序和事物中各要素之间的相对位置关系形成了固定的认识。将某些已被人们普遍接受的事物的顺序或事物中各要素之间的相对位置关系颠倒，有时可以收到意想不到的效果。在适当的条件下，这种新方法可能解决常规方法不能解决的问题。市场上出售的无烟煎鱼锅就是把原有煎鱼锅的热源由锅的下面安装到锅的上面。

几千年来人类的计时都是以 1，2，…，10 的顺序进行的，这似乎已经成为一种习惯。但是在火箭发射等一些关键或重要的时刻计时中，人们采用倒计时，是以 10，9，…，2，1，0 的顺序进行的。这是因为采用倒计时的发射程序简单明了、清楚准确，突出表现了火箭发射时间逐渐减少，使人们产生发射就要开始的节奏感和紧迫感，利于对发射时间的把握，是一种科学的计时方法。

一个大型会议结束后，照例要拍集体照，大家面对镜头，努力睁大眼睛，等摄影师喊"一二三"。这时，大胡子摄影师突然说道："请大家闭上眼睛，等我喊到三，大家再一起睁开眼睛。"闭上眼睛？拍照时不是该睁大眼睛吗？大家疑惑地闭上眼，当摄影师数到"三"时，大家合着节拍，豁然睁开眼睛，只听"咔嚓"一声，快门按下了。几天后照片洗出来了，大家惊奇地发现，近百人的大幅合影，竟然没有一个人是闭着眼睛的。摄影师道出了其中的奥秘。根据科学研究，人眨眼的频率是每分钟 10 次，当集体照中的人数大于 50 人时，根据概率，照片里至少有一人的眼睛是闭上的。因此，他想到了另辟蹊径——先闭眼，再睁眼，只是一个顺序的颠倒，就巧妙地解决了棘手的难题。

图 6-5 所示为陕西省西安市出土(存陕西省博物馆)的宋代耀州窑青釉提梁倒灌壶，高 18.3 厘米，没有壶盖和上口，从底部注水，构思奇特。类似的还有图 6-6。

图 6-5 耀州窑青釉提梁倒灌壶

图 6-6 灯火在灯外

在传统的动物园中，动物被关在笼子中，人们习惯于在笼子外面观看。由于笼子太小了，动物在狭小的天地中，渐渐地失去了野性，因此人们看到的已不是自然界中真实的动物了，这不能不说是一件憾事。为此，有些爱动脑筋的人开始采用逆向思维方法来考虑：能不能把人关在活动的笼子(汽车)中，而让动物自由自在地在大自然中觅食、活动？这样不是可以更真实地欣赏大自然中动物的面貌吗？根据这一思路，世界上出现了野生动物园。在野生动物园中，人与动物的位置正好对调，动物一改那在传统的动物园内无精打采、懒洋洋的样子，野性十足。如图 6-7 所示。

有一家人决定搬进城里，于是去找房子。全家三口，夫妻两个和一个 5 岁的孩子跑了一天，直到傍晚，才好不容易看到一张公寓出租的广告。他们赶紧跑去，房子出乎意料的好。于是，就前去敲门询问。这时，温和的房东出来了，对这三位客人从上到下地打量了一番。丈夫鼓起勇气问道："这房屋出租吗？"房东遗憾地说："啊，实在对不起，我们公寓不招有孩子的住户。"夫妻俩听了，一时不知如何是好，于是，他们默默地走开了。那 5 岁的孩子，把事情的经过从头至尾都看在眼里。那可爱的心灵在想：真的就没办法了吗？他那红叶般的小手，又去敲房东的大门。这时，丈夫和妻子已走出 5 米来远，都回头望着。门开了，房东又出来了。这孩子

图 6-7 从传统动物园到野生动物园

精神抖擞地说："老爷爷，这个房子我租了。我没有孩子，我只带来了两个大人。"房东听了之后，高声笑了起来，决定把房子租给他们住。

安徒生戴着破帽子在路上走，有行人嘲笑他："你脑袋上边的那个坏玩意儿是什么？能算是帽子吗？""你帽子下边的那个坏玩意儿是什么？能算是脑袋吗？"安徒生回敬道。安徒生运用了位置颠倒的思维方法，将这个行人所谈到的脑袋与帽子的位置加以颠倒，以其人之道还治其人之身，起到了委婉、幽默的效果。

三、辩证逻辑

辩证逻辑是由19世纪中叶德国哲学家黑格尔提出的。它采取一种观念，容纳它的反面，然后试着把两者融合成第三种观念，即变成一种独立的新观念。

有时候，辩证逻辑的解决办法会引得人们哑然失笑，下面的例子便是如此。它是关于澳大利亚的公交汽车、经理们和工会领导人的。在健全的工会管理情形下，工会和管理部门长期享有一种从根本上属于合作性质的关系，这个时期盛行着合同谈判，但是在合同谈判中，这种关系是竞争性的，各方试图为自身赢得更多的东西，这是一种战略和智力游戏。在澳大利亚，公共服务工会与其他任何地方的公共服务工会一样，对罢工问题也同样地感到头痛：民众会对罢工工人非常不满，当引起民愤时，资方的腰板就硬了。有一次，墨尔本的汽车司机准备举行罢工，但是担心民众反对，于是，工会发明了一种与通常相反的罢工形式，称作"积极罢工"，他们拒绝检收乘客车费。这样他们既在罢工，同时也在工作岗位上。这就缓解了民众对乘车不便感到的恐慌，也使他们感到无穷乐趣，因为人人都爱看见当局人士窘迫。当然，民众不会永远那么开心，工会赢了之后，车费便要涨上去。

四、巧用缺点

认识事物时，将事物中通常带来好结果的属性称为优点，将通常带来坏结果的属性称为缺点。我们一般较多地注意事物的优点，但是当条件发生变化时，可能我们需要的正是事物原来被认为是缺点的某些属性。正确地认识事物的属性与应用条件的关系，善于利用通常被认为是缺点的属性，有时可以使我们做出创造性的成果。

我国的制陶艺术名扬四海，在巧夺天工的陶瓷制品中，各种装饰品更是精彩纷呈，其中有一种裂纹釉的彩釉格外与众不同。这种釉的表面布满裂纹，其裂纹粗细不一，长短有别，疏密相间，曲直掺杂，有的像水波，有的像云霞，有的像龟裂，有的像蟹爪，各具形态的裂纹在古朴庄

图 6-8　明永乐甜白釉僧帽壶

重的瓷器表面形成一种别具风格的装饰效果。古往今来的收藏家们都以能收藏裂纹釉精品为自豪。但人们却想象不到，裂纹釉的发明也是缺点逆用的产物。从科学常识可知，釉面之所以产生裂纹，是因为瓷器在烧制过程中，釉彩的膨胀系数大于胚胎的膨胀系数，故在加热烘烤的情况下，釉表产生较大的表面张力，从而使釉面开裂。釉面产生裂纹本是一种缺陷，是釉彩配方不合理所致，但当某些瓷器制品的釉面裂纹比较特殊、匀称、清晰时，也可构成某种美感。于是人们将错就错，利用缺点去有意识地造成釉面裂纹，并使之符合人们的艺术欣赏性。经过千百年无数能工巧匠的不断改进，裂纹釉的彩釉配方和烧制技术日臻完善，终于创造出了独树一帜的艺术珍品。如图 6-8 所示。

20 世纪 40 年代发明出半导体三极管后，电子学发生了一场深刻的变革，但同时也留下一个令人头痛的问题，即晶体管的特性会随着温度变化而变化，严重影响测量仪器和控制系统的正常工作。电子学研究者为矫正此缺陷颇费心机。然而，我国发明家张开逊巧用缺陷，利用晶体管物理特性随温度变化而波动的规律去测定温度，结果发明出“PN 结温度传感器”，并成为获得日内瓦发明大奖的第一个东方人。

某时装店经理不小心将一条高档呢裙烧了一个洞，其身价一落千丈。要是用织补法补救，也只不过蒙混过关，欺骗客户。这位经理突发奇想，干脆在小洞的附近又挖了许多小洞，并精于修饰，将其命名为“凤尾裙”。一下子，“凤尾裙”销路顿开，该时装商店也出了名。逆向思维送去了可观的经济效益。一些巧妙的暴露其实是更聪明的遮掩缺点、修饰身材的有效手段。如图 6-9 和图 6-10 所示。

图 6-9　牛仔裤破了，没关系，就让它破得更大一点，反而成了时尚；破洞针织衫让人立即变身为个性潮女

图 6-10　衣服“破”了没关系，就让它再多几个洞，让破洞有规律地分布，形成图案，则更具艺术性

事物本身无所谓缺点和优点。所以，缺点不一定有害，当我们遇到缺点的时候，要学会思考，想一下缺点能不能利用，想一想它能不能逆用，把缺点变成优点。

詹姆士是美国新墨西哥州高原经营果园的一名果农。每年他都用邮递的方式把成箱的苹果零售给顾客。有一年冬天，新墨西哥高原降下一场罕见的大冰雹，一个个色彩鲜艳的大苹果被打得伤痕累累。詹姆士心疼极了，心想：是冒着退货的危险，还是干脆退还顾客订金呢？他越想越懊恼，歇斯底里地抓起一个受伤的苹果拼命地咬。忽然，他发觉这个苹果比以前的更甜更脆、汁多味美，但外表的确非常难看。这是一对矛盾，苹果好吃却不好看。一天，他灵机一动产生了一个创意。第二天，他根据构想把苹果装好箱，并在每个箱子里贴了一张纸条，写道：“这次寄去的苹果，表皮上虽然有点受伤，请不要介意，那是遭受冰雹的伤痕，这才是真正在高原上生产的证据！高原因气温较低，因此苹果的肉质更结实，而且产生一种风味独特的果糖。”看到这样的话语，顾客们的好奇心驱使他们迫不及待地拿起苹果，一探究竟。结果是，顾客们对高原苹果赞不绝口。原本陷入绝望的詹姆士，因为突发奇想的创意，不但挽救了面临的重大危机，也因此获得了专门预定这种“受伤”苹果的订单。

对于胶，人们总有一种习惯，认为粘得越牢固越好。甚至有人做广告，拿他们公司的胶粘上一枚金币，谁能拿走就拿走，说明他们胶的性能之好。1964 年美国化学家西尔弗制成了一种新胶，它能粘东西，但是粘得不牢，还能揭下来再粘，叫不干胶。由于它不符合人们常规的认识，所以一直被搁浅了 9 年。后来，该项发明被一个产品开发商看中，用来制作各种各样的商标或标签。由于这种标签可以重复使用，所以受到人们的喜爱，一直沿用至今。

有一位德国的造纸技师，由于在造纸过程中的一道工序上忘记了放糨糊，致使所生产的纸张因为洇水而无法用于书写，造成大量产品即将报废，他也因此而面临被解雇。这时有人建议，利用这种纸的易洇水的特点，将其作为吸墨水纸，结果使用效果非常好，工厂为此项技术申请了专利。

18 世纪，在苏格兰橡胶厂的麦金托什因生活窘迫，无力购买雨具，每逢雨天，只能冒雨上下班。一天，他不小心将橡胶汁沾满衣裤，怎么也擦不掉，只好穿着这身脏衣服回家。室外阴雨绵绵，麦金托什回到家却惊喜地发现，穿在里面的衣服一点也没有湿，他索性将橡胶汁涂满全身的衣服。这就是世界上第一件胶布雨衣。

五、雅努斯式思维

雅努斯是古罗马的门卫神，他的头上长着两张脸，一张脸朝内朝后看，另一张脸朝外朝前看。由于两张脸朝相反方向，雅努斯只要站立在门口，就可以同时朝里看和朝外看。他既可以回首刚刚过去的一年，又可展望即将来临的一年。一月份(January)表示一年的结束和新一年的开始，取名为雅努斯(Janus)，是用以表达对这位古代罗马神的敬意。

雅努斯式思维指的就是同时积极地构想出两个或更多并存的相反的或对立的概念、思想和印象，在违反逻辑或违反常规法则的情况下，创造主体制定了两个或更多并存和同时起作用多的相反物或对立面，产生了全新的概念和创造。

雅努斯式思维实质上是一种从对立之中去把握统一的方法，即对立统一原则。

在中国古代哲学家老子看来，对立面的相互联结，通过相互补充，保持适度，达到平衡，是最佳的状态。“曲则全，枉则直，洼则盈，敝则新，少则得，多则惑”，“天之道，其犹张弓乎？高者抑之，下者举之，有余者损之，不足者补之”，这些都反映了相反相成、相辅相成的思想。

对立面同时存在的实例很多，杠杆就是一个基本的例子。人们发现通过将一根长木的一端下压可以在另一端举起一件沉重的物件。不知谁在两千年前发明的回飞镖，又叫飞去来器，就是一件能飞出后再回到投掷者手里的武器，它也是对立面同时存在的。

爱因斯坦对光学的研究过程也有雅努斯式思维的轨迹。在科学界，光的微粒说与波动说之争可以追溯到17世纪中叶，至19世纪末尚未有定论。通常，光在传播过程中表现出波的特性，发生衍射、反射、折射、色散等现象；而在产生和转化，如辐射、吸收等过程中，表现为粒子性。光的波粒二象性使科学界迷惑不解，也使得坚持波动说、粒子说的人各执一端，难分高低。如何解决这一矛盾？爱因斯坦遂大胆假设：光可能既是粒子也是波，是一种光量子，而光理论应该是“波动理论与发射理论的一种融合”。从此，对现代科学事业的发展有深远影响的、同牛顿的经典力学迥异但堪称可与之相媲美的量子力学产生了。

六、补集式思维

发明家卡尔森在发明复印机的过程中经历多次失败。他通过查阅资料发现，包括他在内的所有关于复印功能的研究都试图在化学功能领域中求解，没有人探索过在物理学领域中寻求答案。看到这一问题后，他开始在物理学领域中进行探索，并发明了应用光导电性原理的静电复印机。

图 6-11 根、茎、叶(打一水果名)

猜谜语的方法中有一种反面会意法，就是从谜语的反面或侧面去联想推理，从而猜出谜底。例如，有这样一个谜语：生产必须出正品(打一成语)。正品的反面是次品，从而猜出谜底：“不可造次”。又如另外一个谜语：根、茎、叶(打一水果名)。谜面写有植物的三个器官，从反面想，只缺花和果实——无花果，实际上是找植物全集里面相对“根、茎、叶”的补集。如图 6-11 所示。

逆向思维不是抛弃一切，叛逆中要有所创造。创新是以丰富的知识积累为前提的，没有知识基础的逆向思维是无源之水、无本之木。要在逆向思维中有所创新，必须从学习科学、更新知识入手。在其他条件相同的情况下，知识基础越丰厚牢固，科学创新的可能性就越大，独创的见解就更深刻，就能对眼前的一系列“异端”做出准确的判断，使创新更富准确性、科学性和创造性。而积累知识不能光靠书本，还要善于去“阅读”大自然和人类社会这两部永恒的、没有页码的大百科全书，并努力在知识的博、深、精、活上下功夫。

第三节　逆反创新的本质及其应用

一、逆反创新的本质

在自然界和人类社会中都充满着各种矛盾，而矛盾也在时刻向对立面转化。人们对自然规律的认识和深化，必然促成辩证法、认识论和方法学的统一。逆反创新是一种从现有事物原理机制的反面、构成要素的反面或功能结构的反面去思考、去求索，以发明创造的方法。它突破常规定型模式和超越传统理论框架，把思路指向新的领域和新的客体。它不迷信原有的传统观念和经典信条，对既定事物进行反叛的思考，体现的是一种叛逆精神。这种思维在一般人看来是不合事理甚至是荒谬的，但正是因为采取了这种思维，科学家才得以摆脱传统观念和习惯势力的桎梏，向着崭新的科学成果跃进和运动，创造出新的观念和理论来，导致科学革命的出现，实现新旧理论的更替。从根本上讲，逆向思维体现了创造者对自然规律的深入领悟、对思维方法的高度提炼以及对创造意识的有力凝聚。

1879 年，爱迪生发明了炭丝电灯。它的出现，标志着人类使用电灯的历史正式开始。然而，这种炭丝电灯亮度不理想，灯丝的制作方法比较复杂，使用的寿命也不是很长。因此，世界各国的科学家都在致力于白炽灯的改进。1909 年，美国通用电器公司的库里基发明了以钨丝做灯丝的电灯泡。这种电灯与炭丝电灯相比，又前进了一步，但由于通电后钨丝极易变脆，因此它的使用寿命也受到影响。同年，一位叫兰米尔的化学家来到美国通用电器公司工作。兰米尔的同事们都认为，解决这一问题的办法是进一步提高灯泡的真空度。确实，爱迪生以及以后的许多科学家，为避免钨丝在高温下氧化，提高灯丝的寿命，都是在灯泡真空度上做文章，而且也取得了一定的成绩。因此，顺着这条路走下去，便成了大家很自然的想法。可是，兰米尔是一位独创性很强的科学家。他不同意大家的意见。他建议采用与抽真空相反的方法，即充气的方法，把各种不同的气体分别充入灯泡，看看各种不同的气体跟钨丝“相处”得怎么样。充气比抽真空在工艺上要容易得多。于是，兰米尔分别把氢气、氮气、氧气、水蒸气、二氧化碳等气体充入灯泡进行试验。试验证明氮气可使钨丝在其中长期工作。于是他发明了充气灯泡。1932 年，兰米尔由于在化学上取得重大成就，获得诺贝尔化学奖。

二、逆反创新在生活中的应用

逆向思维存在于生活的各个方面，这一道理主要包含的是对立物共存和互相作用这一思想。在现实生活中，成功地运用逆向思维，能够让人们的生活充满乐趣。

▶ 案例

让狗跑步

一位老师让孩子们设计一部“让狗跑步机”。有的小朋友提出，用一种皮带传动机。让狗站在输送皮带上，反方向跑动，就像孙悟空跑不出如来佛的手心一样；有的小朋友提出在单车后面绑一根摆动的骨头，人骑着车，让小狗在后面跟着跑。这些都是促使狗运动的办法，但最后都失败了。一个大约七岁的小朋友，想出一个完全不同的设想。如图 6-12 所示，他让狗拉着一辆车，车上载着汽车电瓶，从电瓶中引出两条电线，分别放在离臀部几厘米远的地方，一旦狗停止拉车，电线就打在狗屁股上，使狗重新走动。这位小朋友看问题的出发点就与别人不一样，他关心的不是使狗运动，而是怎样防止狗停下来。最终，这个方法是成功的。

图 6-12 从"如何让狗运动"到"如何让狗停不下来"

逆反图形设计欣赏

一图两解，表示阴图和阳图各表达一个含义。如图 6-13 所示，阴图为一个茶几，阳图为两个对着脸的人的侧面。图 6-14 则是一幅著名的一图两解图形，一是可以把画面看作一位气质高雅的女人，也可以看成是一位丑陋的老太婆。

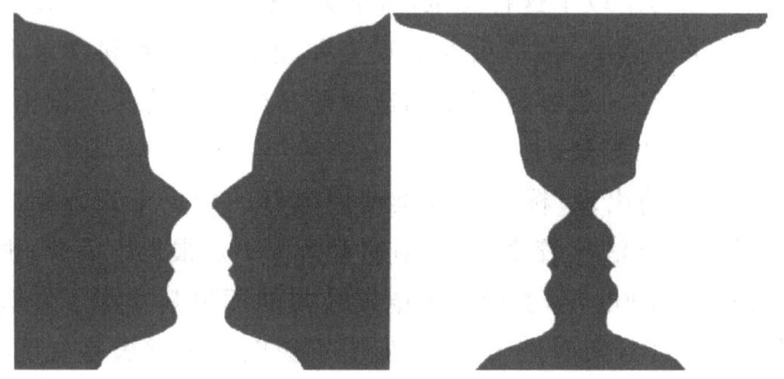

图 6-13 茶几与人脸

图 6-14 气质高雅的女人与丑陋的老太婆

换个角度，你就是赢家

其实，失败与成功相隔得并不远，有时也许只有一步之遥。所以如果遭遇了失败，千万不要轻易认输，更不要急于走开，只要保持冷静，勇于打破思维的定势，转换一下看待问题的角度，积极寻找对策，成功一定很快就会到来。

有两个基督教徒一起去问牧师在祈祷时能否吸烟。其中一个教徒先上前问："在祈祷时能否吸烟？"牧师生气地回答："不可以！"这个教徒闷闷不乐地退下去。另一个教徒上前问："在吸烟时能否做祈祷？"牧师愉快地回答："当然可以！"

对于一个本质相同的问题，用两种不同的问法，如同曾国藩从"屡战屡败"到"屡败屡战"，会得到截然相反的答案。

李寻然是一家外贸公司的高级主管，他面临一个两难的境地。一方面，他非常喜欢自己的工作，也很满意工作带给他的丰厚薪水。但是，另一方面，他非常讨厌他的上司。经过多年的忍受，他已到了忍无可忍的地步。在慎重思考之后，他决定去猎头公司重新谋一个高级主管的职位。猎头公司告诉他，以他的条件，再找一个类似的职位并不费劲。回到家中，李寻然把这一切告诉了他的妻子。他的妻子是一位教师，那天刚刚教了学生如何重新界定问题，也就是把你正在面对的问题换个角度思考，甚至完全颠倒过来——不仅要跟你以往看这个问题的角度不同，也要和其他人看这问题的角度不同。她把上课的内容讲给李寻然听，这给了李寻然很大的启发，一个大胆的创意在他脑中浮现。第二天，李寻然又来到猎头公司，这次他是请猎头公司替他的上司找工作。不久，他的上司接到了猎头公司打来的电话，请他去别的公司高就。尽管他完全不知道这是他的下属和猎头公司共同努力的结果，但正好这位上司对于自己现在的工作也厌倦了，所以他就接受了这份新工作，结果他的位置就空出来了。李寻然坐上了这个位置。

在这个故事中，李寻然本意是想替自己找个新的工作，但他的妻子教他换个角度思考问题。于是，他就替他的上司而不是他自己找了一份新的工作。结果，他不仅仍然干着自己喜欢的工作，而且还摆脱了令自己烦心的上司，得到了意外的升迁。

生活中或者工作中，遭遇困难和挫折是难以避免的事情。此时，我们不妨换个角度，也许会看到成功在向我们招手。

▶ 案例

军事上的添兵减灶与减兵添灶

添兵减灶，是指增加兵员，反而减少行军饭灶。指伪装士兵逃亡，示弱以欺骗对方(因为当时士兵的数目与灶一般是相对应的)。《史记·孙子吴起列传》记载：孙子谓田忌曰："彼三晋之兵素悍勇而轻齐，齐号为怯，善战者因其势而利导之。兵法，百里而趣利者蹶上将，五十里而趣利者军半至。使齐军入魏地为十万灶，明日为五万灶，又明日为三万灶。"庞涓行三日，大喜，曰："吾固知齐军怯，入吾地三日，士卒亡者过半矣。"乃弃其步军，与其轻锐倍日并行逐之。孙子度其行，暮当至马陵。马陵道狭，而旁多阴隘，可伏兵，斫大树白而书之曰"庞涓死于树下"。于是令齐军善射者万弩，夹道而伏，期曰："暮见火举而俱发。"庞涓果夜至斫木下，见白书，乃钻火烛之。读其书未毕，齐军万弩俱发，魏军大乱相失。庞涓自知智穷兵败，乃自刭。曰："遂成竖子之名！"齐因乘胜尽破其军，虏魏太子申以归。孙膑以此名显天下，世传其兵法。

还有一个减兵添灶的故事。三国时期蜀国军师孔明想撤军回蜀时，又担心身后魏军追击。他深知司马懿熟悉兵略，为了让自己安全撤回，诸葛亮便反其道而行之，采取了减兵添灶的方法。因为他一生用兵谨慎，故而司马懿在其离边境多日后才得知真相，但为时已晚。

无用之用，方为大用

庄子与弟子，走到一个山脚下，见一株大树，枝繁叶茂，耸立在大溪旁，特别显眼。但见这树粗百尺，高数千丈，直指云霄；其树冠宽如巨伞，能遮蔽十几亩地。庄子忍不住问伐木者："请问师傅，如此好大木材，怎一直无人砍伐？以至独独长了几千年？"伐木者似对此树不屑一顾，道："这何足为奇？此树是一种不中用的木材。用来做舟船，则沉于水；用来做棺材，则很快腐烂；用来做器具，则容易毁坏；用来做门窗，则脂液不干；用来做柱子，则易受虫蚀，此乃不成材之木。不材之木也，无所可用，故能有如此之寿。"

听了此话，庄子对弟子说："此树因不材而得以终其天年，岂不是无用之用，无为而于己有为？"弟子恍然大悟，点头不已。庄子又说："树无用，不求有为而免遭斤斧；白额之牛，亢曼之猪，痔疮之人，巫师认为是不祥之物，故祭河神才不会把它们投进河里；残废之人，征兵不会征到他，故能终其天年。形体残废，尚且可以养身保命，何况德才残废者呢？树不成材，方可免祸；人不成才，亦可保身也。"庄子愈说愈兴奋，总结性地说："山木，自寇也；膏火，自煎也；桂可食，故伐之；漆可用，故割之。人皆知有用之用，却不知无用之用也。"

有一个农场主为了方便拴牛，在庄园的一棵榆树上箍了一个铁圈。随着榆树一天天地长大，铁圈慢慢嵌进了树身，榆树的表皮留下一道深深的伤痕。有一年，当地发生了一种奇怪的植物真菌疫病，方圆几十千米的榆树全部死亡，唯独那棵箍了铁圈的榆树存活了下来。为什么这棵榆树能幸存呢？植物学家对此产生了兴趣，于是组织人员进行研究。结果发现，正是那个给榆树带来伤痕的铁圈拯救了它。因为从锈蚀的铁圈里吸收了大量铁，所以榆树才对真菌产生了特殊的免疫力。这是一个真实的故事，发生在20世纪50年代美国的一个农场里。这棵树至今仍生长在美国密歇根州比犹拉县附近的那个农场里，充满生机和活力。

不仅是树，人也是如此。我们也许在生命中受过各种各样的伤害，但这些伤害又成为生命的一道养料，让生命变得更刚毅，更坚强，更充满生机、活力和希望。同时也让伤害成为一个警醒，让我们及时从迷惑中解脱。

释迦牟尼说：无论你遇见谁，他都是你生命里该出现的人，都有原因，都有使命，绝非偶然，他一定会教会你一些什么。喜欢你的人给了你温暖和勇气；你喜欢的人让你学会了爱和自持；你不喜欢的人教会了你宽容和尊重；不喜欢你的人让你知道了自省和成长。

没有人是无缘无故出现在你生命里的。每一个人的出现都各有因缘，都值得感激和珍惜。若无相欠，怎会相见！

案例

老子《道德经》

老子，春秋时思想家，道家创始人。一说即老聃，姓李名耳，字伯阳，楚国苦县（今河南鹿邑东）厉乡曲仁里人，做过周朝“守藏室之史”（管理藏书的史官，如今之国家图书馆馆长），孔子曾向他问礼（这难道是“老子天下第一”的由来?），后退隐，著《道德经》（《老子》）。

传说，老子看到周王朝越来越衰败，就离开故土，准备出函谷关四处云游。当年函谷关总兵尹喜远眺日出望东方，紫气浩荡八千里，老子骑青牛而至。尹喜是老子的粉丝，很高兴见到老子。可是当他知道老子要出关去云游，又觉得很可惜，就想方设法留住老子。于是，尹“关长”就对老子说：“先生想出关也可以，但是得留下一部著作。”老子就在函谷关住了几天，交给尹喜一篇五千字左右的著作，这就是《道德经》。

想想现在有的论文，洋洋洒洒几千言，甚至几十万字，但内容又长又臭，更别说以此建立一学派了。

鲁迅说：“不读《道德经》一书，就不知中国文化，不知人生真谛。”

《道德经》以“道”解释宇宙万物的演变，以为“道生一，一生二，二生三，三生万物”，“道”乃“夫莫之命（命令）而常自然”，因而“人法地，地法天，天法道，道法自然”。“道”为客观自然规律，同时又具有“独立不改，周行而不殆”的永恒意义。

《道德经》中包括大量朴素辩证法观点，如以为一切事物均具有正反两面，“反者道之动”，并能由对立而转化，“正复为奇，善复为妖”，“祸兮福之所倚，福兮祸之所伏”，“天下之至柔，驰骋天下之至坚”，“天下莫柔弱于水，而攻坚强者莫之能胜”，即柔弱的可以战胜刚强的。这是深刻的辩证法的智慧。因此，发现了“柔弱”方面的意义是老子的重大贡献。

小学语文课本中《陶罐和铁罐》这篇文章就是柔弱胜刚强的例子。

国王的御厨里有两只罐子，一只是陶罐，一只是铁罐。骄傲的铁罐看不起陶罐，常常奚落他。“你敢碰我吗？陶罐子！”铁罐傲慢地问。“不敢，铁罐兄弟。”陶罐谦虚地回答。“我就知道你不敢，懦弱的东西！”铁罐说，带着更加轻蔑的语气。“我确实不敢碰你，但并不是懦弱。”陶罐争辩说，“我们生来就是给人们盛东西的，并不是来互相碰撞的。说到盛东西，我不见得比你差。再说……”“住嘴!”铁罐恼怒了，“你怎么敢和我相提并论！你等着吧，要不了几天，你就会破成碎片，我却永远在这里，什么也不怕。”“何必这样说呢?”陶罐说，“我们还是和睦相处吧，有什么可吵的呢?”“和你在一起，我感到羞耻，你算什么东西!”铁罐说，“我们走着瞧吧，总有一天，我要把你碰成碎片!”陶罐不再理会铁罐。时间一天天流逝着，世界上发生了许多事情，王朝覆灭了，宫殿倒塌了。两只罐子被遗落在荒凉的废墟中，上面盖满了厚厚的渣滓和尘土。

许多年过去了，有一天，一些人来到这里，掘开厚厚的堆积物，发现了那只陶罐。“哟，这里有一只罐子!”一个人惊讶地说。“真的，一只陶罐!”其他人都高兴地叫起来。陶罐被人捧起，倒掉里面的泥土，擦洗干净，和他当年在御厨的时候一样光洁、朴素、美观。“多美的陶罐!”一个人说，“小心点，千万别把他碰坏了，这是古代的东西，很有价值的。”“谢谢你们!”陶罐兴奋地说，“我的兄弟铁罐就在我旁边，请你们把他掘出来吧，他一定闷得受不了了。”人们立即动手，翻来覆去，把地都掘遍了，但是连铁罐的影子也没见到。他，不知道在什么年代已经完全氧化，早已腐蚀成一堆锈土了。

《道德经》第八十一章说：“信言不美，美言不信。善者不辩，辩者不善。知者不博，博者不知。”意思是：诚实的话不一定动听，动听的话不一定诚实；世间的好人不会花言巧语，能言善辩的人不一定是好人；聪明的人不一定博学，见多识广的人不一定真正聪明；人生的修行重在于行，而不在于辩。

“不自见，故明；不自是，故彰；不自伐，故有功；不自矜，故长；夫唯不争，故天下莫能与之争”，即不显示自己，不自以为是，因而更显耀突出；不夸耀自己，因而有功绩；不自以为贤能，因而受到尊重；只有那不与人相争的，世界上没有人能和他相争。这段话充分体现了老子“柔弱胜刚强”的哲学思想。

老子所谓“不争”，不是放弃一切，而是要以不争反立于不败之地。后世流布的“难得糊涂”“吃亏是福”等思想意识，与老子所谓“不争之德”都不无源流关系。以前结识过一些能言善辩、巧舌利嘴的人，当时曾认为那是他们的一种才能。后来又结识了一些忍辱不辩、寡言不争的修炼人，就感觉到他们的精神境界差异很大。直到有一天，我看到了老子在《道德经》中的最后收笔之言“圣人之道，为而不争”，顿时感到恍然大悟。是啊，巧言令色其实并不是真正的才能，忍辱不辩才是人生修养的最高境界。

孔子在《论语·里仁》中说：“君子欲讷于言而敏于行。”在《论语·子路》中说：“刚毅木讷近仁。”在《论语·学而》中又说：“君子食无求饱，居无求安，敏于事而慎于言。”由此看来，在人生中应该少说多做，这一点孔子与老子的主张是完全一致的。因此，不管是人生的修行还是一般的社会活动，做任何事情都应该脚踏实地，不能只说动听漂亮的话而没有实际行动。

下面讲一个不争的智慧的故事。

公孙弘在汉武帝时曾任宰相，从一介贫寒布衣到位高权重的宰相，公孙弘走的是以退为进的路线。公孙弘曾担任狱吏，因为过失而被撤职。回家后他发愤苦读，六十岁时被汉武帝以贤良征为博士，出使匈奴时，因为陈述情况不符合皇帝心意而被免职。七十岁时，公孙弘再次被征为文学儒士，因为博学多才，很快被提升为左内史。

公孙弘见闻博广，每当议事时，他总是先把事情详细地陈述出来，然后让皇帝自己去选择，如果遇到不同意见或者遭到同僚们的驳斥，公孙弘亦不争不辩。

公孙弘位高权重，生活上却很节俭，常盖布被，一时传为美谈。时任主爵都尉的汲黯有些看不惯，于是对武帝说：弘位三公，俸禄甚多，然为布盖，此诈也。汲黯认为公孙弘是哗众取宠，没有必要装节约。公孙弘听了也不争辩。武帝就问他，汲黯说的是不是事实呀，你怎么不争辩呢？公孙弘老老实实地回答：汲黯说的是事实，但武帝却认为公孙弘是谦让，对他很信任。

有一次，公孙弘和众大臣在朝廷外商议事情，可是上朝奏请皇帝定夺时，公孙弘临时改变了想法，所陈述的事情与众大臣意见不符。汲黯很生气，当庭斥责公孙弘：齐人多诈而无情实，始与臣等建此议，今皆背之，不忠。汲黯认为，你和我们商议了，就得按商议的结果奏明皇帝，可你却临时背叛了众人的意思，实在是不忠呀。

面对汲黯的指责和众人的误解，公孙弘也不争辩，默默地独自承受着。后来，皇帝就问公孙弘："事实证明你所陈述的事情是对的，可当大臣们诘难你的时候，你为什么不争辩呢？"公孙弘淡定地答道：知臣者以臣为忠，不知臣者以臣为不忠。汉武帝听了连连点头，认为公孙弘很谦虚。

公孙弘出身贫寒，面对仕途沉浮宠辱不惊，与人交往不计小节，最终封侯拜相，靠的却是不争的智慧。

"夫唯不争，故天下莫能与之争。"不与人相争的，世界上没有人能和他相争。不争是一种智慧，不争才会拥有更大的生存空间。

"大言希声，大象无形。""旧时王谢堂前燕"说的是，魏晋时代，王氏与谢氏是两大望族，有"王与谢共天下"的说法，都曾出过宰相，自然走动较多。有一年，王羲之第七子王献之曾与兄长王徽之、王操之一起拜访谢安。离开谢家后，客人问谢安王氏兄弟孰优孰劣，阅人无数的谢安说："小的优。"客人问原因，谢安说："吉人之辞寡，以其少言，故知之。"(大凡杰出者少言寡语，因为他不多言，所以知道他不凡。)

《道德经》第十八章说：大道废，有仁义；智慧出，有大伪；六亲不和，有孝慈；国家昏乱，有忠臣。(大道废除，自然出现仁义；智慧频出，自然混杂大伪；六亲不和，自然彰显孝慈；国家昏乱，自然产生忠臣。)

《道德经》第七章说：天长地久。天地之所以能长且久者，以其不自生，故能长生。是以圣人，后其身而身先，外其身而身存，非以其无私邪？故能成其私。(天长地久。天地之所以能长久，因为它不为自己而生，所以能长生。因此圣人因为谦让反而获得人民的拥戴，置之身外反而让人民依赖他的存在，难道不是这种无私的精神反而成全了圣人的理想吗?)

这使我想到了范仲淹所说的"不以物喜，不以己悲。居庙堂之高则忧其民；处江湖之远则忧其君。是进亦忧，退亦忧。然则何时而乐耶？其必曰'先天下之忧而忧，后天下之乐而乐'乎"。以"不为良相，便为良医"为终生追求的宋朝名相范仲淹，出身清寒，年轻时很穷，他决心将来若能出人头地，定要救济贫苦者。后来当了宰相，他便把俸禄拿出来购买义田，分给贫穷无田地的人耕作。还给他们提供饭食、衣服，凡是有婚丧嫁娶的，还拿钱补贴他们。就这样他用一人的收入养活了三百多家乡亲。有一次在苏州买了一处住宅，一位风水先生夸奖此屋风水极好，后代必出大官。范仲淹却立刻把这个宅子捐了出来，改做学堂。因为他想，让苏州城百姓的子孙都能出人头地，比起一家独自享福，岂不更好？俗话说：富不过三代，但范氏家族却兴旺了八百年。范仲淹的四个儿子都德才兼备，当了宰相和大官。范家的后代一直到民国初年都不衰。其秘诀就在于范家子孙不忘"先天下之忧而忧，后天下之乐而乐"和"积德行善"的祖训。

《道德经》第三十六章说：将欲翕之，必固张之；将欲弱之，必固强之；将欲废之，必固兴之；

将欲夺之，必固与之。是谓微明，柔弱胜刚强。鱼不可脱于渊，国之利器不可以示人。（将欲马上收敛的，必是原有张之过度的；将欲逐渐削弱的，必是原有强制过头的；将欲立即废除的，必是原有兴奋超前的；将欲重新夺取的，必是原有被迫给予的。这是微妙简明的道理，柔弱胜过刚强。鱼儿离不开水，镇国之宝不可以示人。）

心理学有个罗松塔尔效应。哈佛大学心理学教授罗松塔尔曾经做过一个教育效应的实验。他把一群小老鼠分成两个小组——A组交给一个实验员，告诉他这群老鼠属于特别聪明的一类，要好好训练；B组交给另一个实验员，告诉他这是智力很普通的一群。

两个实验员分别对这两群老鼠进行训练。一段时间后，对两群老鼠进行测试，测试的方法是让老鼠穿行迷宫。对于老鼠来说，走出去就有食物。但是在走出去的过程中，它必须经过碰壁，要有一定的记忆和智力，较聪明的老鼠才可能先走出去。实验结果发现，A组老鼠比B组老鼠聪明得多，都先走出去了。

针对这个结果，罗松塔尔教授指出，他对两组老鼠的分组是随机的。他根本不知道哪个老鼠更聪明，他只是把老鼠任意分成两组，把其中的一组说成是聪明的，给了A组实验员进行训练；而把另一组说成是普通的，给了B组实验员。

由于实验员已经确认A组为聪明的老鼠，于是就用对待聪明老鼠的办法进行训练。结果，这群老鼠就真的变成聪明的老鼠；相反，对被认为不聪明的B组老鼠，用了对待不聪明老鼠的训练方法，老鼠也就真的不聪明了。

习　题

1. 分析下列材料，说明创新点在哪里。

一个秃头的男人坐在理发店里。发型师问："有什么可以帮你的吗？"那个人解释说："我本来要去做头皮移植的，但实在太痛了，如果你能够让我的头发看起来像你的一样，而且没有任何痛苦，我将付你5 000美元。""没问题。"发型师说。然后他很快地将自己和对方剃成了光头。

2. 李白小时候不爱学习，有一天他看到一位老奶奶在河边，准备把一根铁杵磨成绣花针。李白大笑：这得磨到什么时候呀！老奶奶严肃地说：一天不行，我就磨两天，两天不行就磨三天，只要坚持，总会成功的。李白听了非常惭愧，他跑回家不再贪玩了，认真地读书。就这样，他成了一位有名的诗人。从这篇故事里，我们明白了，只有坚持不懈，日积月累，认真地对待学习，才有好的成就。那些半途而废的人只会失败。这就是我们常听说的"铁棒磨成针"的故事。反过来，如果李白听到老奶奶说的话，他的内心并不是这样，而是相反的，那么情况又如何？李白还会成为斗酒诗百篇的李白吗？

3. 2013年7月18日晚，安庆市民何先生在该市人民路一家银行的ATM机上取款，不料机器只发出数钱声，却不吐钱，最后银行卡也被吞了。何先生拨打银行客服电话，对方表示已下班，要求其次日来银行处理。担心发生意外，何先生又报警求助，但警察也无计可施。后来何先生用逆反创新原理，再一次给银行打电话，银行态度大变，行长亲自带领两名工作人员10分钟就急匆匆地赶到现场并处理好。何先生是如何办到的？

4. 法国著名女高音歌唱家玛迪梅普莱有一个美丽的私人园林。每到周末，总会有人到她的园林里摘花捡蘑菇，有的甚至搭起帐篷，在草地上野营野餐，弄得园林一片狼藉、肮脏不堪。歌唱家曾让人在园林四周围上篱笆，并竖起"私人园林，禁止入内"的木牌，却无济于事。过了不几天又让人竖起“私人园林，禁止入内，违者重罚”的牌子，园林还是遭到践踏和破坏。后来，歌唱家让人做了个大牌子立在路口，上面醒目地写着：“＿＿＿＿＿＿＿＿＿＿。”这一招可真奏效，此后再也没有人闯入园林。想一想，立在路口的牌子上写的是一句什么话呢？

5. “二战”时期，巴顿通过一份报告了解到牺牲的盟军战士中竟有一半是在跳伞时摔死的，他十分恼火，马上赶到降落伞厂家做了一个规定，从此战士们再也没有因为跳伞而阵亡。请问：巴顿是做了什么规定？

6. 有个教授和一个学生在田间小道上散步，突然看到地上有双鞋，估计是附近一个农夫的。学生对教授说：“我们把鞋藏起来，躲到树丛后面，看看他找不到鞋子的感受怎么样？”教授摇摇头：“我们不能把自己的快乐建立在别人的痛苦之上……”学生照做了，随后他们躲进了旁边的树丛。没多久，一个农夫来到这里，把鞋往脚上套去……这时，教授和学生看见他激动地仰望蓝天，大声地表达着自己的感激之情，话语中谈到了生病无助的妻子、没有东西吃的孩子。请问教授是让学生如何做，才能让那个农夫感到感激与快乐的？请把这段话中省略号省略的内容填上。

7.《庄子·山木》中说：鸟莫知于鷾鸸（yì ér），目之所不宜处不给视，虽落其实，弃之而走。其畏人也而袭诸人间。社稷存焉尔。请翻译上面的文字，并说明创新之处。

8.《庄子·徐无鬼》中说：吴王浮于江，登乎狙之山。众狙见之，恂然弃而走，逃于深蓁。有一狙焉，委蛇攫抓，见巧乎王。王射之，敏给搏捷矢。王命相者趋射之，狙执死。王顾其友不疑曰：“之狙也，伐其巧恃其便以傲予，以至此殛也。”请翻译上面的文字，并说明创新之处。

9. 在八年抗日战争时期，有一次，敌人把一个村庄包围了，不让村里的任何人出去，派了一个伪军在村子通向外界的唯一通道——一个小桥上把守。正巧，村里有一个重要的情报要报告给在村外的八路军领导人，在敌人看守如此严密的情况下，怎样才能把情报顺利又安全地送出去呢？村里的一个小八路，勇敢地担当起了这个任务。这个小八路在黄昏时借着夜色掩护，悄悄地来到了小桥旁边的芦苇地躲藏了起来，他认真地观察着小桥上发生的一切。他注意到守关卡的敌人打起了瞌睡，凡是有村外的人来，他总是头也不抬就说，“回去，回去，村里不让进。”请问：小八路是如何成功地闯过了敌人的关卡，把重要情报送到了目的地的？

10. 从前，有一位富人丢了一个钱包，扬言说捡到钱包者并还给他，他就会给拾遗者200元钱作为报酬。一个农民捡到了钱包并还给了他，他却没打算给这个农民200元钱。于是农民把他告到法院。富人解释说，他钱包里原来有2 000元钱，现在却只有1 800元钱，说明农民已经拿了200元钱。然而农民说没有拿里面的钱。如果你是法官，你将如何判决？

11. 请按第一个例子的方式类比写出括号中的内容。

(1) 林肯当上总统后，由于他是鞋匠的儿子而受人侮辱。有一次，他的一个手下在纸条上写了“笨蛋”两字传给林肯。林肯看后，不但没有生气，反而幽默地说：“我们这里只写正文，不记名。而这个人只写了名字，没写正文。”

(2) 林肯的脸较长，不好看。一次，他和斯蒂芬·道格拉斯辩论，道格拉斯讥讽他是两面派，林肯答道：“要是我有另一副面孔的话，(　　　　　　　　　　)吗？”

(3) 有一次，林肯在擦自己的皮鞋，一个外国外交官向他走来说：“总统先生，您竟擦自己的皮鞋？”“是的，”林肯诧异地反问，“(　　　　　　　　　　)？”

(4) 一次，某议员批评林肯总统对敌人的态度时，质问道：“你为什么要试图跟他们做朋友呢？你应当试图去消灭他们。”“(　　　　　　　　　　)”林肯温和地说。

12. 请按第一个例子的方式类比写出括号中的内容。

(1) 有阴影陪伴我的劳动，那表示我在明亮的阳光下。

积极的人，像太阳，照到哪里哪里亮；消极的人，像月亮，初一十五不一样。想法决定我们的生活，有什么样的想法，就有什么样的未来。

(2) 有一堆衣服要洗，(　　　　　　　　　　　　　)。

(3) 一天结束时的疲劳和酸痛，(　　　　　　　　　　　　　)。

(4) 单位经常有许多必须去开的长长的会，(　　　　　　　　　　　　　)。

13. 有七个人曾经住在一起，每天分一大桶粥。要命的是，粥每天都不够。一开始，他们抓阄决定谁来分粥，每天轮一个。于是乎每周下来，他们只有一天能吃饱，就是自己分粥的那一天。后来他们开始推选出一个道德高尚的人来分粥。强权就会产生腐败，大家开始挖空心思去讨好他、贿赂他，搞得整个小团体乌烟瘴气。然后大家开始组成三人的分粥委员会及四人的评选委员会，但他们常常互相攻击，扯皮下来，粥吃到嘴里全是凉的。最后他们想出一个方法来。从此，大家快快乐乐、和和气气的，日子越过越好。请问他们想的是什么好办法？

14. 有位秀才第三次进京赶考，住在一个经常住的店里。考试前两天他做了三个梦：第一个梦是梦到自己在墙上种白菜；第二个梦是下雨天，他戴了斗笠还打着伞；第三个梦是梦到跟心爱的表妹脱光了衣服躺在一起，但是背靠着背。这三个梦似乎有些深意，秀才第二天就赶紧去找算命的解梦。算命的一听，连拍大腿说："你还是回家吧。你想想，高墙上种菜不是白费劲吗？戴斗笠打雨伞不是多此一举吗？跟表妹都脱光了躺在一张床上了，却背靠背，不是没戏吗？"秀才一听，心灰意冷，回店收拾包袱准备回家。店老板非常奇怪，问："不是明天才考试吗，今天你怎么就回乡了？"秀才如此这般说了一番，店老板乐了："哟，我也会解梦。我倒觉得，你这次一定要留下来。你想想：……(此处省略60字)？"秀才一听，觉得更有道理，于是精神振奋地参加考试，结果居然中了个探花。请问：店老板说的是什么内容？这说明了什么道理？

15. 一位年轻的女顾客在美国一家商店里闲逛。逛着逛着，她的眼睛突然迸出兴奋的火花，本来不想买东西的她却灵机一动，立刻喊来售货小姐，要买一架德国制造的正宗名牌货——斯坦威三角钢琴。售货小姐看了看售价牌，竟然惊讶不已，不敢卖。于是她请来了股长，股长了解缘由和真相后认真向顾客做了解释，婉谢不卖。而这位顾客却毫不让步，直到部门经理出面斡旋都坚持要买，不听所劝。最后请来了总经理。总经理了解情况后当场定夺：卖，按标价卖！——原来，那架价值数千美元的钢琴，标价牌上偏偏少了一个零。请预测总经理会如何围绕这件事开展经营活动，为故事续写结尾。

16. 一家世界著名的大酒店招聘经理，前来应聘的人非常多，老板考他们说："有一天当你走进客人的房间，发现一女客正在裸浴。你应该怎么办？"众人都举手抢着回答，有的说："对不起，小姐，我不是故意的。"有的说："小姐，我什么都没有看见。"老板听后不停地摇头。这个时候一个帅气的小伙子说了一句话，当场被录用了。亲爱的朋友，你知道他说了什么吗？

17. 分析下面一段文字，说明其创新之处。

最近一直有人问："你总是在学习，通过学习，最终得到了什么？赚到钱了吗？"答："什么都没有得到。"再问："那您还学习做什么呢？""不过我可以告诉你我失去的东西。我失去了愤怒、纠结、狭隘、挑剔和指责、悲观、沮丧；失去了肤浅、短视，失去了一切的无知、干扰和障碍。"学习的真谛不是为了加法，而是减法，提升的目的不是为了得到，而是放下。这是对学习最好的解释。

18. 分析图 6-15 说明了什么问题，并为该图配上图注。

19. 如图 6-16 所示为传说中的小学考试题，你会做吗？

图 6-15 （   ）

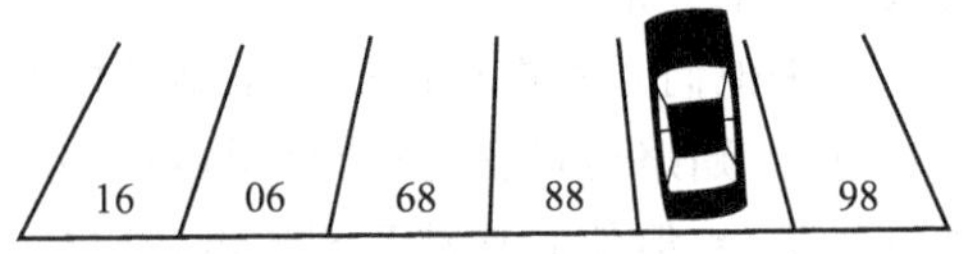

图 6-16 请问汽车停的车位是多少号

20. 犹太人崇尚创新，认为创新是一种智慧，要敢于怀疑，随时发问，知道得越多，越会产生怀疑。中国的家长对放学回家的孩子问的一句话是："你考得怎样？"而犹太人家长会问："今天你又提问了吗？今天与往日比有何不同？"请问，这两者有什么区别？

21. 分析如图 6-17 所示的漫画《绝对小孩》说明了什么问题？

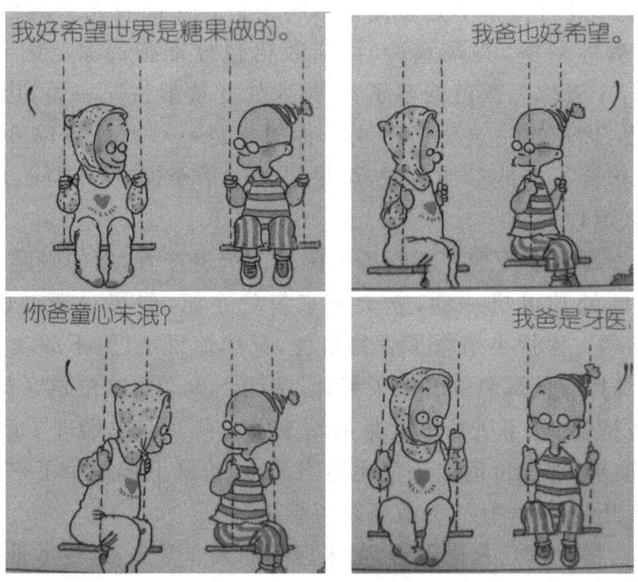

图 6-17 我爸是牙医

22. 有个小厂生产骰子块。骰子成型后，需在花点的凹处用笔一点一点地涂上颜色，相当费工夫。一次，一个用户要定一万个骰子块，3 天内取货。若按老办法，全厂职工昼夜不停地赶制，3 天也完不成 1/3。后来，厂长想出了一个办法，是从逆向考虑的，他不仅完成了这个订单，还由此革新了生产工艺。你能猜出他是怎么做的吗？如图 6-18 所示。

图 6-18 逆反思维创造出新工艺

第七章　还原创新

第一节　还原创新原理

不要去追一匹马，用追马的时间种草，待到春暖花开时，就会有一批骏马任你挑选；不要去刻意巴结一个人，用暂时没有朋友的时间，去提升自己的能力，待到时机成熟时，就会有一批朋友与你同行。用人情做出来的朋友只是暂时的，用人格吸引来的朋友才是长久的。所以，丰富自己比取悦他人更有力量。

还原创新原理是指从一个事物的某一创造起点按人们的创造方向反向追索到其创造原点，再以原点为中心进行各个方向上的发散并寻找其他的创造方向，另辟新路，用新思想、新技术重新创造该事物。这种先还原到原点、再从原点出发解决创造的问题，往往能取得较大的成功。还原是为了找到更好的创新方向。创造的原点是指某一创造发明的根本出发点，它往往体现该创造发明的本质所在；而创造的起点则是指创造发明活动的直接出发点，它一般只反映该创造发明的一些现象所在。

一千年前，大宋王朝中期，思想激荡，人物风流，涌现出了一大批名留青史的历史名人，司马光就是其中星光熠熠的一位。我们一说起司马光，后面会马上跟着两个字“砸缸”，“司马光砸缸”就好像成语一样在人们的口中很顺畅。2015 年年末，我的小孩子上小学二年级，学乘法背口诀，“一七得七，二七十四”，有时三七不知是二十一还是二十七，我就对她说，有一句话，就好像“司马光砸缸 ”一样，叫“不管三七二十一”，想到这你就知道三七是多少了。的确，司马光以其童年时就留下的这个非凡故事，成了小孩子们的心中偶像。长大之后，司马光进士及第，仕途顺利，飞速成长为大宋政坛上的一颗耀眼明星，并最终官拜宰相，荣耀至极。

“司马光砸缸”的故事讲的是有个小孩掉到缸里，缸大水深，眼看那孩子快要没顶了。别的孩子们一见出了事，吓得边哭边喊，跑到外面向大人求救。当时 7 岁的司马光却急中生智，从地上捡起一块大石头，使劲向水缸砸去，“砰!”水缸破了，缸里的水流了出来，小孩得救了。为什么说司马光聪明？那是因为一般人只会想到把人捞上来，使人离开水，而不会想到让水离开人。从这个角度看司马光应用的是逆反创新。但这个故事从本质上还是还原创新，因为只要让人与水分离，人就是安全的。向原点更近一些，是只要人的鼻子能与水分离，鼻子能呼吸到空气人就安全了。找到了原点，就不只有司马光的方法了，还可以用绳子把人吊出来，或者用水瓢把水舀出来一部分，或者把水抽出来一部分，或者叠几块砖头让小孩的头伸出来，或者给小孩氧气面罩，或像电影《三毛从军记》中三毛那样用鼻子顶着伸出水面的竹子来呼吸，或进行化学反应等。这些方法，如同我们看到一片树叶，然后找到它的小枝条、大树干，然后再顺着树干找到其他的枝条，我们会发现有更多的树叶、更多的方法。

“不识其本”的由来是这样的。司马昱看见田里的稻子时不认识，问是什么草，近侍回答是稻子。他回去后，三天没有出门，说：“哪里有依靠它的末梢活命，而不识其根本的呢！”

刚开始设计洗衣机时的创造起点是模仿人的动作，用搓、揉的方法洗衣，但要想设计出能完成搓揉动作的机械装置，并要求它能适应大小不同的衣物并能对不同部位进行搓揉显然是十分困难的。如果改用刷的方法，要处处刷到也很难实现。如果用捶打的方法，动作虽简单，但容易损坏衣物或纽扣之类的东西。采用还原原理，跳出原来考虑问题的起点，从思考洗衣的方法还原至洗衣这一问题的创造原点——将污物从衣物上去掉，于是人们想到表面活性剂，制成了洗衣粉，将衣物置于水中，加入洗衣粉，再对衣物进行搅拌就能将衣物上的污物除去，这样洗衣机就是一台搅拌机，于是人们创造出了简单、实用的洗衣机。在此基础上，通过对去污原理的进一步思考，又考虑到用加热、加压、电磁振动、臭氧杀菌、超声波等技术创造出技术更先进、性能更优越的洗衣机。其中，超声波洗衣机是利用超声波产生的空穴现象和振动作用，以及在水中的气泡上产生的乱反射特性工作的。超声波振动时，振动和气泡相遇在衣物上，就会产生很强的水压，引起织物振动，达到分离织物上的其他物质的目的，使之很快洗净。其优点是不用洗涤剂洗涤，用水少，不缠绕衣物，维修方便，无噪声。

人手工缝制缝料的过程为：通过针尖反复穿透缝料，通过针尾部的孔牵引缝线穿过缝料，实现缝纫功能。人类在探索用机器实现缝纫功能的原理性方法的过程中，曾试图模仿人手工缝制缝料的原理，用针尾引线的方法缝制缝料，但是经过长时间的探索没有取得成功。人们认识到，使机器模仿人的动作实现工艺功能的做法并不总是合理的。现在家庭使用的缝纫机是通过针尖引线的方法缝制缝料的。手工线迹是通过一根线反复穿过缝料形成的，而缝纫机线迹是通过位于缝料正面的面线与位于缝料背面的底线互相咬合并抽紧后形成的，两条线的咬合是通过机针与摆梭之间动作的巧妙配合实现的。如图 7-1 和图 7-2 所示。

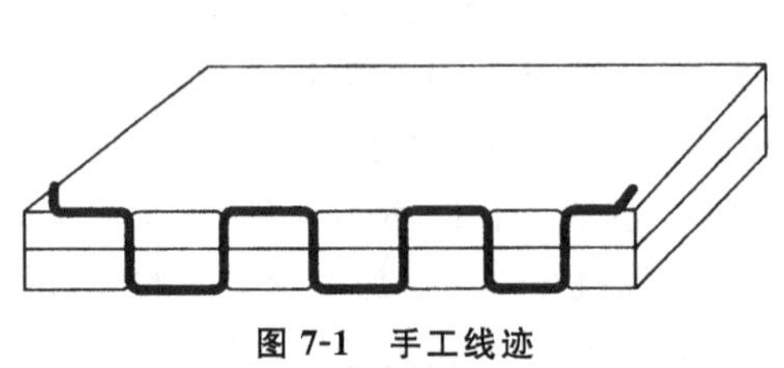

图 7-1　手工线迹

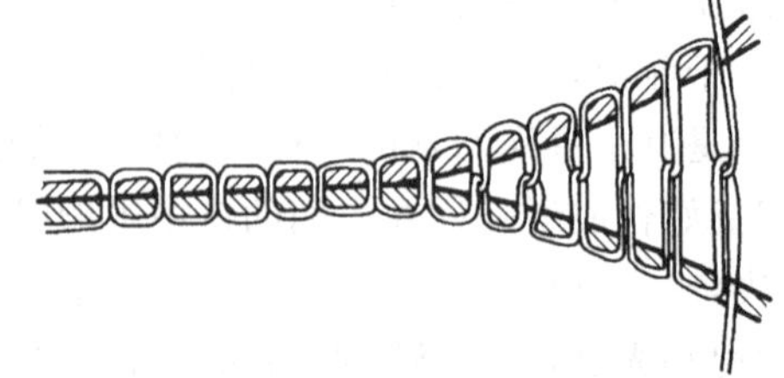

图 7-2　家用缝纫机线迹

传统的电风扇都是利用旋转扇叶使空气流动达到送风的目的。那么实现这种功能还有没有别的办法呢？人们回到迫使空气流动这一创造原点上进行分析，有人提出并实现了用压电陶瓷通电后产生振荡，带动固联在压电陶瓷上的金属片振动，使空气流动形成风的方法，制成了无旋转叶片的新型电风扇。

船舶通常用锚将自己定位在水面上，过去人们也创造了很多形式的锚，但不管什么锚都是沿着“用重物的重力拉住船只”的思考方向进行创造的。根据创造的还原原理，人们发现锚的创造原点应该是“能够将船舶定位在水面上的一切物质和方法”。于是人们研制成功了完全新颖的冷冻锚。冷冻锚是一块约 2 平方米的特殊铁板，该铁板在通电 1 分钟即可冻结在海底上，冻结 10 分钟后连接力可达 100 万牛顿。起锚时只要通电很快便可解冻，因此，冷冻锚成为现代远洋船舶的一种新型锚。

又例如，水泵在抽水时，泵和驱动电动机一般置于水面上某个干燥的位置，但如果水面离泵的垂直距离超过 10m(例如深井),泵将无法将水抽起。于是人们想到将泵沉入水中。但带来的问题是水将浸入驱动泵的电动机中,于是人们考虑到采用各种密封圈来防水。但实际情况表明,密封圈也很难挡住水压将水压入电动机。人们而后又采用耐水塑料导线来绕制电动机,这样做的结果,不但电动机的体积大、电磁转换率低,而且定子与转子之间常有泥沙嵌入,影响泵的正常工作。于是人们重新想到把电动机置于水面上,采用传动机构或装置来驱动水泵的各种办法,但都因体积太大或效率太低而失败。分析这些失败的原因发现,这些创造均是以"水要进入,将水隔离"的想法作为创造的起点。如果回到问题的原点——水为什么会进入进行分析,发现电动机沉入水中后,由于水中的压力大于电动机内空气的压力,加上电动机工作时发热使电动机内空气膨胀,将电动机内的空气压出,而温度变化后,电动机内部空气的压力减小,不可避免地会使水浸入电动机中。将电动机渗水的原因弄清楚以后,设计者于是在电动机内装上气体发生器、吸湿剂和压力平衡检测器,电动机在水下带动水泵工作时,内部能产生一定压力的气体,与水压时时保持相等,使水不能浸入电动机,于是成功地发明了一种既经济、效率又高的全干式潜水泵。

人们在研究食品的保鲜问题时,一直以来都是这样的一种思维,就是冷冻可以使食品保鲜。沿着这样的思维方式,人们将主要的精力放在:什么物质可以制冷?什么现象有冷冻作用?还有什么冷冻原理?按照还原原理,对于食品保鲜应首先考虑食品保鲜问题的原点是什么。冷冻食品可以长期贮存,其原因在于冷冻可以有效地杀灭和抑制微生物的生长。因此,凡具有这种功能的方法、装置都可以用来保鲜食品。从这一创新原理出发,瑞典发明家斯坦斯特雷姆大胆地采用微波加热的方法,开发出微波灭菌保鲜装置。经过此法处理的食品,不仅能保持原有形态、味道,而且新鲜程度比冷冻更好,可使食品在常温下保存数月。除了微波灭菌外,人们还采用静电保鲜方法,开发出了电子保鲜装置。

通常书本上介绍的连杆机构都是有转动副的机构。机构中采用转动副的目的是希望被连接的两构件做相对运动,但能使两构件产生相对运动的结构形式并不是唯一的。当转角不大时,弹性关节同样具有和转动副相同的运动功能。图 7-3 所示的平面四杆机构、手动夹钳都是无转动副的连杆机构。采用这种结构形式,机构不仅零件少、结构简单、工作时无须润滑、保养和维护费用低,同时这些产品可以一次成型,批量生产时制造成本低。这种结构在很多微型机械产品中得到广泛的应用。

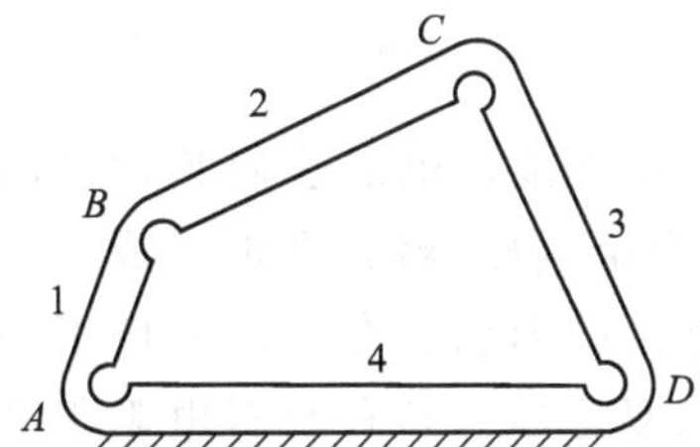

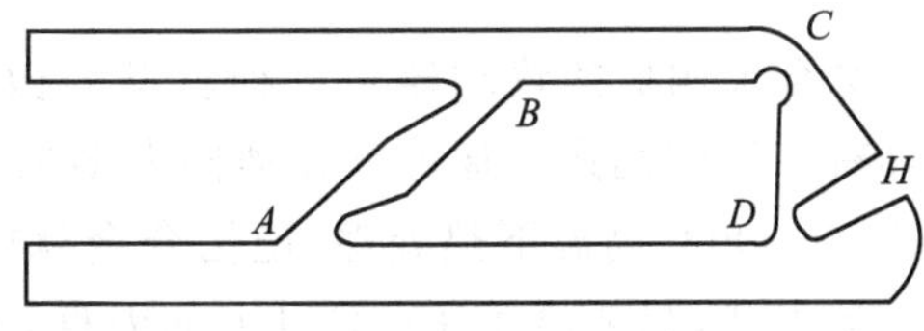

图 7-3　无转动副的连杆机构

机械产品中,普遍采用电动机作为动力,通过机构将电动机的转动转换为其他所需要的运动。如果直接利用电磁转换产生需要的机械运动,则可以省略传动机构,缩短传动链,提高机构的传动效率。例如图 7-4 所示的电动锤机构,它利用两个电磁线圈 1、2 交变磁化,使锤头 3 直接产生往复直线运动。生活中使用的如电动按摩器、电动理发剪、电动剃须刀、打印机中的打印头,都是直接利用交变磁化的电磁线圈使按摩头、刀片或打印针作往复运动,实现机构的使用功能的。由于省略了运动转换机构，这些产品的体积都很小，便于操作、携带和使用。

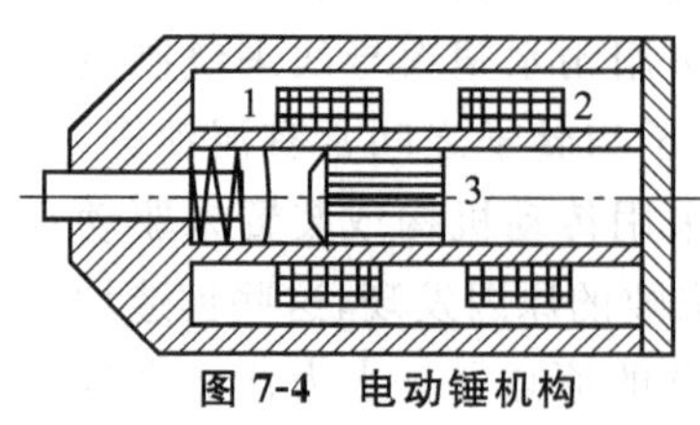

图 7-4 电动锤机构

图 7-5 所示为一种利用电磁力作为动力的平面行走机器人。机器人由一个电磁铁、一块永久磁铁、一只螺旋弹簧、四只金属片状的腿和机器人本体组成。当电磁铁未通电时，永久磁铁与电磁铁相吸，从而压缩弹簧使前、后腿的距离缩到最小。当电磁铁通电时，电磁铁产生与永久磁铁相斥的力使之分开，在弹簧力的作用下，前后两腿距离变到最大，由于腿是倾斜着与地面接触的，机器人的足沿地面上两个方向移动的摩擦力是不相同的。在图示情况下，向左移动的摩擦力大于向右移动的摩擦力。因此，机器人左边的腿维持不动，而右边腿的足部沿地面移动，带动机器人身体的右半部向右移动。当机器人断电时，在磁力的吸引下，左腿在地面上滑过带动机器人左半身体向右靠拢，于是整个机器人就会向右移动一定距离。不断地通电、断电，机器人就一步一步地向右行进。通过改变电流的变化频率，可调节机器人的行进速度，当电流频率为 10Hz 时，其速度可达 30mm/s。当驱动电压为 10V 时，机器人可爬上 30°的斜坡。

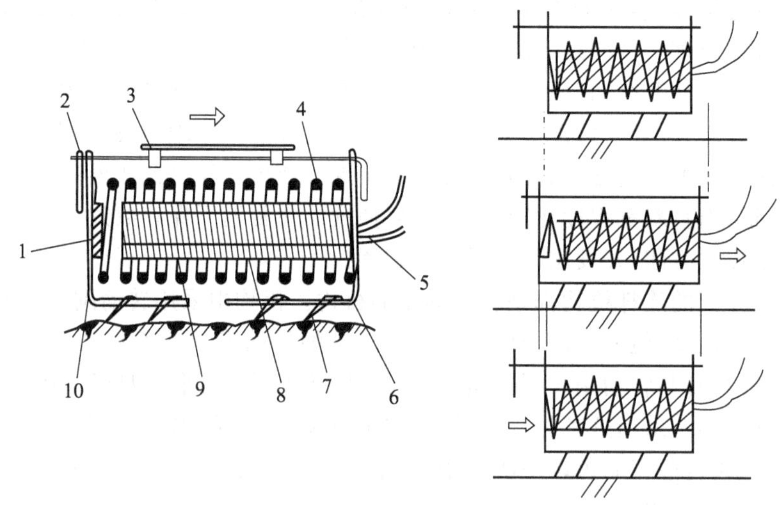

图 7-5 电磁平面行走机器人

1—磁铁；2—挡铁；3—连接杆；4—螺旋弹簧；5—导线；6—前腿；7—金属片腿；8—线圈；9—电磁铁；10—后腿

由记忆合金构成的致动器是一种新型的微动力源，或直接通电加热使其动作，在微型机械中具有广泛的用途。通电型致动器大多采用 TiNi 合金制成，将合金加工成一定形状，在 300℃～1 000℃高温下热处理，记忆合金就能记住自己的形状。在室温条件下，不论怎样改变它的形状，只要给予 100℃以上的温度，它就能恢复原状。这种材料电阻很高，通电时很容易被加热，加热后可产生快速动作。图 7-6 所示为一台具有腰、肩、肘、腕、指等 5 个自由度的机器人示意图。该机器人的手指和手腕的运动靠 TiNi 合金丝线圈通电后产生动作，肘、肩和腰的运动依靠在弹簧力张紧下 TiNi 丝的伸缩来实现。整个机器人通过改变电流的方式对各 TiNi 元件供电进行控制，通过调节 TiNi 丝通过电流的大小来控制机器人的运动位置及动作速度。

译制片是一种艺术的再创作，要在尊重原片风格的基础上，进一步体现出译配人员对原片的理解和创新，再创新出一个全新的艺术作品。译制片不仅要模仿原片，更要体现出自己的特色，使之“青出于蓝而胜于蓝”，使我们在还原经典的同时不乏创新。译配人员只有充分发挥自己的想象力与创造力，赋予外国影视作品以符合国人审美情趣与习惯的声音，才能使译制片保持持久而旺盛的生命力。

从分析还原原理不难发现，还原创造的本质是使思路回到事物的基本功能上去。因为从创造原点出发，设计者的思维才不会受已有事物具体形态结构的束缚，能够从最基本的原理方面去思考标新立异的方案。在运用还原原理进行创新活动的过程中，分析思维和发散思维起着关键作用，即首先要善于从起点追溯（还原）到事物的原点（本质）上，然后再进行多个方向上的发散性思考。

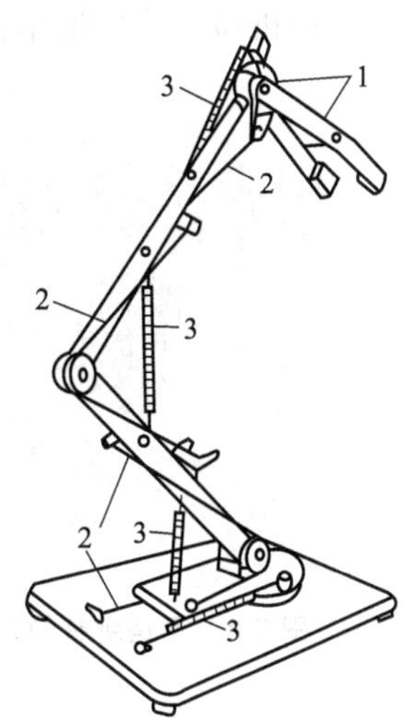

图 7-6　记忆合金致动机器人

1—TiNi 合金线圈；2—TiNi 合金丝；3—偏动弹簧

一条章鱼，能够准确预测足球比赛的胜负，这看起来似乎天方夜谭，是不可能的事情。然而，事实摆在那儿。在南非世界杯时，一条章鱼预测了 8 场比赛结果，而且百分之百的准确，不能不令人感到稀奇，不能不令人信服。如图 7-7 所示。那让我们还原一下。一条章鱼，在动物界应该算低等动物，比起许多高等动物来，其智商不知要低多少，更不用说和人相比了。然而，最聪明的人也无法预测足球比赛的结果，因为一场足球比赛不但比的是两队的实力，还有运气、运动员的发挥、天气、场地等原因，毕竟那只是 90 分钟的比赛；足球是圆的，在这 90 分钟内，足球更多地滚进哪家球门，只有等比赛结束后我们才知道。要不然，凭章鱼的预测，我们还踢什么足球，仅赌章鱼支持哪支球队就行了。所以有人认为，“章鱼哥”是奥博豪森水族馆的一次成功的公关营销，他们抓住世界杯的商机进行炒作，提高水族馆的知名度。还有专家分析认为，很有可能在“章鱼哥”的背后有一个策划团队，最终的结果是他们的竞猜产物，然后在两只贴有国旗的巷子内分别放进食物，而团队预测获胜者的箱子内装有章鱼保罗最喜欢吃的食物，结果因此而出。笔者愿意相信这些原因，也正是因为这些原因在事物背后有其深刻的本质，有了这些原因才会有今天的“章鱼帝”、明天的“老鼠弟”、后天的“白兔妹”等。

图 7-7　章鱼预测足球比赛的胜负

如图 7-8 所示，修车不是一件容易的事，因为空间太小了。如何解决？方法很多，但其实就一种：改变人与车的相对位置，提供修车的空间。如图 7-9 所示，挖一个槽，就挖出了修车的空间；我们还可以用水泥或铁架做出如图 7-10 所示的修车场地（本图原意为试驾）；如图 7-11 所示，用机械的手段把车托（或吊）起来，保证提供足够的修车的空间。

图 7-8 不是所有的人都有如此好的身材

图 7-9 垂直方向上，车不动，人走到车下

图 7-10 垂直方向上，车往上走，人不动

图 7-11 把车托（或吊）起来就方便多了

2016 年新春伊始，南国珠江口波光粼粼，在过往舰船上的人员的一片惊叹中，一艘 U 形船舶就像移动长城般缓缓驶出江面，向某海域进发。南海舰队装备部舰技处人员介绍，这艘被命名为“华船一号”的海上“巨无霸”，是由该部 4801 工厂研发建造的我国第一艘自航式浮船坞，现如今，它驶向大洋执行保障任务，让困扰业界的大型舰艇“轻伤”不下火线，“重伤”不进船厂成为现实，标志着大型战舰修理由岸基定点保障向远海机动保障实现突破，开启了大型舰船海上坞修新纪元，如图 7-12～图 7-14 所示。

图 7-12 浮船坞外观

图 7-13 舰艇上排

图 7-14 海上坞修

第二节 案例分析

一、人类对航空活动的探索

人类经过漫长的艰难探索与无数次反复实践，终于找到了3条行之有效的离地升空(进行航空活动)技术途径：

(1) 根据孔明灯及热空气气球原理发明了轻于空气的飞行器——气球/飞艇；

(2) 受风筝和鸟类滑翔或翱翔的启迪，发明了靠固定翼面产生空气动力升力的重于空气的飞行器——滑翔机和飞机；

(3) 受竹蜻蜓飞行的启发发明了靠旋转翼面空气动力升力能直升飞行的重于空气的飞行器——直升机。

就整个人类而言，在其离地升空的奋斗历程中，探索和研究的思路方向几经变更，在人类的创造发明史上，可以说是灵活应用还原创新的典型(图 7-15)。

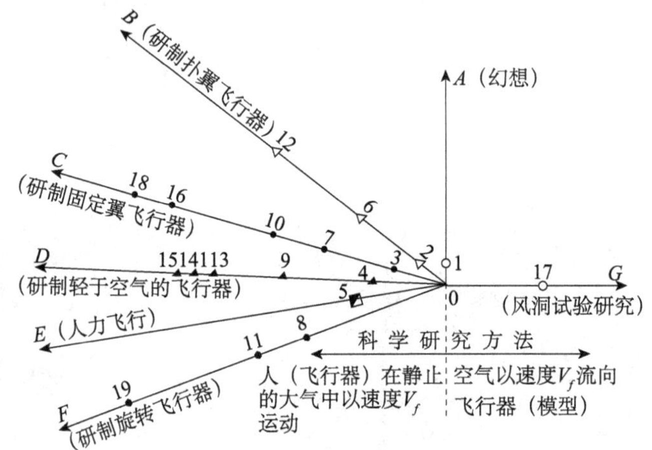

图 7-15 还原创新在人类升空探索历程中的体现

图 7-15 中的数字(0,1,2,…,19)表示人类离地升空奋斗历程的足迹，其简要内容如下。

0：创造原点，即“人类离地升空”问题。

1：自人类出现以来，受鸟类、昆虫和蝙蝠飞行的启发，想着能像它们那样自由飞行，开始沿着 *A*(幻想)的方向思考升空问题，古代种种美妙的飞行神话(如嫦娥奔月)由此产生。

2：幻想永远是无影无踪的梦想，于是人类重新回到创造原点“0”，试图模仿鸟和昆虫的飞行——作为第一步，沿着 *B* 的方向(研制扑翼飞行器)探索人类离地升空问题。公元前722—前481年，鲁班研制出能飞的木鸟，成为人类研制航空飞行模型之始。

3：中国人在楚汉相争时期就已使用风筝，它就是一种固定翼飞行器，具有良好的空气动力特性。从此，人类开始沿着 *C* 的方向(研制固定翼飞行器)探索人类离地升空问题。

4：人类在沿着用轻于空气的飞行器实现离地升空之路探索人类离地升空问题：汉武帝时，淮南王刘安门客编《淮南万毕术》一书中已论述了热气球的升空原理。

5：如果人类能够乘坐飞行器(固定翼飞行器或轻于空气的飞行器)离地升空，这当然舒服，但若能凭借自己的力量升空飞行就更是妙不可言。于是有人大胆地开辟了冒险之路，沿着 *E*

的方向(人力飞行)探索人类离地升空问题:中国的王莽时期就有人进行人力飞行的大胆尝试(图7-16)。

6:人类继续沿着 B 的方向(研制扑翼飞行器)探索人类离地升空问题:中国东汉时期的科学家张衡制造出一种木鸟,腹中设有器件,试飞成功。

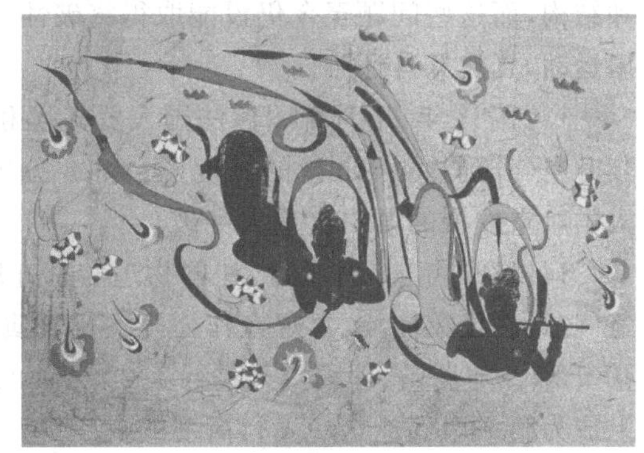
图 7-16　敦煌莫高窟双飞天

7:公元三四世纪,中国的《抱朴子·杂应》一书中论述了鸢的翱翔原理——滑翔和翱翔是1500年后人类发明的滑翔机的基本飞行方式。

8:受一些昆虫飞行技巧的启迪,人类又开始沿着一条新的飞行思路 F(研制旋转翼飞行器)探索人类离地升空问题:《抱朴子·杂应》中有制造飞车(类似"竹蜻蜓",是1500年后人类发明的直升机旋翼的最早雏形)的记述。

9:人类沿着 D 的方向(研制轻于空气的飞行器)的探索已从理论研究进入试验研究:相传五代(907—960年)时,有一个莘七娘,随丈夫在福建打仗时,曾用竹篾扎成方架,糊上纸,做成大灯,底盘上放置燃烧着的松脂,灯就靠热空气飞上天空,用作军事联络信号——这是人类首次利用热气球。

10:人类要乘坐飞行器离地升空,必须解决推进动力问题:1000年前,中国人在灯内点上蜡烛,蜡烛产生的热力造成气流,令上面的纸制叶轮和立轴(轮轴)转动,立轴上辐射伸出的铁丝带动纸人和纸马转动。这就是走马灯——它是900多年后人类发明的航空燃气涡轮的始祖。

11:意大利达·芬奇提出用双旋翼绕垂直轴转动支撑飞行器的构想,并绘制出草图(图7-17)。这种飞行器由四个人操纵。在达·芬奇时代流行的旋转玩具可能引发了这位大发明家的设计灵感,他建议以旋转一绕垂直轴的螺旋面来实现垂直飞行。事实上,达·芬奇称自己的发明也只是提供一个直升动力,而不是真正能工作的飞机。直到今天,人们还将达·芬奇视为双旋翼直升机概念的鼻祖。

12:鸟类的飞行技巧对人类极具诱惑力,许多人都致力于沿 B 的方向(研制扑翼飞行器)不断探索人类离地升空的新途径——达·芬奇应用解剖学和数理方面的知识,仔细地观察分析了鸟类翅膀的运动特点,撰写了论文——《论鸟类的飞行》,并绘制了扑翼飞行机构的草图(图7-18)。

图 7-17　达·芬奇设计的"直升机"

图 7-18　达·芬奇设计的扑翼飞机

然而，要真正做出像鸟类翅膀那样极为复杂的运动，或其他昆虫(特别是蜻蜓和蜜蜂)的翅膀那样的高频扑扇运动则是非常困难的——要研制扑翼机，首要的技术难题是控制技术、材料和结构，而这些问题至今仍没能取得突破性的进展——从这个角度讲，学鸟飞，像昆虫那样扑扇运动，真比登月还难。

13:1783 年 11 月 21 日，法国人罗齐埃和达尔朗德乘坐蒙哥尔费兄弟制作的热气球在巴黎升空(升到约 1 000 米的高度，飞行 25 分钟)，实现了人类首次升空自由飞行——这标志着人类航空发展的第一次重大突破。

14:1783 年 12 月 1 日，法国物理学家查理和他的助手罗伯特乘坐他制作的世界上第一个氢气球，在巴黎向 40 万观众作公开飞行表演。直径 8.4 米的圆形氢气球在 45 分钟内飘飞了 40 千米。随后，查理教授又进行了 30 分钟的单人飞行并升至 2 000 米的高度——在人类历史上成为第一个到达这一飞行高度的人。

15:1852 年 9 月 24 日，法国发明家吉法尔驾驶着他研制的世界上第一艘飞艇从巴黎飞到特拉普斯，航程约 28 千米——这标志着人类找到了第一种空中运输工具。这艘飞艇是人类历史上第一种带动力的、可操纵的、能进行持续飞行的载人飞行器。它外形呈橄榄状的软袋囊中充填了 2 500 立方米的氢气，艇重 750 千克，一台 160 千克重、2.2 千瓦的蒸汽机驱动着一个转速为 110 转/分的三叶螺旋桨。

16:1853 年，英国的航空之父凯利研制的滑翔机(图 7-19)首次载人自由飞行——这是航空史上第一架重于空气的载人航空器飞行。

图 7-19　早期的滑翔机

17:鸟类、昆虫、蝙蝠的飞行，以及人(乘坐飞行器)的飞行，都是在相对静止(暂不考虑风的影响)的大气中运动的。根据相对运动原理，飞行器(或物体)在静止的空气中以速度 V_f 运动时所产生的力与空气以同样速度 V_f 流向处于静止状态的飞行器(或物体)时所产生的力是一样的——在许多情况下，通过以飞行器的飞行速度(或物体运动速度) V_f 的气流流向处于静止状态的飞行器(或物体)模型来研究飞行器(或物体)的受力特性，具有便于观测、经济、安全、可靠等诸多优点，这样一种试验研究设备称为风洞。

风洞是一种能人工产生气流并对其流动特性进行控制，以模拟飞行器或物体(如高层建筑、桥梁、车辆等)周围气体的流动，并可度量气流对飞行器或物体的作用力以及观测其物理现象的管状实验设备，是进行飞行器或物体空气动力试验研究最常用、最有效的工具。

1869—1871 年，F. H. 韦纳姆在英国建造了世界上第一座风洞。美国飞机发明家莱特兄弟于 1900 年建造了一个风洞。1901 年，他们制作了 200 多个不同形状的机翼模型在不同角度下进行了上千次风洞试验，又用不同展弦比的机翼测量升力。

18:1903 年 12 月 17 日，莱特兄弟(图 7-20，他们在公众面前的形象始终是一体的，他们共享发明成果和荣誉)用他们自己设计、制造成的用内燃机作动力的有人驾驶飞机“飞行者”1 号(图 7-21)实现了人类首次持续的、有动力的、可操纵的飞行，开创了现代航空的新纪元——这是人类航空发展的第二次重大突破。这架飞机的翼展为 13.2 米，升降舵在前，方向舵在后，两副两叶推进螺旋桨由链条传动，着陆装置为滑橇式，装有一台 70 千克重、功率为 8.8 千瓦的四缸发动机。这架航空史上著名的飞机，现在陈列在美国华盛顿航空航天博物馆内。图 7-22 为欧洲野牛气垫船。

图 7-20 莱特兄弟

图 7-21 “飞行者”1 号

图 7-22 欧洲野牛气垫船

二、水稻种植的创新

传统的水稻种植技术包括种植地的修整、稻秧苗的培育、插秧、施肥管理、病虫害防治等。

水稻旱直播技术是在本田里直接播种、培育水稻的一种栽培方式。水稻旱直播技术与传统的水稻种植技术相比，省去了育秧与插(抛)秧两个重要生产环节，具有省工、省力、省秧田、生长期短、高产高效等优点，适合大规模种植。该技术更接近于水稻的自然生长状态，如再加上科学的水肥管理等配套技术措施，可以实现增产增收。

2014 年 10 月，中国工程院院士陈学庚研究员任组长的一行 10 人专家组，对在新疆生产建设兵团第一师一团种植的 146 亩“水稻机械精量旱穴播技术与机具”示范田进行了精准测产验收，最后确定这 146 亩示范田水稻亩产达到 1 042.97 千克的高产纪录。图 7-23 为陈学庚(右)与中国工程院院士、华南农业大学罗锡文教授在该试验田现场了解水稻生长情况。

图 7-23 “水稻机械精量旱穴播技术与机具”示范田现场

那么，什么是水稻机械精量旱穴播技术呢？如图 7-24 所示，水稻旱地穴播机有悬挂架、开沟器、带有排种管的种箱、带有排肥管的肥箱、刮土板和镇压轮、播种器等。该旱穴播技术不用育秧而机播，让水稻回到了原始的初始生长状态。

图 7-24 水稻机械精量旱穴播技术

2014 年 10 月报道：广东惊现海水稻，可在海水里生长并长出稻谷（图 7-25）。那是 1986 年 11 月的一天，风和日丽。陈日胜在湛江农业专科学校的罗文烈教授带领下，普查湛江红树林资源时，在遂溪县城月镇燕巢村海边穿梭于白花花的芦苇荡时，发现一株比人还高、看似芦苇但结着穗子的植物在迎风摇曳。凭直觉，陈日胜觉得它是稻子，但成熟的稻穗是金黄色的呀，它却是青白色的，穗子顶上有一小撮一寸来长的芒刺，看上去又有点像麦子。把穗子里的果实剥开来一看，竟是红颜色的像米又像麦的颗粒。当时罗教授叮嘱他收下 522 粒种子进行繁育，将海水稻种子培育至今。这种稻子抗盐碱、抗病虫害，不需施肥锄草，还抗旱、抗涝。

图 7-25　海水稻

三、机械设计还原创新

一切机械产品的基本功能都是通过机械的运动实现的，这是机械产品与其他类型产品最显著的区别。在机械设计中，设计者必须根据设计任务要求拟定出相应的机械运动方案，综合各方面的因素选择动力、机构和控制方式，使之构成一个机械传动系统，最终通过动力使机械系统运动来实现产品的功能。机械传动系统设计中，机构设计是一项极富创造性的工作。因为机构种类繁多，性能相同的机构数量也不少，能够实现相同运动的机构并不是唯一的。这就为设计者提出了一个问题：当机构所要求的运动及功能确定以后，怎样去寻找和创造能实现这些运动和功能尽可能多的同性异形机构，为提高机构的性能创造条件，为创造新机构提供可能。

还原创造原理认为，产品创造的原点是实现产品的功能，在保证实现功能的前提下，可以采用各种原理、方法和结构。既然机构最基本的功能是实现机械运动，设计者在对某一设计目标创造机构时，应当努力排除已有机械的工作原理和结构形式对设计思维的束缚，突破传统，开阔思路，围绕既定的设计目标，综合运用机、光、电、磁、热、生、化等各种物理效应，搜寻实现机械运动的各种可能的工作原理。设计者在构思运动方案时，应当追本溯源，从运动产生的最基本原理入手去探索标新立异的新机构和新结构。

1. 反求工程

反求工程(Reverse Engineering，RE)，也称逆向工程、反向工程，是指用一定的测量手段对实物或模型进行测量，根据测量数据通过三维几何建模方法重构实物的 CAD 模型的过程，是一个从样品生成产品数字化信息模型，并在此基础上进行产品设计开发及生产的全过程。所谓“逆向”，是针对通常的先有设计意图再制造出实物的设计制造流程而言的。

第六章所述的逆反创新是从反方向去创新，如与以前结构相反(左右对换位置、上下对换位置等)。而我们现在所说的反求工程则是反方向去思考创新的原点，然后再以此原点作为最基本的出发点，按机械设计的方向去创新产品。

反求工程是消化、吸收先进技术进行技术创新的高新技术，实施好反求工程是实现跨越式发展的关键。成功地运用反求工程，使日本节约了 65%的研究时间和 90%的研究经费。引进国外先进技术是世界各国加快技术发展的重要手段，是发展中国家追赶发达国家的必然选择。对国外先进技术的消化、吸收与创新，在较短时间内使我国技术达到国际先进水平，实现跨越式发展。

反求工程以先进产品或设备的实物、软件(如图样、程序、技术文件等)或影像(如图片、照片等)作为研究对象,应用现代科技方法和相关专业知识对其进行系统的分析和研究,反求其设计理念、设计原理、设计方法、技术诀窍和制造过程等诸多关键技术,以迅速实现其国产化,进而快速开发、制造出同类高附加值、高技术水平的新产品。

反求工程不是传统意义上的"仿制",而是基于原型的再设计。反求工程更强调集百家之长,在原有技术基础上进行创新和开拓延伸,形成更高层次的新技术或新产品。日本的口号是:第一台引进,第二台国产化,第三台出口。

世界各国利用反求工程进行创新设计的实例很多。

日本 SONY 公司从美国引入在军事领域中应用的晶体管专利技术后,进行反求设计,将其反求结果用于民用,开发出晶体管收音机,并迅速占领了国际市场,取得显著的经济效益。

日本的本田公司从世界各国引进 500 多种型号的摩托车,对其进行反求设计,综合其优点,研制出耗油少、噪声小、成本低、性能好、造型美的新型本田摩托车,风靡全世界,垄断了国际市场,为日本的出口创汇做出巨大的贡献。

日本的钢铁公司从国外引进高炉、连铸、热轧、冷轧等钢铁技术,几大钢铁公司联合组成了反求工程研究机构,经过消化、吸收、改造和完善,建立了世界一流水平的钢铁工业;在反求工程的基础上,创新设计出国产转炉,并向英、美等发达国家出口,使日本一跃成为世界钢铁大国。

我国的高铁就是引入日本子弹头机车的技术后,对其进行分析研究,进行反求设计,并进行了改进与创新,取得了可喜的成绩。据中国经济网北京 2010 年 11 月 25 日讯,日本东海旅客铁道株式会社拥有世界上最先进的磁悬浮高铁技术,该公司磁悬浮试验线路至今仍保持着时速 361 英里(合 580 千米)的世界纪录。其董事长葛西敬之近日接受《华尔街日报》采访时表示,日本不会向中国出口磁悬浮高铁。为什么?主要是担心会再次遭遇在轮轨高铁项目合作中的尴尬。他表示,日本公司当初同意为中国建造高速列车时想到的是自己即将进入中国蓬勃发展的新市场、拿下数十亿美元的合同,但没想到仅仅几年之后中国就成为日本的强劲对手。

在从事反求设计时,一定要懂得知识产权,既不要侵害别人的专利权、著作权、商标权等受保护的知识产权,同时也要注意保护自己所创新部分的知识产权。

2. 再生运动链法创造新机构

最能说明还原创新理论的就是以机械中的再生运动链法创造新机构。

长期以来,机构创新主要依靠设计者的知识积累、经验和灵感,创造的效率不高。由中国台湾成功大学颜鸿森教授等人提出的"再生运动链法"是运用还原创新原理创新机构的一种高效设计方法。它能有效地避免创新设计的盲目性,也不易因设计具有多解性而遗漏设计方案。正确地使用这种方法可能创造出性能超过已有设计的更好的新机构。

再生运动链法创造机构的基本思路是:选择一个满足设计基本要求又具有开发潜力的已知机构作为创新设计的原始机构;应用"颜式"创造的特定方法将已知机构中的功能构件和构件组演化为一般化构件,根据设计的约束条件将原始机构抽象为一般化运动链,还原出这一类机构共同的"根";从一般运动链发散,运用数目综合理论推衍出众多的再生运动链;根据众多的再生运动链还原出相应的机构,通过比较寻找功能相同但性能更优的新机构。

如图 7-26 所示为根据再生运动链法进行机构创新设计的流程图。

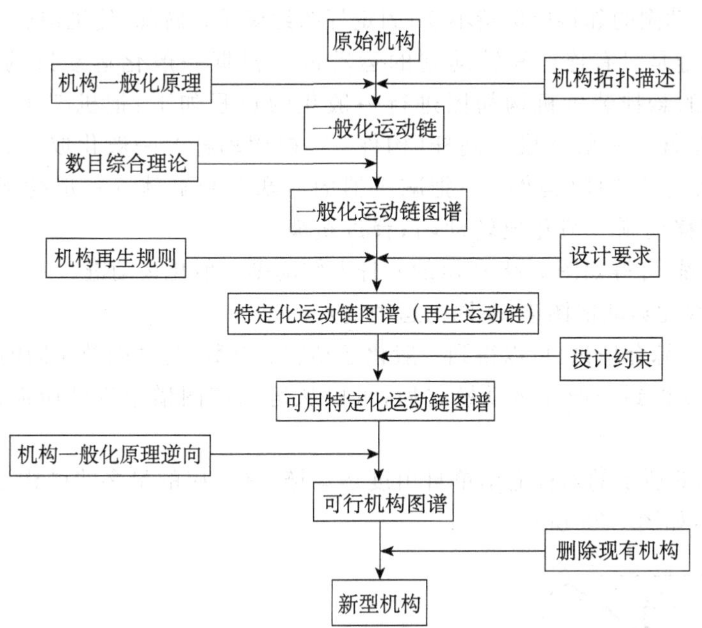

图 7-26 再生运动链法流程图

以下将通过摩托车后轮悬挂装置的创新设计来说明再生运动链法的运用，要熟练掌握请更多参考相关资料。

(1) 确定原始机构

摩托车的悬挂系统用于吸收因车轮撞击道路上的凹坑或凸起而产生的路面冲击。摩托车悬挂的设计目标，在于在提供适当的驾驶舒适性的同时尽可能地保持后轮与地面的接触。

一般摩托车的后轮悬挂装置通常是筒型伸缩式的，或是一个四连杆机构，但这种设计无法提供可变的杠杆比，以使后轮具有较大的行程。为了给后轮提供较大的位移行程，越野摩托车的尾部悬挂装置一般都采用六杆机构，如图 7-27 所示。

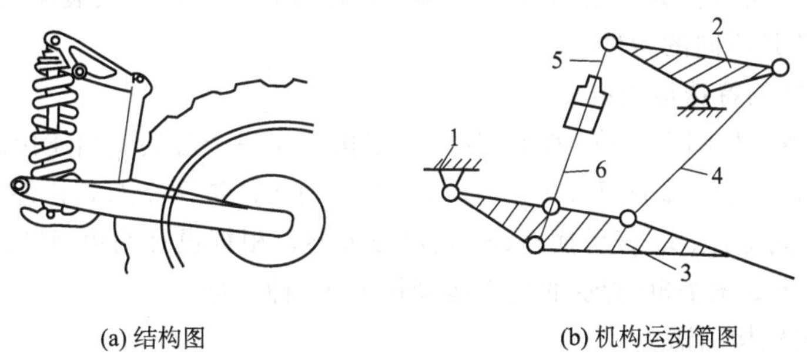

(a) 结构图　　(b) 机构运动简图

图 7-27 越野摩托车尾部悬挂装置原始机构

1—机架；2—支撑臂；3—摆动杆；4—浮动杆；5—减振器活塞；6—减振器缸体

(2) 将原始机构转化为一般化运动链

原始机构一般化的目的是把包含有不同类型杆件与运动副的原始机构，转化为只含连杆和转动副的一般化运动链。

一般化过程是建立在一般化规则基础上的。将原始机构简图抽象为一般化运动链的一般化原则为：将非连杆形状的构件转化为连杆；将非转动副转化为转动副；机构的自由度应保持不变；各构件与转动副的邻接应保持不变；固定杆的约束予以解除，使机构成为一般化运动链。

一般化运动链是只有连杆和转动副的运动链。根据一般化运动链的一般化原则，对图 7-27(b)所示的悬挂装置机构简图进行一般化的过程如下：把机架 1 一般化成二副杆(构件 1)；把支撑臂 2 一般化成三副杆(构件 2)；把摆动杆 3 一般化成三副杆(构件 3)；把浮动杆 4 一般化成二副杆(构件 4)；把减振器的活塞 5 和缸体 6 一般化成二副杆(构件 5 和构件 6)，并把移动副一般化成转动副；释放机架。

经过上述过程，可得如图 7-28 所示的六杆七转动副一般化运动链。

(3) 求取一般化运动链图谱(非同构运动链)

应用机构数目综合理论，可以得到一般化运动链的杆数、运动副数相同的全部可能的运动链图谱。设计者在得到一般化运动链之后，可以从运动链图谱中查到所需的一般化运动链图谱。

对于如图 7-28 所示的六杆七副单自由度运动链，其对应的最多非同构运动链，若不考虑变异形式有两种，如图 7-29 所示。

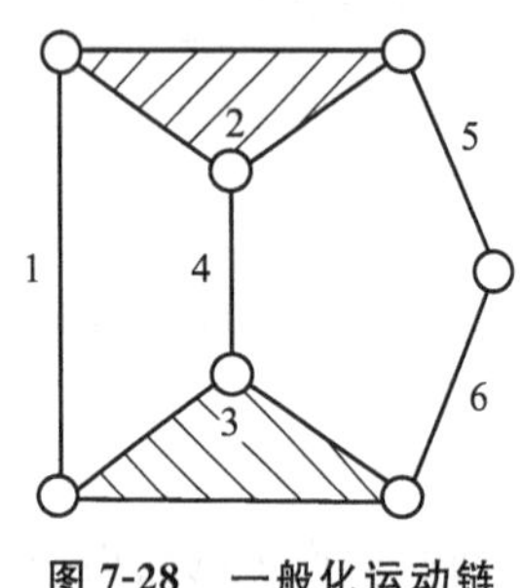

图 7-28 一般化运动链

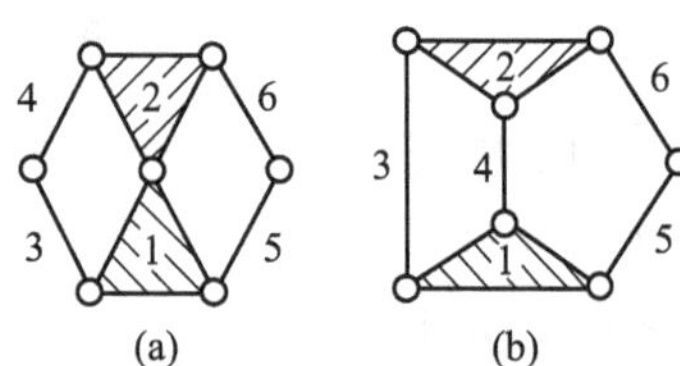

图 7-29 六杆七副一般化运动链

(4) 再生运动链

① 设计约束

对越野摩托车尾部悬挂装置设定几个设计约束，作为新机构类型创新的依据。这些设计约束为：必须有一固定杆作为机架；必须有吸振器；必须有一个摆杆安装摩托车后轮；固定杆、摆杆和吸振器必须是不同的构件。

② 具有固定杆的特殊运动链

型式 1：瓦特型。如图 7-29(a)所示，两个三副构件在一个公共点相连接。

型式 2：史蒂芬孙型。如图 7-29(b)所示，两个三副构件被两个双副构件隔开。

若以 Gr 表示固定杆、S_w 表示摆杆、S_s 表示吸振器。根据设计约束，针对如图 7-29 所示的两套运动链，可得出如图 7-30 所示的再生运动链的 10 种类型。

(5) 求取可用机构图谱

对于该悬挂机构，如果没有其他的实际约束，则如图 7-30 所示的 10 种类型都是可行的。

若增加该机构创新设计的约束条件，如摆杆与固定杆必须相连，则图 7-30 中能够满足此约束要求的可行设计方案只有 6 个，即图 7-30(a)、(b)、(d)、(f)、(h)、(i)。再利用一般化原则的逆推程序，可将这 6 个可行设计方案还原为具体机构，得到如图 7-31 所示的实际机构简图。

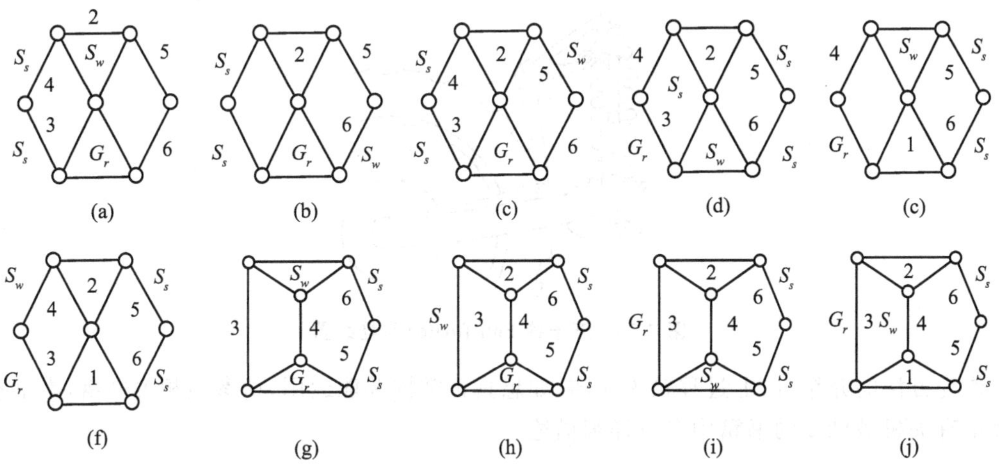

图 7-30　再生运动链

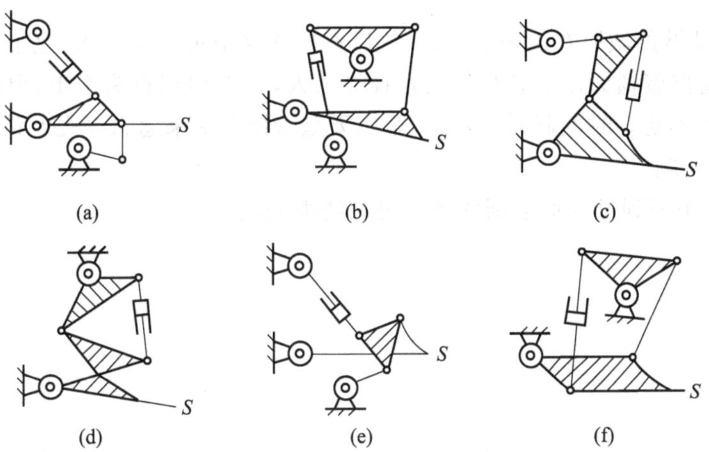

图 7-31　可用机构图谱

(6) 获得新型机构图谱

将原始机构从所建立的可用机构图谱中删除，所得到的即是新型机构图谱。在图 7-31 所示的 6 个机构中，图 7-31(b)为川崎 KX250 的悬挂装置(图 7-32)，图 7-31(e)为本田 CR250R 的悬挂装置(图 7-33)，图 7-31(f)为五十铃 RM250 的悬挂装置(图 7-34)。

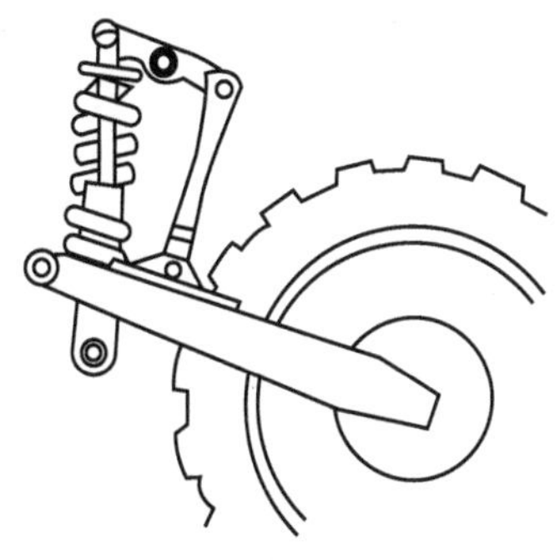

图 7-32　川崎 Uni-trak 悬挂装置

图 7-33　本田 Pro-Link 悬挂装置

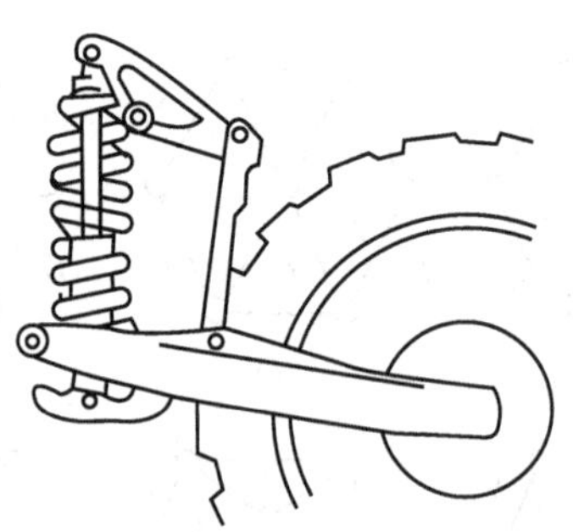

图 7-34　五十铃 Full-floater 悬挂装置

作为方法的介绍，以上过程较为简洁，如想真正掌握并能运用，请参照相关书籍，本书参考文献中有关机械创新的书籍中多有详细描述。

习　题

1. 古时候，某城的城墙在雨中崩塌，一块巨石挡在路中央。第二天，皇上要到城外的寺庙去看看，必须使道路畅通无阻。官员们四处找寻工人，要他们把石头搬走，但因下大雨场地泥泞，石头怎么也搬不走。时间眼看要到了，第二天皇帝怪罪下来怎么办呢？请你用还原创新原理快速解决这个问题。

2. 你在生活中遇到过还原创新的例子吗？请举例说明。

第八章　系统思维创新

第一节　系统思维方法

这是一个越来越复杂化的时代！这是一个越来越动态化的时代！这是一个越来越混沌的时代！海量的信息资讯淹没了人们有限的感知能力，光速般的激烈竞争让世界变成一个地球村，层出不穷的新事物、新问题让变革成为生活的常态。著名管理学者彼得·圣吉在《第五项修炼》一书中感慨道：我们有可能就此迷失在一场巨大而复杂的变局中……如何透过局部把握整体？如何在动态中保持平衡？如何在混沌的世纪中超越常规发展创新？

任何事物，不可能与世间万物没有任何联系、不受其他因素的影响而来到这个世界；它的存在、发展与消亡也不可能孤立地、静悄悄地进行……它总是在一个或小或大，或简单或复杂的系统中存在与发展。

系统是由两个或两个以上的元素相结合的有机整体，系统的整体不等于其局部的简单相加。系统思维是在考虑解决某一问题时，不是把它当作一个孤立、分割的问题来处理，而是当作一个有机关联的系统来处理，从系统和要素、要素和要素、系统和环境的相互联系、相互作用中综合地考察认识对象的一种思维方法。系统思维能极大地简化人们对事物的认知，给我们带来整体观。通过学习系统思维，人们可以认识到以往看似截然不同的事物其实存在着千丝万缕的联系，在它们的背后，在更深的层次上，它们有着统一的模式结构——系统。用系统的思维视角去认识事物和分析问题，以往那种让人眼花缭乱、不可捉摸的复杂思维图景，可以在瞬间变得井然有序、简洁清晰。

系统思维创新有如下九大法则。

1. 整体法则

战国时期尸佼所著的《尸子》说："见骥一毛，不知其状；见画一色，不知其美。"意思就是，见到马身上的一根毛，不能知道它长得什么样；见到画中的一点色块，不能知晓画的美丽。我们看待事物，不能从局部来看，而应该从整体上来把握。

整体法则即从整体出发，把思考对象看作由若干部分构成的有机整体，从整体与部分、部分与部分、整体与环境的相互联系和作用中认识事物或找到解决问题的恰当办法。系统思维方式的整体性由客观事物的整体性所决定，整体性是系统思维方式的基本特征。

整体性法则是系统方法的首要原则。它把研究对象视为有机整体，探索其组成、结构、功能及运动变化的规律性。它要求我们无论是认识、研究、控制自然对象，还是设计制造人工系统，都必须从系统的整体出发，探索系统内外环境中和内外环境间的辩证关系。整体性对于任何一个系统来说，都是相对稳固的本质特征。我们身体的细胞大约每隔七年就要全部更换一遍，但我们依然故我；保持这同一性的因素不是细胞和个人，而是身体的整体性，正是整体性，告诉了我们系统为什么存在着。所以，整体性是运用一般系统方法最根本的原则。

整体居于主导地位，统率着部分，整体具有部分根本没有的功能；部分在事物的发展过程中处于被支配的地位，部分服从和服务于整体。

目前，一些小煤窑、小化工等“五小”企业，生产工艺落后、管理混乱、资源利用率低、能耗高、事故多。其发展是以污染环境、影响生态、浪费资源和高能耗为代价的，是一种“饮鸩止渴”或“竭泽而渔”的发展模式，对社会经济与行业系统的利益与发展极具破坏性，是对系统功能的抵减。只有坚决关闭这些“五小”企业，才有利于系统整体功能的发挥和可持续发展，才符合科学发展观。

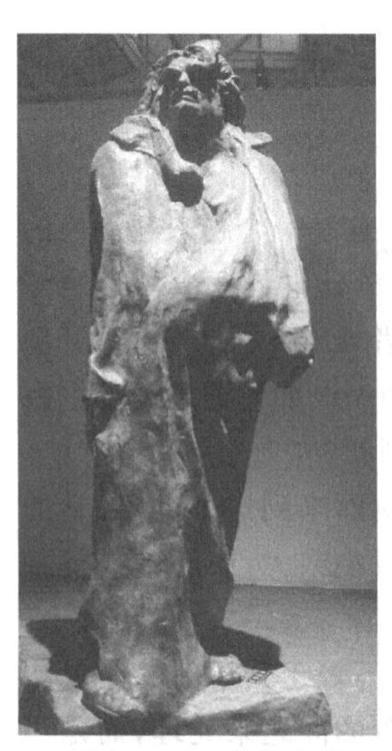

图 8-1 巴尔扎克像

巴尔扎克像(图 8-1)由雕塑家罗丹历时 7 年创作，它栩栩如生，光彩照人，的确是雕塑艺术的珍品。可这位大师的巴尔扎克塑像却没有手臂，这是什么原因呢？那天，罗丹很高兴地把他的几个学生叫来，叫他们欣赏刚刚作完的巴尔扎克纪念像，呈现在学生们眼前的巴尔扎克披着宽大的睡袍，双手交叉在胸前，两眼看着前方。他好像是经过了一夜的辛勤笔耕，此时正在眺望着窗外的黎明，在酝酿着一部新的巨著。学生们都被老师的这尊杰作镇住了。三个学生都认为老师雕的手简直太传神了，简直跟真的一样。大师的眉头立即蹙紧了，脸上便显出了一种深深的失望的表情。忽然，他拿起了一把斧子，把刃对准巴尔扎克的手臂，狠狠地砍了两斧。罗丹说：“这双手这样完美，它就不再属于这座雕像的整体了，那么就让它独立出来吧！你们千万要记住，作为一件真正的艺术品，任何一部分都不可能比它的整体更加重要！”罗丹的这样一种深刻见解，最后使他的学生们终于明白了老师的用心。自此，这尊无手臂的巴尔扎克像，与罗丹的《思想者》《青铜时代》等一同屹立在世界艺术杰作之林。

据说燕国太子丹百般讨好荆轲，为的是要荆轲去刺杀秦王。在临行前的宴会上，太子丹特意叫来一个能琴善乐的美女为荆轲弹琴助兴。荆轲听着悦耳的琴声，看着美人那双纤细、白嫩、灵巧的手，连连称赞：“好手！好手！”并一再表示：“但爱其手。”听着荆轲的称赞，太子丹立即令人将美人之手斩断，放在盘子里，送给荆轲。斩断之手，还是好手吗？苏轼在《琴诗》中写道：“若言琴上有琴声，放在匣中何不鸣？若言声在指头上，何不于君指上听？”

系统思维中的“木桶理论”认为，木桶的盛水量取决于最短的那一块木板的长度。李月亮在她的《你受的苦将照亮你的路》中也写道：“如果男人有十种主要特质的话，比如外貌、财富、能力、性格、品行等等，那么这十种特质就是组成一个木桶的十块木板，最长的一块决定了他能多大程度吸引你，而最短的一块决定了他能给你盛装多少幸福。所以你在选择那块长板时，必须留意他最短的短板在哪里，有多短。长板可以不长，但短板绝对不能太短，否则他的桶里装不下多少幸福。在非要扣掉三十分的前提下，最好是平均在每个板子上扣掉三分，让这个桶实现容量的最大值，而不是其他都好，只有一块太短，最后什么都装不下。听过太多这样的故事：‘他什么都好，就是太小气，我买一条毛巾他都生气，去看望父母多买几个苹果都要吵架，我几年都不敢添衣服，家里存款逐年增加，日子却过得跟五保户似的，真不知道攒那些钱有什么用。’‘他什么都好，就是脾气太暴，常常为一件芝麻大的事就勃然大怒，隔三岔五对我大打出手，打过之后自己也后悔，但过不了几天还是暴怒会动手。’这样的人，他再帅，再有钱，再专一，再幽默，又有什么用？他的短板实在太短，把所有长板的优势都泄掉了……选择伴侣不是比赛评分，要去掉一个最高分去掉一个最低分。正相反，你应该重点看的正是最高分和最低分，在被最高分吸引之后，必须尽早看清他的最低分，在那块最短的板子尚可接受的前提下，才可以考虑长久的发展。”

杨绛先生在《我们仨》中说：“有一位乔木同志的相识对我们说：‘胡乔木只把他最好的一面给你们看。’我们读书，总是从一本书的最高境界来欣赏和品评。我们使用绳子，总是从最薄弱的一段来断定绳子的质量。坐冷板凳的书呆子，待人不妨像读书般读；政治家或企业家等也许得把人当作绳子使用。钟书待乔木同志是把他当书读。”

而个人的成就是由他的长板决定的。比如，提到姚明我们会联想到篮球；提到郎朗我们会联想到钢琴；提到袁隆平我们就会联想到杂交水稻；提到陈景润我们马上会联想到哥德巴赫猜想……因为篮球是姚明的长板，钢琴是郎朗的长板，杂交水稻是袁隆平的长板，数学是陈景润的长板，这些长板奠定了他们的行业地位、社会地位。你不会考虑姚明会不会写文章，郎朗会不会打篮球，陈景润会不会演讲，人们更关注促使他们走向成功的那一项特长。

系统作为一个整体，它的性质或功能并非其诸要素之性质或功能的简单叠加，而是整体的性质或功能可能大于或小于各要素性质或功能之总和——这正是系统作为一个整体（集合）所产生的“系统（整体）效应”所致。

“三个臭皮匠，赛过诸葛亮”这句充满哲理的俗语警示人们一个源于生活的真谛：3 个一般的人绝非我行我素的散兵游勇偶尔聚在一起，而是以“群策群力，同舟共济”为信念走到一起来的有志者——他们有可能产生 $1+1>2$ 的“团队精神”（通力协作、集思广益）效应。

有一个“石头、沙子、水”的故事。一个空杯子，三个分别装满了水、沙子、石头的杯子。如果将一杯石头倒进空杯子里，杯子装满了吗？装满了，装满了石头，但还可以装沙子。待放完沙子，看似满了，其实不然，还可以放水。如图 8-2 所示双向存储箱。

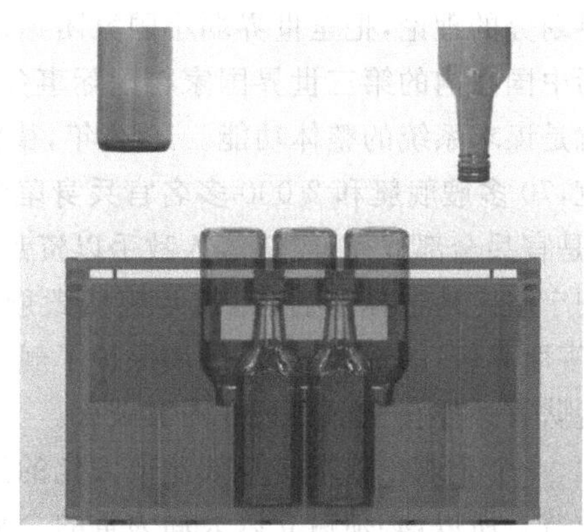

图 8-2　双向存储箱

同样由水、水泥、沙子和石子搅拌而成的混凝土的体积肯定小于水、水泥、沙子、石子体积之和，其特性与功能也绝非水、水泥、沙子和石子单独存在时所能比拟的。

2. 全局法则

谢安（320—385 年），字安石，号东山，东晋人。他经常召集本族子弟谈诗论文，行孔子之教，比较著名的有《世说新语》中的一个故事。谢安在一个雪天和子侄们讨论可用何物比喻飞雪。谢安的侄子谢朗说“撒盐空中差可拟”，谢道韫则说“未若柳絮因风起”，因其比喻精妙而受到众人称许。“咏絮之才”也成为后来人称许有文才的女性的常用的词语。这段事迹亦为《三字经》“蔡文姬，能辨琴。谢道韫，能咏吟”所提及。《世说新语·文学》载有另一则故事。谢安曾问子弟们《毛诗》何句最佳，侄儿谢玄说："昔我往矣，杨柳依依；今我来思，雨雪霏霏。"谢安却认为"吁谟定命，远猷辰告"一句最得己意。此句出自《诗经・大雅・抑》，意谓贤德之人，处世不为一己谋身，而有天下之虑，用宏大的谋划来确定政令；筹划不为一时之计，而为长久之规，以长远的谋略来确立诏诰。这显示出谢安这位风流宰辅胸怀天下的非凡气度和高瞻远瞩的政治眼光。

常言"善弈者，谋势；不善弈者，谋子"。这就是说，会下棋的人会整体谋局，看重棋子间的联系与配合；不会下棋的人则只顾及局部，看重个别棋子的得失。谋子不如谋局，可以谋全局来解决局部问题；不谋全局者不足谋一域，战略上的问题不可能通过战术手段来改变。有全局观念是指领导者在具体制定和实施决策的过程中，必须对事物有一个整体的把握，从大局出发，着眼于对自己的发展有利的环节来开展工作。任何事物都存在着全局和局部之分，同时全局和局部又是相对而言的。在一定范围内为全局，在更大范围内则可能成为局部。

历史上，善于谋全局而以少胜多、以弱胜强的例子很多。如诸葛亮作《隆中对》，未曾出山，先定天下三分，就是谋局的典范。弱小的刘备集团，按诸葛亮的整体布局谋发展，终于取得三分天下而踞其一的地位。我国春秋末年(公元前 494 年)的吴越之战，越王勾践兵败会稽山，不得不降服而到吴国为吴王夫差做奴仆，因服侍夫差貌极恭谨而被赦返故国。回国后，为复仇与强国自立，他进行了全局谋划。对自己，夫妇亲事耕织，天天"卧薪尝胆"，反躬自问"汝忘会稽之耻邪?"对国家，进行了十年的休养生息和十年的军事训练，让国家逐渐恢复强盛。对吴国，他奉献西施、郑旦等美女，一面诱使吴王玩乐丧志、失去警惕，一面刺探情报以做内应。在各项准备俱已成熟时，于公元前 473 年，乘吴国国内空虚，突然发起攻吴之战。吴王夫差仓促应战，兵败姑苏山自杀而亡。这是越王勾践 20 余年整体谋划的结果。毛主席的整体谋局也是史册可载的，当中国处在美、苏两大势力的夹缝中，世界弱小国家在国际事务中国小言轻时，毛主席提出三个世界划分的理论，把全世界弱小国家团结起来，形成了一股不可忽视的国际力量，大大增强了包括中国在内的第三世界国家在国际事务中的影响力。

谋全局就是谋求系统的整体功能。1918 年，德国将苏维埃政权的黑海舰队包围在小军港诺沃罗西斯克，70 多艘舰艇和 2 000 多名官兵身陷绝境且当局已无力救援。这种情况下结果只有两个：一是官兵全部战死，舰队落入敌手以资敌用；二是舰队自沉以免资敌，官兵寻机灵活脱险。这时列宁坚定地选择了后者，指示舰队毁舰自沉，而 2 000 多名官兵巧妙地脱离了危险。这种"两害取其轻"的选择，为苏维埃保护了舰队官兵这一珍贵财富且避免了资敌的后果，使德军全歼舰队官兵俘获全部舰只的图谋破灭。

一个组织、一个企业在追求自身效益最大化的过程中，最终追求的是整体的合力、凝聚力和最佳整体效益。所以，必须树立以大局为重的全局观念，不斤斤计较个人利益、局部利益和眼前利益，将个人、部门、眼前的追求融入企业的总体目标和长远目标，从自发地遵从到自觉地培养团队精神，最终达到企业的最佳整体和长远效益。

齐国每年都要举行几次大型的赛马会，齐威王和大臣们都喜欢在赛马场上争个高低。可是大将田忌的马力不佳，每次与齐威王较量都输掉不少金子。孙膑得知此事后，私自观察了一下。见田忌的马和威王的马差不多，他就给田忌出主意说："我有办法使您取胜。"田忌疑惑不解，打听办法。孙膑说："齐国的良马都集中在君王的马厩里，您用您的良马与他的良马比，用您的劣马与他的劣马比，这是您每次都输的原因。马有上中下之分，把您的马按照优中劣分成三队，如果能用您的下等马与君王的上等马相比，用您的中等马与君王的下等马相比，用您的上等马与君王的中等马相比，这样安排，您一定会取得一败两胜的成绩。"再次赛马，田忌按照孙膑所说的做了，果然两胜一败，田忌赢了不少金子。齐威王很纳闷，田忌告诉齐威王，不是他的马精良，而是孙膑出的计谋高明。

公元前354年，魏国派大将庞涓率8万精兵进攻赵国，包围了赵国都城邯郸，赵国苦战了一年，眼看就要撑不住了，急忙向盟国齐国求救。齐威王正欲向外扩张，于是命田忌为主将，孙膑为军师，率兵8万去救赵国。孙膑认为魏以精锐攻邯郸，国内空虚，于是率军围攻魏都大梁，迫使魏将庞涓赶回应战。田忌采纳了孙膑"批亢捣虚""围魏救赵"的战法，挥师直逼魏国军事重镇平陵(今山东定陶)。齐军攻打平陵的行动并不坚决，庞涓也不急于回救，继续竭尽全力攻克邯郸。直到魏军已占领邯郸，损兵折将急需休整时，孙膑才建议齐军挥师直捣魏都大梁，逼魏惠王十万火急命令庞涓统兵回救。庞涓接令后，不得不放弃邯郸，抛弃辎重，昼夜兼程回师。孙膑判断魏军回师必经桂陵(今河南长垣西北)，立即率齐军主力北上，在桂陵设下埋伏。当魏军经长途跋涉行至桂陵时，以逸待劳的齐军突然出击，大败魏军。如图8-3所示。孙膑在此战中避实击虚、攻其必救，创造了"围魏救赵"的战法，成为两千多年来军事上诱敌就范的常用手段。

3. 长远法则

先讲一个故事，这是一个献给准备放弃者的故事。一天，我决定放弃我的人生。为此，我到森林里，与上帝做最后一次交谈。"上帝，你能给我一个让我不放弃的理由吗?"我问。他的回答令我大吃一惊："你看看四周，看到那些山蕨和竹子了吗？我播了山蕨和竹子的种子后，给它们光照和水分。山蕨很快就从地面长了出来，茂密的绿叶覆盖了地面。然而，竹子却什么也没有长出来。第二年，山蕨长得更加茂密。竹子的种子仍然没有长出任何东西。两年过去了，竹子的种子还是没有发芽。然而，到了第五年，地面上冒起了一个细小的萌芽。与山蕨相比，它小到微不足道。但是，仅在6个月之后，竹子就长到100英尺高了。它花了5年时间来长根，竹子的根给了它生存所需的一切。"上帝对我说："孩子，你这段时间所做的挣扎，实际上就是你长根的时候。不要拿自己与别人对比。现在，你的时机到来了。你会上升得很高！"所以只要我们长远规划，精心耕耘，不必在意现在比别人弱小，明天你就可以俯视别人。

陈道明说："我有七年的时间，在台上一句台词没有。这一场演匪兵，下一场演伪军，再一场演特务，再下一场演八路。我在想，就是人在各种职业当中，要有一种甘于寂寞的精神准备。"

毕淑敏说："16岁我到西藏阿里当兵，整整11年面对苍茫大地，我反复地质疑生命意义何在，条件的恶劣也让我有轻生的念头，但每次仰望星空，捏捏自己完好无损的身体，我明白，在逆境中坚持下来，永远不要认为自己没有出路，你还是你，只要精神不垮，那么身体是可以跟随你前进的。"

图8-3 也许有一段时间，你发现日子特别的艰难，那可能是这次的收获特别的巨大

泰戈尔说："你的负担将变成礼物，你受的苦将照亮你的路。"如图8-3所示。

俗话说：人无远虑，必有近忧；不谋万世者不足以谋一时。系统思维要求我们具有长远思维的能力，通过长期谋划来处理近期事务。

"孔子登东山而小鲁，登泰山而小天下。"一个人要站得高，才能望得远。

前面提到的系统的整体性主要是指空间的整体性。现在所讲的长远法则也可理解为时间上的整体性，从时间上做一个整体系统规划。

1985年，人们发现，牛津大学有着350年历史的大礼堂出现了严重的安全问题。经检查，大礼堂的 20 根横梁已经风化腐朽，需要立刻更换。每一根横梁都是由巨大的橡木制成的，而为了保持大礼堂 350 年来的历史风貌，必须只能用橡木更换。在 1985 年那个年代，要找到 20 棵巨大的橡树已经不容易，或者有可能找到，但每一根橡木也许将花费至少 25 万美元。这令牛津大学一筹莫展。这时，校园园艺所来报告说，350 年前，大礼堂的建筑师早已考虑到后人会面临的困境，当年就请园艺工人在学校的土地上种植了一大批橡树，如今，每一棵橡树的尺寸都已远远超过了横梁的需要。这真是一个让人肃然起敬的消息！这说明了一名建筑师 350 年前就有了用心和远见：建筑师的墓园早已荒芜，但建筑师的职责还没有结束。

有一位广告学系大学生，一毕业就急着找工作，可是由于找工作的学生满街都是，所以一时之间无法顺利找到，他的心里很着急。大学生由报纸广告找不到工作，就跑到一家国际知名的广告公司，他心想，这是自己最向往的公司，虽然被录用的可能性不大，但还是姑且试试吧。他壮起胆子要求见广告部门的主管，主管一听来意，就立刻像大学生所预料的那样："对不起，我们不缺人。"大学生很有礼貌地笑了笑，由袋子里拿出一张海报递给主管，说："对不起，打扰您了，我将这张海报贴在贵公司门口好吗？省得你麻烦。"海报上画的是：一个篮球教练举起双手，打出暂停手势，旁边有一行小字：暂停人员招聘。这张海报画得实在太出色了，主管赞许地点点头对大学生说："等一等，或许广告部门还有一个空缺。"

当我们将很多看似目前无论如何也解决不掉的事情放到时间轴里去思考、去分割、去设计节点，就会发现，遥远的目标就像爬楼梯一样，就是一步一坎而已。将很多目标放进时间长河里思考，我们就会懂得以终为始，以目标为点向现在出发靠拢。古人"千里之行始于足下，不积跬步无以至千里"早已阐述如此观念。

4. *层级原则*

世界是一个不同层次性的相互联系的系统。系统的层级原则，是指由于组成系统的诸要素的种种差异而使得系统组织在地位与作用、结构与功能上表现出等级秩序性，形成了具有质的差异的系统等级，即形成了统一系统中的等级差异性。客观事实都是纵向和横向的统一。任何一个认识客体，它的发展是纵向的，是由若干个子系统构成的系统，它需要该系统中的要素联系起来，形成一个协同整合的统一系统；系统又是相对的，它是另一个更大系统中的子系统，在这个更大系统中起着要素的作用，构成了这个更大系统的基础。

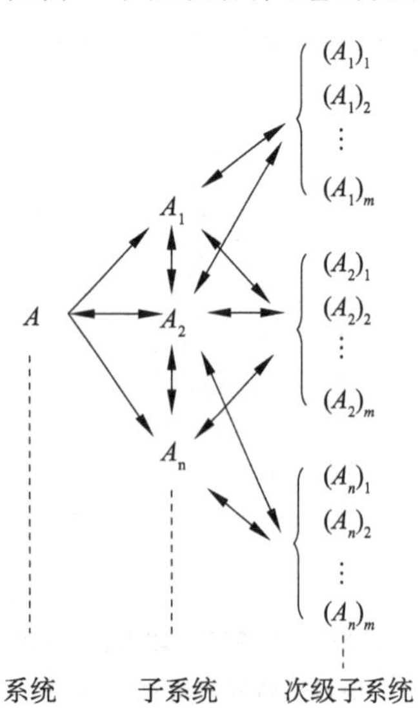

图 8-4　系统与其子系统、次级子系统之间的关系

如图 8-4 所示，一个整体的系统由许多层次的子系统组成，而每一层次的子系统又由许多次级子系统组成，系统与子系统之间有纵向、横向和纵横交错的联系。

下面讲一下庄子"巧论三剑，一言兴邦"的故事。

战国时代，赵国的赵文王特别喜欢剑术。投其所好的剑士们纷纷前来献技，以至宫门左右的剑士达三千人之多。他们日夜在赵文王面前相互拼杀。每年为此而死伤的人数以百计，但赵文王仍兴趣不减、好之不厌。于是，民间尚剑之风大盛，侠客蜂起，游手好闲之徒日众，耕田之人日益减少，田园荒芜，国力渐衰。其他诸侯国意欲乘此机会攻打赵国。

太子赵悝为此忧虑不已，召集左右大臣商量道："如此下去，必将国破家亡，为别国所制。诸位大臣中，如有既能悦大王之意，又能止剑士相斗者，吾将赏赐千金。”左右异口同声说：“庄子可担此任。”太子问：“庄子是什么人？”一大臣答：“庄子是个隐士。其才足可经邦，其能足可纬国，其辩可以起死回生，其说可以惊天动地。如能请他前来，定能顺大王之意，又能救民于水火。”于是，太子便派使者带上千金去请庄子。

庄子见了使者，听明来意，说道：“此事何难，竟值千金之赏？”坚辞不收千金，而偕使者一道去见太子，问太子道：“太子赐我庄周千金大礼，不知有何指教？”太子道：“闻先生神明，特奉上千金作为您的学生们一路上来的开销。先生不收下，我赵悝还敢说什么呢？”庄子说：“听说太子用我庄子的原因，是欲绝弃大王的癖好。倘若臣上劝大王而逆大王之意，则下有负太子，我也会受刑而死，要千金何用？假使臣既能上讨大王之欢心，下又使太子称心，我在赵国何求而不得呢？”

三天后，庄子身穿剑服来见太子。太子便带他去见赵文王。文王长剑出鞘，白刃相待。庄子气宇轩昂，神色萧然。入殿门不趋，见大王不拜。大王道：“太子介绍您来，欲以什么教给寡人？”庄子道：“臣闻大王好剑，故特以剑术拜见大王。”王说：“您的剑术有何特长？”庄子说：“臣之利剑锋利无比，臣之剑技天下无双，十步杀一人，千里不留行。”文王听了，大为欣赏，赞道：“天下无敌矣！”道：“夫善舞剑者，示之以虚，开之以利，后之以发，先之以至。愿大王给机会，让我得以一试。”文王道：“先生且休息几天，在馆舍待命，等我安排好后，再请先生献技比剑。”于是，赵文王以比剑选择高手，连赛七天，死伤者六十余人，得五六位佼佼者。便让他们持剑恭候于殿下，请庄子来一决雌雄。庄子欣然前来，赵文王下令：“此六人都是高手，望您大显身手，一试锋芒。”庄子答道：“盼望好久了！”

赵文王问：“不知先生要持什么样的剑？长短何如？”庄子答：“臣持什么剑都可以。不过臣有三剑，专为大王所用。请允许我先言后试。”大王点头，道：“愿闻三剑究竟何样？”庄子道：“此三剑分别是：天子剑、诸侯剑、庶人剑。”大王好奇地相问：“天子之剑何样？”庄子道：“天子之剑，以燕溪、石城为锋，齐国、泰山为刃，以晋、卫两国为背，以周、宋两国为剑环，以韩、魏两国为把，包以四夷，裹以四时，绕以渤海，系以恒山，制以五行，论以刑德，开以阴阳，持以春夏，行以秋冬。此剑直之无前，举之无上，按之无下，挥之无旁。上决浮云，下绝地维。此刻一出，匡正诸侯，威加四海，德服天下。此即我所谓天子剑也。”文王听后，茫然若失。又问：“诸侯之剑何如？”庄子道：“诸侯之剑，以智勇之士为锋，以清廉之士为刃，以贤良之士为背，以忠圣之士为剑环，以豪杰之士为把。此剑直之亦不见前，举之亦不见上，按之亦不见下，挥之亦不见旁。上效法圆天，以顺三光；下效法方地，以顺四时；中和民意，以安四乡。此剑一用，如雷霆之震动，四海之内，无不宾服而听从君命。此乃诸侯剑也。”文王听了，频频点头。

文王接着问：“庶人之剑又如何？”庄子道：“庶人之剑，蓬头突鬓垂冠，浓眉长须者所持也。他们衣服前长后短，双目怒光闪闪，出语粗俗不堪，相击于大王之前，上斩脖颈，下刺肝肺。此庶人之比剑，无异于斗鸡，一旦不慎，命丧黄泉，于国事无补。今大王坐天子之位却好庶人之剑，臣窃为大王深感遗憾！”赵文王听了，马上起身牵着庄子的双手上殿。命厨师杀鸡宰羊，好酒好菜款待庄子。赵文王绕桌三圈。庄子见了，道：“大王且请安坐定气，臣剑事已奏完毕了。”文王坐下，沉思良久。赵文王自听庄子畅论三剑后，三月未出宫门。自此戒绝好剑之痛，一心治理国家。

再如对物质结构层次的认识。人们认识了分子，从而建立了一般物理学的知识；进而认识了原子，从而建立了原子物理学的知识；再进而认识了原子核，从而建立了核物理学的知识；又进而认识了基本粒子，从而建立了高能物理学的知识。即每深入一个物质结构层次，就创造了一个新的研究领域和一门新的科学知识系统，就一层一层地揭示了物质世界的客观规律，一步一步地加强了对物质世界的认识、利用与改造。

就社会系统而言，每一社会单元、个体、组织及社会事物无不处在系统联系之中，或处在系统的某一个层次。不同的层次结构特征也决定了社会系统不同的性质和发展水平。如国民经济系统有第一产业（农业）、第二产业（工业）、第三产业（服务业）和知识经济产业等。若第一产业在国民经济中占主导地位，则这个国家只能是不发达的农业国家；若第二产业在国民经济中占主导地位，则这个国家正在进入工业化国家行列；若第三产业在国民经济中占主导地位，则这个国家正进入发达的工业化国家行列；若知识经济产业在国民经济中占有相当的地位，则这个国家就是高度发达了。这就是结构层次状态决定事物的性质。

就管理系统而言，我们常说的层级管理，就是按系统的层次性联系，实行等级管理。层次结构合理则管理功能强、效率高。否则，就会出现层次不清、管理混乱的现象。或者管理缺位，有人没事做，有事没人做；有困难的事没人做，有好处的事抢着做。或者管理越位，出现上级直接插手下级事务，影响下级责任心；下级越权决定上级事务，导致管理失控。或者管幅过宽、层次过少，出现一个上级管理很多下级，导致上级忙于应付，疏于调查思考，下级苦于等待，毫无工作效率。或者层次过多，管幅过窄，导致工作通路不畅、层层“旅游”，难以落实到位，等等。有研究表明，管理系统的整体结构应该是宝塔形或正立的三角形，而上级对下级的管幅一般以5～10个单元为宜。

系统层级性的思想，还导致了一个专门学科—— 分类学的产生。分类学是一种分门别类的科学，如生物分类学、植物分类学、动物分类学、图书分类学等。人们最初是从对自然界动、植物的认识与利用，而形成有关分类知识的。动、植物的分类学就是研究物种的鉴定、命名和描述方法，进而根据其形态学、生理学、生态学、地理分布及基因等遗传学特征，把物种科学地划分到某一等级系统中，从而建立起界、门、纲、目、科、属、种等层次分明的物种体系。有了这种体系的知识，世界在我们眼中不再是纷繁无序，而是一个相互联系、丰富多彩、井然有序的自然之网。在这个网中，我们能清晰地了解物种的起源及其演化过程与趋势；能深入地了解物种的共性与个性；能对动、植物进行科学的保护、改造与利用，如改良与繁育动、植物品种，合理利用野生动、植物资源等，从而让大自然物尽其用地为人类造福，让自然物种与人类和谐共存。例如，马与驴属于两个不同的物种，在自然状态下一般不能自由交配，即使刻意让它们交配成功，产生的后代骡也是不可育的，这种现象在生物学上称为生殖隔离。

5. 结构原则

系统结构性指系统内部各要素之间的相互联系、相互作用的方式，它包括要素之间一定的比例、一定的秩序和一定的结合形式。系统结构一般分为时间结构、空间结构、时空统一结构和功能结构。系统的性质和功能主要取决于组成系统的要素和要素之间的结构。在一定要素的前提下，有什么样的结构就有什么样的功能。

北京大钟寺有口大钟，它造于明代永乐年间，几百年来，人们对之做出许多测定，包括体积、重量和成分等。以重量来说，有的说是42吨，有的说是53吨。我国声学家用精密超声声速仪精确测定大钟各处厚度，计算出实际重量为46.5吨。经化验分析，大钟含铜80.54％、锡16.4％、铅1.12％和少量其他金属。这口钟的金属含量结构比例合适，使钟经得起重敲，被认为是造钟的最佳比例。

清朝戊戌变法失败后，光绪皇帝被西太后软禁在瀛台。为了排遣寂寞的冷宫生活，他每天读书之余，唯一的消遣娱乐就是听一听外国进贡的八音琴盒。有一次，他像童年淘气时一样，把八音琴琴盒拆散了。手头没有工具，再也装不到一起了。身边的小太监对他说，等钟表匠进宫修钟的时候，让他去装吧。清宫里各种工匠都有，却唯独没有钟表匠。专门给宫里修钟表的是东华门外万珍斋文玩店的老板，名叫张雪岩。张雪岩随着小太监来到瀛台。光绪对他说："这琴盒你能装吗？""能。小的给琴盒擦油泥，都是拆散了，洗净了，再装起来的。""好。你把我这个琴盒装起来。但是不要照原样装，要按照我画的图纸装起来。"张雪岩接过图纸仔细看了一遍。这张图画得很清楚，把琴盒里原来的机轮的位置和距离都改变了。他有些莫名其妙："万岁爷，要是这么一改，怕调子全变了，不好听了。"光绪笑了笑："没关系，坏了也不怪你。你照我画的图去装，千万不要改动。"张雪岩回到店里，一丝不苟地按照图纸把琴盒装好。然后他上满了发条，打开了盒盖一听，顿时目瞪口呆。原来八音琴盒里传出的已不是外国乐曲，而是地道的中国昆曲。原来，光绪皇帝曾不止一次地拆开过琴盒，弄清了琴盒发音和音符高低、节拍长短的道理。琴盒里的外国乐曲听腻了，他想把它改造为中国的昆曲，于是就按昆曲的工尺谱，重新设计了琴盒内机轮的结构，一举而获得成功。

系统思维方式的结构原则，就是把系统科学的结构理论作为思维方式的指导，强调从系统的结构去认识系统的整体功能，并从中寻找系统最优结构，进而获得最佳系统功能。

系统结构是与系统功能紧密相连的，结构是系统功能的内部表征，功能是系统结构的外部表现。系统中结构和功能的关系主要表现为：系统的结构决定系统的功能。在一定要素的前提下，有什么样的结构就有什么样的功能。

系统结构性有重要的方法论意义。在改革开放和社会主义现代化建设中，要重视研究系统结构的优化问题，使系统能够发挥最优整体功能，如生产资料所有制结构、生产力结构、产业结构、教育结构、消费结构以及干部队伍的年龄结构、知识结构、专业结构等。总之，大到一个国家，小到一个地区，一个单位，甚至个人在优化结构问题上大有文章可做。

苏联制造的米格25型飞机，按构成它的部件来说并不是世界上最先进的，但由于结构优化，其功能在当时是世界第一流的。系统思维方式的结构性，在考察要素和结构同功能的关系时，必须在头脑中把思维指向的重点放在结构上；在追求优化结构时，必须全力找出对整个系统起控制作用的中心要素，作为结构的支撑点，形成结构中心网络，在此基础上，再考察中心要素与其他要素的联系，形成系统的优化结构。

汉高祖刘邦是大汉王朝的开国君主。而他在不少人心目中的印象只是个"好酒及色"的流氓无赖。这个昔日的泗水亭长居然成为秦始皇的继承人，确实让人大跌眼镜。战胜项羽、天下大定后，刘邦与文武百官在洛阳南宫置酒高会，畅谈刘项得失天下的缘由。高起、王陵等人先后发言，一二三四五六七说了一大堆。刘邦认为他们只知其一，不知其二，没有抓住问题的要害。他以权威口吻作总结性报告，说："夫运筹策帷帐之中，决胜于千里之外，吾不如子房。镇国家，抚百姓，给馈饷，不绝粮道，吾不如萧何。连百万之军，战必胜，攻必取，吾不如韩信。此三者，皆人杰也，吾能用之，此吾所以取天下也。项羽有一范增而不能用，此其所以为我擒也。"正如清朝诗人顾嗣协在《杂诗》中说："骏马能历险，犁田不如牛。坚车能载重，渡河不尽舟。舍长以求短，智者难为谋。生才贵适用，慎勿多苛求。"

在一次宴会上，唐太宗对王珐说：你善于鉴别人才，尤其善于评论。你不妨从房玄龄等人开始，都一一做些评论，评一下他们的优缺点，同时和他们互相比较一下，你在哪些地方比他们优秀。王珐回答说：孜孜不倦地办公，一心为国操劳，凡所知道的事没有不尽心尽力去做的，在这方面我比不上房玄龄。常常留心于向皇上直言建议，认为皇上能力德行比不上尧舜很丢面子，这方面我比不上魏徵。文武全才，既可以在外带兵打仗做将军，又可以进入朝廷搞管理担任宰相，在这方面，我比不上李靖。向皇上报告国家公务，详细明了，宣布皇上的命令或者转达下属官员的汇报，能坚持做到公平公正，在这方面我不如温彦博。处理繁重的事物，解决难题，办事井井有条，这方面我比不上戴胄。至于批评贪官污吏，表扬清正廉署，嫉恶如仇，好善喜乐，这方面比起其他几位能人来说，我也有一日之长。唐太宗非常赞同他的话，而大臣们也认为王珐完全道出了他们的心声，都说这些评论是正确的。

卓越领导之知人善任，人尽其才。唐太宗在《帝范》中说："智者取其谋，愚者取其力，勇者取其威，怯者取其慎，无智、愚、勇、怯、兼而用之。"这正如古人所说："用人所长，天下无不用之人；用人所短，天下无可用之人。"

古籍《经野子内幕》中有个"用人如器，各取所长"的故事说：西邻家有五子，一个质朴，一个聪明，另外三个一瞎、一驼、一跛。但西邻扬长避短，让质朴的务农、聪明的经商、失明的按摩、驼背的搓绳、跛脚的纺线。结果全家安居乐业、衣食无忧。在这个家庭系统中，因每一个体的功能都得到了最好的发挥，从而形成了安居和乐的整体绩效。

要协调还需让要素功能互补，即发挥最佳组合效益，这是形成系统整体功能的关键。自然界啄木鸟为树木啄食了害虫，也填饱了自己的肚子；植物给蜜蜂提供了花蜜，蜜蜂也给植物传授了花粉，等等。这都给人以功能互补、协调共存的启发。有一个人们合作共存的故事，是说房间突发大火，被大火围困的两人一瞎一跛，且旁无他人。在这生死关头，两人急中生智，瞎子背起跛子，由跛子指路，瞎子跑步，终于以身体功能互补，合作互救成功。

一个和尚挑水喝，两个和尚抬水喝，三个各和尚没水喝。导致这一结果的根本原因就在于人数虽然多了，但没有形成合理的结构，不是相互支持，相互促进，而是相互掣肘、相互消磨，结果各要素的力量或作用被内耗了，出现了 $1+1<2$ 的效应。当然，相反我们也有"三个臭皮匠，顶个诸葛亮"的情形，出现了 $1+1>2$ 的效应。

拿破仑曾经描述过骑术不精但有纪律的法国骑兵和当时最善于格斗但没有纪律的骑兵——马木留克兵之间的战斗。拿破仑认为："两个马木留克兵绝对能打赢三个法国兵，一百个法国兵与一百个马木留克兵势均力敌，三百个法国兵大都能战胜三百个马木留克兵，而一千个法国兵则总能打败一千五百个马木留克兵。"这里的奥妙何在？正如恩格斯在《反杜林论》中所指出的那样："许多人协作，许多力量融合成一个总的力量，用马克思的话说，就造成'新的力量'，这种力量和它的一个个力量的总和有本质的差别。"也就是说，一个连、一个营、一个团的战斗力决不等于全连、全营、全团官兵战斗力简单相加的总和。一个由众多劳动者实行协作分工的工厂或企业的生产能力，决不等于全工厂、全企业各个劳动者个人生产能力简单相加的总和。

世界发达国家从工业经济到知识经济的变革中，人才系统的结构层次也是变化的。技能型人才与普通劳动者在结构比例上的一升一降，促成了美国经济的不断高速发展。这就是结构层次状态决定事物的发展水平。而我国前些年，忽视了人才系统的层次结构，盲目追求知识性、高学历，忽视了职业性、应用型人才的培养，结果导致专业人才与技能人才比例倒挂，即技能型人才奇缺，出现了找一个高级技能型人才比找一个研究生更困难的尴尬局面。而大量研究生、本科生却就业困难或降格求职，这就是教育与人才培养层次结构失调造成的系统功能缺失与资源的浪费。它严重制约了我国国民经济发展的效益、质量与后劲。现在国家已采取措施加强职业技术教育和应用型人才的培养，就是要实现人才系统层次结构的整体优化，使其与经济发展需求相适应，以创造最佳的经济与社会发展效益。可见，系统结构的优化，就是系统效益的优化。

6. 开放与动态原则

任何系统都不是孤立存在的,它总是处在一定的环境中,与环境相互联系,进行物质、能量、信息的交换,这便是系统的开放性。系统的开放性涉及系统的功能问题。功能就是系统与环境相互作用中表现出来的属性、能力和作用,或者叫系统对环境的输出。而环境对系统的作用就是系统的输入。系统的开放性是系统存在和发展的必要条件。系统开放性原则有重要的方法论意义。开放性原则是我国实施改革开放战略的哲学根据。一个国家,如果闭关锁国,拒绝吸收世界先进的物质文明、政治文明和精神文明成果,就谈不上经济的发展和社会的进步。

系统是动态的,系统内部各部分相互联系、相互作用,推动着系统的发生、发展和变化。这种变化主要表现在两个方面:一是系统内部诸要素的结构及其分部位置不是固定不变的,而是随时间不断变化的;二是系统都具有开放的性质,总是与周围环境进行物质、能量、信息的交换活动。动态性原则就是要探索系统的内外联系及系统发展变化的方向、趋势、活动的速度和方式,还要探索系统发展的动力、应用和规律。动态性原则强调系统开放性。

恩格斯提出在事物的发展中,平衡是相对的,不平衡是绝对的。列宁运用不平衡的思维发现了各国的政治经济的发展都是不平衡的,因而提出了社会主义革命可以在一国首先胜利,并在实践中取得了十月革命的伟大胜利。毛泽东用不平衡的思维研究半殖民地半封建的中国,发现多个帝国主义国家间接统治中国,使中国社会的政治经济发展也极不平衡,在各帝国主义操纵的军阀割据的白色政权之间留有统治薄弱的地区,这就在客观上给红色政权的建立和发展提供了可能性。

7. 综合原则

当代一切重大的科学技术项目都是综合性的产物,都是综合利用各种不同门类的技术的结果。美国的阿波罗飞船,全部构件共有 300 多万个,调动了 2 万多家企业,120 所大学和实验室的 42 万余名研究人员,历经 11 年的艰苦工作,才把宇航员送到月球并返回地面。阿波罗登月总指挥韦伯谈到有关技术时说:“阿波罗飞船中没有一项技术是新发明的,都是现成技术的运用,关键在于综合。”

那么,如何进行综合呢?

第一,需处处做有心人,这样才能找到综合的材料。

在 20 世纪 30 年代,正当希特勒扩充军队,加紧准备发动第二次世界大战的关键时刻,英籍作家雅格布写的一本书出版了。在书中他详尽地介绍了希特勒军队各军区的情况。希特勒知道以后,暴跳如雷,立即命令将雅格布绑架到柏林。在审问中,雅格布说他的全部材料都是从德国公开的报纸上得来的。雅格布的回答使在场的德国人目瞪口呆、面面相觑。雅格布究竟是怎样从报纸上得到了希特勒的极其重要的军事秘密的呢?原来,他长期注意从德国报刊上搜集关于希特勒军事情况的报道,就连丧葬讣告和结婚启事之类的材料也不放过。日积月累,他把搜集的大量德军情报,做成卡片,然后,精心分析,认真综合,做出判断,终于描绘出一幅德军组织状况的图画。而这幅图画竟然与真实情况基本相符,对此,德军头目怎能不惊恐万状。

雅格布的这一工作就是一种创造,一种创新。他创造和创新之处就在于他把一些互不相同的材料综合在一起,创造出了新的东西——德军军事设置图。而他之所以能做到这点,就是因为他处处做有心人,处处留心德军军事情况的结果。所以,需进行综合创新,就应注意做有心人,这样才能收集到有关的综合材料。

第二,对收集到的材料,要精心研究,主要是要集各家之长,吸取别人的长处。

如我国常州柴油机厂在赶超日本的基础上，不断地从国外引进最新样机，解剖研究其结构和性能，并与本厂产品逐项、逐件进行对比，从而改进和提高，制造出了高质量的柴油机。现在，常州柴油机厂产品远销64个国家、地区，并在多次国际投标中夺冠，创汇率逐年增加。原来一直瞧不起该厂，以各种方式婉言谢绝该厂的厂长、总工程师登门的日本泽马公司，也感到中国常州柴油机厂不可轻视，并承认其产品的某些质量指标已超过日本同类产品。此后，日本泽马公司多次派员到常州柴油机厂寻求、商谈合作事宜，还主动邀请常州柴油机厂厂长访问该厂。如果不是常州柴油机厂能集各国之长，超过了日本，那日本的厂商决不会这样尊重常州柴油机厂的。由此说明，综合创新法的威力是无穷的。

8. 目标一致性法则

系统目标一致包括要素与要素、要素与系统目标的整体一致。系统目标往往是按结构性标准分解给各要素的，各要素作为自成一体的子系统，也会有自身的目的与利益要求。这时就需要“小道理服从大道理”，让要素目标服从系统目标。就社会系统而言，就是要局部服从整体，下位利益服从上位利益，实现全局一盘棋。所谓心往一处想、劲往一处使，就是以个体的目标利益服从群体的目标利益；所谓知识流、物质流、信息流，都往一处流，就是以局部的需求与利益服务于整体的需求与利益。这都是系统整体优化的表现。否则，一个系统内目标相违，各自为政，无序竞争，人员内讧，就会导致系统秩序混乱，绝无功能效益可言。就工程系统而言，就是要各构成要件的性质、功能互相匹配，并和整体需求相统一。否则，要件与要件不相容、不配套，或要件输入输出功能与整体不匹配。整个工程系统就难以产生整体功能甚至可能导致系统崩溃。

下面这个故事说明系统目标不一致可能会使系统内所有生命丧命。有一个猎人，在湖沼旁边张网捕鸟。不久，很多大鸟飞往网中，猎人想收网时没想到鸟的力气很大，带着网一起飞走了。猎人只好跟在后面拼命地追赶。一个农夫看到了，笑话这个猎人：“好一个大傻瓜呀，鸟在天上飞，你在地上追，凭你这两条腿，怎么能追上会飞的鸟呀？”猎人坚定地说：“我一定能追上的，你根本不知道，如果说是一只鸟，可能追不上，但现在是有很多鸟在网子里，一定能追上的。”果然，到了黄昏，所有的鸟儿都想回到自己的家，有的想回森林，有的想回湖边，有的想回草原……于是那一群鸟就跟着网子一起落在地上，被猎人抓获。

系统目标一致也包括系统目标的前后一致，即系统目标确定后，要贯彻始终，不能随意变动，以致“脚踩西瓜皮，滑到哪里是哪里”。如第二次世界大战时期，英国作为盟国的欧洲堡垒，战略物资几近枯竭，不得不依靠庞大的船队从美国运来战略物资以支撑战局，但商船却遭遇德国飞机肆无忌惮的轰炸而损失惨重。为此，英国商船便安装大炮以增强防卫能力。当时有人提出异议，认为商船装上大炮花钱很多但击落敌机很少，不划算。后来发现这是目标搞错了。这种观点不自觉地将防空自卫的护航目标变成了打击飞机的战斗目标；把商船的运输任务变成了战舰的攻击任务。实际上，战争最终还是“打后勤、打装备、打国力”。商船上的大炮尽管打不下多少飞机，但可威慑敌机使其不敢低飞轰炸，有效保护了船队，保护了战略物资供应的生命线，也即保证了战争的最后胜利。这是从根本上符合战争总目标的。相比之下，打下多少飞机就显得无关紧要了。

9. 优化性原则

系统整体要实现耗散最小而效果最高、收益最大的目标，就需要对系统进行优化。

系统形成的过程实际上是差异整合的过程。差异的事物能够整合在一起，它们之间必定有同一性、相互需要、相互支持、优势互补，这是整合的前提和基础。最优化原则是在一定条件下，改进系统的结构、功能和组织，以促使系统目标实现。

我们无论做什么事情，必须选择最佳方法，以达到最优化的目的。过去，水稻收割和打场是分段作业的。能不能实现一条龙的流水作业，直接从水稻变成雪白的大米呢？这是一个系统工程，也是一个复杂的过程。东北农业大学的农学家们，经过反复研究，终于发明了"割前脱粒水稻收获机器系统"。这种机器可以化繁为简，田地里的水稻，经机器"过滤"，稻谷就成了雪白的米粒。有关专家认为，这种割前脱粒收获机收割水稻和传统型联合收割机相比具有最优化的指标，具体表现为步骤少、损失小、破碎率低、成本低。

现代系统思维方法是建立在系统科学基础上的一系列以数学处理为主的方法，包括系统分析、系统辨识和系统工程等。由于电子计算机的发展，现代系统方法可以精确地分析处理系统的各种要素，准确、及时、全面地管理控制更大、更复杂的系统。因此，系统思维方法无论是在重大的工程技术上还是在大型科学研究中，都有着广泛的应用。

总之，人类已经进入系统时代。自 20 世纪 40 年代以来，运用系统思维方法作为一种方法论，已在解决许多复杂的大型系统工程中发挥了重要的作用。例如，美国的"阿波罗登月计划"、卫星系统工程、环境生态问题、城市规划系统等都需要借助运用系统思维方法解决问题。面对着大科学、大经济时代，认识和掌握系统思维方法，培养和发展系统思维能力，对于创建成功的事业有着不可估量的作用。

从系统思维的特征可以看出，运用系统思维时要注意下列两个问题。

① 在思考问题时，要将可能的几种情况和方法，作为一个整体系统来考虑。

② 在进行系统思考时，不仅要将思考的各要素作为整体来思考，而且要将系统内的各要素进行最优化的组合。

第二节 案例分析

1. 丁谓重建皇宫

传说宋真宗在位时，开封皇宫曾失火。一夜之间，大片的宫室楼台殿阁亭榭变成了废墟。宋真宗派当时的晋国公丁谓主持修缮工程。当时，要完成这项重大的建筑工程，面临着三个大问题：第一，需要把大量的废墟垃圾清理掉；第二，要运来大批木材和石料；第三，需要大量新土。不论是运走垃圾还是运来建筑材料和新土，都涉及大量的运输问题。如果安排不当，施工现场会杂乱无章，正常的交通和生活秩序都会受到严重影响。

丁谓在研究了工程之后，制订了施工方案。一开工，丁渭就"借道铺基"，在城里通往城外的大道上取土，用来铺设皇宫的地基；之后"开河引水"，即把取土形成的大沟与城外的汴水河挖通，使原来的大道成了一条河，这样，外地的建筑材料就可以沿此河一直运到工地附近，使取用材料极为方便；最后，于皇宫建成之后，"断水填沟"，把一切废料、垃圾扔进大沟，大沟重新成了大道。经过这一处理，不仅节约了大量时间，还节省了大量的经费。丁谓用的就是系统思维的方法，将整个浩大的工程当作一个系统，统一筹划，前面的工作为后续的工作打下基础，环环相扣，从而快速高质地完成了任务。

2. 东坡筑苏堤

苏东坡当年在杭州任地方官的时候，西湖的很多地段都已被泥沙淤积起来，成了当时所谓的"葑田"。苏东坡多次巡视西湖，反复考虑如何加以疏浚，再现西湖美景。有一天，他想到，如果把从湖里挖上来的淤泥堆成一条贯通南北的长堤，既便利来往的游客，又能增添西湖的景点和秀美，多好啊。苏公妙计，一举数得。

3. 整体法则与长远法则的应用

社会上有各种各样的人，很多人也都想做事，但具体反映在人身上，能不能最终做成事，却表现出两种特征。一是胆量，即是否敢说敢做，敢冒风险；二是眼光，就是看谁眼光长远，谁想得更长远、看得更长远，谁就能生活得更好。

从前有两个饥饿的人得到一位长者的恩赐：一根鱼竿和一篓鲜活的鱼。他们一个人要了鱼，另一个人要了鱼竿，然后，分道扬镳了。得到鱼的人原地就用干柴搭起篝火煮起了鱼，做好鱼后他狼吞虎咽，转眼间连鱼带汤就把一篓鱼吃了个精光。不久，他只能守着空空的鱼篓活活饿死了。另一个人则提着鱼竿继续忍饥挨饿，一步步艰难地向海边走去。可当他已经看到不远处那片蔚蓝色的海洋时，浑身最后一点力气也使完了，他只能带着无尽的遗憾撒手人间。同样有两个饥饿的人，他们同样得到了长者恩赐的一根鱼竿和一篓鱼。只是他们并没有各奔东西，而是商定共同去寻找大海。他们在路上每次只煮一条鱼。经过遥远的跋涉，他们终于来到了海边。从此，两人开始了以捕鱼为生的日子。几年后，他们盖起了房子，有了各自的家庭，有了自己的渔船，过上了幸福安康的生活。前者与后者的差别就在于有没有把两个人当成一个整体、一个系统来进行长远的考虑。

4. 爱若和布若的差距

爱若和布若差不多同时受雇于一家超级市场，开始时大家都一样，从最底层干起。可不久爱若受到总经理的青睐并一再被提升，从领班直到部门经理。布若却像被人遗忘了一般还在最底层混。终于有一天，布若忍无可忍，向总经理提出辞呈，并痛斥总经理用人不公平。

总经理耐心地听着，他了解这个小伙子，工作肯吃苦，但似乎缺少了点什么。缺什么呢？

他忽然有了个主意。“布若先生，”总经理说，“请您马上到集市上去，看看今天有卖什么的。”布若很快从集市回来说，刚才集市上只有一个农民拉了一车土豆在卖。“一车大约有多少袋，多少斤？”总经理问。布若又跑去集市，回来说有 10 袋。“价格多少？”布若再次跑到集上。总经理望着跑得气喘吁吁的他说：“请休息一会吧，你可以看看爱若是怎么做的。”

说完，总经理叫来爱若并对他说：“爱若先生，请你马上到集市上去，看看今天有卖什么的。”爱若很快从集市回来了，汇报说到现在为止只有一个农民在卖土豆，有 10 袋，价格适中，质量很好，他带回了几个让经理看。这个农民过一会儿还将弄几筐西红柿上市，据他看价格还公道，可以进一些货。这种价格的西红柿总经理可能会要，所以他不仅带回了几个西红柿做样品，而且还把那个农民也带来了，他现在正在外面等回话呢。总经理看了一眼苦着脸的布若，说：“请他进来。”爱若由于比布若多想了几步，于是在工作上取得了成功。

人与人的差距，更多体现在思维方式上，虽然初始时就那么一点点，但日积月累就越拉越大，所以发现差距并及时总结，方能迎头赶上。人要善于观察、学习、思考和总结，仅仅靠一味地苦干奋斗、埋头拉车而不抬头看路，结果常常是原地踏步，明天仍旧重复昨天和今天的故事。成功的规则未必那么明显，需要很高的悟性与洞察力，面对差距和挑战，及时调整心态，增强自己的独立思考、多谋善断、随机应变的能力。

5. 黑蚁的生存之道

非洲尼罗河流域生活着一种近一厘米长的黑蚁，当地人称食人蚁。生物学家做过调查，尼罗河两岸的黑蚁群不超过十个，蚁群爬行时排成一米左右宽的长蛇阵，浩浩荡荡，不见首尾。

黑蚁的食性极杂，地上的植物动物、枯枝腐肉几乎无所不吃，比如黑蚁群发现一头死去的野牛，就会从四面八方涌上来，数十分钟后蚁群散去，只留下一架惨惨白骨。老虎、狮子等凶猛动物以及人，遭遇到蚁群有时同样难逃厄运。

黑蚁虽可以靠“蚁多势众”横行旷野，却有个致命的弱点：不会挖洞穴居，只能在地面上生活，时有燃起的草原大火便成了它们的灭顶之祸。而黑蚁也自有逃火的妙法，当它们感知野火即将烧来时，不会游泳的黑蚁会铺天盖地爬向河边，迅速地背向里腿朝外一个抱一个，一层叠一层，汇聚成一个个篮球大小的蚁团向河水滚去。在被火光映红的河面上，亿万条蚁腿变成了桨，划着难以计数的蚁团向对岸滚动，而外层的黑蚁会被湍急的水流淹死，蚁团也越来越小，等到了对岸，有的只剩下垒球大小。上岸后它们会迅速散开，排列队伍，寻找聚集地，重新开始生息繁衍。

另外，黑蚁虽群体庞大，纪律却相当严明。进食时，一只黑蚁咬到一口食物后会快速离开把位置让给后者；大队进发时，排头和断后的总是最强壮的黑蚁，对老弱病残者总有两只以上黑蚁抬着前进；当“先头部队”遇到危险或障碍，它们会迅速相互传递信息，都马上掉头，几分钟就排尾变排头逃离险境。

能够在复杂多变的非洲大陆上生存并壮大，黑蚁只能依靠集体，它们的一生紧紧地附着在集体之上，直到生命的最后一刻。不论在个头上还是生物特性上，人和蚂蚁之间似乎根本就没有可比之处。可是，在是否能牢牢抱成一团，是否能将这种“抱团”精神贯彻始终方面，人有时候似乎还不及蚂蚁。一个台湾老兵、南京大屠杀的幸存者回忆那段历史时写道：我们可能永远不懂五个日本鬼子就可以押着两千人去屠杀！两千人，像猪一样任凭五个人屠杀，多么可怕的事情啊！

6. 图书馆搬家

英国大英图书馆，是世界上著名的图书馆，里面的藏书非常丰富。有一次，图书馆要搬家，也就是说要从旧馆搬到新馆去，结果一算，搬运费要几百万元，根本就没有这么多钱。怎么办？有人给馆长出了个主意。

图书馆在报上登了一个广告：从即日开始，每个市民可以免费从大英图书馆借 10 本书。结果，许多市民蜂拥而至，没几天，就把图书馆的书借光了。书借出去了，怎么还呢？大家给我还到新馆来。就这样，图书馆借用大家的力量搬了一次家。

你肯定也想象大英图书馆那样“四两拨千斤”。如果你能发现自己的“四两之力”(图书)，并且敢于把“四两之力”用出去(免费借阅)，一切就都不是问题。给予，有时也是一种借力。

借力不仅是一种能力，也是一种勇气，更是一种智慧。

7.《威尼斯商人》

世界著名文学巨匠莎士比亚的经典文学作品《威尼斯商人》中有这样一个故事。

安东尼奥为了帮助朋友向高利贷者夏洛克借了一笔钱，夏洛克把钱借给安东尼奥后提出了一个十分苛刻的条件：如果安东尼奥还不了钱，就要从他身上割下一磅肉来偿债。但不幸的是安东尼奥的船出了事，他不能按时还钱。于是，夏洛克便要按照约定从他身上割下一磅肉来。面对这种无理条款，安东尼奥和他的朋友们想尽了办法，都没能阻止得了夏洛克。

这时，鲍西亚小姐也就是安东尼奥所帮助朋友的妻子突然想到了办法。她假冒律师在法庭上与夏洛克对质，同意让夏洛克从安东尼奥身上割下一磅肉来。但是，她有一个条件，那就是夏洛克既不能多割一点肉，也不能少割一点，而且不能流一点血，因为他要的只是一磅肉。夏洛克没有办法，只能认输。

8. 桑基鱼塘

1929 年，中国丝绸 80％在广东生产，广东丝绸 80％在顺德生产。顺德有桑基鱼塘面积超过 100 万亩，90％的居民在从事桑鱼生产，可谓“全民皆桑”。1992 年，桑基鱼塘被联合国教科文组织誉为“世间少有美景、良性循环典范”。

桑基鱼塘(图 8-5)是珠江三角洲地区人们利用生态系统服务功能的绝好例子。为充分利用土地，农民利用生物互生互养的原理，而创造了一种挖深鱼塘养鱼，垫高基田，在塘基面上种桑，利用桑叶养蚕，再用蚕沙(蚕粪)喂鱼，含有鱼屎的塘泥作肥料还塘基，塘泥肥桑，栽桑、养蚕、养鱼三者结合，形成桑、蚕、鱼、泥互相依存、互相促进的一个高效闭合的良性循环生态系统。“桑基鱼塘”科学环保，避免了水涝，营造了十分理想的生态环境，收到了理想的经济效益，同时减少了环境污染。如今，桑基鱼塘消逝，带走了一个时代。

图 8-5 桑基鱼塘

9. 冠军的种子

参考消息网 2015 年 12 月 17 日报道：日本政府基本决定向支援中国国内植树造林项目的“日中绿化交流基金”拨款约 90 亿日元(约合人民币 4.8 亿元)。此举旨在缓解被指“越境”波及日本的严重环境污染并推进沙漠绿化进程。

美国俄亥俄州，每年都举办南瓜品种大赛。有一个农夫的成绩非常优秀，经常是优等奖的得主。他得奖后，总是毫不犹豫地将得奖的种子分送给街坊邻居。有一位邻居很惊讶地说：你的奖项得来不易，每季都看你投入大量的时间和精力来做品种改良，为什么还这么慷慨地将种子送给我们呢？难道你不怕我们种的南瓜超过你吗？这位农夫回答说：我将种子分给大家，帮助大家，其实也就是帮助我自己。原来，农夫所居住的城镇是典型的农村生态，家家户户的田地都比邻相连，农户把自己的优良品种分给邻居，邻居就能改善他们的南瓜品种，可以防止蜜蜂在传授花粉的过程中，将劣质花粉传播到自己的优良品种上，避免优良品种的退化。

农夫的话看似简单却富含哲理：凡是你对别人所做的，就是对自己所做的。

所以，凡事你希望自己得到的，你必须先让别人得到。就像那个农夫一样，如果你想要得到冠军的品种，就要给别人冠军的种子。

10. 要给别人留路

在一个茫茫沙漠的两边，有两个村庄。人要到达对面村庄，如果绕过沙漠走，至少需要马不停蹄地走上二十多天；如果穿行沙漠，只需要三天就能抵达。但横穿沙漠实在太危险了，许多人试图横穿却无一人生还。

有一天，一位智者经过这里，让村里人找来了几万株胡杨树苗，每半里一棵，从这个村庄一直栽到沙漠那端的村庄。智者告诉大家说：“如果这些胡杨有幸成活了，你们可以沿着胡杨树来来往往；如果没有成活，那么每一个行者经过时，都将枯树苗拔一拔、插一插，以免被流沙给淹没了。”果然，这些胡杨苗全部被烈日给烤死了，成了路标。沿着“路标”，这条路大家平平安安地走了几十年。

一年夏天，村里来了一个商人，他坚持要一个人到对面的村庄去经商。大家告诉他说：“你经过沙漠之路时，遇到倒的路标，一定要向下再深插些；遇到就要被淹没的树标，一定要将它向上拔一拔。”商人答应了，于是带了一皮袋的水和一些干粮向沙漠走去。

他走啊走啊，走得两腿酸困，浑身乏力，一双草鞋很快就被磨穿了，但眼前依旧是茫茫黄沙。遇到一些就要被尘沙彻底淹没的路标，这个商人想："反正我就走这一次，淹没就淹没吧。"他没有伸出手去将这些路标向上拔一拔。遇到一些被风暴卷得摇摇欲倒的路标，这个商人也没有伸出手去将这些路标向下插一插。

就在商人走到沙漠深处时，静谧的沙漠蓦然飞沙走石，许多路标被淹没在厚厚的流沙里，许多路标被风暴卷走了，没有了踪影。商人像没头的苍蝇似的东奔西走，再也走不出这大沙漠了。

在气息奄奄的那一刻，商人十分懊悔：如果自己能按照大家吩咐的那样做，那么即使没有了进路，还可以拥有一条平平安安的退路啊！

人生活在世上，不应只是关爱自己，一心只为自己。要多想想别人，要知道：给别人留路，其实就是给我们自己留路。

11. 谁都有雨天没伞的时候，要学会为别人打伞

一天，红顶商人胡雪岩(图 8-6)正在客厅里和几个分号的大掌柜商谈投资的事情。谈到最近的几笔投资，有的掌柜经营不善，胡雪岩紧绷着脸，教训起其中几个在投资中失利的掌柜。

胡雪岩话音刚落，外面便有人禀告，说有个商人有急事求见。前来拜见的商人满脸焦急之色。原来，这个商人在一个生意中栽了跟头，急需一大笔资金周转。为了救急，他拿出自己全部的产业，想以非常低的价格转让给胡雪岩。

胡雪岩让商人第二天来听消息，自己连忙吩咐手下人去打听是不是真有其事。手下人很快赶了回来，证实那个商人没有说谎。胡雪岩听了以后，连忙让钱庄准备银子，又从分号急调了大量现银。第二天，胡雪岩将那个商人请来，不仅答应了他的请求，还按照市场价来购买对方的产业，这个数字大大高于对方转让的价格。大家都惊愕不已，不明白胡雪岩为什么连到手的便宜都不占，却要坚持按市场价来购买那些房产和店铺。

图 8-6 红顶商人胡雪岩

胡雪岩看了看疑惑的人们，讲了一段自己年少时的经历："我还是一个小伙计时，东家常常让我拿着账单四处催账。有一次，正在赶路的我遇上大雨，同路的一个陌生人被雨淋湿了。那天我恰好带了伞，便帮人家打伞。后来，下雨的时候，我就常常帮一些陌生人打打伞。时间一长，那条路上的很多人都认识我了。有时候，我自己忘了带伞也不用怕，因为会有很多我帮过的人为我打伞。"

说着，胡雪岩微微一笑："你肯为别人打伞，别人才会愿意为你打伞。那个商人的产业可能是几辈人积攒下来的，我要是以他开出的价格来买，当然很占便宜，但是人家可能就一辈子翻不了身。这不是单纯的投资，而是救了一家人，既交了朋友，又对得起良心。谁都有雨天没伞的时候，能帮人遮点雨就遮点吧。这也是我下雨时即使不带伞也不会被淋湿的妙法啊！"

众人听后，久久无语。后来，那个商人赎回了自己的产业，也成了胡雪岩最忠实的合作伙伴。在那之后，越来越多的人知道了胡雪岩的义举，对他佩服不已。胡雪岩的生意也好得出奇，无论经营哪个行业，总有人帮忙，有越来越多的客户来捧场。

一切财富、名誉、地位，都是外在表象。德行才是根本，厚德载物这句话丝毫不假。为什么学习中国传统文化之后就能够轻松获得财富？因为厚德才能载物，千金财富必定是千金人物。

习 题

1. 在一个风雨交加的夜晚，你开着一辆车，经过一个车站，有三个人在等车。一位是快病死的老太太，一位是救过你命的医生，一位是你梦寐以求的情人。你的车只能载一个人，你会载哪一位？

2. 一个盲人到亲戚家做客，天黑后，他的亲戚好心为他点了个灯笼，说："天晚了，路黑，你打个灯笼回家吧！"盲人火冒三丈地说："你明明知道我是瞎子，还给我打个灯笼照路，不是嘲笑我吗？"你知道亲戚的用意吗？

3. 阅读下列文字：孔子的一位学生在煮粥时，发现有肮脏的东西掉进锅里去了。他连忙用汤匙把它捞起来，正想把它倒掉时，忽然想到，一粥一饭都来之不易啊，于是便把它吃了。刚巧孔子走进厨房，以为他在偷食，便教训了那位负责煮食的同学。经过解释，大家才恍然大悟。孔子很感慨地说："我亲眼看见的事情也不确实，何况是道听途听呢？"

结合图 8-7 所示《有时候，眼见未必是现实》和图 8-8 所示《华西都市报》2012 年 9 月 15 日报道"四川乐山官员'冒雨'调研"思考，它们给我们什么启示？

图 8-7 有时候，眼见未必是现实

图 8-8 四川乐山官员"冒雨"调研

4. 请从系统创新的角度，为图 8-9 配上文字。

图 8-9 别在最能吃苦的年纪选择安逸

5. 请从系统思维的角度分析"螳螂捕蝉，黄雀在后"。

"螳螂捕蝉，黄雀在后"出自刘向《说苑 · 正谏》：吴王欲讨荆，告其左右曰："敢有谏者死！"舍人有少孺子者欲谏不敢，则怀丸操弹，游于后园，露沾其衣，如是者三旦。吴王曰："子来，何苦沾衣如此？"对曰："园中有树，其上有蝉，蝉高居悲鸣，饮露，不知螳螂在其后也！螳螂委身曲附，欲取蝉，而不顾知黄雀在其旁也；黄雀延颈，欲啄螳螂，而不知弹丸在其下也！此三者皆务欲得其前利，而不顾其后之有患也。"吴王曰："善哉！"乃罢其兵。

6. 如果你不开心，请看下面的故事。39 年前苹果联合创始人韦恩把他那份 10% 的股份以八百块钱卖给了乔布斯。现在这部分股权价值 580 亿美元。如果你还不开心，继续看故事。卖掉股票的韦恩还活着，拥有巨大财富的乔布斯却走了。这说明我们应该如何看待问题？

7. 分析下面的材料，说明什么问题？

外界沙粒进入或人工将沙粒置入蚌壳内，蚌觉得极不舒服，但又无法排除沙粒。此时蚌没有怨天尤人，而是逐步用体内营养将沙粒包围起来，使之成为乳白色或略带黄色、有光泽的圆形颗粒，这就是珍珠。

8. 分析下面的材料，对你有何启发？

非洲有一种很小的动物叫吸血蝙蝠。对于野马来讲，吸血蝙蝠简直是微不足道的一个东西。但偏偏让野马送命的恰是这种微不足道的小生物。

吸血蝙蝠很小，不是像老虎那样吞噬野马。它会像蚊子一样穿破野马的皮肤吸血，野马感到疼痛就会到处乱蹦以摆脱吸血蝙蝠。但是这样会加速血液的运行以致血会从伤口冒出进而引来更多的吸血蝙蝠。这样野马为了摆脱吸血蝙蝠的烦扰，就不断地甩动身体，四处乱跑，到最后因筋疲力尽而死。

动物学家在分析这一问题时，一致认为吸血蝙蝠所吸的血量是微不足道的，远不会让野马死去，野马死于自己的性格——暴躁！野马在野外自由自在地狂奔是很帅气的，也是很威风的，它怎么能容忍小小的吸血蝙蝠的侵袭，接受这样大的侮辱呢?！委曲求全也不是野马的性格呀！曾挺过了难挨的干旱，战胜了致命的天敌，最终却倒在了一只小蝙蝠面前。

9. 分析下面的材料，对你有何启发？

决定成败的，绝对不是细节

李月亮

单位招聘，我是主考官之一。

面试当天一大早赶去，休息区已经有几个应聘者先到了。刚巧办公室没水了，我去休息区的饮水机接热水，过去后，发现饮水机关着，我前前后后按了好几个键，居然打不开。这时，一个来应聘的穿黄衬衫的姑娘走过来，跟我一起研究那个饮水机，很快，她发现还有个总开关没开，打开，灯亮了。

我回办公室忙我的事。几分钟后，黄衣女孩轻轻敲我的门说，老师，水开了。我愉快地说了声“谢谢”，不由得对这姑娘心生好感，觉得她又聪明又周到。

面试时，因为有刚才那一点好感，我对黄衣女孩就多留了点心，很仔细地看了她的简历，还多问了她几个问题。她的谈吐和素养是不错的，可惜专业背景比较差，没有与应聘职位相关的工作经验，说起专业知识，显得非常生疏。这显然不符合我们的要求，于是，她没有进入下一轮。

不想，面试结果出来后，这个女孩不晓得从哪里得到我的电话，三次打给我，询问她没有通过的原因，恳请我再给她一次机会。

我完全知道她的心理——因为面试当天那一杯水的交情，她一定看出了我对她的好感，于是觉得我在这次招聘中，必然会给她高分。她在电话里对我说：“能不能拜托您跟另外两位面试的老师说一下，再给我个机会。”我苦笑，告诉她，以她的专业背景，我连我自己都说服不了。

她挂掉电话时的语气是相当失望的。

其实我很想跟她多说一句：虽然你看起来是个勤快、懂事的姑娘，但我们招聘的不是保姆，不是勤杂工,而是要在专业领域杀出一片天地的战士,仅仅在为人处世方面做得好,是远远不够的。

后来我去某大学参加关于就业培训的讲座,主讲老师的生动描绘让我大跌眼镜,也更加理解了那个姑娘为什么三番五次打电话给我。讲师准备了很多案例,说某届的某个毕业生因为在面试时讲了自己打工赚钱给农村老母治病的经历,赢得了考官的心,也收获了一份好工作;说某个毕业生的简历做得别出心裁,让人过目不忘,于是得到了好工作;还有某某毕业生,只因在楼梯口遇到考官,帮他提了一摞书上楼,求职就成功了。

作为一个工作多年也多次参与招聘的过来人,我真是对这样的教育哭笑不得。没错,对于一次求职来说,细节很重要。你的简历做得好,你的表现真诚有礼,你有一些赢得考官好感的言语或举动,都会为你的求职加分,但是必须知道,仅靠这些绝对不足以得到一份好工作。一个正常的单位招聘员工,最看重的一定是应聘者的专业素养。他能不能胜任以后要从事的工作才是重中之重,一个正常的决策者绝不会因为一两个美好的举动而聘用一个无法胜任工作的人。同样的,如果你确实具备工作能力,人家对你未来的贡献有美好预期,那么,面试中有一点点小失误、小差错,都是比较容易被原谅的。

有一个关于多年前微软招聘中国公司总经理的故事被讲过很多次,到现在还在流传。说有三个人进入了那场面试的最后一轮,当时面试现场没有准备椅子,但每个应聘者进来,考官都会说:请坐。前两个人都茫然地选择了站着说,而第三个人——就是著名的吴士宏,聪明地出去搬了把椅子进来。于是主考官认为此人有思想、有见解,有开拓市场的能力,所以选择了她。

这个故事很励志,也很蒙人,不知误导了多少刚刚走上社会的年轻人。他们会误以为原来找工作只是情商的事,靠着一点小聪明就能轻松得到大公司的好职位。其实你用脚趾头想想,如果吴士宏没有人脉,没有工作经验,没有过硬的实力,微软会因为她能主动出去搬把椅子就录用她吗?那才是滑天下之大稽。事实上吴士宏在进微软之前,就已经是IBM中国经销渠道总经理了。

所以,千万不要相信那些对细枝末节的小问题的无限夸大,更不要因为一两个偶然的个例改变对事情的基本认识。如果你要找一份好工作,细节不可忽视,但实力比细节重要百倍。只有在实力相当的情况下,细节的作用才会凸显。如果你太过专注于小细节而忽略了根本能力的修炼,那真是本末倒置了。如果你真的相信“细节决定成败”,估计就是励志故事看得太多,中毒太深了。

一个好单位的考官一定知道,那些存心表现的小聪明,存在太多偶然因素,实在算不了什么。要不要录用一个人,要看的还是他在专业领域的真正实力,如果哪个考官会被一些小细节迷惑而一叶障目,那么这多半也不是什么好单位,你就算被录用,以后的工作也不会太舒心。

就好比丈母娘相女婿,更看中的一定是他的品格、能力、素养、家庭背景,而不是衣领是不是整洁,西服的扣子扣得对不对。如果他身价一亿。胡子没刮干净又如何呢?如果他负债一亿,表现得再得体,又能怎么样呢?

这都是常识啊。

10. 分析如图8-10所示的漫画《父与子》,想一想这说明了什么?

图 8-10　父与子

11. 做习题和考试也都是学习，请阅读下面关于《李广难封》的典故，然后从创新思维的角度分析为何李广难封？

飞将军李广在历史上的评价是很高的，唐朝诗人王昌龄曾赞美李广"但使龙城飞将在，不教胡马度阴山"。但是李广纵然战功赫赫，却至死也没能封侯。王勃在《滕王阁序》中为李广惋惜"嗟乎！时运不齐，命途多舛，冯唐易老，李广难封"。王维在《老将行》中也说："卫青不败由天幸，李广无功缘数奇"（"数奇"是命不好）。但李广是真的不走运吗？

李广身材高大，手臂修长，擅长骑射，打起仗来行踪飘忽不定，行动敏捷，被匈奴人称为"飞将军"。在做上谷太守时，他每天都跟匈奴人打仗，置个人生死于外，战斗非常勇猛，以力战闻名。典属国公孙昆邪哭着对皇帝说："李广才气，天下无双，自负其能，数与虏敌战，恐亡之。"皇上爱其才，恐亡之，把李广调到上郡做太守。老子曰："揣而锐之，不可长葆。"意思是兵器太锋利了就容易折断。李广本人自以为天下无敌，从心底里蔑视匈奴人，因此每次打仗都拼了命地打，多亏匈奴人不懂汉家孙子兵法，如果匈奴人略懂兵法一二，李广很有可能被匈奴人施计捉走或杀死。虽然李广每次都是身先士卒，作战勇敢，但他除了力战外，不懂战略部署和从战术上战胜敌人，只是以勇猛胜人，如一介猛夫，自负而非常轻敌。

李广出雁门击匈奴，匈奴兵多，李广被捉。李广设计逃走，兵败当斩，被贬为庶人。李广回霸陵亭太晚，城门已关。霸陵亭尉趁着一股酒劲，呵斥广："今将军不得夜行，何况你是前将军！"李广气而无可奈何。李商隐在《旧将军》中写道："云台高议正纷纷，谁定当时荡寇勋。日暮霸陵原上猎，李将军是旧将军。"

虽然霸陵亭尉酒喝多了，但他也算得上是秉公办事。等李广又一次被皇上封为右北平太守时，李广心想："上次那个霸陵亭尉拒我于城外，竟然蔑视我飞将军，这次我非杀了他而后快。"于是李广将霸陵亭尉召至自己军中，而后斩之。这件事说明李广心胸狭窄，心中容不得对自己有意见的人。俗话说："宰相肚里能撑船，将军额头能跑马。"李广心里竟容不下一个小小的霸陵亭尉，可见李广气量狭小，不足以成大事。如果李广不杀霸陵亭尉，霸陵亭尉必然会内疚自责，感激李广不杀之恩，也必然在杀敌时力战以报答李广，但李广却凭一时之气杀了他。没有恢宏气度的人又怎么会去统领千军万马呢？

李广数不能封侯，于是向搞星相占卜的王朔抱怨："自从汉朝北击匈奴以来，我未尝不在其中，其他将领都封侯位列三公，然而我却没有封侯，难道我命中注定不能封侯？"王朔说："你想想，你有没有做什么亏心事？"李广说："我最后悔的事情就是杀了已经投降的八百人。"王朔说："祸莫大于杀已降，此乃将军所以不得封侯者也。"杀俘虏在古代本身就是不道义的事情，何况还杀了八百人。

李广在参与卫青大将军的漠北之决战时，卫青让李广从侧路袭击，但李广一介勇夫思想的顽疾又出现了，他请战当先锋，但卫青却没有同意李广的请求，李广怒而回部。卫青这样部署的原因有二：一是卫青了解李广自以为是，不听指挥，没有大局意识，跟敌人小打小闹行，大规模作战就不能胜任了；二是卫青看到李广年纪大了，体力和精力都不足，而且李广急于封侯，想最后一搏取得战绩，在他这种急于求胜的情况下，难免会出现失误。因此，卫青还是很理智地拒绝了李广的请战请求。但即使让李广从侧路进攻，李广也没有顺利完成任务，他带领队伍迷了路，没有及时和卫青主力部队会合，以致让单于逃跑。卫青责怪了李广几句，李广顿时感到一阵悲凉："广结发与匈奴大小七十余战，今幸从大将军出接单于兵，而大将军又徙广部行回远，而又迷失道，岂非天哉！且广年六十余矣，终不能复对刀笔之吏。"然后引刀自刭，死得很悲壮，百姓闻之皆恸哭之。最终李广失去了最后一次封侯的机会。

虽然跟匈奴大的战斗中李广没有胜过，但在"七国之乱"时，李广跟随周亚夫平定吴楚联军，立下了战功。梁王刘武看中李广之才，私授李广将军印，李广不识时务，竟然接受了。刘武当时很想做皇帝，想等到哪天起兵逼宫时，希望李广支持他，这一点汉景帝刘启很明白。李广接受将军印，究其原因是他目光短浅，分不清利害关系，自以为立下战功，梁王授给将军印，这是对他的奖赏，还拿回京城炫耀一番。结果李广此举触怒皇帝，反而未受到丝毫奖赏。老子曰："自视者不章，自见者不明，自伐者无功，自矜者不长。"但李广却不明白其中的道理。

不可否认，李广忠诚、爱国，但毕竟性格上存在缺陷以及能力上（运筹帷幄的大战略能力以及大局意识）不足，虽然在小规模战斗中，他的勇猛以及处变不惊的大将气度使其扬名，但在大的战斗中李广总是屡战屡败，没有大的战绩可言。因此，李广至死难封侯，命哉！

而同时代的御史大夫韩安国，在他坐牢时，狱吏田甲侮辱韩安国。韩安国说："你就不怕我死灰复燃？"田甲此人很幽默："你复燃，我当撒尿灭之。"后韩安国被拜为梁内史，田甲知后，逃走。韩安国更幽默地说："不逃走就不杀，如果逃走，就灭其九族。"田甲未敢逃走，向韩安国认罪。韩安国笑着说："你给我撒泡尿看看。"韩安国不仅放走了田甲，而且还善待了他。这就是韩安国大人不计小人过的气度。但李广却做不到。

一个人的胸怀能容得下多少人，就能够赢得多少人。自古有成天下之志者必有容天下之量，而后能成天下之功。宏大的器量，宽阔的胸襟，对一个人的事业成败至关重要。在现实生活中要做一个心胸开阔的人，做一个仁慈宽恕的人。

第九章　创新思维综合案例

处处可以创新，创新思维可以用在各行各业。而有时，在某一领域的创新并不是仅靠一种创新方法就能完成的，而是很多种方法的综合运用。下面以机械与诗词一理一文为例来说明创新思维的运用。

第一节　创新思维在机械创新设计中的应用

1. 组合创新思维在机械创新设计中的应用

常用的基本机构如齿轮机构、凸轮机构、四杆机构和间歇机构等，只能满足有限的运动要求。随着生产的发展，以及机械化、自动化程度的提高，对其运动规律和动力特性都提出了更高的要求。这些常用的基本机构往往不能满足要求。为解决这些问题，可以将两种以上的基本机构进行组合，充分利用各自的良好性能，改善其不满足原理方案要求的、具有良好运动和动力特性的新型机构。

机构的组合原理是指将几个基本机构按一定的原则或规律组合成一个复杂的机构。机构的组合方式可划分为串联式机构组合、并联式机构组合、复合式机构组合和叠加式机构组合四种。

串联式机构组合是由两个以上的基本机构依次串联而成的，前一机构的输出构件和输出运动为后一机构的输入构件和输入运动，从而得到满足工作要求的机构。

如图 9-1 所示的机构中，构件 1 为曲柄，构件 3 为摇杆，借摇杆长度的延长使滑块 6 的行程得以扩大。在如图 9-2 所示的机构中，借双摇杆机构 3-5-6-4 以扩大摆角。

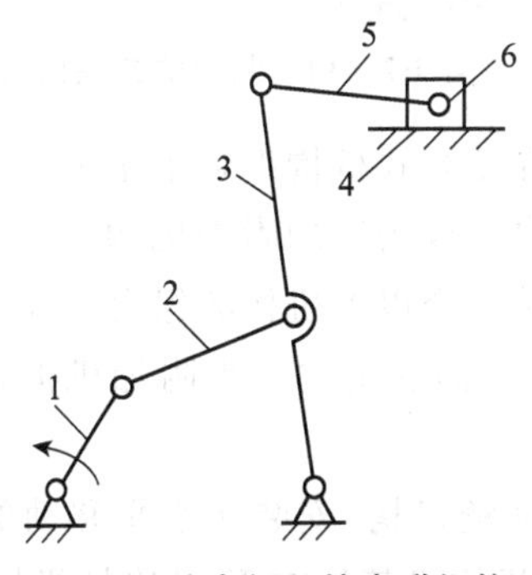

图 9-1　扩大行程的串联机构

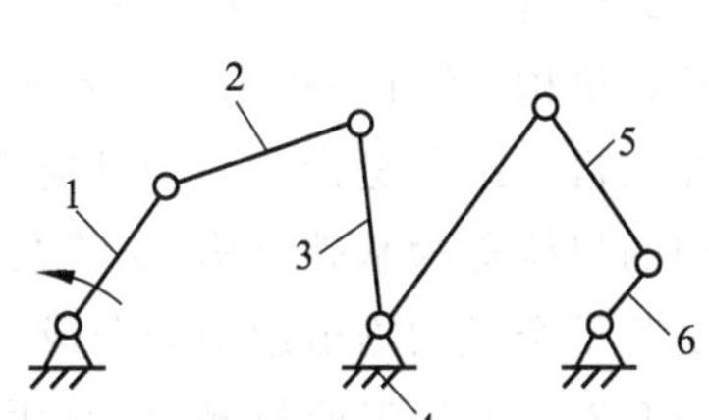

图 9-2　扩大摆角的串联机构

图 9-3 所示是钢锭热锯机机构，其将曲柄摇杆机构 1-2-3-4 的输出件 4 与曲柄滑块（或摇杆滑块机构）4′-5-6-1 的输入件 4′固接在一起，从而使原本没有急回运动特性的输出件 6 有了

急回特性。

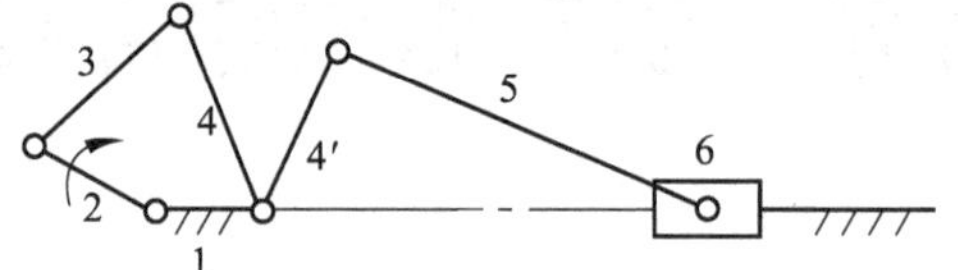

图 9-3 具有急回特性的串联机构

并联式机构组合是指将两个或多个基本机构并列布置。如图 9-4 所示为飞机上所采用的襟翼操纵机构。它用两个直线电机共同驱动襟翼,若一直线电机发生故障,另一直线电机可以单独驱动(这时襟翼的运动速度减半),这样就增大了操纵系统的可靠性。实例如图 9-5～图 9-7 所示。

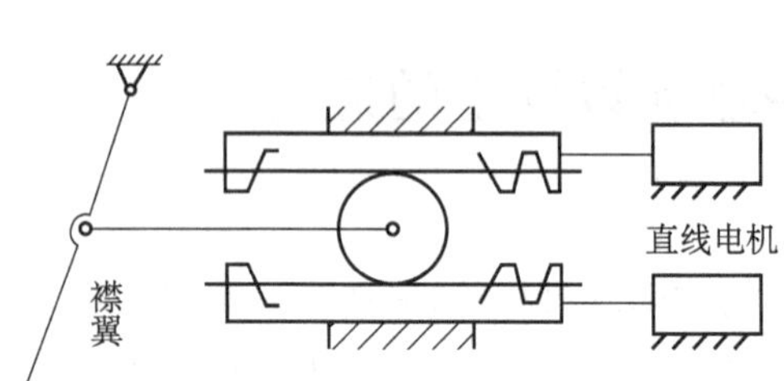

图 9-4 飞机襟翼操纵机构

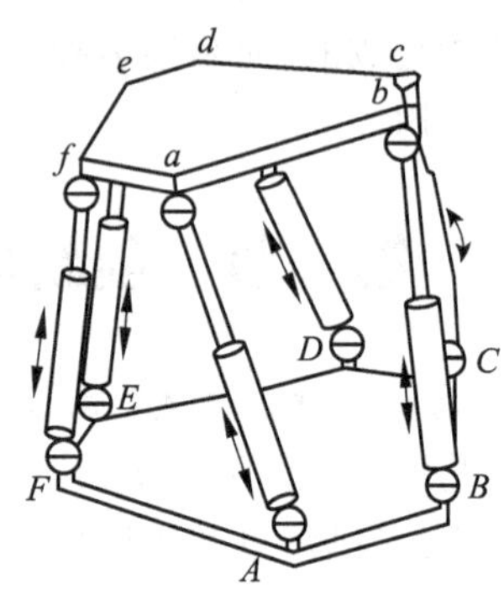

图 9-5 Stewart 平台机构

图 9-6 包装饼干的 Delta 并联机构

图 9-7 用于装配的并联机构

复合式机构组合是一种比较复杂的机构组合形式。在复合式机构组合中至少有一个两自由度的基础机构,还有一些用来封闭或约束基础机构,其自由度为 1 的附加机构。

叠加式机构组合是指在一个机构的可动构件上再安装一个以上机构的组合方式。把支撑其他机构的机构称为基础机构,安装在基础机构可动构件上面的机构称为附加机构。其输出的运动是若干个机构输出运动的合成。

如图 9-8 所示为工业机械手,其手指 A 为一开式运动链机构,安装在水平移动的气缸 B 上,而气缸 B 叠加在链传动机构的回转链轮 C 上,链传动机构又替加在 X 形连杆机构 D 的连杆上,使机械手的终端实现上下移动、回转运动、平行移动以及机械手本身的手腕转动和手指抓取的多自由度、多方位的动作效果,以适应各种场合的作业要求。

如图 9-9 所示是一电风扇摇头机构,电动机安装在双摇杆机构的摇杆上,向蜗杆输入转

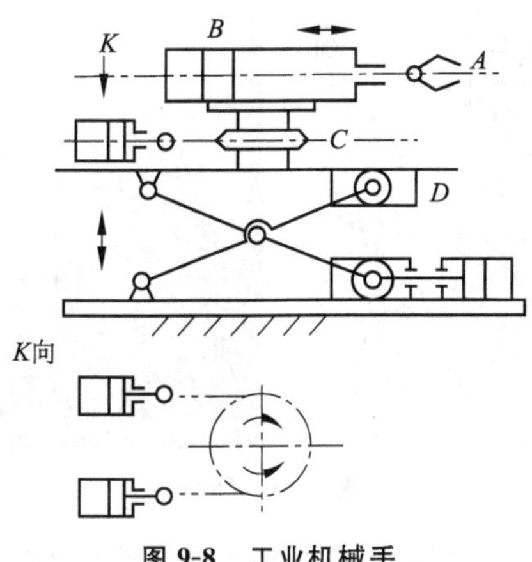

图 9-8　工业机械手

动，但两个机构的运动又通过蜗轮与连杆的固接互相影响，使得电扇在实现蜗杆快速转动的同时又以较慢的速度摆动。

如图 9-10 所示是一种电动玩具马的传动机构，其由曲柄摇块机构安装在两杆机构的转动构件 4 上组合而成。当机构工作时分别由转动构件 4 和曲柄 1 输入转动，曲柄 1 转动，曲柄摇块机构中的摇杆的摇摆和升降使模型马获得俯仰和升降的奔驰态势；构件 4 转动，使马作前进运动，三种运动形态组合成马飞奔向前的动态效果。

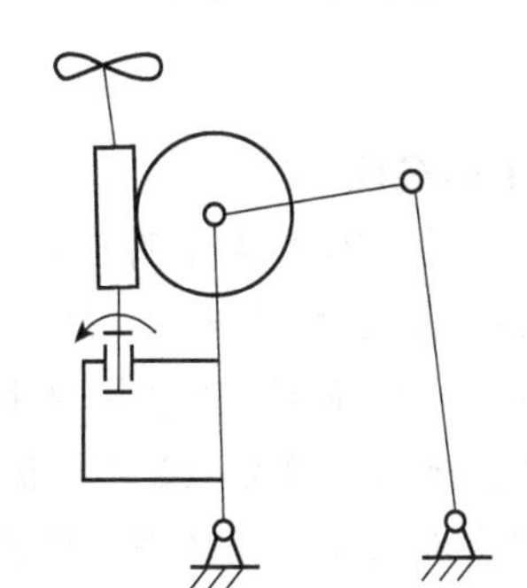

图 9-9　蜗杆机构与连杆机构叠加

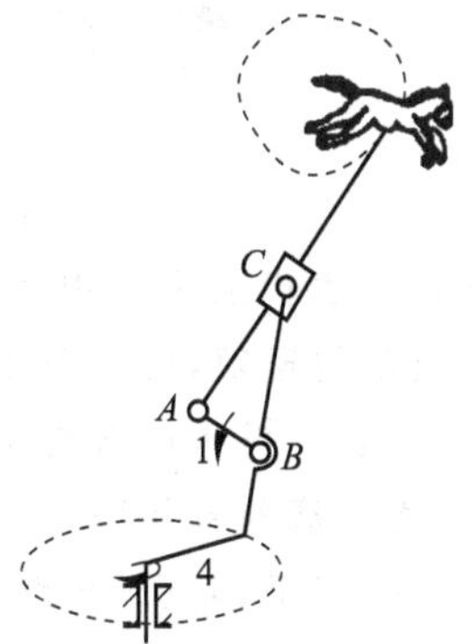

图 9-10　电动玩具马

2. 类比创新在机械创新设计中的应用

案例

刮板输送机与中国翻车的类比

翻车（图 9-11），又名龙骨水车，是中国人民长期以来普遍采用且效果很好的灌溉或扬水机械，在《后汉书・张让传》中就有记载。翻车是一种刮板式连续提水机械。它以上下两个链轮和传动链条作为其主要组件。翻车以木制零件为主，以木板制成长槽，长一丈至二丈不等，宽一尺左右，高度相近，其中安置行道板。槽的前端安有轮轴，上装拨链齿轮。槽入水的尾端装有小链轮。大小链轮一般都有六个以上的拨齿板。环绕两链轮架设木制链条（即龙骨）一周，上装许多板叶作为刮水板。当用人力、畜力或风力装置驱动轮轴旋转时，大链轮随之转动，带动木链及其上的刮水板循环运转，不断将水刮入槽内，并沿槽流入田间。

刮板输送机主要由刮板链条、头尾链轮、机槽、进料口、卸料口、驱动装置和张紧装置等构件组成。头尾链轮即为驱动轮和张紧轮，链条作为牵引构件被环绕支承于头尾链轮和机槽内，

图 9-11 翻车

安装于链条上的刮板为输送物料构件，物料在封闭形机槽内通过连续运转的刮板链条实现输送，如图 9-12 所示。

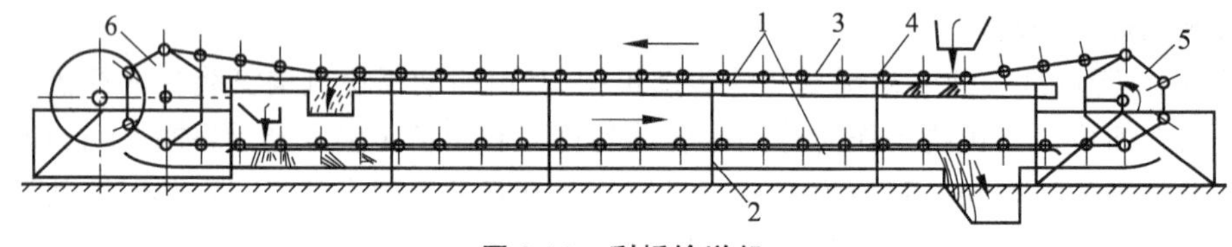

图 9-12 刮板输送机

1—槽；2—机座；3—链条；4—刮板；5—驱动链轮；6—张紧链轮

斗轮挖掘机与井车的类比

井车(图 9-13)，古代从深井中提水进行灌溉的工具。约产生于隋唐时期，从辘轳发展变化而来，井车即成串的辘轳，由许多水斗组成一条长链，装在井口一个大的立齿轮上，大立齿轮和另一卧齿轮相啮合。提水时只要用动力拉动卧齿轮上的套杆，井水就会由水斗连续不断地提上来。后世行之。唐刘禹锡《何处春深好》诗中说："分畦十字水，接树两般花。栉比载篱槿，咿哑转井车。"《太平广记》卷引《启颜录·邓玄挺》："唐邓玄挺入寺行香，与诸僧诣园，观植蔬。见水车以木桶相连，汲于井中，乃曰：'法师等自踏此车，当大辛苦。'答曰：'遣家人挽之。'"

图 9-13 井车

斗轮挖掘机(图 9-14)是一种高效率的采掘设备，主要用于露天矿中煤炭、油母页岩等的剥离和采掘及大型水利、建筑等工程的土方开挖。挖掘时机器不行走，依靠斗轮旋转和臂架回转构成的复合运动不断地将物料切下并装入斗内，当铲斗随斗轮转到一定高度时，物料靠自重落至受料输送带，再经料斗卸到卸料输送带上，装入汽车或输送机等运输工具上，运往指定地点。一层物料挖尽后机器移动或臂架降落，再进行下一层物料的挖掘，这样从顶部逐层向下挖掘。类似的例子如图 9-15 所示。

图 9-14　斗轮挖掘机

图 9-15　四川达县碑庙镇道班工人用自制的“雷人”清洁车清扫公路

3. 仿生机械

地球上现有种类繁多的生物都经过了漫长的进化过程，经历了无数次的生存选择，它们不仅具备超乎寻常的对自然环境的适应能力，而且更拥有功能完备的动作机理和运动器官。例如，没有腿的蛇为什么能在地面运动、蚂蚁为什么能拖动大于身体自重 500 倍的物体、跳蚤为什么能跳过超过自身身高 700 倍的高度、蚯蚓为什么能出淤泥而不染等许多问题令人们思考。各种生物运动方式和外部形态为新产品的研究提供了一个具有丰富资源的仿生源泉。

两足步行机器人具有类似于人类的基本外貌特征和步行运动功能，其灵活性高，可在一定环境中自主运动，并与人进行一定程度的自主交流，更适合协同人类的生活和工作，在机器人研究中占有特殊地位。多足仿生一般是指四足、六足、八足的仿生步行机器人机构。

三国时期诸葛亮就进行过步行机械方面的研究。诸葛亮六出祁山，利用木牛流马大败魏军，这段历史至今仍脍炙人口。如陈寿的《三国志》、杨家骆的《诸葛亮集》和《南齐书·祖冲之传》等著作，皆或多或少地记载了木牛流马的发明情况。由于已失传，且缺乏图形的佐证，代表中国古代机械成就的木牛流马究竟为何物，至今仍有很大的争论。图 9-16 是新疆高级工程师王湔根据古书史籍的记载而发明的木牛流马的复原机械。类似的还有图 9-17。

图 9-16　木牛流马的复原机械

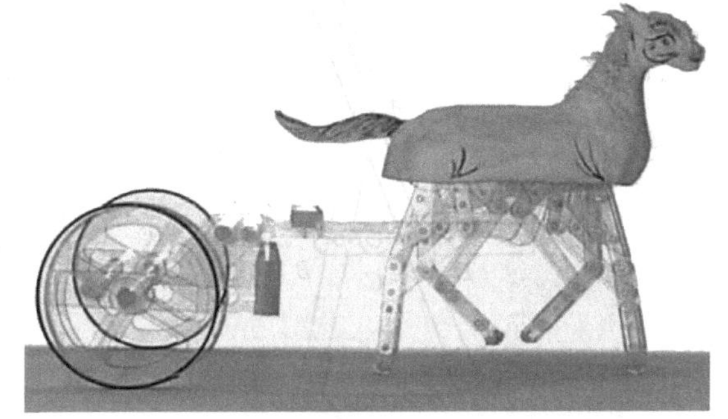

图 9-17　中国台湾研制的八杆步行机械

4. 逆反创新在机械设计中的应用

当机构处于死点位置时，从动件将出现卡死或运动不确定现象。反过来，利用机构的死点位置也可以实现某种功能。图 9-18 所示为零件夹紧机构。当工件被夹紧后，BC 和 CD 共线，机构处于死点位置；当撤去施加在手柄上的作用力 F 之后，无论零件对夹头的作用力有多大，也不能使 CD 绕 D 转动，因此零件仍处于被夹紧的状态中。

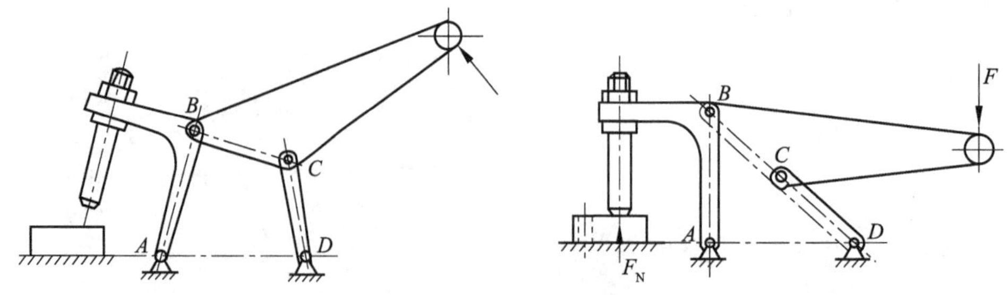

图 9-18　零件夹紧机构

如图 9-19 所示的飞机起落架机构 $ABCD$ 为双摇杆机构，当起跑轮放下时，BC 杆与 CD 杆共线，机构处在死点位置，地面对轮子的反作用力不会使 CD 杆转动，从而保证飞机安全降落。如图 9-20 所示的折叠椅、图 9-21 所示的折叠桌的腿的收放机构也属这一原理的应用。

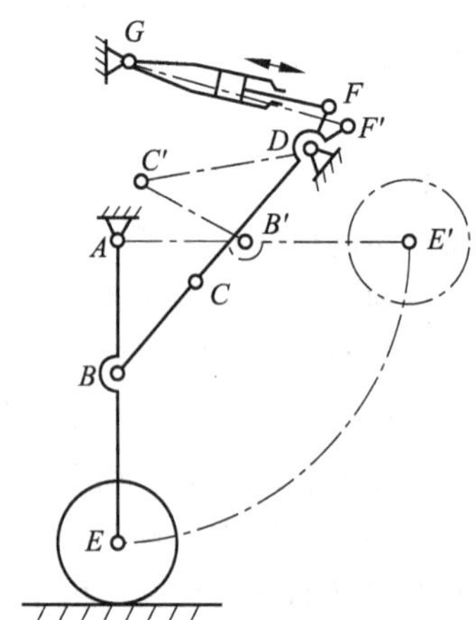

图 9-19　飞机起落架机构

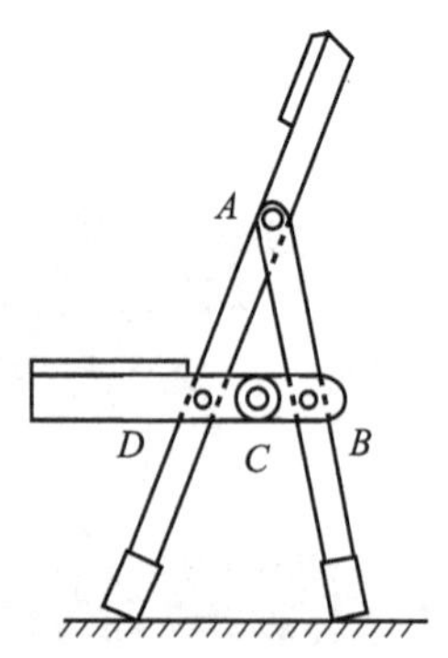

图 9-20　折叠椅的腿的收放机构

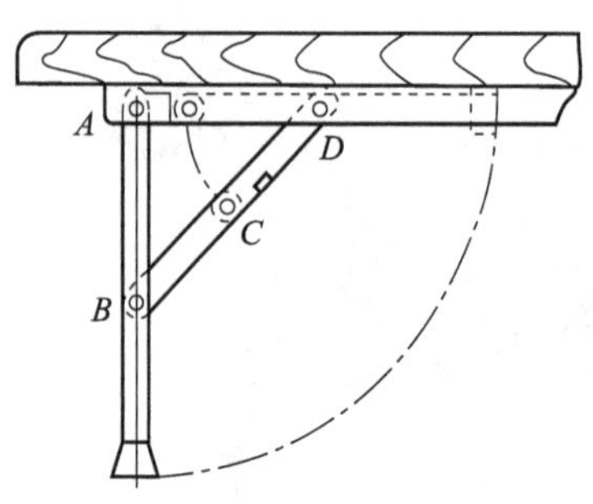

图 9-21　折叠桌的腿的收放机构

在刚学曲柄摇杆机构时，由于曲柄是连续不断地运动的，而摇杆则在摆动，认为连续转动的电动机适合曲柄，因而一般默认为曲柄就是主动件，而摇杆只能是从动件。相反，若以摇杆为原动件时，曲柄摇杆机构能将摇杆的往复摆动变换成曲柄的连续回转运动，这在以人力为动力的机械中应用较多，如图 9-22 所示为缝纫机脚踏机构，图 9-23 所示为脚踏脱粒机。

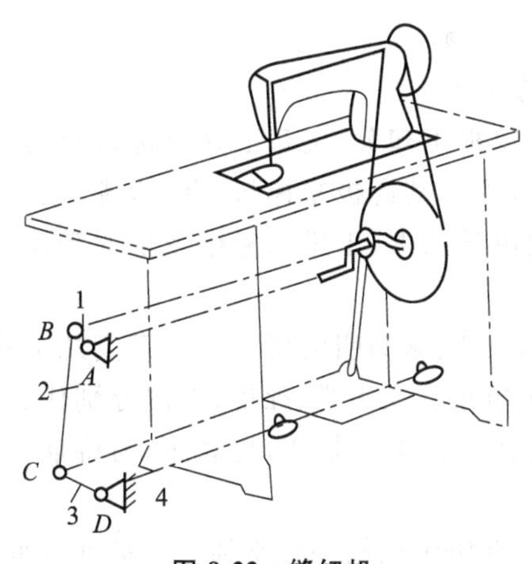

图 9-22　缝纫机

图 9-23　脚踏脱粒机

5. 系统创新在机械设计中的应用

当前机械行业的发展已远远不是各个零件的简单拼装，而是在设计时就需要考虑全局，即用系统思维来设计各个零件。

现代机械种类繁多，结构也愈来愈复杂。但从实现系统功能的角度看，主要由动力系统、传动系统、执行系统、操纵系统和控制系统等子系统组成。这些子系统分别实现各自的分功能，综合实现机器的总功能。每个子系统又可根据需要分解为更小的子系统。

机构系统是由相互作用和相互依赖的若干组成部分结合而成的具有特定功能的有机整体。各部分的设计必须要符合整体的需要，离开整体需要的部分设计是没有意义的。因此，系统设计特别强调系统思想，追求系统综合最优化目标。

第二节　诗词中的创新思维

诗词没有新意，就没有生命力。新意从哪里来？创新思维！

中国喜欢类比和对称之美。这与西方的逻辑和分析之美是完全相反的。在《诗经》中，比兴大量出现，而对联则是中国文学又一特产，可见中国对归纳、类比、对称的偏爱。这与中国的文字是有关系的。中国人为什么选择方块字，而不选择字母文字？这正是中国人追求对称美的结果。当然，这样的文字也十分有利于中国人类比、对称思想的表达。中医则是用自然的五行类比人体的五脏而发展起来的。中国汉字本身，则更适合表达归纳、类比和对称的思想。南北朝骈文盛行，唐朝律诗兴起，正是说明了中国人的这种审美趋向。文艺创作中的“比喻”“移情”，是类比的重要体现。“欲把西湖比西子，淡妆浓抹总相宜”，比的是形貌；“问君能有几多愁，恰似一江春水向东流”，喻的是心思。在我国古典文学与艺术创作中，类比技法处处可见。下面以几首著名的诗词来介绍诗词中运用的创新思维。

1.《鹿柴》赏析

鹿　柴

王维

空山不见人，但闻人语响。

返景入深林，复照青苔上。

王维，字摩诘，唐朝太原人。他的四世祖王儒贤、曾祖王知节、父亲王处廉都官至司马，祖父王胄则任协律郎。王维精通佛学，受禅宗影响很大，因此其诗极富禅味，有"诗佛"之称。佛教有一部《维摩诘经》，是佛教中智者维摩诘给弟子们讲学的书，王维钦佩维摩诘的辩才，故拆开了他的名字，给自己命名为维，而字为摩诘。

《红楼梦》中林黛玉说："你应当读王摩诘、杜甫、李白跟陶渊明的诗。每一家读几十首，或是一两百首。得了了解以后，就会懂得作诗了。"黛玉所举三人王维、杜甫、李白分别代表了三种性格，也代表了三派学问。王摩诘是释，是禅宗，为诗佛。李白是道，是老庄，为诗仙。杜甫是儒，是孔孟，为诗圣。

王维多才多艺，诗书画都很有名，钱钟书称他为"盛唐画坛第一把交椅"。王维也很精通音乐。王维可以说是人生大赢家。开元九年(公元721年)中进士，状元及第，任太乐丞，这是他的第一任官职，或许就因为他懂得音乐，并且有人想听他的音乐。元朝辛文房作《唐才子传》记载，王维九岁知属辞，工草隶，闲音律。岐王重之。维将应举，岐王谓曰："子诗清越者，可录数篇，琵琶新声，能度一曲，同诣九公主第。"维如其言。是日，诸伶拥维独奏，主问何名，曰："《郁轮袍》。"因出诗卷。主曰："皆我习讽，谓是古作，乃子之佳制乎?"延于上座曰："京兆得此生为解头，荣哉!"力荐之。可见他的状元及第，可能是因为九公主欣赏他的诗与琵琶，关照主试官录取的。

《旧唐书》记载："禄山陷两都，玄宗出幸，维扈不及，为贼人所得。维服药取痢，伪称瘖病。"《新唐书》记载："安禄山反，玄宗西狩，维为贼得，以药下痢，阳瘖。"据此，我们知道王维来不及逃出而被俘虏，后又吃药，装疯卖傻，蛊惑敌人，以逃避现实。"服药取痢，伪称瘖病"，即是用一种特效药，使人身体出现某种严重的病症，比如将嗓子变哑，说不出话来等。也就是说王维曾经设法要逃跑过，只是未能成功而出此下策而已。这与那些主动投降迎接叛军，或者望风而降者相比不是有天壤之别吗？同时我们也可以看到王维本人的忠君爱国之情。虽然王维也做了抵抗，但是"禄山素怜之，遣人迎置洛阳，拘于普施寺，迫以伪职"。并写下《菩提寺禁裴迪来相看说逆贼等凝碧池上作音乐供奉人等举声便一时泪下私成口号诵示裴迪》："万户伤心生野烟，百官何日再朝天。秋槐落叶空宫里，凝碧池上奏管弦。"这就是他的政治远见：抒发对唐王朝的怀念之情，同时也表达自己对叛军的憎恨。当肃宗李亨重建政权之后，凡是作为伪官者皆以六等定罪，而王维也因为上面所写的《凝碧池》一诗得到肃宗的嘉赏，又加上其弟王缙平乱有功，成为朝廷的重臣(时任刑部侍郎，后官至宰相)，请求削官以赎兄罪，故得到肃宗宽赦，仅仅让王维降职为太子允。后不久又迁为太子中庶子、中书舍人。乾元元年(758年)秋，恢复为给事中。乾元二年转为尚书右丞。虽然担任了此职务，但由于有"伪职"历史很容易受到政敌的攻击，不适合发表太多的政治意见，加上仕途风波、人世的虚幻，他晚年就在终南山下过起了半官半隐居的生活。这在他的《终南别业》中有所体现：中岁颇好道，晚家南山陲。兴来每独往，胜事空自知。行到水穷处，坐看云起时。偶然值林叟，谈笑无还期。

王维深湛的艺术修养，使他对自然美具有敏锐独特而细致入微的感受，因而他笔下的山水景物特别富有神韵，常常是略事渲染，便表现出深长悠远的意境，耐人玩味。他的诗与画，以清淡见长，描绘山水、田野风景，充分表现出大自然的静穆闲适对于自然的爱好和长期山林生活的经历。苏轼评价说："味摩诘之诗，诗中有画；观摩诘之画，画中有诗。"他取景状物，极有画意，色彩映衬鲜明而优美，写景动静结合，尤善于细致地表现自然界的光色和音响变化。

《鹿柴》是王维山水诗中的代表作之一，描绘了鹿柴附近的空山深林在傍晚时分的幽静景色，充满了绘画的境界，反映了诗人对大自然的热爱和对尘世官场的厌倦。

诗的绝妙之处在于以动衬静，以局部衬全局，清新自然，毫不做作。落笔先写"空山"寂绝人迹，接着以"但闻"一转，引出"人语响"来。空谷传音，愈见其空；人语过后，愈添空寂。最后又写几点夕阳余晖的映照，愈加触发人幽暗的感觉。

整首诗没有完整的景物画面，没有游览者的行动过程，它只是撷取了两件事物——声音与光的变化，便恰好地呈现出"空山"的静谧与幽深，以及含蕴于其中的深长意味。

第一句"空山不见人"，先正面描写空山杳无人迹。王维特别喜欢用"空山"这个词语，更喜欢用佛教中的"空"字，但在不同的诗里，它所表现的境界却有区别。"空山新雨后，天气晚来秋"(《山居秋暝》)，侧重于表现雨后秋山的空明洁净；"人闲桂花落，夜静春山空"(《鸟鸣涧》)，侧重于表现夜间春山的宁静、幽美；"眼界今无染，心空安可迷"(《青龙寺昙壁上人兄院集》)，侧重于大自然的广阔给人以心空之感，都在诗人极其空远的内心世界里，客观世界是空灵的，眼界的无染及心空就自然而得；而"空山不见人"，则侧重于表现山的空寂清冷。由于这里人迹罕至，远离尘嚣，"峡里谁知有人事，世中遥望空云山"(《桃源行》)，一般人自然不知道山中有人了。这并不真空的山在诗人的感觉中显得空廓虚无，宛如太古之境。"不见人"，把"空山"的意蕴具体化了。

如果只读第一句，读者可能会觉得它比较平常，但在"空山不见人"之后紧接"但闻人语响"，却境界顿出。"但闻"二字颇可玩味。通常情况下，寂静的空山尽管"不见人"，却非一片静默死寂。啾啾鸟语，唧唧虫鸣，瑟瑟风声，潺潺水响，相互交织，大自然的声音其实是丰富多彩的。然而此刻，这一切都杳无声息，只是偶尔传来一阵人语声，却看不到人影(由于山深林密)。这"人语响"，似乎是破"寂"的，实际上是以局部的、暂时的"响"反衬出全局的、长久的空寂。空谷传音，愈见空谷之空；空山人语，愈见空山之寂。人语响过，空山复归于万籁俱寂的境界；而且由于刚才那一阵人语响，这时的空寂感就更加突出。

三、四句由前两句描写空山中传语进而描写深林返照，由声而色。深林，本来就幽暗，林间树下的青苔生长于阴暗潮湿之处，它的生长是浓密的树木遮住阳光的结果，更突出了深林不见阳光的特点。寂静与幽暗，虽分别诉之于听觉与视觉，但它们在人们总的印象中，却常属于一类，因此幽与静往往连类而及。按照常情，写深林的幽暗，应该着力描绘它不见阳光，这两句诗却特意写返景射入深林，照映的青苔上。读者猛然一看，会觉得这一抹斜晖，给幽暗的深林带来一线光亮，给林间青苔带来一丝暖意，或者说给整个深林带来一点生意。但细加体味，就会感到，无论就作者的主观意图或作品的客观效果来看，都恰与此相反。一味的幽暗有时反倒使人不觉其幽暗，而当一抹余晖射入幽暗的深林，斑斑驳驳的树影照映在树下的青苔上时，那一小片光影和无边的幽暗所构成的强烈对比，反而使深林的幽暗更加突出。特别是这"返景"，不仅微弱，而且短暂，一抹余晖转瞬逝去之后，接踵而来的是漫长的幽暗。如果说，一、二句是以有声反衬空寂；那么三、四句便是以光亮反衬幽暗。整首诗就像是在绝大部分用冷色的画面上掺进了一点暖色，结果反而使冷色给人的印象更加突出。

据北宋词人秦观在《书辋川图后》中自序，他在汝南做官时患病久不愈，看到朋友带来王维的《辋川集》画卷，其中绘有鹿柴等景，如身历其境，同时又读王维《鹿柴》等诗，久病竟然不治而愈，足见其非同寻常的美的感染力。

2.《插秧诗》赏析

插　秧　诗

布袋和尚

手把青秧插满田，低头便见水中天。

六根清净方为道，退步原来是向前。

布袋和尚名契此，自号长汀子，生活于五代后梁，蹙额大腹，能示人吉凶，知天气晴雨，好行善事。布袋和尚常用一根木棍挑着一个布袋，内装日常用具，四处化缘，随地坐卧，为此他曾经作过一首《布袋偈》："行也布袋，坐也布袋。放下布袋，何等自在。"布袋和尚作为一位出家人，四海为家，无资无产，只有一只化缘用的布袋。这只布袋，他走到哪里，带到哪里，从不离身。所以说，"行也布袋，坐也布袋"。因为他胸怀豁达，无忧无虑，无牵无挂，安贫乐道，所以能够"放下布袋，何等自在"，活得十分快活。这首偈语告诉我们一个哲理：一个人活在世上，只要清心寡欲，就能知足常乐，潇洒自在。反之，如果一味追求欲望，就会追求越多，失望越多，永远处于烦恼之中。

《明心宝鉴》里有一段话：心安茅屋稳，性定菜根香。世事静方见，人情淡始长。毛泽东说："安贫者能成事，嚼得菜根，百事可做。"孔子的弟子颜回就是其中的代表。颜回是孔子弟子中最为贤能的人之一。他生活过得十分简朴，但却心怀乐观，自得其乐，从不为生活的困苦发愁。孔子向人说起颜回时说："贤哉，回也，一箪食，一瓢饮，在陋巷，人不堪其忧，回亦不改其乐。"在这些话语中，孔子对颜回自甘淡泊的品格给予高度评价，别人都不能忍受的生活，他却能过得有滋有味。

中国式的佛教造像，一般都妙相庄严，衣冠整齐，表情慈善。来自古印度的佛教大人物弥勒佛是佛教八大菩萨之一，释迦牟尼佛的继任者，相当于人间的储君、太子，本是一位以"修慈"著称、造像庄严的菩萨，但为何现在的弥勒造像袒胸凸肚、笑容可掬呢？如图 9-24 和图 9-25 所示。

图 9-24　弥勒菩萨铜像

图 9-25　浙江奉化弥勒大佛

原因就在于一个传说。据传，后梁贞明二年(916 年)三月三日，布袋和尚临终前端坐在岳林寺东廊下一磐石上口占一偈："弥勒真弥勒，分身千百亿，时时示世人，世人自不识。"偈毕安然坐化，肉身葬于城北封山佛塔亭。布袋和尚圆寂后，人皆以为他是弥勒转世，被奉为大肚弥勒佛。至此，庄严的弥勒佛造像变成了中国人更愿意接受的笑口常开的大肚佛形象。弥勒大佛表情滑稽，不仅令小孩子一见就笑，觉得这个胖大和尚非常好玩，连不苟言笑的大人们也忍俊不禁，顿生亲切之感和欢喜之心。所以，佛教寺庙里的弥勒像，多放在由山门往里走的第一重殿——天王殿。这样摆放实在高明，弥勒热情随和，笑口常开，吸引了众多的善男信女，从而使寺庙香火旺盛。

从妙相庄严的弥勒佛到现在袒胸凸肚、笑容可掬的弥勒造像，本身就是一种创新，是一种佛像的中国化，更亲民，更为信众所接受。

弥勒佛双耳垂肩、袒胸露腹、喜笑颜开，一手按着一个大口袋，一手持着一串佛珠，席地而坐。很多寺院的弥勒殿还有这样一副对联："大肚能容，容天下难容之事；开口便笑，笑世间可笑之人。"四川峨眉山灵岩寺弥勒佛殿两侧也有一副令人回味无穷的对联：开口便笑，笑古笑今，凡事付之一笑；大肚能容，容天容地，与己何所不容。

弥勒菩萨转世的布袋和尚，曾到处化缘，将化来的物品分给穷苦大众。在他化缘的过程中，曾遇到很多人的白眼，但他并不作辩解，也不以为意，而是默默忍受下来。他曾在弥勒偈语中说："一钵千家饭，孤身万里游。青目睹人少，问路白云头。"本偈语就表现了他善于忍辱的精神。偈语中的"钵"是和尚化缘的碗。头两句说他行万里路，吃千家饭，是个游方僧人。"青目"是眼珠子放在正中，正眼视人表示对人喜爱和热情，与"白眼"相对。这句是说布袋和尚在化缘中经常遭到冷遇，甚至连问一下路也有人不理不睬。因此他只好向白云问路。这首偈语的人生哲理是：世态炎凉，人在社会，常常会遇到一些惯用白眼看人的人。布袋和尚不以眼还眼、以牙还牙，与之生气计较，而是用幽默风趣的方式——问路白云头，一笑置之。他就以这种忍辱的方式，不仅不给人难堪，还使自己保持了平和的心态。

弥勒菩萨的忍辱是常人难以想象的。对于弥勒菩萨的忍辱，在弥勒《忍辱偈》中有云："老拙穿衲袄，淡饭腹中饱。补破好遮寒，万事随缘了。有人骂老拙，老拙只说好。有人打老拙，老拙自睡倒。涕唾在面上，随他自干了。他也省力气，我也无烦恼。这样波罗蜜，便是妙中宝。若这知消息，何愁道不了。"

布袋和尚的《插秧偈》，脍炙人口。偈云："手捏青苗种福田，低头便见水中天。六根清净方成稻，退后原来是向前。"这首偈语，都是一语双关，实写插秧，虚写修禅，以插秧比喻修禅，为类比创新；名退实进则为逆反创新。

"福田"是佛教用语，"种福田"意为做善事。"低头"就是要我们虚怀若谷低下头来，才能真正地认识自己，认识世界。民间谚语说"抬头三尺有青天"或者"抬头三尺有神明"，是告诫人们所作所为要光明正大，不可暗怀歹意。这里借插秧时云天映于水面的景象，把前面那种说法向更深处推进了一步：不要说抬头见天，低头又何尝不能见天？"天"也罢，"神明"也罢，说到底只是人心向善之意。做了善事，就能达到心底清净，没有污染，内心就像插秧时见到的水中天一样清澈明亮。如果心里一片光明，什么情形下人都是堂堂正正的。

图 9-26　插秧图

后面两句"六根清净方成稻，退后原来是向前"是说，稻秧有时会得病，根发黑变烂，插下去也长不成稻。"稻"与"道"谐音，用根部健康的秧才能长成稻的生活常识，比喻六根清净才能成道的人生道理，十分贴合，也非常巧妙。最后一句"退后原来是向前"是说，插秧看是倒退，其实是在前进，反映了"进"和"退"的辩证法(图 9-26)。其中蕴含的人生哲理是为人处世，应当学会宽容别人，有了矛盾，应该礼让为先，很多时候，你对别人谦虚退让并不是表明你软弱无能，而恰恰证明你的谦虚大度。当你做出谦让之举时，往往会使对方受到感化，从而也学会对人宽容。所谓“退一步海阔天空”，你宽容了别人，别人也会宽容你，岂不是“退后原来是向前”。

马克思曾说过：历史往往以某种“退步”的形式而实现自身的进步。

现实生活中，有很多人因为学会了对人宽容，产生了许多流传后世的佳话。清代礼部尚书张英在京为官时，其家人修治府第，因地界的问题与邻居发生了争执，两家在当地都是名门望族，谁也不甘示弱。家人修书将此事告诉了张英，张英知道此事后，遂即修书一封：“千里修书只为墙，让他三尺又何妨。万里长城今犹在，不见当年秦始皇。”张英的家人接信后依照他的意思，在原先地界上让出了三尺土地，以示不再相争。邻居见此，自觉也有不妥之处，遂仿效张家也让出了三尺土地。于是张英家人门口便出现了一个六尺宽的巷道。一时间，两家处理邻里纠纷的做法被传为美谈。至今，这个六尺巷成为安徽桐城的旅游景点，凡是到那里参观的人，都会受到退让宽容的教育。

3. 六祖慧能的偈语

图 9-27 六祖慧能像

慧能(惠能)(638—713 年)，是中国禅宗的第六祖(图 9-27)，作为在中国历史上有重大影响的思想家之一，其思想包含着的哲理和智慧，至今仍给人以有益的启迪，并越来越受到广泛的关注，与同代表东方思想的先哲孔子、老子，并列为“东方三圣人”。

慧能俗姓卢，幼年丧父，家境贫困，靠卖柴养母。有一天，慧能于市场卖柴中，听客店有人诵《金刚经》到“应无所住，而生其心”时，颇有领会，便问此经何处得来，客人告诉他从湖北黄梅弘忍禅师受持此经。于是他萌发去黄梅双峰山拜谒五祖弘忍之心，由此开始了学佛生涯。咸亨初(670 年)，他把母亲安顿好后，即北行。

禅宗五祖弘忍大师手下有弟子几百人，其中翘楚者当属大弟子神秀。神秀为“教授师”，代老师给普通弟子授课，也是大家公认的禅宗衣钵的继承人。弘忍渐渐地老去，于是他想在弟子中寻找一位继承人。《坛经》记载：五祖弘忍“一日唤门人尽来”，要大家“各作一偈”，并说，“若悟大意者”，即“付汝衣法，禀为六代”。这时神秀很想继承衣钵，但又怕因为出于继承衣钵的目的而去作这个偈子，违法了佛家的无为而作意境。所以他就在半夜起来，在墙上写了一首偈子：“身是菩提树，心为明镜台。时时勤拂拭，勿使惹尘埃。”这首偈子的意思是，要时时刻刻地去照顾自己的心灵和心境，通过不断地修行来抗拒外面的诱惑和种种邪魔。这是一种入世的心态，强调修行的作用。而这种理解与禅宗大乘教派的顿悟是不太吻合的，所以当第二天早上大家看到这个偈子的时候，都说好，而且都猜到是神秀作的而很佩服。《坛经》记载：弘忍知道后，“遂唤秀上座于堂内”，说是“汝作此偈，见即未到”，“若觅无上菩提，即未可得”。

和尚们的谈论，被厨房里的一个火头僧慧能听到了。慧能当时还没有正式剃度，相当于现在的编外人员。慧能就叫别人带他去看这个偈子，慧能是个文盲，他不识字。他听别人说了这个偈子，当时就说这个人还没有领悟到真谛啊。于是他自己又作了一个偈子，央求别人写在了神秀的偈子的旁边，说：“菩提本无树，明镜亦非台。本来无一物，何处惹尘埃。”

其实，从两者的偈子中可以看出，慧能的偈子实质上是完全把神秀的偈子反过来进行创新而形成的。但反过来之后意境更高。他这个偈子很契合禅宗的顿悟的理念，是一种出世的态度，主要意思是，世上本来就是空的，看世间万物无不是一个空字，心本来就是空的话，就无所谓抗拒外面的诱惑，任何事物从心而过，不留痕迹。这是禅宗的一种很高的境界，领略到这层境界的人，就是所谓的开悟了。

中国禅宗，自五祖弘忍开始，教人念诵《金刚般若波罗蜜经》，便可由此入道。《金刚经》以明心见性为主旨，处处说明般若（智慧）性空的真谛，其中的修行求证方法，以“善护念”三字为重点，以“过去心不可得，未来心不可得，现在心不可得”而说明性空实相，了知“应无所住而生其心”为指标。

在《坛经》中，慧能指出：“世人性本自净，万法在自性。思量一切恶事，即行于恶；思量一切善事，使修于善行。”这是惠能“顿悟说”的基础。在他看来，“愚人”与“智人”，“善人”与“恶人”，他们和“佛”之间没有不可逾越的鸿沟。从“迷”到“悟”，仅在一念之间。这种“放下屠刀，立地成佛”的思想，不仅对中国佛教的演变产生了巨大的作用，对于后来的中国哲学理论也有重大的影响。

《六祖坛经》中说：“我心自有佛，自佛是真佛，自若无佛心，向何处求佛！”

弘忍看到这个偈子以后，问身边的人是谁写的，边上的人说是惠能写的，于是他叫来了慧能，当着他和其他僧人的面说：写得乱七八糟，胡言乱语，并亲自擦掉了这个偈子。然后在慧能的头上打了三下就走了。这时只有慧能理解了五祖的意思，于是他在三更的时候去了弘忍的禅房，在那里弘忍向他讲解了《金刚经》，当讲到“应无所住而生其心”的时候，慧能豁然大悟。原来一切万法不离自性！五祖知道慧能已经大悟，便将衣钵传付给慧能。然后为了防止神秀的人伤害慧能，让慧能连夜逃走。《西游记》中菩提祖师半夜把孙悟空约到内室，教他神通变化的本领，就是从这个故事演变而来的。

于是慧能连夜远走南方，隐居 15 年之后在曹溪宝林寺创立了禅宗的南宗。在第二天众人知道了这件事以后，曾派人去追惠能，但没有追到。后来神秀成为护国法师，形成“南能北秀”的格局。

慧能归岭南后，于唐高宗仪凤元年（676 年）正月初八到广州法性寺。印宗法师在该寺内讲《涅槃经》之际，《坛经》中云：“时有风吹幡动。一僧曰风动，一僧曰幡动。议论不已。慧能进曰：‘非风动，非幡动，仁者心动；’印宗闻之悚然若惊。知慧能得黄梅弘忍真传，遂拜为师，并为之剃度。

这实际上是一个系统，一个由风、幡、人所组成的系统。风吹幡动，不离风、不离幡、不离心。若离风则幡不曾动，若离幡则不见风动，若离心则不知何为动。心动万物随之而动。相反，“心若静，风奈何”“心灭而种种法灭”。圣严法师说：“我们看到仇人时，分外痛苦，但是，如果将心念转变一下——宽恕他、原谅他、同情他，以慈悲心对待他。当慈悲心一生起，怨恨就消失了；当你没有怨恨的心时，他不再是仇人，‘仇人’这个想法、‘仇人’这个现象，也就不存在了。”

《楞严经》说：“一切众生，从无始劫来，迷己逐物，失于本心，为物所转。若能转物，即同如来。”芸芸众生，从长远的时间以来，迷失本性，追逐外在的事物，迷失了自己的本心，被外在的事物牵着鼻子走。如果能够自由自在地驾驭外在的事物，就和如来没有两样了。

4.《游园不值》赏析

游园不值

叶绍翁

应怜屐齿印苍苔，
小扣柴扉久不开。

春色满园关不住，
一枝红杏出墙来。

《游园不值》是南宋叶绍翁的名篇，这首诗写诗人春日游园所见所感，其创新之处如下。

(1) 结构倒装

这首诗可翻译为：扣了好久的门，也没有人来应门，大概是主人怕我的木屐踩坏他院子里的青苔吧。一枝红杏从院墙上伸出来，想必是满园的春色关也关不住吧。因此，本首诗的写作顺序，打破了原来的事件发展的顺序。其原本的发展顺序应为：小扣柴扉久不开，应怜屐齿印苍苔。一枝红杏出墙来，春色满园关不住。

(2) 站在对方(主人)角度分析

头两句“应怜屐齿印苍苔，小扣柴扉久不开”，交代作者访友不遇，园门紧闭，无法观赏园内的春花。但写得很幽默风趣，说大概是园主人爱惜园内的青苔，怕我的屐齿在上面留下践踏的痕迹，所以“柴扉”久扣不开。

首句又作“应嫌屐齿印苍苔”，但“嫌”字不好，它似乎在表现园主人闭门谢客、远离尘嚣的清高，但清高得有点做作。倒是“怜”字有情致。

将主人不在家，故意说成主人有意拒客，这是为了给下面的诗句作铺垫。由于有了“应怜屐齿印苍苔”的设想，才引出后两句更新奇的想象：虽然主人自私地紧闭园门，好像要把春色关在园内独赏，但“春色满园关不住，一枝红杏出墙来”。

(3) 从冷寂中写出繁华，感情从失望走向惊喜

门前长有青苔，足见这座花园的幽僻，而主人又不在家，敲门很久，无人答应，更是冷清，可是红杏出墙，仍然把满园春色透露了出来。从冷寂中写出繁华，这就使人感到一种意外的喜悦。

此诗先写诗人游园看花而进不了园门，感情上是从有所期待到失望遗憾；后看到一枝红杏伸出墙外，进而领略到园中的盎然春意，感情又由失望到意外之惊喜，写得十分曲折而有层次。尤其第三、四两句，既渲染了浓郁的春色，又揭示了深刻的哲理。全诗写得十分形象而又富有理趣，体现了取景小而含意深的特点，情景交融，脍炙人口。

(4) 拟人

“春色”和“红杏”都被拟人化。春色在这么一“关”一“出”之间，冲破围墙，溢出园外，显示出一种蓬蓬勃勃、关锁不住的生命力度。不仅景中含情，而且景中寓理，能引起读者许多联想，受到哲理的启示：“春色”是关锁不住的，“红杏”必然要“出墙来”以宣告春天的来临。同样，一切新生的美好的事物也是封锁不住、禁锢不了的，它必能冲破任何束缚，蓬勃发展。

(5) 类比

陆游曾写过一首《马上作》诗：平桥小陌雨初收，淡日穿云翠霭浮。杨柳不遮春色断，一枝红杏出墙头。不过陆游此作未免平展，有点马上观花，不及之后叶绍翁之作那么精神专注，在深挚的精神体验和心理波折中，迸发出春光难锁、喜从天降的生命力度，以及情趣盎然的精神哲学的启悟了。可见名家之诗不一定都能省心地成为名作，非名家一旦对生命与诗进行精诚开发，也可能出现奇迹。

唐朝大诗人王勃的名句“海内存知己，天涯若比邻”是唐诗中数一数二的名句，是他从曹植的诗“丈夫志四海，万里犹比邻”变化而成的，他用“万里犹比邻”这个概念，组合上“海内存知己”，诗意就与曹植不同。后来王建也有两句诗：“长安无旧识，百里是天涯。”这是把王勃的诗意反过来用。可见，组合思维、类比思维与逆反思维在诗词创作中是经常用到的。

王勃在《滕王阁序》中“落霞与孤鹜齐飞，秋水共长天一色”一句，谌称千古绝唱。该句最初原型来自庾信《马射赋》：“落花与芝盖同飞，杨柳共春旗一色。”彩霞自上而下，孤鹜自下而上，好似齐飞。青天碧水，天水相接，上下浑然一色。

“模仿是创新的第一步。”无论是古代还是现代的著名书法家都是在临摹的基础上进行创新，才自成一派的。王羲之能成为书圣，李宁能成为体操王子，夏菊花能成为杂技皇后，梅兰芳能成为京剧宗师，如果他们不从最基本的一笔一画、一招一式、一举一动、跑跳滚爬、唱念做打模拟起，那是不可能的。

鲁迅说：我之所以写起小说来，“大约所仰仗的全是在先前看过的百来篇外国作品和一点医学上的知识”。冰心说：“我自已写《繁星》和《春水》的时候，并不是在写诗，只是受了泰戈尔的《飞鸟集》的影响，把自己许多‘零碎的思想’，收集在一个集子里而已。”

在“古为今用”的借鉴学习上进行创新，是学诗写诗中经常用到的。戴叔伦在《除夜宿石头驿》的名句“一年将尽夜，万里未归人”，早在二百年前，梁武帝萧衍在其《冬歌》中写道：“一年漏将尽，万里人未归。”王维在他的《送丘为下第归江东》中也有“五湖三亩宅，万里一归人”的诗句。王渔洋在《带经堂诗话》中曾指出王维的“积水亦可极，安知沧海东”是用了谢灵运的“洪波不可极，安知大壑东”；“春草年年绿，王孙归不归”是用了庾信的“何必游春草，王孙自不归”；“莫以今时宠，能忘昔日恩”是用了冯小怜的“虽蒙今日宠，犹忆昔时怜”。而孟浩然诗“木落雁南渡，北风江上寒”是用了鲍照的“木落江渡寒，雁还风送秋”，郎士元诗“暮蝉不可听，落叶岂堪闻”是用了吴均的“落叶思纷纷，蝉声犹可闻”。

5.《入若耶溪》赏析

入若耶溪

王籍

艅艎何泛泛，空水共悠悠。
阴霞生远岫，阳景逐回流。
蝉噪林逾静，鸟鸣山更幽。
此地动归念，长年悲倦游。

王籍，字文海，琅琊临沂（今山东临沂市北）人，南朝梁诗人。王籍诗歌学谢灵运，《南史·王籍传》称“时人咸谓康乐之有王籍，如仲尼之有丘明，老聃之有庄周”。

若耶溪在会稽若耶山下，景色秀丽。这首诗是王籍游若耶溪时创作的，它使人感受到若耶溪的深幽清静，同时也达到了“动中间静意”的美学效果。

开头两句写诗人乘小船入溪游玩，心情很放松，天气也好，眼前的景色显得格外清朗、开阔。“艅艎”是一种比较大的船，“泛泛”是任意飘荡的样子。用一“何”字写出满怀的喜悦之情，用“空水共悠悠”，写出天水一色、相互映照的样子，用“悠悠”一词写出“空水”寥远之态，也体现了心境的清朗和从容，极有情致。

第三句写眺望远山时所见到的景色，诗人用一“生”字写云霞，赋予其动态，即远处的山峰萦绕着淡淡的云霞。第四句用一“逐”字写近处的阳光，仿佛阳光有意地追逐着清澈曲折的溪流，随着水波的流动而闪耀，把无生命的云霞与阳光写得有意有情，诗意盎然。这是一个生动的自然，它有美妙的韵律。

第五、六句“蝉噪林逾静，鸟鸣山更幽”二句是千古传诵的名句，被誉为“文外独绝”。什么是“文外独绝”呢？就是在文字之外，别有意蕴，奇妙之处，世人不能及。像唐代王维的“倚杖柴门外，临风听暮蝉”，杜甫的“春山无伴独相求，伐木丁丁山更幽”，都是用声响来衬托一种静的境界，而这种表现手法正是王籍的首创。“蝉噪”“鸟鸣”笼罩着若耶，山林的寂静显得更为深沉。

一般人分析这两句诗的妙处，总是归纳为“以动写静”，认为这样比单纯地写静更为生动，钱锺书先生在《管锥编》中也说：“寂静之幽深者，每以得声音衬托而愈觉其深。”这当然不错，但是还可以追究得更深一些。在这首诗里所写的“静”，不是物理意义上的静，而是体现着自然所内蕴的生命力的静，是人心中摒除了虚浮的嘈杂之后才能体悟到的充实莹洁的恬静。这种静自身没有表达的方式，而蝉噪鸟鸣，正是唤起它的媒介——你听到声音，然后你听到了幽静。这样就把人的灵魂引入山林的幽静，融化在自然的美妙韵律中。

最后两句写诗人面对林泉美景，外在的系统引起内心厌倦官场，产生归隐之意。

全诗因景启情而抒怀，十分自然和谐。此诗文辞清婉，音律谐美，创造出一种幽静恬淡的艺术境界。

6.《菩萨蛮》赏析

菩　萨　蛮

温庭筠

小山重叠金明灭，鬓云欲度香腮雪。懒起画蛾眉，弄妆梳洗迟。

照花前后镜，花面交相映。新贴绣罗襦，双双金鹧鸪。

唐朝时，山西祁县有一家温姓，可能祖上积德，祖坟里忽然青烟滚滚而出。温家三兄弟温彦宏、温彦博、温彦将，俱知名于当世。高祖时，彦宏官至吏部尚书，封黎国公；彦博官至尚书右仆射（宰相），封虞国公；彦将官至中书侍郎，封清河郡公。时称“一门三公”。高官代代有、时时有，温家也不是出大官最多的人家，关键是人家还出了一个温庭筠（含义为庭院中的竹子）。此人是温彦博正宗传人，花间派开山鼻祖。

《旧唐书》中说他“士行尘杂，不修边幅，能逐弦吹之音，为侧艳之词”。《新唐书》说他：“文思神速，多为人作文。大中末，试有司，廉视尤谨。庭筠不乐，上书千余言。然私占授者已八人。执政鄙其所为，授方城尉。”说的是大中九年，温庭筠第二次去应试。由于温庭筠有“救数人”的绰号，即在考场帮助左右的考生，因此这次主考官沈询将温庭筠特别对待，特召温庭筠于帘前试之。温庭筠因此大闹起来，扰乱了科场。这次虽有沈询严防，但温庭筠还是为八个人当了枪手，而自己还能写成千余字的考卷。《北梦琐言》说他“才思艳丽，工于小赋，每入试，押官韵作赋，凡八叉手而八韵成”，所以时人称为“温八叉”。在中国古代，文思敏捷者，有数步成诗之说，而像温庭筠这样八叉手而成八韵者，极为罕见，堪称文坛最牛快刀手。更重要的是，温庭筠的“八叉”押的是“官韵”，总是在考试时出现，而不是在游戏休闲的时候。

《菩萨蛮》这首词描写的是一个独处闺中的妇女，从起床而梳妆至穿衣一系列的过程，从中体现出她的处境及孤独苦闷的心情。

开头两句是写她褪了色、走了样的眉晕、额黄和乱发，是隔夜残妆，在读者眼前展示出这样一个镜头：在小山重叠、金色明灭的画屏围绕着的绣榻上，一位少妇刚刚坐起，她散乱的鬓发，似流云样将要荡过她雪白的脸腮。三、四两句用一“懒”字、一“迟”字由外表进入人物内心的描写。“懒起”即懒懒地起来。“弄妆”谓装扮时频繁反复作弄 。“迟”字总承“弄妆”与“梳洗”诸事。一“懒”一“迟”，极见主人公无情无绪之神情，主人公娇慵之状宛然可见。

下阕开头两句写妆成之后的明艳，极写其人之美。“照花”二句写其对镜簪花。于客观地描写人物活动中，暗寓其人对镜时自赏（人面如花）自怜（盛年独处）之意。最后两句写穿衣时忽然看见衣服上有新贴的“双双金鹧鸪”，到此，全词戛然而止。

她意中人不在身边，连眉毛都不想画了。所谓“女为悦己者容”，心爱的意中人不在身边，没心情画了，或者说，画了她意中人也看不到，不如不画，也不想画给别人看。

张惠言在其所编《词选》中，对温庭筠十五首《菩萨蛮》的解释为：“此感士不遇也。篇法仿佛《长门赋》，而用节节逆叙。此章从梦晓后领起，‘懒起’二字含后文情事。‘照花’四句，《离骚》‘初服’之意。”意思是感慨一个读书人没有得到朝廷的赏识，没有得到知遇而郁郁寡欢、无所事事。这就是比兴，创新类比在诗词中的应用。

作为“花间派”鼻祖的温庭筠，他的词多写花间月下、闺情绮怨，形成了以绮艳香软为特征的花间词风。唯题材偏窄，被人讥为“男子而作闺音”。不说他那些香艳的词，最让人敬服的是《商山早行》的名句：“鸡声茅店月，人迹板桥霜。”仅此一句诗，就可以让他名播后世。他的词当中也有别具一格的清新自然之作，如《梦江南》(二)明显受到民间曲子词的影响，以白描手法刻画一位思妇在江楼期盼丈夫归来的图景，“过尽千帆皆不是”，“肠断白苹洲”，可谓风格清雅，语短情长。

梦 江 南

(一)

千万恨，恨极在天涯。
山月不知心里事，水风空落眼前花。
摇曳碧云斜。

(二)

梳洗罢，独倚望江楼。
过尽千帆皆不是，斜晖脉脉水悠悠。
肠断白苹洲。

7.《定风波》赏析

定 风 波

苏轼

序词：三月七日，沙湖道中遇雨。雨具先去，同行皆狼狈，余独不觉，已而遂晴，故作此词。

莫听穿林打叶声，何妨吟啸且徐行。竹杖芒鞋轻胜马，谁怕？一蓑烟雨任平生。

料峭春风吹酒醒，微冷，山头斜照却相迎。回首向来萧瑟处，归去，也无风雨也无晴。

苏轼，“唐宋八大家”之一，官至礼部尚书，南宋时追谥文忠。苏轼的名句有“明月几时有？把酒问青天”“但愿人长久，千里共婵娟”“大江东去，浪淘尽、千古风流人物”“幸对清风皓月”“腹有诗书气自华”“春江水暖鸭先知”“不识庐山真面目，只缘身在此山中”“欲把西湖比西子，淡妆浓抹总相宜”等。

《定风波》这首词作于宋神宗元丰五年，此时苏轼因“乌台诗案”被贬谪黄州(今湖北黄冈)已近三年。说的是1082年的某一天，因生活贫困的东坡先生，去看友人向官府替他要来的一片荒地打算自己耕种，在路上遇雨，因为没有雨具，同行皆狼狈，唯有他在雨中从容不迫地行走。本是一场常见的雨，在常人看来已是习以为常，而深谙宇宙、人生之道的苏轼，却怦然心动，灵感来袭，轻轻一吟，便成了千古绝唱。

1083年春天，苏轼于这块位于黄州的地的东坡上盖房子，题“东坡雪堂”，作《雪堂记》。而当年白居易贬谪四川忠州时，也曾在东坡种植花木，并写下了不少闲适诗，如《步东坡》《别东坡花树》等。苏轼仰慕白居易，故自号曰“东坡居士”。“苏东坡”一名也由此名垂千古。

这首词的意思是：三月七日，在沙湖道上赶上了下雨，大家没有雨具，同行的人都觉得很狼狈，只有我不这么觉得。过了一会儿天晴了，就做了这首词。不必去理会那穿林打叶的雨声，不妨一边吟咏着、长啸着，一边悠然地行走。竹杖和草鞋轻捷得更胜过马，怕什么！一身蓑衣，足够在风雨中过上它一生。略带寒意的春风将我的酒意吹醒，寒意初上，山头初晴的斜阳却殷殷相迎。回头望一眼走过来遇到风雨的地方，我信步归去，既无所谓风雨，也无所谓天晴。

首句“莫听穿林打叶声”，一方面渲染出雨骤风狂，另一方面又以“莫听”二字点明外物不足萦怀之意。苏轼在黄州时，仕途低落，生活艰难，人身自由还受到限制，真是苦不堪言，也许这瓢泼大雨正好迎合了他在遭遇多次仕途打击之后内心压抑的情感的一种宣泄吧。“何妨吟啸且徐行”是前一句的延伸。“莫听”二字是对风雨打击的否定，“何妨”二字是对悠闲人生态度的肯定。在雨中照常舒徐行步，呼应小序中“同行皆狼狈，余独不觉”，又引出下文“谁怕”。这两句分别从否定和肯定两个方面来表达作者的思想情感。这两句与前面小序中“同行皆狼狈，余独不觉”一起，明写诗人道中遇雨时置风雨于不顾、吟啸徐行的镇定态度，暗示他在政坛风雨中遭贬、身处危难之中仍能泰然自若。作者曾在给李之仪的书信中说：“得罪以来，深自闭塞，扁舟草履，放浪山水间，与樵渔杂处，往往为醉人所推骂，辄自喜渐不为人识。”遭迫害，受贬谪，被人推搡谩骂，无人识其是官，竟觉得这是可喜之事。由此种奇异心态可以体会到，苏轼当时的心胸旷达到何种程度。

“竹杖芒鞋轻胜马”，写词人穿着草鞋、拄着竹杖，顶风冲雨，行泥泞之路，从容高歌，潇洒徐行，怎比得上骑着高头大马急行如飞来得轻快？实际上作者是以“竹杖芒鞋”(本是闲人或隐者的装束)喻指闲散江湖的平民生活，以“马”(官员和忙人用的)喻指奔波官场的贵族生活，通过两者对比，隐喻远离宦海险恶反觉一身轻松。传达出一种无官一身轻，搏击风雨、笑傲人生的轻松、旷达和豪迈之情。“一蓑烟雨任平生”，对于“一蓑烟雨”这样的意象，苏轼是非常喜爱的。他对唐代词人张志和的词《渔父》中“青箬笠，绿蓑衣，斜风细雨不须归”这样的句子极为赞赏。“任”字含放任自由之意。“任平生”，是说一生任凭风吹雨打，而始终那样的从容、镇定、达观。这一句简直就是苏轼一生生活的写照。他在政治上不断地受到打击，一贬再贬，晚年最后流放到了蛮荒之地海南岛。但是在精神上，他始终没有被打败，始终保持一颗鲜活灵动的心。当他被贬到海南岛后，仍能够写出“云散月明谁点缀，天容海色本澄清”这样心灵纯净的句子。此句不是写眼前景，而是想心中事，因为“雨具先去”，当时并无蓑衣，而“烟雨”则是江湖上烟波浩渺、斜风细雨的景象，故而这一句是表达了苏轼想退隐江湖、自在地度过一生的心愿。此句由眼前风雨推及整个人生，有力地强化了作者面对人生的风风雨雨而我行我素、不畏坎坷的超然情怀。读来使人耳目为之一新，心胸为之舒阔。

“料峭春风吹酒醒，微冷，山头斜照却相迎。”“醒”字，则隐含着诗人历经政治磨难而终于醒悟的意味。在这首词之前不久，苏轼于1082年所作的《临江仙》中也有一个“醒”字：夜饮东坡醒复醉，归来仿佛三更。家童鼻息已雷鸣。敲门都不应，倚杖听江声。长恨此身非我有，何时忘却营营？夜阑风静縠纹平。小舟从此逝，江海寄余生。“小舟从此逝，江海寄余生”这一名句，意思是他要趁此良辰美景，驾一叶扁舟，随波流逝，任意东西，将自己的有限生命融化在无限的大自然之中。这是他不满世俗、向往自由的心声。“山头斜照却相迎”，是写雨过天晴的景象。山头夕阳又给词人送来些许暖意，好像特意迎接他似的。“相迎”二字见性情，传达出的是一种温暖的情意，是对勇敢者的嘉奖。这既是写景，也是表达人生的哲理。人生不就是这样充满辩证法吗？在寒冷中有温暖，在逆境中有希望，在忧患中有喜悦。当你对人生的这种辩证法有了感悟之后，就不会永远沉陷在悲苦和挫折之中，就会在微冷的醒觉中升起一股暖意、一线希望，这是苏轼经历磨难和打击之后，在灵魂上的升华。作者能在逆境中看到曙光，不让这暂时的逆境左右自己的心情，这也就是他的旷达之处了。这几句既与上片所写风雨对应，又为下文所发人生感慨作铺垫。

结尾句“回首向来萧瑟处，归去，也无风雨也无晴”中，“萧瑟”二字意谓风雨之声，与上片“穿林打叶声”相应和。“风雨”二字，一语双关，既指野外途中所遇风雨，又暗指几乎置他于死地的政治“风雨”和人生险途。实际上，“萧瑟处”隐喻宦途风雨，“归去”是用陶渊明的“归隐”之意，而“也无风雨也无晴”则是说，有了归隐之心也就无所谓什么宦海的风雨或晴天了。因此“回首”既是指回望方才的遇雨之处，也是对自己平生经历过的宦海风波的感悟和反思。这句饱含人生哲理意味的点睛之笔，道出了词人在大自然微妙的一瞬所获得的顿悟和启示：自然界的雨晴既属寻常，毫无差别，社会人生中的政治风云、荣辱得失又何足挂齿？

针对《定风波》，有一道考试题目是这样出的：①“山头斜照却相迎”句中运用了哪种修辞手法？试简析其表达效果。②词尾“回首向来萧瑟处，归去，也无风雨也无晴”，词人借此要表达怎样的人生感悟？又能够体现出词人怎样的性格特征？

参考答案为：①拟人：把斜阳当作人来写，表现了词人经历风雨之后，感受到斜阳给他带来的雨后无限喜悦之情。②感悟：自然界如此，人生亦如此。一切的风雨都会过去，经过暴风骤雨的洗礼，得到的常常是轻松与平静。性格：表现出了词人胸怀旷达、性格开朗、积极乐观的性格。

从上面可看出这首词运用了类比与逆反的创新思维。从自然界的雨骤风狂，“料峭春风”“萧瑟处”，类比与引申到政治上的风风雨雨，作者都能泰能处之。条件越恶劣，越让人望而却步，虽然可以摧毁很多平常人，但却更能体现作者的旷达与勇敢面对人生的勇气，因为在环境与人的系统中，关键在于自己的内心。所谓风雨，所谓天晴，不过是人心中的幻象而已。这里苏轼进入了佛教所说的“无差别境界”。在佛教看来，“万法唯心所现”，世界的一切物象皆是心所幻化而出的。如果心静，世界自然清静。其实世界万物并没有什么区别，只是我们有了分别心才有了世界万象。因此佛教劝人“无执”，一切都不要执着，不要被外物所系缚。成功也好，失败也好，都不要太在乎，所谓“宠辱不惊”。我们内心若能做到“也无风雨也无晴”“不以物喜，不以己悲”的超然物外的境地，便能永葆平静与坦然。苏轼在这里表达的正是这样一种哲理，归去之后(可理解心灵的皈依)，心灵进入了宁静的境界，再看生活中的风雨或阳光，哪有什么区别呢？都微不足道。他在此劝人既不要因风雨而担惊受怕，也不要因阳光而欣喜若狂，一切都泰然处之。

苏轼的好友王巩因受苏轼“乌台诗案”牵连，被贬到岭南荒僻之地广西宾州，其歌女出身的小妾柔奴毅然随行，两人一起在宾州生活了多年。王巩在宾州泼墨吟诗，访古问道，柔奴则歌声相伴，温柔慰藉，助其奋发。后来，王巩奉旨北归，途中宴请苏轼。苏轼发现虽遭此一劫，王巩不但没有仓皇落拓的容颜，还觉胜似当年，且性情更加豁达，不由疑惑。王巩笑了笑，叫出柔奴为苏轼献歌。窈窕的柔奴便手抱琵琶，慢启朱唇，轻送歌声。苏东坡觉得她的歌声越发甜美，容色也越发红润。王巩告诉苏轼，这几年来多亏柔奴陪伴他在南疆僻地宾州度过了寂寞艰苦的岁月。苏轼试探地问柔奴：“岭南应是不好？”柔奴则顺口回答：“此心安处，便是吾乡。”没想到如此一个柔弱女子竟能脱口说出这般豁达之语，苏东坡大为赞赏，立刻填词以赞之。

定风波·赞柔奴

常羡人间琢玉郎，天应乞与点酥娘。自作清歌传皓齿，风起，雪飞炎海变清凉。

万里归来年愈少，微笑，笑时犹带岭梅香。试问岭南应不好？却道：此心安处是吾乡。

人生有雨有晴，如太极，寒冷中也有温暖，充满辩证法。这使我想起在周杰伦自导自演的歌曲《稻香》中有一句歌词：“不要这么容易，就想放弃，就像我说的，追不到的梦想，换个梦不就得了。为自己的人生鲜艳上色，先把爱涂上喜欢的颜色。”

8.《你还在我身旁》赏析

你还在我身旁

瀑布的水逆流而上，
蒲公英种子从远处飘回，聚成伞的模样，
太阳从西边升起，落向东方。
子弹退回枪膛，
运动员回到起跑线上，
我交回录取通知书，忘了十年寒窗。
厨房里飘来饭菜的香，
你把我的卷子签好名字，
关掉电视，帮我把书包背上。
你还在我身旁。

《你还在我身旁》是中国香港中文大学《独立时代》杂志微情书征文大赛一等奖作品。这首诗，是一名不知名的作者写给已逝的母亲，用来缅怀对她的思念。作者希望时间能够倒流，一切的一切都能回到母亲在世的模样。假如，瀑布的水可以逆流而上，我能变回十年前的模样，母亲还能慈祥地陪伴在我身旁，可是，一切只是假如……

我们每个人都不可避免地经历生老病死，这是人世的轮回，谁都躲不过。望着慢慢变老的父母，你有没有想过，将来真的会有一天，他（她）只能活在你的记忆里。

解放军报社刘声东主任的母亲去世了，为此，他写了一篇祭文。

母亲虽只是一个平凡质朴的农村妇女，却是我情感世界的玉皇大帝。回家看母亲的次数屈指可数。写下这些文字，权作对母亲的思念和悔罪……

苦日子过完了，妈妈却老了；好日子开始了，妈妈却走了；这就是我苦命的妈妈。妈妈健在时，我远游了；我回来时，妈妈却远走了，这就是你不孝的儿子。

妈妈生我时，剪断的是我血肉的脐带，这是我生命的悲壮；妈妈升天时，剪断的是我情感的脐带，这是我生命的悲哀。

妈妈给孩子再多，总感到还有很多亏欠；孩子给妈妈很少，都说是孝心一片。

妈妈在时，“上有老”是一种表面的负担；妈妈没了，“亲不待”是一种本质的孤单。再没人喊我“满仔”了，才感到从未有过的空虚和缥缈；再没人催我回家过年了，才感到我被可有可无了。

妈妈在时，不觉得“儿子”是一种称号和荣耀；妈妈没了，才知道这辈子儿子已经做完了下辈子做儿子的福分。还不知道有没有资格再轮到。

妈妈在世，家乡是我的老家；妈妈没了，家乡就只能叫作故乡了。梦见的次数会越来越多，回去的次数会越来越少。

小时候，妈妈的膝盖是扶手，我扶着它学会站立和行走；长大后，妈妈的肩膀是扶手，我扶着它学会闯荡和守候。离家时，妈妈的期盼是扶手，我扶着它历经风雨不言愁；回家时，妈妈的笑脸是扶手，我扶着它洗尽风尘慰乡愁。妈妈没了，我到哪儿去寻找，我依赖了一生的这个扶手。

妈妈走了，我的世界变了；世界变了，我的内心也变了。我变成了没妈的孩子，变得不如能够扎根大地的一棵小草。母爱如天，我的天塌下来了；母爱如海，我的海快要枯竭了。

妈妈走了，什么都快乐不起来了。我问我自己：连乐都觉不出来了，苦还会觉得苦吗？连苦乐都分辨不出了，生死还那么敏感吗？连生死都可以度外了，得失还那么重要吗？

慈母万滴血，生我一条命，还送千行泪，陪我一路行；爱恨百般浓，都是一样情；即便十分孝，难报一世恩——万千百十一，一声长叹，叹不尽人间母子情……

我们感谢父母。同样，我们永远别忘了当初带你出道给你机会的那个人，没有他的指引，大门在哪里你都不知道！即使有一天他做得不对你心，也不要说对方的不好，因为他是你的贵人和恩师，他给你机会赚钱养家，他在你举目四望茫然不知所措时领过你。如果自己也忘了当初的心，麻烦自己努力找回来，永远别忘曾经给你撑过伞的人！

做人要有一颗感恩的心，感谢生命中曾经帮助过我们的每一个人！如图 9-28 所示。

图 9-28　贾巴尔与恩师约翰·伍登教练。一日为师，终身为父

9.《世界上最远的距离》赏析

世界上最远的距离

泰戈尔

世界上最远的距离，不是生与死的距离，而是我站在你面前，你不知道我爱你

世界上最远的距离，不是我站在你面前，你不知道我爱你，而是爱到痴迷，却不能说我爱你

世界上最远的距离，不是我不能说我爱你，而是想你痛彻心脾，却只能深埋心底

世界上最远的距离，不是我不能说我想你，而是彼此相爱，却不能够在一起

世界上最远的距离，不是彼此相爱，却不能够在一起，而是明知道真爱无敌，却假装毫不在意

世界上最远的距离，不是树与树的距离，而是同根生长的树枝，却无法在风中相依

世界上最远的距离，不是树枝无法相依，而是相互瞭望的星星，却没有交汇的轨迹

世界上最远的距离，不是星星之间的轨迹，而是纵然轨迹交汇，却在转瞬间无处寻觅

世界上最远的距离，不是瞬间便无处寻觅，而是尚未相遇，便注定无法相聚

世界上最远的距离，不是鱼与飞鸟的距离，而是一个在天，一个却深潜海底

泰戈尔有很多经典的爱情名言，如“眼睛为她下着雨，心却为她打着伞，这就是爱情”“对于世界而言，你是一个人；但是对于某个人，你是他的整个世界”“天空没有痕迹，但是鸟儿已经飞过”“我们把世界看错了，反说它欺骗我们”“我不乞求我的痛苦会停止，但求我的心能够征服

它”“如果你因失去了太阳而流泪，那么你也将失去群星了”等。

这首诗之所以能引起广大读者的强烈共鸣，就因为它揭示了一个浅显而又深刻的道理：对于世人而言，真正的爱情往往是一种极其稀缺的奢侈品。从某种意义上说，人人都渴望拥有刻骨铭心的爱情。但是，很多人穷其一生，也没有得到真爱。或者，你爱的人却不爱你；或者，爱你的人却不能让你动心；或者，两个真正相爱的人却无法在一起。因此，真正理想的爱情，通常是非常少见而弥足珍贵的。

这一首很凄美的爱情诗，读它的时候，每次都有一种很深的伤感。全文共可分为十段。诗人首先写道“世界上最远的距离，不是生与死的距离” 而是暗恋的感觉，第二、三段也只是对这种单相思的痛苦做了进一步的表白。接下来，诗人对爱情作了深层的描述：“世界上最远的距离，不是彼此相爱，却不能够在一起，而是明知道真爱无敌，却装作毫不在意。”这一段写出了这世界上许许多多的痴男怨女的凄苦心境。古诗云：“两情若是久长时，又岂在朝朝暮暮。”只要彼此相爱，心心相印，不在一起，思念的味道苦涩却也甜蜜，但如果还要“装作毫不在意”，那就难免有点残酷了。自第六段起，诗人对“世界上最远的距离”作了哲理性的提炼与升华，以“同根生长的树枝，却无法在风中相依”令我们感受着“距离”的残酷；以“相互瞭望的星星，却没有交汇的轨迹”令我们感受着“距离”的无奈；以“纵然轨迹交汇，却在转瞬间无处寻觅”令我们感受着“距离”的茫然。这三段无疑是乐章中的高潮，让人黯然泪下，痛苦之余却仍让人找不着爱的方向。

这首诗段与段之间的总体结构是类比，每段之间“是”与“不是”，则为逆反，可以按照这个模式一直填下去。全诗在对“最远的距离”不断地重复及否定与肯定之后，诗人最后的答案不仅仅是令人悲怆，更是让人绝望：“世界上最远的距离，是鱼与飞鸟的距离，一个在翱翔天际，一个却深潜海底。”

距离原本可以产生美，但这样一种世界上最遥远的距离却是痛苦的。全诗以爱为主线，很有哲理，也很注重诗的韵脚，朗朗上口，乐感也很强。诗人敏感的字里行间，流露着痛苦而无奈的情感，不能不令人动容。

诗歌简短而整齐，全诗从头到尾是以自我提问、自我解答的方式出现的，由四组“不是……而是……”构成，采取对比的手法，层层深入，把读者带到了那种痛苦而无奈的境地，并以诗人的情怀感染每一位读者。读至最后令人恍然大悟：世界上最远的距离是一种比生与死更遥远的距离，不是时间上的纵跨古今，也非空间上的囊括宇宙，而是一种最难逾越的距离——心与心的距离。

全诗把距离美写活了，其实我国古代也有距离美的作品。

《诗经 · 王风 · 采葛》中云：“彼采葛兮，一日不见，如三月兮。彼采葛兮，一日不见，如三秋兮。彼采葛兮，一日不见，如三岁兮。” 就是后来的“一日不见，如隔三秋”的来源。当今写诗的这些夸张手法，都是从古代延伸而来的传统手法吧。

唐代李冶所写的《相思怨》：“人道海水深，不抵相思半。海水尚有涯，相思渺无畔。”诗句很有哲理地表现了那种对恋人的绵绵思念之情，要比海水深，要比大海宽。诗人将有形的海水与无形的相思相比，将抽象的感情形象化了，动静有致，意境丰满，美在其中。

喜欢泰戈尔的这首诗，每一次读都会有不同的感觉。它没有华丽的辞藻，语言简单却同样传递了真实的情感。那种“我站在你面前，你不知道我爱你”的悲哀，那种“爱到痴迷，却不能说我爱你”的无奈，那种“想你痛彻心脾，却只能深埋心底”的厚重，那种“彼此相爱，却不能够在一起”的遗憾，那种“明知道真爱无敌，却装作毫不在意”的软弱。世界上最远的距离，不是地域上的相隔千里，而是心与心的距离，纵然相隔千里，一颗心包容在另一颗心里，还有什么距离？

人生总有遗憾，总有阴差阳错的错过与相逢，生活中总有一些距离，地理上产生的美，心灵上制造的悲剧。所以，请将那份遥遥相望但彼此熟悉的缘分好好珍惜。每一棵树都有自己的生长环境，每一株花都有自己的花期，错过了相逢的日期，却没有错过相见的机遇，纵然有距离，纵然不能相依，那也是值得一生珍藏的美丽。

人，为何不放下心的冷漠，把心与心的距离拉近，好好地去感受别人赋予你的爱呢？别让心与心成为世界上最遥远的距离吧！

10.《这是一个什么样的时代》赏析

这是一个什么样的时代

这是最好的时代，也是最坏的时代；
这是智慧的时代，也是愚蠢的时代；
这是信任的年代，也是怀疑的年代；
这是光明的季节，也是黑暗的季节；
这是希望的春天，也是失望的冬天；
我们的前途无量，同时又感到希望渺茫；
我们一齐奔向天堂，我们全都走向另一个方向……

如果您是第一次看到上面这首诗，您会不会觉得这是现代人写现在的生活情况呢？是的，现在是最好的时代，也是最坏的时代。现在生活富裕了，政策开放了，有很多人也不想生第二个小孩子，为什么？他们说现在生活成本高，多养一个小孩子压力大。想想 20 世纪六七十年代，一家好几个孩子，甚至连饭都没得吃。那时是最坏的时代，也是最好的时代。

实际上，这首诗是狄更斯作于 1859 年的《双城记》(*A Tale of Two Cities*)，这也是我前面没交代作者的原因。

全诗看似矛盾，但充满哲理，这就是本书逆反创新所讲的对立统一。

高手在民间，与此类似的还有：有些人不能在一起，可他们的心在一起；有些人表面在一起，但心却无法在一起；有些人从没想过在一起，却自然而然地在一起；有些人千辛万苦终于在一起，却发现其实他们并不适合在一起。世界上最可怕的事，是你把别人当成了朋友，别人并没拿你当朋友。另一个判断朋友的标准是，在你走投无路时，你想投奔的人和你能投奔的人，到底有几个。

通过上述诗词的创新可以看出，中国的语言文字是多么迷人而又历久弥新，给人一种无穷极的美奂的意境。诗词为中华民族思想的载体，王维的“大漠孤烟直，长河落日圆”十个字，即使用现在最先进的电脑程序将《康熙字典》中的 48 035 个字排列组合，也组织不出这样的句子，永远也不可能。

习 题

1. 阅读屈原的《离骚》(节选)，说明其创新之处并思考，作者想表达什么？

楚辞·离骚(节选)

余既滋兰之九畹兮,又树蕙之百亩。
畦留夷与揭车兮,杂杜衡与芳芷。
冀枝叶之峻茂兮,愿俟时乎吾将刈。
虽萎绝其亦何伤兮,哀众芳之芜秽。
众皆竞进以贪婪兮,凭不厌乎求索。
羌内恕己以量人兮,各兴心而嫉妒。
忽驰骛以追逐兮,非余心之所急。
老冉冉其将至兮,恐修名之不立。
朝饮木兰之坠露兮,夕餐秋菊之落英。
苟余情其信姱以练要兮,长顑颔亦何伤!
揽木根以结茝兮,贯薜荔之落蕊。
矫菌桂以纫蕙兮,索胡绳之纚纚。
謇吾法夫前修兮,非世俗之所服。
虽不周于今之人兮,愿依彭咸之遗则。

2. 阅读龙应台所写的《明白》,说明其创新之处。

明　　白

二十岁的时候,我们的妈妈五十岁。我们是怎么谈她们的?

和家萱在一个浴足馆按摩,并排懒坐,有一句没一句地闲聊。一面落地大窗,外面看不进来,我们却可以把过路的人看个清楚。

这是上海,这是衡山路。每一个亚洲城市都曾经有过这么一条路——餐厅特别时髦,酒吧特别昂贵,时装店冷气极强,灯光特别亮,墙上的海报一定有英文或法文写的“米兰”或“巴黎”。最突出的是走在街上的女郎,不管是露着白皙的腿还是纤细的腰,不管是小男生样的短发配牛仔裤还是随风飘起的长发配透明的丝巾,一颦一笑之间都辐射着美的自觉。每一个经过这面大窗的女郎,即使是独自一人,都带着一种演出的神情和姿态,美美地走过。她们在爱恋自己的青春。

家萱说,我记得啊,我妈管我管得烦死了,从我上小学开始,她就怕我出门被强奸,到了二十岁了还不准我超过十二点回家,每次晚回来她都一定要等门,然后也不开口说话,就是要让你“良心发现,自觉惭愧”。我妈简直就是个道德警察。

我说,我也记得啊,我妈给我的印象最深的就是她的“放肆”。那时在美国电影里看见演“母亲”的说话细声细气的,浑身是优雅“教养”。我想,我妈也是杭州的绸缎庄大小姐,怎么这么“豪气”啊?当然,逃难,还生四个小孩,管小孩吃喝拉撒睡的日子,人怎么细得起来?她说话声音大,和邻居们讲到高兴时,会笑得惊天动地。她不怒则已,一怒而开骂时,正义凛然,轰轰烈烈,被骂的人只能抱头逃窜。

现在,我们自己五十多岁了,妈妈们成了八十多岁的“老媪”。

“你妈会时光错乱吗?”她问。

会啊,我说,譬如有一次带她到乡下看风景,她很兴奋,一路上说个不停:“这条路走下去转个弯就是我家的地。”或者说:“你看你看,那个山头我常去收租,就是那里。”我就对她说:“妈,这里你没来过啦。”她就开骂了:“乱讲,我就住这里,我家就在那山谷里,那里还有条河,叫新安江。”

我才明白，这一片台湾的美丽山林，仿佛浙江，使她忽然时光转换到了自己的童年。她的眼睛发光，孩子似的指着车窗外：“佃农在我家地上种了很多杨梅、桃子，我爸爸让我去收租，佃农都对我很好，给我一大堆果子带走，我还爬很高的树呢。”

“你今年几岁，妈？”我轻声问她。

她眼神茫然，想了好一会儿，然后很小声地说：“我……我妈呢？我要找我妈。”

家萱的母亲住在北京一家安养院里。“开始的时候，她老说有人打她，剃她头发，听得我糊涂——这个赡养院很有品质，怎么会有人打她？”家萱的表情有些忧郁，“后来我才明白，原来她回到了‘文革时期’。年轻的时候，她是厂里的出纳，被拖出去打，让她洗厕所，把她剃成阴阳头——总之，就是对人极尽的侮辱。”

在你最衰弱的时候，却回到了最暴力、最恐怖的世界——我看着沉默的家萱，“那……你怎么办？”

她说：“想了好久，后来想出了一个办法。我自己写了个证明书，就写‘某某人工作努力，态度良好，爱国爱党，是本厂优良职工，已经被平反，恢复一切待遇。’然后还刻了一个好大的章，叫什么什么委员会，盖在证明书上。告诉看护说，妈妈一说有人打她，就把这证明书拿出来给她看。”

我不禁失笑，怎么我们这些五十岁的女人都在做一样的事情啊。我妈每天都在数她钱包里的钞票，每天都边数边说：“我没钱，哪里去了？”我们跟她解释说她的钱在银行里，她就用那种怀疑的眼光盯着你看，然后还是时时刻刻紧抓着钱包，焦虑万分，怎么办？我于是打了一个“银行证明”：“兹证明某某女士在本行存有五百万元整”，然后下面盖个方方正正的章，红色的，正的反的连盖好几个，看起来很衙门，很威风。我交代印佣：“她一提到钱，你就把这证明拿出来让她看。”我把好几副老花眼镜也备妥，跟“银行证明”一起放在她床头抽屉。钱包，塞在她枕头底下。

按摩完了，家萱和我的“妈妈手记”技术交换也差不多了。落地窗前突然又出现了一个年轻的女郎，宽阔飘逸的丝绸裤裙，小背心露背露肩又露腰，一副水灵灵的妖娇模样；她的手指一直绕着自己的发丝，带给别人看的浅浅的笑，款款行走。

从哪里来，往哪里去，心中渐渐有一分明白，如月光泻地。

3. 阅读龙应台的《跌倒》，分析其创新之处。

跌　倒

不久前，震动了整个香港的一则新闻是，一个不堪坎坷的母亲，把十岁多一点的两个孩子手脚捆绑，从高楼抛落，然后自己跳下。

今天台湾的新闻，一个国三的学生在学校的厕所里，用一个塑料袋套在自己头上，自杀了。

读到这样的新闻，我总不忍去读细节。掩上报纸，走出门，灰蒙蒙的天，下着细雨。已经连下了三天雨，早上醒来时，望向窗外，浓浓的雾紧紧地锁住了整个城市。这个十五岁的孩子，人生最后的三天，所看见的是一个灰蒙蒙、湿淋淋、寒气沁人的世界。这黯淡的三天之中，有没有人拥抱过他？有没有人抚摸过他的头发，对他说“孩子，你真可爱”？有没有人跟他同走一段回家的路？有没有人发简讯给他，约他周末去踢球？有没有人对他微笑过，重重地拍他的肩膀说“没关系啊，这算什么”？有没有人在 MSN 上跟他聊过天，开过玩笑？有没有人给他发过一则电邮，说：“嘿，你今天怎么了？”

在那三天中，有没有哪个人的名字被他写在笔记本里，他曾经一度动念想去和对方痛哭一场？有没有某一个电话号码被他输入手机，他曾经一度犹豫要不要拨那个电话去说一说自己的害怕？

那天早上十五岁的他决绝地出门之前，桌上有没有早点？厨房里有没有声音？从家门到校门的一路上，有没有一句轻柔的话、一个温暖的眼神，使他留恋，使他动摇？

我想说的是，K，在我们整个成长的过程里，谁，教过我们怎么去面对痛苦、挫折、失败？它不在我们的家庭教育里，它不在小学、中学、大学的教科书或课程里，它更不在我们的大众传播里。家庭教育、学校教育、社会教育只教我们去追求卓越，从砍樱桃的华盛顿，悬梁刺股的孙敬、苏秦到平地起楼的比尔·盖茨，都是成功的典范。即使是谈到失败，目的只是要你绝地反攻，再度追求出人头地；譬如越王勾践的卧薪尝胆，洗雪耻辱；譬如哪个战败的国王看见蜘蛛如何结网，不屈不挠。

我们拼命地学习如何成功冲刺一百米，但是没有人教过我们：你跌倒时，怎么跌得有尊严；你的膝盖破得血肉模糊时，怎么清洗伤口，怎么包扎；你痛得无法忍受时，用什么样的表情去面对别人；你一头栽下时，怎么治疗内心滴血的创痛，怎么获得心灵深层的平静；心像玻璃一样碎了一地时，怎么收拾？

谁教过我们，在跌倒时，怎样的勇敢才真正有用？怎样的智慧才能度过？跌倒，怎样可以变成行动的力量？失败，为什么往往是人生的修行？何以跌倒过的人更深刻、更真诚？

我们没有学过。

如果这个社会曾经给那个十五岁的孩子上过这样的课程，他留恋我们——以及我们头上的蓝天——的机会是不是多一点？

现在K也绊倒了，你的修行开始，在你与世隔绝的修行室外，有很多人希望捎给你一句温柔的话，一个温暖的眼神，一个结实的拥抱，我们都在这里，等着你。可是修行的路总是孤独的，因为智慧必然来自孤独。

4. 阅读龙应台的《目送》，分析其创新之处。

目　送

华安上小学第一天，我和他手牵着手，穿过好几条街，到维多利亚小学。九月初，家家户户院子里的苹果和梨树都缀满了拳头大小的果子，枝丫因为负重而沉沉下垂，越出了树篱，勾到过路行人的头发。

很多很多的孩子，在操场上等候上课的第一声铃响。小小的手，圈在爸爸的、妈妈的手心里，怯怯的眼神，打量着周遭。他们是幼稚园的毕业生，但是他们还不知道一个定律：一件事情的毕业，永远是另一件事情的开启。

铃声一响，顿时人影错杂，奔往不同方向，但是在那么多穿梭纷乱的人群里，我无比清楚地看着自己孩子的背影——就好像在一百个婴儿同时哭声大作时，你仍旧能够准确听出自己那一个的位置。华安背着一个五颜六色的书包往前走，但是他不断地回头；好像穿越一条无边无际的时空长河，他的视线和我凝望的眼光隔空交会。

我看着他瘦小的背影消失在门里。

十六岁，他到美国作交换生一年。我送他到机场。告别时，照例拥抱，我的头只能贴到他的胸口，好像抱住了长颈鹿的脚。他很明显地在勉强忍受母亲的深情。

他在长长的行列里，等候护照检验；我就站在外面，用眼睛跟着他的背影一寸一寸往前挪。终于轮到他，在海关窗口停留片刻，然后拿回护照，闪入一扇门，倏乎不见。

我一直在等候，等候他消失前的回头一瞥。但是他没有，一次都没有。

此刻他二十一岁，上的大学，正好是我教课的大学。但即使是同路，他也不愿搭我的车。即使同车，他戴上耳机——只有一个人能听的音乐，是一扇紧闭的门。有时他在对街等候公车，我从高楼的窗口往下看：一个高高瘦瘦的青年，眼睛望向灰色的海；我只能想象，他的内在世界和我的一样波涛深邃，但是，我进不去。一会儿公车来了，挡住了他的身影。车子开走，一条空荡荡的街，只立着一只邮筒。

我慢慢地、慢慢地了解到，所谓父女母子一场，只不过意味着，你和他的缘分就是今生今世不断地在目送他的背影渐行渐远。你站立在小路的这一端，看着他逐渐消失在小路转弯的地方，而且，他用背影告诉你：不必追。

我慢慢地、慢慢地意识到，我的落寞，仿佛和另一个背影有关。

博士学位读完之后，我回台湾教书。到大学报到第一天，父亲用他那辆运送饲料的廉价小货车长途送我。到了我才发觉，他没开到大学正门口，而是停在侧门的窄巷边。卸下行李之后，他爬回车内，准备回去，明明启动了引擎，却又摇下车窗，头伸出来说："女儿，爸爸觉得很对不起你，这种车子实在不是送大学教授的车子。"

我看着他的小货车小心地倒车，然后噗噗驶出巷口，留下一团黑烟。直到车子转弯看不见了，我还站在那里，一口皮箱旁。

每个礼拜到医院去看他，是十几年后的时光了。推着他的轮椅散步，他的头低垂到胸口。有一次，发现排泄物淋满了他的裤腿，我蹲下来用自己的手帕帮他擦拭，裙子也沾上了粪便，但是我必须就这样赶回台北上班。护士接过他的轮椅，我拎起皮包，看着轮椅的背影，在自动玻璃门前稍停，然后没入门后。

我总是在暮色沉沉中奔向机场。

火葬场的炉门前，棺木是一只巨大而沉重的抽屉，缓缓往前滑行。没有想到可以站得那么近，距离炉门也不过五公尺。雨丝被风吹斜，飘进长廊内。我掠开雨湿了前额的头发，深深、深深地凝望，希望记得这最后一次的目送。

我慢慢地、慢慢地了解到，所谓父女母子一场，只不过意味着，你和他的缘分就是今生今世不断地在目送他的背影渐行渐远。你站立在小路的这一端，看着他逐渐消失在小路转弯的地方，而且，他用背影告诉你：不必追。

5. 阅读《读者》2013 年所载王惠云的《墙上的咖啡》，分析其创新之处。

墙上的咖啡

一日，我和朋友在洛杉矶附近威尼斯海滩一家有名的咖啡厅闲坐，品着咖啡，这时进来一个人，在我们旁边那张桌子上坐下。

他叫来服务生说："两杯咖啡，一杯贴墙上。"他点咖啡的方式令人感到新奇，我们注意到只有一杯咖啡被端了上来，但他却付了两杯的钱。他刚走，服务生就把一张纸贴在墙上，上面写着"一杯咖啡"。

这时，又进来两个人，点了三杯咖啡，两杯放在桌子上，一杯贴墙上。他们喝了两杯咖啡，付了三杯的钱然后离开了。服务生又像刚才那样在墙上贴了张纸，上面写着"一杯咖啡"。

似乎这种方式是这里的常规，却令我们感到新奇和不解。

几天后，我们又有机会去这家咖啡店，当我们正在享受咖啡时，进来一个人。来者的衣着与这家咖啡店的档次和气氛都极不协调。一看就是个穷人，他坐下来，看看墙上，然后说："墙上的一杯咖啡。"服务生以惯有的姿态恭敬地给他端上一杯咖啡。

那人喝完咖啡没结账就走了。我们惊奇地看到这一切，只见服务生从墙上摘下一张纸，扔进了纸篓。此时，真相大白，当地居民对穷人的尊重让我们感动。

咖啡不是生活的必需品，但需要指出的是，当我们享受任何美好的东西时，也许我们都应该想到别人，有些人也喜欢这样的东西，却无力支付。

再说说那位服务生，他在为那个穷人服务时一直都面带笑容。而那个穷人，他进来时无须不顾尊严讨要一杯咖啡，他只需看看墙上。

那面墙传递温暖，维护尊严，感受爱。我记住了那面墙。

（注：人们提前买了咖啡，请付不起的人享受温暖，开始于意大利 NAPLES，现已传遍全世界。）

6. 阅读李月亮的《那些你不知道的大事情》，分析其创新之处。

那些你不知道的大事情

在你的生命里，经历了一些很重大的事情，可是你并不知道。

5 岁那年，爸爸下班回来，你跑去迎接他，不小心摔了个狗啃泥，不过没有受伤。你并不知道，就在你摔倒的地方往左两厘米，立着一根小钉子，如果你稍微偏一偏，左眼大概就一辈子失明了。

10 岁那年，你一个人在家煮方便面，刚把水坐在煤气炉上，就接到妈妈打来的电话让你去姥姥家，你完全忘了开着的煤气炉，锁上门就走了。多么幸运，当锅里的水被烧干了，锅被烧红了，煤气正好用完了。一场势不可挡的火灾没有发生。

15 岁那年，某一个晚上，你下了晚自习，像往常那样回了家。你肯定没有想到，在刚刚经过那条小路上，几个小流氓本欲拦住你图谋不轨，可是刚好一对夫妻走了过来，坏蛋们一胆怯，放过了你。

25 岁那年，你怀着孕，不小心感冒了。去医院打针时，粗心的药房给错了药。当护士拿着会致胎儿畸形的甲硝唑准备给你打时，路过的大夫无意间看了一眼，她已经走过去了，又折回来，悄悄提醒护士说，孕妇不能用这个药啊。谁也不知道，如果那天药打进去，会是什么结果，反正你是幸运地躲过了厄运。

……

有那么多次，你都差点掉进悲伤的深渊，可是，你幸运地躲过去了。不得不说，有那么多时候，上帝眷顾着你，救你于苦海。

如果知道了这些，你还会为了一点小困难小失败痛苦和埋怨吗？考试的低分，恋人的背叛，身体的伤病……相对那些躲过去的灾难，都算不得什么。所以，亲爱的，在困难的时候要相信，其实生活对你很照顾。

当然，在你的生命里，还有一些大事情，你并不知道。

6 岁那年，爸爸准备送你去少年宫学习绘画，可是，由于奶奶生病，那个暑假他们没有时间接送你，就把这件事放下了。没有人知道，如果当时得到专业的培训，以你的天赋，一定会在这方面取得不凡的成就。

18 岁那年，你暗恋已久的男生准备向你表白，信已经写好了，又专门跑到你家楼下小心翼翼地投进信箱。可是他记错了楼号，那封信，被邻居拿到，疑惑好久，丢掉了。一个好男孩，一段青春里最美好的恋情，就这样与你擦肩了。

24 岁那年，你到一家非常好的单位求职，费尽心思终于闯到最后一关，却还是失败了。你并不知道，其实本来你的名字已经在录取名单里面了，可是，在敲定人选的会议上，一位重量级的评委把你记成了另一个表现很差的人，坚定地投了反对票。就这样，别人一个莫名的小失误，让你失去了一份梦寐以求的好工作。

……

这样的事情，大概还有不少。有那么多次，命运本来已经要改变了，却在最后的关头，因为莫名其妙的偏差，掉转了方向。哦，或许，你的运气实在不怎么样。

所以，亲爱的，当你的彩票中了奖，当你的古董升了值，当你顺利地考上大学又考上研究生，当你成为单位里最年轻的中层……不要让自己飘起来，不要轻易地以为自己的运气和实力多么好，要知道，这只是你人生里本来可以发生的美好事情的一部分，还有一部分，你并没有得到。

真的，生活并不完全是你看到的样子，很多大事情你经历了却并不知道。如果知道了这些，你大概就不会对现在的得意或者失意太在意了。

没错，每个人都不是步步跌跟头的倒霉蛋，更没有人是万事如意的上帝的宝贝蛋，看淡那些事情，平静而踏实地经历生活的起落，相信你会活得更好。

7. 重温《康熙王朝》第 45 集经典台词，说明其创新之处。

当朝大学士，统共有五位，朕不得不罢免四位；六部尚书，朕不得不罢免三位。看看这七个人吧，哼，哪个不是两鬓斑白？哪个不是朝廷的栋梁？哪个不是朕的儿女亲家？他们烂了，朕心要碎了！祖宗把江山交到朕的手里，却搞成了这个样子，朕是痛心疾首，朕有罪于国家，愧对祖宗、愧对天地，朕恨不得自己罢免了自己！

还有你们，虽然个个冠冕堂皇站在干岸上，你们，就那么干净吗？朕知道，你们有的人，比这七个人更腐败！朕劝你们一句，都把自己的心肺肠子翻出来，晒一晒、洗一洗，拾掇拾掇！

朕刚即位的时候以为朝廷最大的敌人是鳌拜；灭了鳌拜，又以为最大的敌人是吴三桂；朕平了吴三桂，台湾又成了大清的心头之患；啊，朕收了台湾，葛尔丹又成了大清的心头之患。朕现在是越来越清楚了，大清的心头之患不在外边，而是在朝廷，就是在这乾清宫！就在朕的骨肉皇子和大臣们当中，咱们这儿烂一点，大清国就烂一片；你们要是全烂了，大清各地就会揭竿而起，让咱们死无葬身之地呀！想想吧，崇祯皇帝朱由检，吊死在煤山上才几年哪？忘了！那棵老歪脖子树还站在皇宫后边，天天地盯着你们呢！

唉，朕已经三天三夜没有合眼了，老想着和大伙儿说些儿什么。可是话总得有个头哇。想来想去只有四个字：正大光明。这四个字说说容易呀，身体力行又何其难。这四个字，朕是从心底里刨出来的，从血海里挖出来的。记着，从今日起，此殿改为正大光明殿。啊，你们都抬起头来，好好看看，想想自己。给朕看半个时辰。

第十章　大学生科技创新平台

第一节　大学生基础学术活动平台

学生不应该把脑袋作为堆积知识的仓库，而应该成为思维和想象驰骋的天地；不应该唯书唯上，而应该坚持独立思考和敢于质疑的批判精神；不应该对教科书之外的东西漠然置之，而应该保持着强烈的好奇心和广泛的兴趣。

“一所大学之所以能名扬四海，不在于它传授了一种‘正确’的思想及一种‘正确’的价值观，而在于它提供了交流思想的‘自由市场’。”现代大学不仅应是知识的殿堂，更应是学术交流和科研创新的圣地。大学生身处其中，正如幼苗被阳光、雨露和沃土环绕着，主动参加校园中的学术交流活动，如同幼苗积极汲取营养，从而更快更好地成长。

大学生基础学术活动有会议、报告等正式形式，还有沙龙、下午茶等非正式形式。学术活动是思维碰撞的过程，是产生创新灵感的温床。大学生基础学术活动为大学生开阔视野、汲取知识提供了不可多得的高效率的学习途径。一所大学活跃的学术氛围，表现在它的师生注重学术探讨，经常举行各种学术研讨会、报告会和各种学科竞赛，师生都乐于在学术讲坛上各抒己见，相互切磋。而且这种探讨不局限于正式组织的学术会议中，无论是在宿舍、饭堂还是在林间休息地，都可能见到因思想砥砺而迸发出的火花。事实上，只要看一下一所大学遍布校园的广告栏，其学术氛围是否浓厚、是否活跃就可见一斑了。

一、学术讲座

▶ 案例

何为“讲座”

北京大学原校长许智宏为《北大讲座(第一辑)》(北京大学出版社，2004)作的序中提到：何为“讲座”？学者台上讲，学子座下听。有人曾“戏言”：在北大课可以不上，但讲座绝不能不听。如今在我们的校园里，海报栏上有各种各样的讲座预告，讲前教室里挤满了学生，课桌上都是占座用的物品，讲时则是醍醐灌顶般的领悟，讲后则是诘问、辩论与深深的思索。这一切成了北京大学最别致的一道风景。讲座不仅增添了北大这块神圣土地的内涵，而且让这个古老的校园更加生机盎然、青春焕发，并因此而成为北大学子的宝贵精神财富。

大学培养综合性人才，拓宽学生知识面，改变教学模式和课程安排自然是最根本的。但短期内完成的难度很大，通过众多的讲座使大学生了解其他学科的情况，激发其学习兴趣，引导他们学习基本的人文科学知识和自然科学知识，了解当代科技的进展和社会经济中的热点，使同学们更好地了解社会、融入社会。讲座，也就成为校园文化中最为活跃的组成部分之一。讲座，就是一个素质教育的开放课堂。

哈佛大学的学生生活在充满学术气氛的环境之中

记得哈佛大学校长尼尔·罗登斯坦说，哈佛培养科学家为艺术家，艺术家为科学家。哈佛的学生说，他们在哈佛课外学到的比在课堂内还要多。这是与中国的封闭式的过分注重课本知识的教育方法迥然不同的一种教育方法。

在哈佛，令人印象最为深刻的莫过于它的自由主义的通才教育。学生在一个充满学术气氛的环境中自由生长。如果我们打开哈佛的校报，我们就会发现每一周社会科学、人文科学、自然科学的演讲会排得满满的，在校园的各个角落展开。学生暴露在各种思潮面前，接触各色人等，这使他们在思想成长的黄金年月经受了锻炼。这对学生，无论文理科，均是十分必要，也是十分有益的。在这样的环境中培养的学生不会人云亦云，有独立的见解，思想一般比较成熟。一旦走进社会，能很快适应复杂的社会与人事环境。

校园可以说是一个各种思潮与生活方式互动的海洋，学校几乎每天都有演讲活动。世界著名企业家、学者、科学家、艺术家、作家、诗人就各自的领域，讲述自己独到的研究心得与认识。学校拥有众多的杂志，这是学生自由表述思想，锻炼交往、写作、采访与编辑能力的极佳的场地。这只有在一个自由的学术环境中才有可能。

（资料来源：朱世达．宽松的教育——以哈佛为例．民主与科学，2001(6)：6-9）

“百家讲坛”是中央电视台第十套开播的讲座式栏目，是“一座让专家通向老百姓的桥梁”。栏目宗旨为建构时代常识，享受智慧人生。选题范围包括大学通选课、选修课精华；名校有影响的专题讲座、主题演讲；社会各界学者、名流的精彩演讲。选择观众最感兴趣、最前沿、最吸引人的选题。追求学术创新，鼓励思想个性，强调雅俗共赏，重视传播互动。

▶ 案例

纪连海 “正说和珅”

和珅一开始上学的时候，经常遇到下面这样的事情：和珅有个同班同学，他是一位大官家的孩子。有一天，他写了一首骂老师的诗以后，在诗的下面提笔写道：和珅作。老师刚一来上课，他马上就从座位上下来，告诉老师说：老师，给您，这张纸上的打油诗是我亲眼看见和珅写的，他写诗骂您呢！老师一看，很生气。不容和珅分辩，拿起戒尺就朝和珅的手上、身上一通乱打。像这类的事，和珅经历的、见得多啦。他是怎么看待这些事的呢？和珅是个有心计的人。他心里很明白，这样的教师只敢在他这等学生身上发泄自己的怒火，无论如何也是不敢招惹大官家的孩子的；他的心里也很明白，自己在这所学校就只能忍着——我将来要出人头地，我现在的任务是学习。此时的和珅知道，只有知识才能改变自己的命运。要想最终翻身，现在还没有到时候，目前最重要的任务是学习——而不是与富家子弟对抗。

崇庆皇太后在乾隆六十七岁的时候，以八十六岁高龄崩逝，乾隆悲恸欲绝，当即剪发，服白绸孝衣，为太后守孝。乾隆罢朝三日，长跪不起，就在灵堂那儿，谁搀也不回家去。很多人都劝乾隆皇帝要节哀、要慎重、要以国家为重、要以大局为重，只有和珅没有劝过一句话，乾隆皇帝在那儿跪着，他也在那儿跪着；乾隆皇帝不起来，他也不走，自始至终陪伴着乾隆皇帝，一句话都没说。三天以后，乾隆皇帝瘦了，和珅也瘦了。

和珅知道乾隆皇帝崇奉喇嘛教，于是自己也认真研习喇嘛教。很快，和珅就达到了能同乾隆皇帝一起“修持密宗”的程度。在这方面，他们能够做到心意相通。话说乾隆禅位之后，忽然有一天，单独传召，命和珅进见。等到和珅进入后宫，发现乾隆面南而坐，而当时已登基称帝的嘉庆，则只坐在乾隆身边的一个小凳上。乾隆闭着眼睛好像睡着一样，只是口中念念有词，好像在说什么。嘉庆侧起耳朵，努力想听清楚，却不明所以。过了一会儿，乾隆忽然睁开眼睛大喝道："那人叫什么名字？"跪在地下的和珅不假思索立刻回答道："徐天德，苟文明。"乾隆不再言语，继续闭起眼睛默默念诵着什么。过了大约一个时辰，才打发和珅出来，其间没有同和珅说一句话。嘉庆大为惊愕，过了几天，秘密地传见和珅，问他说：父皇说的是些什么？而你回答的那六个字又是什么意思？和珅应该是颇有些得意地说：太上皇背诵的是喇嘛教中的一种秘密咒语，默诵这种咒语，被诅咒的人虽然远在几千里之外的地方也会突然死去。所以，当时太上皇问及的时候，我用白莲教匪首徐天德和苟文明的名字来应对。

二、午后茶等非正式形式

案例

午　后　茶

午后茶起源于剑桥大学的卡文迪许实验室。19世纪末期，为了更好地了解国内外物理学的最新进展，与物理学的前沿保持同步，并使实验室的教学和科研人员在相互交流中焕发出创造性的思想萌芽，实验室教授、科学家汤姆逊（Joseph John Thomson）模仿德国习明纳（Seminar，就是研讨班、探讨会，指在教授的指导下，学生组成研究小组，定期集中在一起，共同探讨新的知识领域，研究科研课题）的形式，在实验室组织研讨，每两周一次。与习明纳不同的是讨论时还备有茶点，这是午后茶作为一种学术活动的雏形。

后来随着实验室规模的扩大，不同学术背景人员的增加，为了使大家达到相互了解和休息的目的，在每天午后英国人习惯的午后茶时在教授的屋子里举行茶时漫谈。所有参加的人员不论职务高低一律平等相处，气氛轻松自由，在相互交流的过程中，彼此间不仅建立了深厚的感情，很多人还在交流碰撞中迸发出了智慧的火花，诱发了重要发现的思想萌芽。

茶时漫谈变成了卡文迪许实验室最有意义的事，也是每天每个人必须参加的一项活动。自1871年建室以来，实验室共培养出了25个诺贝尔奖获得者，上百个皇家学会的会员，数以千计的著名的物理学教授，并成为电磁理论、气体放电理论、原子物理、核物理、晶体物理、分子生物学、超导体、凝聚态理论、非晶体半导体和有机聚合物半导体材料等的发祥地和做出重要贡献的场所。有人说这些是在茶中喝出来的学问。随后，这种方式很快传播到其他国家，成为这些国家大学或学术机构中的一项学术活动，如美国史密斯研究院、普林斯顿大学和哥本哈根理论物理研究所等。

午后茶之所以从一项普通的日常活动演变成影响世界一流名校，使之人才辈出的关键原因如下。

① 自由宽松的学术环境和气氛，所有人平等相处，愉快地进行思想交流，这种学术气氛浓厚、新想法迸发的环境和自由的治学气氛有助于人们独立思考和创造性的发挥。因此，易于产生重大的成就。另外，在自由、宽松交谈的气氛中，所有人在学术面前一律平等，有助于突破科学的禁锢和权威、偏见的束缚，使每个人保持思想的自由。没有思想的自由便不会有源源不断的智力创新。

② "采用自由和充分讨论不同科学过程的相对价值"有助于"成功地形成一个科学批判的学派和方法论的发展"。批判孕育着创新，而方法论的发展必然推动科学研究的进展。另一方面，不同学术背景、不同性格、不同气质的人相互交流，吸取与自己专业不同的科学精神和专业知识，有助于在思维方式上相互取长补短、克服狭隘的专业偏见，"使一种思想与另一种思想在最接近真理的点上紧密接触"，而这种不同思想的接触交汇处也就是新思想、新发现、新创见的

萌芽处。这是维系个人、学术机构和大学学术生命力生生不息的基础。

（资料来源：谷贤林．导师制、午后茶、住宿制与一流大学的人才培养．比较教育研究，2003(9)：27-30.）

聚餐讨论会

关于控制论的创立，科学史上有一个关于"聚餐讨论会与科学巨匠"的故事。在20世纪30年代，维纳、罗森勃吕特等一批科学家利用每日聚餐的方式，组织科学方法论或多学科的讨论会，参加的有数学家、物理学家和医学家等。他们广泛地涉猎，自由地交流，热烈地讨论，充分体现了民主、自由的学术精神。由于他们坚持不懈、相互切磋，因而在日后的科学研究上，分别登上了科学的高峰。维纳创立了控制论，罗森勃吕特是控制论和人工智能的奠基人，而别格罗和戈德斯汀也成了电子计算科学的大师。

自由、民主、切磋、探索的学风是学术活动得以发挥巨大作用的前提。据统计，自1901年到1941年的40年中，美国仅有17人获得诺贝尔奖。然而，从1942年到1982年的40年中，美国却有117人获得诺贝尔奖，超过了同时期全世界其他国家获奖人数的总和。究其原因，其中之一就是建立学术自由研究与竞争的氛围和机制，使得学术讨论不受政治传统观念和社会地位的限制，允许讨论和坚持不受欢迎的学术观点。

（资料来源：刘道玉．创造教育概论—谈知识、智力、创造力．武汉：湖北教育出版社，2002.）

三、专业文化节

专业文化节将学术交流、文化展示、娱乐与专业比赛集于一身，具有知识性、趣味性、文化性与参与性的特点，因而深受学生喜爱。专业文化节对于本专业学生而言，具有培养专业兴趣、加强专业知识、促进专业实践的作用；对其他专业学生而言，则具有拓宽知识领域、开拓思维、促进创新发展的功能。

专业文化节有首都高校"材料文化节"与华南农业大学茶文化节等。

四、学生学术类社团

学生学术类社团是由对某一学科或领域感兴趣的学生自愿组织而形成的群众性团体，在提高大学生科学文化素质和增强科技创新能力方面有积极作用。学生通过不同系部、专业之间的交流合作，可通过社团使自己能力得到提升，同时提高自己的科研能力。

例如，广州航海学院社团联合会是全体在校生自愿参加的享有高度自治权的群众性组织。社联的成立为进一步规范、管理、服务社团，为社团提供更好的发展空间，引导社团良好地开展文化艺术、科技创新、学术研讨和社会实践等活动，进一步丰富校园文化生活，为创建和谐校园做出贡献。其中包括电子爱好者空间、IT俱乐部、航海模型协会、疯狂英语协会、英语俱乐部、电子商务协会、演讲辩论协会、物流协会等学术类社团。

五、社会学术活动与科技设施的利用

大学生通过社会学术活动与团体来提高自己科技文化的普及与创新水平。

1. 中国（深圳）国际科学生活博览会

科博会由中国科学技术协会、深圳市政府共同主办。其展会宗旨是"以人为本，科学生活！"其展会口号是"科技让生活更美好！"其活动形式独特，有集成、体验和互动等。

2. 广州博览会

广州博览会是广州市政府和中国对外贸易中心联合主办的中外经贸结合的大型博览会，

在政务往来、经贸合作、文化交流等方面取得了显著成效，活动领域包括基础设施、新型建材、生物制药、能源化工、汽车、轻工等行业。广州博览会的国际化、专业化、市场化步伐不断加快，品牌效应日益彰显，国内外知名度和影响力日益扩大，已成为广州促进国内外经贸合作与文化交流的重要平台。学生可通过某行业（如汽车）的博览会来提高自己专业知识，了解和掌握该行业当代发展水平。

3. 大众的历史学堂——广州博物馆

广州博物馆是一座具有地方特色的综合性历史博物馆，是收藏和展示广州地方历史文物的重要场所。现馆内常设展览为“广州历史陈列”展，展览通过近千件古代、近代的图片和资料，使人们从中了解到广州历史发展的概况与地方文化的特征。此外，广州博物馆还定期举办各类专题性、纪念性的临展。

4. 世界上最大的科技馆——广东科学中心

在广州大学城小谷围岛的最西端的广东科学中心，是目前世界上展示面积最大、功能最齐全的科普教育场馆（图 10-1）。广东科学中心以“自然、人类、科学、文明”为主题，具有科普教育、科技成果展示、学术交流和休闲旅游四大功能。广东科学中心的核心展示理念是弘扬科学精神，普及科学知识，传播科学思想与科学方法。

六、各类专业学术团体

社会学术团体的相关活动或刊物对于帮助在校学生接触学术前沿，开阔学术视野，激发学术兴趣，奠定学术基础均具有重要作用，主要有以下专业学术团体。

① 中国机械工程学会，网址：http://www.cmes.org；

② 中国计算机学会，网址：http://www.ccf.org.cn；

③ 中国化学会，网址：http://www.ccs.ac.cn；

④ 中国物理学会，网址：http://www.cps-net.org.cn；

⑤ 中国管理科学学会，网址：http://www.mss.org.cn；

⑥ 中国金融学会，网址：http://www.zgjrxh.org.cn；

⑦ 中国法学会，网址：http://www.chinalawsociety.org.cn；

⑧ 中国行政管理学会，网址：http://www.cpasonline.org.cn；

⑨ 中国有色金属学会，网址：http://www.nfsoc.org.cn；

⑩ 中国环境科学学会，网址：http://www.chinacses.org。

七、大学生如何参加学术活动

首先，要结合个人的专业、兴趣、职业规划，有意识地参加一些适合个人成长的学术活动。例如，低年级的学生可以参加一些人文类的讲座以提高个人修养，高年级的同学可以关注本专业的前沿学术报告，有志于创业的同学可以多参加创业论坛的活动等。

其次，大学生应特别关注社会上的学术活动，充分利用社会资源来开阔自己的视野。

此外，还要重视非正式场合的交流和争论。无论是在宿舍、饭堂，还是在林间休憩地，都可能成为思想砥砺的阵地，都可能迸发出创新的火花。哈佛大学教师餐厅的桌布上常常留下一串串讨论中写出的公式。维纳关于控制论的思想有一部分就来自餐桌旁的讨论。因此，大学生应该善于营造活跃的交流氛围，充分发掘宿舍、饭堂以及其他生活的空间，积极进行学术交流和争论。

最后，还要随时保持学习的积极性，不要把脑袋视为堆积知识的仓库，而要成为任思维和想象驰骋的天地；不要唯书唯上，而要坚持独立思考和敢于质疑的批判精神；不要对教科书之外的东西漠然置之，而要保持着强烈的好奇心和广泛的兴趣。

第二节　大学生科技竞赛平台

几十年来，各种大学生科技竞赛层出不穷。既有由教育部、共青团中央、中国科协、全国学联，以及有关专业学会等权威机构主办的，并为广大高校所认可的全国高校大学生学术科技竞赛，如“挑战杯”、数学建模、电子设计、机械创新设计、智能汽车、数控技能、物流技能等；又有社会上的某些企业单位为企业选拔人才、解决某些科技问题、扩大企业知名度而举办的一些科技类比赛，如微软“创新杯”、CAXA 公司“CAXA 杯”竞赛等。

通过竞赛点燃了学生的学习热情，挖掘了学生的学习潜能，激发了学生创造力，极大地调动了学生的学习积极性，并引导学生积累和运用知识，大胆地将所学知识应用于实践。对学生增强信心、磨炼意志、提高竞争意识、加强团队合作等方面都有一定的培养与提高。很多学生用“一次参赛，终身受益”来描述他们的感受。经历学术科技竞赛的洗礼，同学们可以充分品尝到科技攻关的艰辛，享受到创造的快乐和成功的喜悦，这些体验将伴随终生，沉淀为永久的精神财富。

目前，每年数以十万计的大学生在学术科技竞赛舞台上展示着他们的智慧和活力，一大批优秀作品和精英人才脱颖而出。参加学术科技竞赛已经成为大学生学习的重要组成部分。

一、单科类学科竞赛

单科类学科竞赛主要是指结合某门课程，如英语、数学、物理、化学等开展的学科竞赛，注重某门课程知识的掌握程度与运用。

1. 全国大学生英语竞赛

全国大学生英语竞赛(National English Contest for College Students，NECCS)是经高等学校大学外语教学指导委员会、高等学校大学外语教学研究会研究决定，并经教育部批准举办的全国唯一的大学英语综合能力竞赛活动。

全国大学生英语竞赛的目的为，夯实和扩展英语基础知识和基本技能，全面提高大学生英语综合运用能力，激发广大大学生学习英语的兴趣，鼓励英语学习成绩优秀的大学生，推动全国大学英语教学上一个新台阶。

最新竞赛动态信息详情可登录国家基础教育实验中心外语教育研究中心网(http://www.tefl-china.net)及英语辅导报社网(http://www.ecp.com.cn)查询。

2. 全国大学生化学实验邀请赛

全国大学生化学实验邀请赛由高等学校化学教育研究中心组织，每两年举办一次。竞赛项目一般包括实验理论笔试和实验操作考试，通过这两项测试决出单项奖。

实验操作考试的考察范围主要是无机化学、有机化学、分析化学、仪器分析、物理化学的相关实验，考察基本的化学实验技能、基本化学计算、实验设计、实验操作、数据采集和分析处理能力，常规和部分贵重仪器的使用、图谱解析，实验总结与报告能力。

二、专业类科技竞赛

专业类科技竞赛主要指偏向于某些特定专业的科技竞赛，一般竞赛内容是针对某些实际或设定的问题，利用专业知识寻求解决方案。此类竞赛主要注重学生对专业知识的实际运用能力，对学生的专业知识功底、创新思维、自学能力等要求较高。

1. 全国大学生数学建模竞赛(http://www.mcm.edu.cn)

全国大学生数学建模竞赛是全国高校规模最大的课外科技活动之一，是教育部高等教育司和中国工业与应用数学学会共同主办的面向全国大学生的群众性科技活动。该竞赛是从1994年开始举行的，每年一次。目的在于通过对实际案例的分析、建立数学模型和运用计算机技术培养学生解决实际问题的综合能力，鼓励广大学生踊跃参加课外科技活动，开拓知识面，培养创造精神及合作意识，推动大学数学教学体系、教学内容和方法的改革。竞赛宗旨是创新意识、团队精神、重在参与、公平竞争。

竞赛题目一般来源于工程技术和管理科学等方面经过适当简化加工的实际问题，不要求参赛者预先掌握深入的专门知识，只需要学过普通高校的数学课程。题目有较大的灵活性供参赛者发挥其创造能力。参赛者应根据题目要求，完成一篇包括模型的假设、建立和求解、计算方法的设计和计算机实现、结果的分析和检验、模型的改进等方面的论文(即答卷)。竞赛评奖以假设的合理性、建模的创造性、结果的正确性和文字表述的清晰程度为主要标准。

参加我国数学建模比赛获奖后可以报名参加美国国际大学生数学建模竞赛和跨学科建模竞赛(http://www.comap.com)。该竞赛始于1985年，是一项在全世界范围内，面向本科学生的数学方面最高层次的国际竞赛。

2. 全国大学生电子设计竞赛(http://www.nuedc.com.cn)

全国大学生电子设计竞赛是教育部倡导的大学生学科竞赛之一，是由教育部高等教育司和工业和信息化部人事教育司主办，面向大学生的群众性科技活动。目的在于推动高等学校信息与电子类学科课程体系和课程内容的改革，有助于高等学校实施素质教育，培养大学生的实践创新意识与基本能力、团队协作的人文精神和理论联系实际的学风；有助于学生工程实践素质的培养、提高学生针对实际问题进行电子设计制作的能力；有助于吸引、鼓励广大青年学生踊跃参加课外科技活动，为优秀人才的脱颖而出创造条件。

从1997年开始，每两年举办一届。除研究生以外所有具有正式学籍的在校本科生、专科生都有资格参加。

竞赛内容以电子电路(含模拟和数字电路)应用设计为主要内容，可以涉及模—数混合电路、单片机、可编程器件、EDA软件工具和PC(主要用于开发)的应用。题目包括“理论设计”和“实际制作与调试”两部分。题目着重考核学生综合运用基础知识进行理论设计的能力，考核学生的创新精神和独立工作能力，考核学生的实验技能(制作、调试)。

3. 全国大学生机械创新设计大赛(http://www.cn-mmtd.com)

全国大学生机械创新设计大赛是由教育部高等教育司发文举办的全国理工科大学生专业竞赛之一，每两年举办一次。它是面向大学生的群众性科技活动，目的在于引导高校在教学中注重培养大学生的创新设计能力、综合设计能力和协作精神；加强学生动手能力的培养和工程实践训练，为优秀人才脱颖而出创造条件。

全国大学生机械创新设计大赛除第一届大赛无主题外，每次比赛都有一个主题。

4. 全国大学生结构设计竞赛(http://www.ccea.zju.edu.cn)

全国大学生结构设计竞赛是由国家教育部、住房和城乡建设部、中国土木工程学会主办，部分高校承办，赞助单位协办的一项大学生专业学科知识创新与设计竞赛。该竞赛是培养大学生创新意识、合作精神和工程实践能力的学科性竞赛。本竞赛为高等学校开展创新教育和实践教学改革、加强高校与企业之间联系、推动学科创新活动起到积极示范作用。

5. 全国大学生智能汽车邀请赛(http://www.smartcar.au.tsinghua.edu.cn)

全国大学生智能汽车邀请赛是教育部在已举办的全国数学建模、电子设计、机械设计、结构设计四大专业竞赛的基础上而设立举行的第五项大学生设计竞赛，其目的是提高当代大学生实践能力、创新能力和培养精诚合作的团队精神。在校的本科生及研究生均可以参加比赛。每支参赛队由 3 名学生组成，其中至少包括 2 名本科生，另有带队老师 1 名。

6. 全国大学生节能减排社会实践与科技竞赛

节能减排是深入贯彻落实科学发展观，构建社会主义和谐社会的重大举措，大学生节能减排社会实践与科技竞赛是"节能减排学校行动"的主要内容之一。该竞赛由教育部高等教育司主办并委托教育部高等学校能源动力学科教学指导委员会举办，本活动每年举办一次。参赛对象为全日制非成人教育的本科生、研究生。

7. 全国大学生物流设计大赛(http://www.clpp.org.cn)

全国大学生物流设计大赛是由教育部高等学校物流类专业教学指导委员会发起并主办的一项活动。该大赛面向全国在读本科生、硕士生，根据参赛学生层次不同，分成本科组、硕士组，参赛方案只在同一层次之内进行竞争，不进行跨层次的比较，暂不接受跨层次的混合小组参赛。该大赛目的在于实现物流教学与实践相结合，提高大学生实际动手能力、策划能力、协调组织能力，促进大学物流人才培养模式、课程设置、教学内容和方法的改革，推动物流教学改革和科学研究，为全国高校搭建广泛的物流教学改革及学术交流平台，建立向社会群众宣传普及物流知识的平台，更好地培养和发现物流人才。

案例由大赛组织委员会公开征集，并成立专家小组进行审核选定。案例资料主要来自制造、分销、物流或咨询类的企业。

8. 全国高职高专物流技能竞赛

全国高职高专物流技能竞赛由教育部高职高专工商管理类教育指导委员会主办，教育部高职高专工商管理类教育指导委员会电子商务与物流分委会承办。首届比赛于 2009 年 8 月在天津交通职业学院实训中心举行，竞赛内容包含物流调研答辩及物流作业操作两个部分(图 10-1)。

图 10-1　全国高职高专物流技能竞赛现场

9. 全国职业院校技能大赛

为认真落实党中央、国务院关于大力发展职业教育的方针，进一步深化职业教育教学改革，积极推行工学结合、校企合作、顶岗实习的职业教育人才培养模式，切实加强技能型、应用型人才的培养，展示职业院校学生积极向上、奋发进取的精神风采和熟练的职业技能，努力提高全社会对发展职业教育重要意义的认识，营造全社会关心、重视和支持职业教育的良好氛围，按照《国务院关于大力发展职业教育的决定》关于要“定期开展全国性的职业技能竞赛活动”的要求，教育部和共青团中央等部门，决定定期举办全国职业院校技能大赛。

三、综合类科技竞赛

综合类科技竞赛主要指竞赛作品涵盖工、理、管、文等多学科（如“挑战杯”全国大学生课外学术科技作品竞赛）或者竞赛内容需要多学科交叉配合完成的科技竞赛（如全国大学生机器人大赛）。

1. “挑战杯”全国大学生课外学术科技作品竞赛（http://www.tiaozhanbei.net）

“挑战杯”全国大学生课外学术科技作品竞赛是由共青团中央、中国科协、教育部、全国学联和承办高校所在地人民政府联合主办，一项具有导向性、示范性和群众性的全国竞赛活动，被誉为中国大学生学术科技的“奥林匹克”盛会。

目前，“挑战杯”学术科技作品竞赛已形成校级、省级、全国的三级赛事，参赛同学首先参加校内及省内的作品选拔赛，优秀作品报送全国组委会参赛。

凡在举办竞赛终审决赛的当年 7 月 1 日以前正式注册的全日制非成人教育的各类高等院校的在校中国籍专科生、本科生、硕士研究生和博士研究生（均不含在职研究生）都可申报作品参赛。作品分为自然科学类学术论文（此类作品仅限本、专科生）、哲学社会科学类社会调查报告和学术论文、科技发明制作三大类。

2. “挑战杯”中国大学生创业计划竞赛

“挑战杯”创业计划竞赛与课外学术科技作品竞赛一道，成为“挑战杯”旗帜下的重要赛事，并形成两赛隔年举办的格局。“挑战杯”中国大学生创业计划竞赛作为单项比赛，届次相对少、规模相对要小，因此被人们称为“小挑”；“挑战杯”全国大学生课外学术科技作品竞赛，被人们习惯地称为“大挑”。

创业计划又名“商业计划”，是一无所有的创业者就某一项具有市场前景的新产品或服务向风险投资家游说，以取得风险投资的商业可行性报告。

“挑战杯”中国大学生创业计划竞赛旨在宣传风险投资理念，传播自主创业意识，激发广大青年学生适应时代要求，勇于创新，勤奋学习，投身实践，努力成为新世纪适应时代要求的复合型骨干人才。创业计划竞赛是借用风险投资的实际运作模式，要求参赛者组成优势互补的竞赛小组，提出一个具有市场前景的技术产品或服务，围绕这一产品或服务，以获得风险投资为目的，完成一份完整、具体、深入的商业计划。完整的创业计划应该包括企业概述、业务展望、风险因素、投资回报、退出策略、组织管理、财务预测等方面的内容。创业计划竞赛是近几年风靡全球高校的重要赛事。

3. 全国大学生机器人大赛

“亚太机器人大赛”是 2002 年由“亚洲太平洋地区广播电视联盟（ABU）”倡导、发起的，致力于培养各国大学生对于开发、研制高科技的兴趣与爱好，锻炼大学生动手操作能力，培养和提高大学生创新能力和创新意识的一项重要赛事。亚洲广播电视联盟各成员国都有权参加该项比赛，参赛对象只限于各国的大学或工科院校的大学生。每年举办一届，每届参赛主题不同，并由不同国家承办，已经成功举办了8届，目前已经发展成为吸纳亚、欧、北美著名高校和大学生参加的重大国际赛事。从2002年起，每年中央电视台都主办，并由教育部、科技部、中国科协协办"亚太机器人大赛国内选拔赛(即全国大学生机器人大赛)"，选拔国内冠军队代表中国参加亚太机器人大赛。

四、社会类科技竞赛

社会类科技竞赛主要指各类企业单位主办的科技竞赛，如微软公司主办的微软"创新杯"等。微软"创新杯"(Imagine Cup)创始于2003年，是为世界各地的大学生展示创意、知识以及计算机水平，开拓国际视野而构筑的交流平台。微软"创新杯"一直在激励着世界各地的青年学生将他们的想象力、热情和创造力运用于能够改变世界的技术创新。微软"创新杯"已成为世界上规模最大的全球学生科技竞赛，有超过30万名来自100个国家和地区的学生参与。2009年大赛的主题为"科技可以解决我们当今面临的最棘手的问题"。

五、大学生如何参加学术科技竞赛

面对各式各样的学术科技竞赛活动，我们应当如何选择与参与这些活动?

首先，要选择好自己准备参与的竞赛活动方向。要结合个人的专业、兴趣、职业规划，有针对性地参加各种适合个人成长的学术活动，选择好准备参加的科技竞赛活动，增加知识储备。

然后，我们要解决如何在竞赛中获得好的成绩的问题。我们要按照循序渐进的原则参与，在参与的初始阶段以在校内单科类学科竞赛为主，之后参与专业类科技竞赛、综合类科技竞赛，甚至参加社会类科技竞赛，在各种竞赛中使自己的水平得到不断提高。

第三节　专利的形成与申请

《中华人民共和国专利法》自1985年实施以来，专利申请数量与授权数量不断增加，发明专利申请在全部专利申请中的比例不断提高。2015年，中国国家知识产权局共受理发明专利申请110.2万件，同比增长18.7%，连续5年位居世界首位。2015年，共授权发明专利35.9万件，其中，国内发明专利授权26.3万件，比2014年增长了10万件，同比增长61.9%。这表明我国自主创新能力不断增强，专利申请质量不断提高。

一、为什么要申请专利

案例

景泰蓝、宣纸、龙须草席的命运

在我国，很多领域由于没有注重自主知识产权的保护，致使国内企业在市场竞争中处于不利地位。景泰蓝技术专利等被外国抢注就是最为明显的例子。

景泰蓝是中国的一种传统珐琅手工艺品，盛行于明朝"景泰"年间，制作时使用的典型颜色为蓝色，故此得名"景泰蓝"。在皇权统治时，只有皇室及官宦才有权拥有、收藏景泰蓝制品。景泰蓝与玉器、雕漆、牙雕一起，并称工艺美术行业的"四大名旦"，而集"四大名旦"之大成者，就是北京工艺美术厂。然而，就是这样一个以生产景泰蓝为主的北京工艺美术厂，于2004年12月因资不抵债(债务4 000多万元),被法院裁定破产。这座代表中国工艺美术艺术高峰的景泰蓝,究竟是什么原因倒塌的呢?中华民族素以宽宏仁厚、热情好客著称,那句“有朋自远方来,不亦乐乎”的古训、2008年奥运唱响全球的“北京欢迎你”就是明证。可是当我们以宽阔的胸襟、满腔的热情去对待别人的时候,却不一定总是得到同样的回报。北京工艺美术厂热烈欢迎外国商业间谍参观工厂并让其大模大样地用摄像机拍摄工艺流程。日本窃取了景泰蓝制造工艺之后,在景泰蓝的出口国抢注了专利,致使我国景泰蓝从此永远无法出口日本等国。虽然景泰蓝的“技术源头”在我国,但现在景泰蓝制作技术最好的国家却是日本,从而北京工艺美术厂破产。

早在19世纪与20世纪之交,外国间谍就曾打听宣纸的生产技术,并连偷带抢地弄走一些生产宣纸的特种树皮。侵华日军曾绑架一些宣纸艺人,并运走了一些树种。中国艺人拒不透露宣纸生产工艺。然而他们用生命保护的宣纸技术,却在改革开放后被外国经济间谍窃取了。日本人不无得意地说:“世界宣纸,(中国的)泾县第一,日本第二。”我国龙须草席的传统工艺技术也已被列为国家秘密,但由于日本窃密,不仅结束了日本进口我国龙须草席600多年的历史,而且国际市场也被他们垄断了。

朗科(Netac)科技有限公司U盘专利取得的成功

20世纪90年代末,许多人依然使用软盘作为储蓄信息资料的便携工具,但软盘的不稳定性常常会令保存的资料损坏。现在,全世界每年销售的数千万个U盘已经开始让伴随电脑行业40年的软盘驱动器从几乎所有新电脑上消失,软盘市场更是急剧萎缩。全世界每年销售的上亿台新电脑因为脱离了软驱而变得更轻便,而每台电脑成本也因此降低近百元。这便是深圳市朗科科技有限公司U盘专利取得的成功,也是我国目前专利投入市场获得回报最大、最引人注目的一项。这给我们启示:在开发专利时首先必须考虑的是研发品种的市场需求是否足够大,并且是否有其他的替代品。

此外,我们出口到欧盟的DVD,售价32美元,我们要交18美元的专利费。在美国市场,售价120美元的耐克鞋,在广东的厂家出厂价是多少?12美元。广东有一家生产微波炉的大型企业,2005年他们总共销售了650万台微波炉,赚了1 400万元,平均每一台微波炉赚2元,比汉堡包赚的利润还少。没有专利,没有核心技术,我们就处在世界竞争的最底端。

从以上例子可以看出,我国自主创新能力薄弱,核心技术缺乏,有“制造”而无“创造”,从而把大量利润让给外国;申请专利既可以保护自己的发明成果,又可以占据新技术及其产品的市场空间,获得相应的经济利益。

二、专利的类型与属性

1. 专利的类型

专利分为发明、实用新型和外观设计三种。发明专利,是指对产品、方法或者其改进所提出的新的技术方案,如产品的制造方法或工艺、材料的配方、药品的配方等。实用新型专利,是指对产品的形状、构造或者其结合所提出的适于实用的新的技术方案。发明和实用新型专利中都提到“新的技术方案”,就是要有创造性,要比现有技术先进,比现有技术落后就不能申请专利。申请发明、实用新型专利,要具备新颖性、创造性和实用性三个条件,缺一不可。外观设计,是指对产品的形状、图案及其结合或者色彩与形状、图案的结合所做出的富有美感并适于工业应用的新设计。这里强调的“外观”,即外表。如工艺品、包装箱、包装袋、包装盒都属于外观设计。发明专利授权时间较长,但因其需要经过实质审查程序,专利授权后的专利权稳定性

很高；实用新型专利和外观设计专利无须经过实质审查程序，授权较快，实用新型一般自申请日起 6～12 个月可获得授权，外观设计一般在申请日起 6 个月左右即可授权。

2. 专利的属性

专利权具有独占性、时间性、地域性。

专利权人对其发明创造享有独占性的使用、销售和进口的权利。

专利权人对由法律赋予其发明创造的专利权只在法律规定的时间内有效，期限届满后，专利权人对其不再享有专有权，即任何单位或个人都可以无偿使用，我国专利法规定的期限自申请日起，发明专利 20 年，实用新型专利及外观设计为 10 年。

一个国家依照其本国专利法授予的专利权，仅在该国法律管辖的范围内有效，对其他国家没有任何约束力，外国对其专利权不承担保护的义务，如某人的发明创造在我国已取得专利权，若他人在我国制造使用或销售该发明创造则为侵权，若他人在别国制造使用或销售该发明创造则不属于侵权行为。

三、专利信息利用——他山之石，可以攻玉

牛顿说他的成就是站在巨人的肩膀上完成的。专利具有技术先进、内容丰富的特点，如果我们能利用专利进行创新，那就是踩在巨人的肩膀上走出一条快速创新之路。

TRIZ 方法（具体请参看相关参考书）就是以 Altshuller 为首的苏联的研究团队通过对 250 多万份专利及发明的分析，综合多学科知识，提出的一系列系统化的用于指导创新设计的理论，包括普遍适用于各个领域的发明规律、产品及技术系统进化定律、物理冲突解决方法、技术冲突解决方法、理想解、物质—场模型分析等诸多工具。Machine 公司和 Ideation International 公司等开发出了基于 TRIZ 理论方法的计算机辅助创新软件，可用于产品设计和相关领域的创新问题的求解。目前，许多世界级公司，如福特、施乐、惠普、3M、SONY 等，都在使用 Invention Machine 公司的软件。国内最近对 TRIZ 也有一些研究，河北工业大学的檀润华教授的课题组也开发了一套基于 TRIZ 的机械产品概念设计系统。

当对你所研究的领域进行检索时，你就能发现未开发的领域，而从其他信息中得到启发，进一步深化自己的课题。

在美国马洛利公司任职的卡尔森是加利福尼亚大学物理系的毕业生。因他常见到公司的同事在复印文件的过程中时间占用过多、劳动强度很大，本该轻松完成的工作成了令人头痛的麻烦事，便想改进一下复印方法。他做了很多的实验，但却没有成功。后来，他改变了做法，暂时停止了实验，而用大部分的业余时间钻进纽约国立图书馆，专门查阅有关复印方面的发明专利文献资料。经过一段时间的仔细查找，他意外地发现，以往进行的复印都是利用化学效应来完成的，还没有人涉足光电领域。从理论上讲，利用光电效应比利用化学效应效率要高得多。显然这是复印研究开发中的一大缺陷。他瞄准这一缺陷开始进行大量的实验，将光的导电性和静电原理相结合，终于取得了成功。

相反，上海有一家保温瓶厂，花了 10 年时间，耗费大量人力、物力，试验成功了以镁代银的镀膜工艺，事后才知道该项发明专利早在 1929 年就由英国一家公司试验成功了。如果这个厂进行了专利检索，也不会对别人 50 多年前就已解决的问题进行攻关。这是一种浪费，也是一个笑话。

在国家知识产权局网站（http://www.sipo.gov.cn/）可查到 1985 年 9 月 10 日以来公布的全部中国专利信息，包括发明、实用新型和外观设计三种专利的著录项目及摘要，并可浏览到各种说明书全文及外观设计图形。我们应该充分利用现有的专利进行创新，对自己感兴趣

的领域的专利进行研究，在此基础之上，通过组合、选择、转用等方法来进行新专利的构思。当然，我们也可以通过本书前面所讲的各种创新方法创造出新产品。

1. 开拓性发明专利挖掘

开拓性发明，是指一种全新的技术方案，在技术史上未曾有过先例，它为人类科学技术在某个时期的发展开创了新纪元。开拓性发明同现有技术相比，具有突出的实质性特点和显著的进步，具备创造性。例如，中国的四大发明——指南针、造纸术、活字印刷术和火药。此外，作为开拓性发明的例子还有蒸汽机、白炽灯、收音机、雷达、激光器、利用计算机实现汉字输入等。

2. 组合发明

组合发明，是指将某些技术方案进行组合，构成一项新的技术方案，以解决现有技术客观存在的技术问题。在进行组合发明创造性的判断时通常需要考虑组合后的各技术特征在功能上是否彼此相互支持、组合的难易程度、现有技术中是否存在组合的启示以及组合后的技术效果等。

对于一些显而易见的组合，仅仅是将某些已知产品或方法组合或连接在一起，各自以其常规的方式工作，而且总的技术效果是各组合部分效果之总和，组合后的各技术特征之间在功能上无相互作用关系，仅仅是一种简单的叠加，则这种组合不具备创造性，从而不能申请专利。

如果组合的各技术特征在功能上彼此支持，并取得了新的技术效果；或者说组合后的技术效果比每个技术特征效果的总和更优越，则这种组合具有突出的实质性特点和显著的进步，发明具备创造性。其中组合发明的每个单独的技术特征本身是否完全或部分已知并不影响对该发明创造性的评价。例如，一项"深冷处理及化学镀镍—磷—稀土工艺"的发明，发明的内容是将公知的深冷处理和化学镀相互组合。现有技术在深冷处理后需要对工件采用非常规温度回火处理，以消除应力，稳定组织和性能。本发明在深冷处理后，对工件不作回火或时效处理，而是在 80℃±10℃的镀液中进行化学镀，这不但省去了所说的回火或时效处理，还使该工件仍具有稳定的基体组织以及耐磨、耐蚀并与基体结合良好的镀层，这种组合发明的技术效果，对本领域的技术人员来说，预先是难以想到的，因而，该发明具备创造性。

3. 选择发明

选择发明，是指从现有技术中公开的宽范围中，有目的地选出现有技术中未提到的窄范围或个体的发明。在进行选择发明创造性的判断时，选择所带来的预料不到的技术效果是考虑的主要因素。

例如，在一份制备硫代氯甲酸的现有技术对比文件中，催化剂羧酸酰胺和/或尿素相对于原料硫醇，其用量比大于 0、小于等于 100%(mol)；在给出的例子中，催化剂用量比为 2%(mol)～13%(mol)，并且指出催化剂用量比从 2%(mol)起，产率开始提高；此外，一般专业人员为提高产率，也总是采用提高催化剂用量比的办法。一项制备硫代氯甲酸方法的选择发明，采用了较小的催化剂用量比(0.02%(mol)～0.2%(mol))，提高产率 11.6%～35.7%，大大超出了预料的产率范围，并且还简化了对反应物的处理工艺。这说明，该发明选择的技术方案，产生了预料不到的技术效果，因而该发明具备创造性。

4. 转用发明

转用发明，是指将某一技术领域的现有技术转用到其他技术领域中的发明。在进行转用发明的创造性判断时通常需要考虑转用的技术领域的远近、是否存在相应的技术启示、转用的难易程度、是否需要克服技术上的困难、转用所带来的技术效果等。如果这种转用能够产生预料不到的技术效果，或者克服了原技术领域中未曾遇到的困难，则这种转用发明具有突出的实质性特点和显著的进步，具备创造性。

例如，一项潜艇副翼的发明，现有技术中潜艇在潜入水中时是靠自重和水对它产生的浮力相平衡停留在任意点上，上升时靠操纵水平舱产生浮力，而飞机在航行中完全是靠主翼产生的浮力浮在空中，发明借鉴了飞机中的技术手段，将飞机的主翼用于潜艇，使潜艇在起副翼作用的可动板作用下产生升浮力或沉降力，从而极大地改善了潜艇的升降性能。由于将空中技术运用到水中需克服许多技术上的困难，且该发明取得了极好的效果，所以该发明具备创造性。

5. 已知产品的新用途发明

已知产品的新用途发明，是指将已知产品用于新的目的的发明，在进行创造性判断时通常需要考虑新用途与现有用途技术领域的远近、新用途所带来的技术效果等。

如果新的用途仅仅是使用了已知材料的已知的性质，则该用途发明不具备创造性。例如，将作为润滑油的已知组合物在同一技术领域中用作切削剂，这种用途发明不具备创造性。

如果新的用途是利用了已知产品新发现的性质，并且产生了预料不到的技术效果，则这种用途发明具有突出的实质性特点和显著的进步，具备创造性。例如，将作为木材杀菌剂的五氯酚制剂用作除草剂而取得了预料不到的技术效果，该用途发明具备创造性。

四、如何申请专利

当我们有了自己的专利想法，并对该方向的专利进行查询之后，确认自己可以申请专利了，那么下一步就是申请专利。

1. 申请文件准备

申请发明专利的，申请文件应当包括发明专利请求书、说明书（说明书有附图的，应当提交说明书附图）、权利要求书、摘要（必要时应当有摘要附图），各一式两份。申请实用新型专利的，申请文件应当包括实用新型专利请求书、说明书、说明书附图、权利要求书、摘要及其摘要附图，各一式两份。申请外观设计专利的，申请文件应当包括外观设计专利请求书、图片或者照片，各一式两份。要求保护色彩的，还应当提交彩色图片或者照片一式两份。提交图片的，两份均应为图片；提交照片的，两份均应为照片，不得将图片或照片混用。如对图片或照片需要说明的，应当提交外观设计简要说明一式两份。

请求书应当写明发明或者实用新型的名称，发明人的姓名，申请人姓名或者名称、地址，以及其他事项。说明书应当做出清楚、完整的说明，以所属技术领域的技术人员能够实现为准；必要的时候，应当有附图。摘要应当简要说明发明或者实用新型的技术要点。权利要求书应当以说明书为依据，清楚、简要地限定要求专利保护的范围。这些文件都可以在国家知识产权局的网站上免费下载。在这些申请文件中，说明书和权利要求书非常重要，它们所包含的技术内容以及撰写方式，都将直接影响该专利申请最终能否被授予专利权。

申请人经济条件很差的，可以请求减缓的费用有申请费（印刷费、附加费不予减缓）、发明专利申请审查费、发明专利申请维持费、复审费、自授予专利权当年起（含当年）三年内的年费。费用减缓请求是在提出专利申请的同时提出的，可以一并请求减缓上述五种费用，并提交一式一份费用减缓请求书。

申请文件的纸张应当纵向使用，只使用一面。文字应当自左向右排列，纸张左边和上边应各留 25 毫米空白，右边和下边应当各留 15 毫米空白，以便于出版和审查时使用。申请文件各部分的第一页必须使用国家知识产权局统一制定的表格。这些表格可以在专利局受理大厅的咨询处索要，也可以向各地的专利局代办处索取或直接从国家知识产权局网站下载。

申请文件的填写和撰写有特定的要求，申请人可以自行填写或撰写，也可以委托专利代理机构代为办理。尽管委托专利代理是非强制性的，但是考虑到精心撰写申请文件的重要性，以及审批程序的法律严谨性，对经验不多的申请人来说，委托专利代理是值得提倡的。

2. 提交文件

申请人申请专利时，应当将申请文件直接提交或寄交“国家知识产权局专利局受理处”(以下简称专利局受理处)，也可以提交或寄交到设在地方的国家知识产权局专利局代办处；国防专利分局专门受理国防专利申请。广东省申请人可到广东省知识产权局(广州市先烈中路100号大院)提交文件。

3. 办理专利申请

办理专利申请应当提交必要的申请文件，并按规定缴纳费用。

各种手续文件都应当按规定签章，签章应当与请求书中填写的姓名或者名称完全一致。签章不得复印。涉及权利转移的手续，应当由全体申请人签章，其他手续可以由申请人的代表人签章办理，委托专利代理机构的，应当由专利代理机构签章办理。

办理手续要附具证明文件或者附件的，证明文件与附件应当使用原件或者副本，不得使用复印件。如原件只有一份的，可以使用复印件，但同时需要附有公证机关出具的复印件与原件一致的证明。

发明或者实用新型专利申请文件应按请求书、说明书摘要、摘要附图、权利要求书、说明书、说明书附图和其他文件的顺序排列。外观设计专利申请文件应按照请求书、图片或照片、简要说明的顺序排列。申请文件各部分都应当分别用阿拉伯数字顺序编号。

专利局受理处或各专利局代办处收到专利申请后，对符合受理条件的申请，将确定申请日，给予申请号，发出受理通知书。对申请人面交专利局受理处或各专利局代办处的申请文件，当时进行申请是否符合受理条件的审查，符合受理条件的当场办理受理手续。但仅有一个专利申请号而未被授予专利权的技术，不能称之为专利。

向专利局受理处寄交申请文件的，一般在一个月左右可以收到国家知识产权局专利局(以下简称专利局)的受理通知书；不符合受理条件的，将收到不受理通知书以及退还的申请文件复印件。超过一个月尚未收到专利局通知的，申请人应当及时向专利局受理处查询，以及时明确申请文件或通知书在邮寄中是否丢失。

申请费以及其他费用都可以直接向专利局收费处或专利局代办处面交，或通过银行或邮局汇付。

五、专利申请实例

作者之一温兆麟曾获得国家发明与实用新型专利12项，在此以部分专利为例进行专利申请书编写说明。

▶ 案例

二自由度移动平面的并联机构

一种二自由度移动平面的并联机构(图10-2)(专利号:200310112572.0)权利要求书的书写。

一种具有二自由度移动平面的并联机构，该机构由固定平台1与动平台9及连接固定平台1与动平台9的滑块和连杆所组成的运动支链所组成，其特征在于：每条运动支链结构不完全相同，每条运动支链与固定平台1相连接的运动副为移动副，与动平台9相连接的运动副为转动副，运动支链的中间运动副是转动副，当机构运动时，动平台9作两自由度移动的运动。

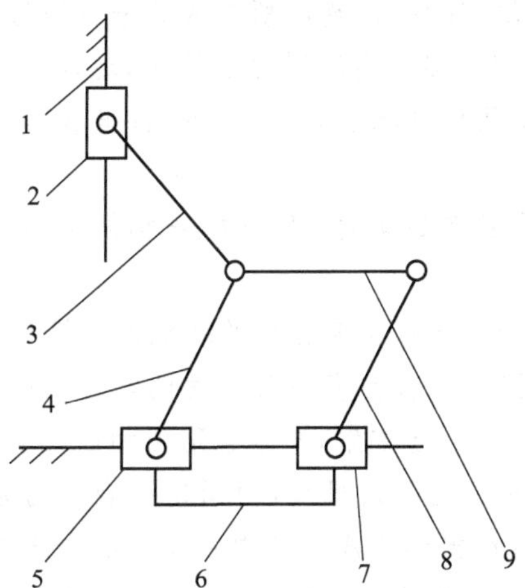

图 10-2　一种具有二自由度移动平面的并联机构

1—固定平台；2—从动滑块；3—连杆；4—连杆；5—主动滑块；6—连接板；7—从动滑块；8—连杆；9—动平台

据权利要求1所述的具有二自由度移动平面的并联机构，其特征在于：固定平台1由相互垂直的两个导轨所组成，此两个导轨相互垂直是由于焊头工作时在这两个方向要求分别具有平移的运动，如果移动由合成运动来完成则两个导轨也可以不垂直。

据权利要求1、2所述的具有二自由度移动平面的并联机构，其特征在于：连杆4、主动滑块5、连接板6、从动滑块7、连杆8与动平台9构成一个平行四边形。

据权利要求1、2、3所述的具有二自由度移动平面的并联机构，其特征在于：主动滑块5、连接板6、从动滑块7、连杆4、连杆8安排在主要的运动方向或定位要求更严格的方向。

三自由度移动并联机器人机构

三自由度移动并联机器人机构(专利号:200320119223.7)说明书与说明书附图的书写。

说明书：

技术领域　本实用新型属于工业机器人领域，特别涉及一种三自由度的并联机构。

背景技术　并联机构是由多个并行链构成的闭环运动系统，即由多个运动链的一端同时与一个具有多个自由度的终端操作器相连而构成。并联机构具有以下优点：较高的刚度重量比；较高的载荷重量比；误差小，精度高；易于将电动机置于机座上，减小了运动负荷，能够高速运动；在位置求解上，并联机构反解容易；结构简单，模块化程度高。

近年来人们把注意力转向了少自由度(动平台运动自由度数目少于6)的并联机构。根据有关文献，少自由度的并联机构占现有公开的并联机构的60%，其中约有40%为三自由度并联机构。三自由度的并联机构有的是球面机构，有的为平面机构，有的为三维纯移动机构，还有的是在空间不同的点其运动很难确定的空间机构。如国内外研究已久的3-RPS并联机构，此机构的运动平台是通过三个完全相同的分支与机架相连接，每个分支与动平台连接的运动副为三自由度球铰链S、与机架相连的运动副为转动副R，通过三个分支的伸缩来实现运动平台相对机架的两个转动、一个移动的运动，由于此机构动平台上的参考点在空间不同的位置其两个转动的轴线不能任意或很难给出，因此该机构在实际中很难得到应用。

发明内容　本实用新型的目的在于克服现有技术中的不足之处而提供一种空间三维移动的并联机构，本实用新型的三维移动并联机器人机构具有高精度、高刚度、结构简单等优点。

本实用新型的技术方案是：连接固定平台与动平台的两条运动支链的结构不相同，其中一条支链为由主动滑块、从动滑块、连接板、连杆所组成的平行四边形机构，其与固定平台相连接的运动副为移动副，与动平台相连接的运动副为圆柱副，运动支链的中间运动副是转动副，另一条支链由两个转动副与一个圆柱副三者轴线相互平行串联而成，当机构运动时，动平台作三维移动的三自由度运动。

本实用新型的有益效果是具有高精度、高刚度、结构简单、制造成本低、重量轻等优点。

附图说明：

图 10-3(原文为图 1，下同)为三自由度移动并联机器人机构实施例之一的示意图。

图 10-4(原文为图 2，下同)为三自由度移动并联机器人机构实施例之二的示意图。

下面给出本实用新型实施的优选方案，并结合附图加以说明。

实施例 1：三自由度移动并联机器人机构，由固定平台 1 与动平台 10 及连接固定平台与动平台的两条结构不相同的运动支链组成。其中一条支链中连接板 3 连接主动滑块 4 与从动滑块 2，使从动滑块 2 与主动滑块 4 具有相同的运动，由主动滑块 4、从动滑块 2、连接板 3、连杆 8、连杆 7 所组成的支链为平行四边形机构，其与固定平台 1 相连接的运动副为移动副 5，与动平台 10 相连接的运动副为圆柱副 9，运动支链的中间运动副是转动副 6，在该运动支链中，圆柱副 9 的轴线与动平台 10 共面或平行，该轴线与转动副 6 的轴线平行，与移动副 5 的轴线相垂直，另一条支链中与动平台 10 相连接的运动副为圆柱副 11，与固定平台 1 相连接的运动副为转动副 15，中间运动副为转动副 13，圆柱副 11 与转动副 13 之间为连杆 12，转动副 13 与转动副 15 之间为连杆 14，转动副 15、转动副 13 与圆柱副 11 三者轴线相互平行且与圆柱副 9 的轴线垂直，当机构运动时，动平台作三维移动的三自由度运动。

实施例 2：本实施例的总体结构如图 10-4 所示，图 10-4 所示的机构为图 10-3 所示机构去除连杆 8、从动滑块 2、连接板 3 所得到。当机构运动时，动平台作三维移动的三自由度运动。

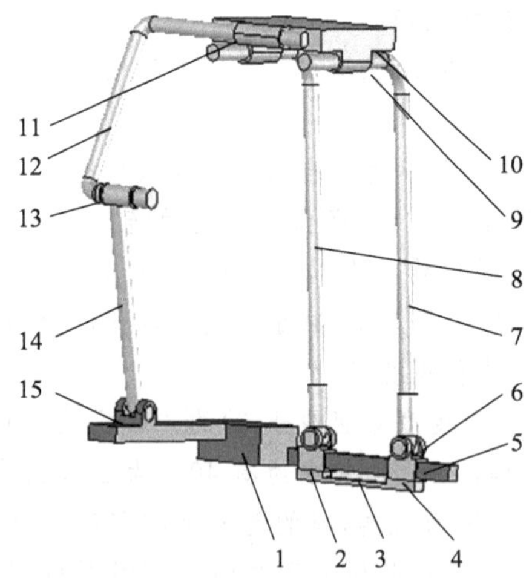

图 10-3 实施方案 1 结构简图

1—固定平台；2—从动滑块；3—连接板；4—主动滑块；5—移动副；6—转动副；7—连杆；8—连杆；9—圆柱副；10—动平台；11—圆柱副；12—连杆；13—转动副；14—连杆；15—转动副

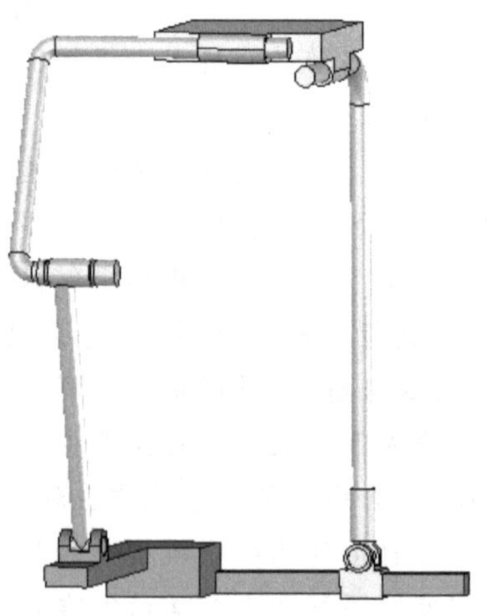

图 10-4 实施方案 2 结构简图

快速螺旋夹紧机构

如图10-5所示为快速螺旋夹紧机构(专利号:01242702.0)结构示意图。该机构的结构与工作原理如下。

螺旋轴4上分布有螺旋槽,螺旋轴4的两侧设有钳状把手5与6,钳状把手直动件一端有把手BD与CD,BD与CD中间设有弹簧9和直线段G与H,钳状把手直动件的另一端为钳体,钳体两条钳臂末端为直线段5与6对称布置于螺旋轴4的两侧,与螺旋轴4上的螺旋槽或为接触或为脱离,两平行直线段的平行距离为半个螺距。压紧两钳状把手件5与6的BD与CD段,弹簧9压缩,两钳状把手件上的挡块G与H相接触,限制压缩行程,此时钳状把手件上的直线段与螺旋槽相脱离;推动手柄8,使摆动压块1快速靠近工件;松开直动件5与6,直动件5与6在弹簧9的作用下做相向运动;稍微移动螺旋轴4,使钳状把手的直线段进入螺旋槽;继而转动手柄8,夹紧工件,由于螺旋的升角小于摩擦角,工件可在任意位置自锁。松夹时,只要反转手柄8,稍微松开工件后,压紧两钳状把手件5与6的把手部分BD与CD段,使钳状把手与螺旋槽相脱离;推动手柄8,使摆动压块l快速远离工件,完成整个装卸过程。随工件大小的不同,摆动压块1快速靠近工件后,稍微移动螺旋轴4,钳状把手件5与6可进入螺旋轴4上任意一段螺旋槽,从而适用的工件范围较广。

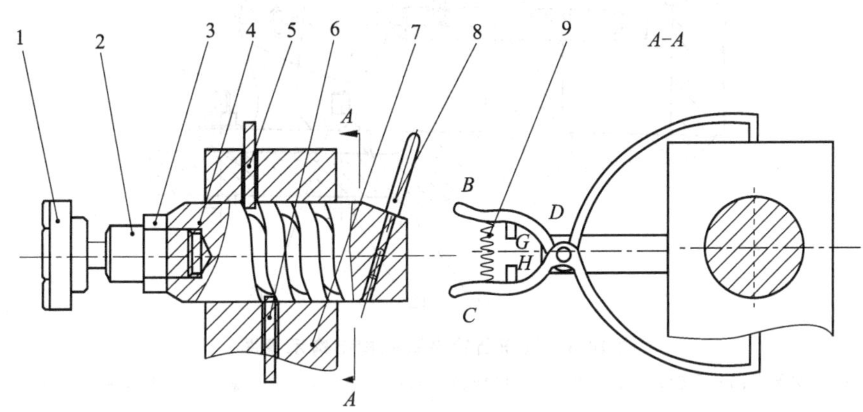

图10-5 快速螺旋夹紧机构结构示意图

1—摆动压块;2—摆动压杆;3—螺母;4—螺旋轴;5—钳状把手;6—钳状把手;7—夹具体;8—手柄;9—弹簧

快速凸轮夹紧机构

如图10-6所示为快速凸轮夹紧机构(专利号:01242701.2)结构示意图。该机构的结构与工作原理如下。

该机构由夹具体、夹紧轴和夹紧件组成。夹紧轴固定在夹具体1上,夹紧轴上有固定连接的摆动压块10;夹紧轴上有槽,夹紧轴上设置有导向螺钉8与手柄7,夹紧轴的右端面为一球面;夹紧件由凸轮3、限位螺钉5、手柄6组成,凸轮3通过回转轴4固定在两个支承座2中间,支承座2通过螺栓12固定在夹具体1上,限位螺钉5固定在支承座2上,手柄6固定在凸轮3上。在安装支承座2时,螺栓12上放有垫片13,用螺母11固紧。导向螺钉8置于夹紧轴9上的直槽中,限位螺钉5的作用是在拆卸工件时限制凸轮3向右运动的极限位置。先推动手柄7,在导向螺钉8的导向作用下,夹紧轴9带动摆动压块10快速靠近工件,之后松手,逆时针方向旋转手柄6,使凸轮3绕回转轴4回转,从右至左拉动凸轮3,凸轮3的开始部分AB段迅速补上由于夹紧轴9的左移所留下的空隙,凸轮3上的BCD段的B点附近首先和夹紧轴8的右端面相接触，继续旋转凸轮 3，在 BCD 段的作用下，推动夹紧轴 9 带动摆动压块 10 夹紧工件。由于凸轮 3 的升角小于摩擦角，工件可在任意位置自锁，这样可加工尺寸相差不大的多批零件。松夹时，反向松动手柄 6 至限位螺钉 5 的位置，之后拉动手柄 7，使摆动压块快速远离工件，完成整个装卸过程。为了适于对厚薄不同的工件的夹持，夹具体 1 上设置有两段通槽，支承座 2 与夹具体 1 可进行相对移动，通过其上的螺母 11、螺栓 12 与垫片 13 等来完成。制成通槽的目的是使螺栓 12 具有良好的装配工艺性。二通槽两侧有刻度线，其目的是保持两个支承座 2 移动的距离一致。

支承座 2 与夹具体 1 可进行相对移动，这样加工一批相同规格的零件后，再去加工别的规格的零件时，如果尺寸范围变动不大，由于凸轮 3 的 BCD 工作段较长，故不作任何改变即可使用，当尺寸范围变动很大时，只需调整支承座 2 与夹具体 1 的相对位置即可满足要求，从而本实用新型适用的工件范围较广。

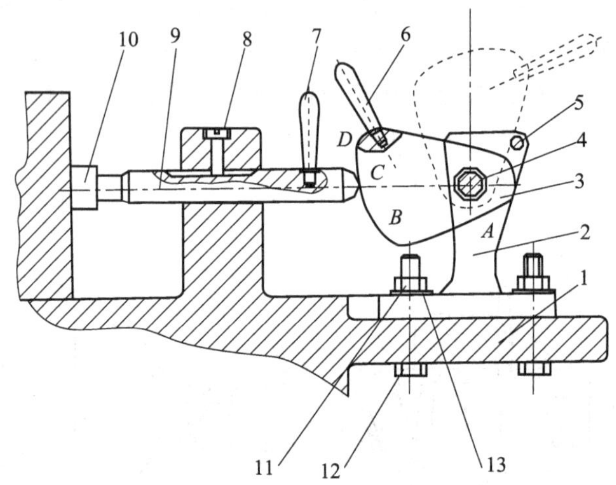

图 10-6　快速凸轮夹紧机构结构示意图

1—夹具体；2—支承座；3—凸轮；4—回转轴；5—限位螺钉；6，7—手柄；8—导向螺钉；9—夹紧轴；10—摆动压块；11—螺母；12—螺栓；13—垫片

大行程快速斜楔夹紧机构

如图 10-7 所示为大行程快速斜楔夹紧机构(专利号：01242703.9)的结构示意图。该机构的工作原理如下。

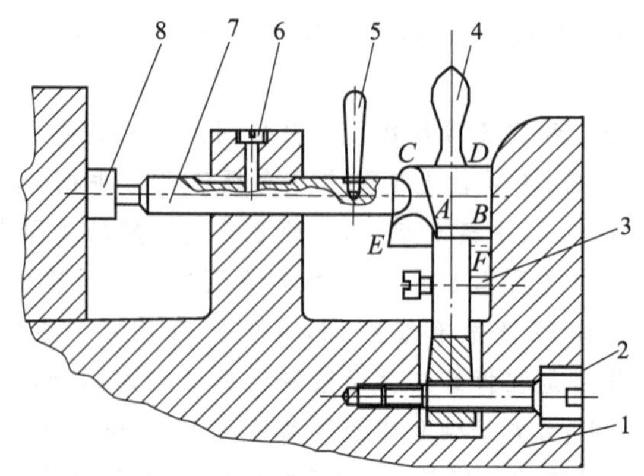

图 10-7　大行程快速斜楔夹紧机构结构示意图

1—夹具体；2—回转轴；3—限位螺钉；4—斜楔；5—手柄；6—导向螺钉；7—夹紧轴；8—摆动压块

推动夹紧轴上的手柄5,在导向螺钉6的导向作用下,夹紧轴7带动摆动压块8快速靠近工件,之后松手,旋转斜楔上的手柄4,斜楔的开始部分补上由于夹紧轴7的左移所留下的空隙,继续拉动斜楔4,在斜楔螺旋面的作用下,推动夹紧轴带动摆动压块夹紧工件并自锁。松夹时,向后拉动旋转斜楔上的手柄,至限位螺钉3的位置,之后拉动夹紧轴7上的手柄5,使摆动压块8快速远离工件,完成整个装卸过程。

习　题

1. 你参加过哪方面的学术讲座?有什么启发?

2. 你喜欢看如中央电视台CCTV-10的《我爱发明》这样的科技类电视栏目吗?你对创新思维知识的获取还有哪些途径?请举例说明受到什么启发。

3. 为何要将自己的成果申报专利或者软件制作版权?

4. 申报专利有哪些程序?

5. 在申报专利的过程中,权利要求书的制作有何要求?

参考文献

[1] 中共中央文献研究室．习近平关于科技创新论述摘编[M]．北京：中央文献出版社，2016.

[2] 尤瓦尔·赫拉利．人类简史：从动物到上帝[M]．林俊宏，译．北京：中信出版社，2014.

[3] 刘莹，艾红．创新设计思维与技法[M]．北京：机械工业出版社，2004.

[4] 丛晓霞．机械创新设计[M]．北京：北京大学出版社，2008.

[5] 骆玉明．诗里特别有禅[M]．杭州：浙江文艺出版社，2013.

[6] 张开逊．回望人类发明之路[M]．北京：北京出版社，2007.

[7] 冯有兰．中国哲学史[M]．重庆：重庆出版社，2009.

[8] 陆敬严，华觉明．中国科学技术史(机械卷)[M]．北京：科学出版社，2000.

[9] 施蛰存．唐诗百话[M]．西安：陕西师范大学出版总社有限公司，2014.

[10] 温兆麟．创新思维与机械创新设计[M]．北京：机械工业出版社，2012.

[11] 李月亮．你受的苦将照亮你的路[M]．北京：中国友谊出版公司，2014.

[12] 叶嘉莹．小词大雅：叶嘉莹说词的修养与境界[M]．北京：北京大学出版社，2015.

[13] 王力．中国古代文化常识[M]．北京：北京联合出版公司，2014.

[14] 孙机．中国古代物质文化[M]．北京：中华书局，2014.

[15] 黄纯颖．设计方法学[M]．北京：机械工业出版社，1992.

[16] 沈惠平．机械创新设计及其研究[J]．机械科学与技术，1997，116(5)：791-795.

[17] 李学荣．新机器机构的创造发明——机构综合[M]．重庆：重庆出版社，1988.

[18] 魏东，翁海珊，陈立周．机构创新设计支撑系统(MCDSS)的研究——机构创新设计师系统研究之一[J]．机械设计，2001(3)：6-8.

[19] 陈曦．大学生科技创新教程[M]．北京：机械工业出版社，2008.

[20] 余伟．创新能力培养与应用[M]．北京：航空工业出版社，2008.

[21] 张铁，李琳，李杞仪．创新思维与设计[M]．北京：国防工业出版社，2005.

[22] 罗绍新．机械创新设计[M]．北京：机械工业出版社，2008.

[23] 吕仲文．机械创新设计[M]．北京：机械工业出版社，2004.

[24] 杨家军，王树才，等．机械创新设计技术[M]．北京：科学出版社，2008.

[25] 刘晓宏．创新设计方法及应用[M]．北京：化学工业出版社，2006.

[26] 张春林．机械创新设计[M]．北京：机械工业出版社，2007.

[27] 曲继方，安子军，曲志刚．机构创新设计[M]．北京：科学出版社，2001.

[28] 胡家秀，陈峰．机械创新设计概论[M]．北京：机械工业出版社，2005.

[29] 张美麟．机械创新设计[M]．北京：化学工业出版社，2005.

[30] 李瑞琴．机械系统创新设计[M]．北京：国防工业出版社，2008.

[31] 强建国．机械原理创新设计[M]．武汉：华中科技大学出版社，2008.

[32] 吕镛厚，沈爱红．组合机构设计与应用创新[M]．北京：机械工业出版社，2008.

[33] 王玉新．复杂机械系统快速创新设计[M]．北京：科学出版社，2006.

[34] 颜鸿森．机械装置的创造性设计[M]．北京：机械工业出版社，2002.

[35] 梁锡昌．机械创造方法与专利设计实例[M]．北京：国防工业出版社，2005.

[36] 凡禹．创造性思维 36 计[M]．北京：企业管理出版社，2008.

[37] 梁桂明，董洁晶，梁锋．创造学与新产品开发思路及实例[M]．北京：机械工业出版社，2005.

[38] 赵敏，胡钰．创新的方法：自主创新，方法先行[M]．北京：当代中国出版社，2008.

[39] 王裕清，邓乐，李建中．生物机械工程导论[M]．北京：机械工业出版社，2006.

[40] 赵新军．技术创新理论(TRIZ)及应用[M]．北京：化学工业出版社，2004.

[41] 杨清亮．发明是这样诞生的:TRIZ 理论全接触[M]. 北京:机械工业出版社,2008.
[42] 卢明森．创新思维学导论[M]. 北京：高等教育出版社,2005.
[43] 洪允媚．机构设计的组合和变异方法[M]. 北京:机械工业出版社,1982.
[44] 俞文钊,刘建荣．创新与创造力:开发与培育[M]. 大连:东北财经大学出版社,2008.
[45] 刘昌明,赵传栋．创新学教程[M]. 上海:复旦大学出版社,2007.
[46] 罗玲玲．创造力开发[M]. 北京：科学出版社,2002.
[47] 檀润华．创新设计:TRIZ 发明问题解决理论[M]. 北京:机械工业出版社,2002.
[48] 邹慧君．机构系统设计[M]. 上海:上海科学技术出版社,1996.
[49] 张春林,等．机械创新设计[M]. 北京:机械工业出版社,1999.
[50] 张曙,U. Heisel. 并联运动机床[M]. 北京:机械工业出版社,2003.
[51] 朱煜．并联类装备虚拟产品设计系统研究[D]. 徐州:中国矿业大学,2001.
[52] 王海东．并联机器人机构构型与性能分析[D]. 秦皇岛:燕山大学,2001.
[53] 张龙．虚拟轴机床设计方法研究[D]. 南京:南京理工大学,2001.
[54] 卢强．基于 Stewart 平台机构的并联机床设计理论及方法研究[D]. 南京:南京理工大学,2001.
[55] 周立华,等．简介德国并联机构之研究[J]. 机械设计,2001(1):1-5.
[56] 刘辛军,等．并联机器人机构新构型设计的探讨[J]. 中国机械工程,2001,12(12):1339-1343.
[57] 徐嘉元,曾家驹．机械制造工艺学[M]. 北京:机械工业出版社,1999.
[58] 温兆麟．快速螺旋夹紧机构[P]. 中国专利:ZL01242702. 0.
[59] 温兆麟．快速凸轮夹紧机构[P]. 中国专利:ZL01242701. 2.
[60] 温兆麟,陈小玲．大行程快速斜楔夹紧机构[P]．中国专利：ZL01242703. 9.
[61] 温兆麟,韩东霞,彭卫东．机械设计基础[M]. 成都:西南交通大学出版社,2010.
[62] 蒋祖星,孟初阳．物流设施与设备[M]. 北京:机械工业出版社,2004.
[63] 承山．记里鼓车——我国古代的重大发明[J]. 机器人技术与应用,1996(1):23-24.
[64] 戴吾三．古代“中国制造”略说[J]. 装饰,2007(12):24-26.
[65] 邹慧君,殷鸿梁．间歇运动机构设计与应用创新[M]. 北京:机械工业出版社,2008.
[66] 王玉新．机构创新设计方法学[M]. 天津:天津大学出版社,1996.
[67] 杨绛．我们仨[M]. 北京:生活．读书．新知三联书店,2012.
[68] 王海东．并联机器人机构构型与性能分析[D]．秦皇岛:燕山大学,2001.
[69] 张策．机械工程史[M]. 北京:清华大学出版社,2015.

注:本书有个别段落文字引自网络,由于无从考证原文作者的真实姓名,因此,无法在上述参考文献名单中罗列出来,在此一并致谢!